U0154346

教育行政學 理論與案例

謝文全 等◎合著

五南圖書出版公司 印行

作 者 簡 介

（依撰寫章序排列）

謝文全（策劃主編，撰寫第一章）

學歷：美國愛荷華大學哲學博士

專長：教育行政、學校行政、比較教育行政、組織行為、中等教育

現職：國立臺灣師範大學教育政策與行政研究所名譽教授

黃乃熒（撰寫第二章）

學歷：美國俄亥俄州立大學哲學博士

專長：教育行政哲學、教育行政溝通、教育行政、學校行政

現職：國立臺灣師範大學教育學系教授

吳清山（撰寫第三章）

學歷：國立政治大學教育研究所博士

專長：教育行政、教育研究法、學校效能

現職：教育部國民及學前教育署署長

陳麗珠（撰寫第四章）

學歷：美國密西根大學博士

專長：教育財政、教育經濟學、教育行政學

現職：國立高雄師範大學教育學系教授

王麗雲（撰寫第五章）

學歷：美國哈佛大學教育博士

專長：教育行政與政策、教育政治學、教育評鑑、教育社會學、教育
研究法

現職：國立臺灣師範大學教育學系副教授

王如哲 (撰寫第六章)

學歷：英國曼徹斯特大學哲學博士

專長：教育行政學、高等教育、比較教育、教育的知識管理

現職：國立臺灣師範大學教育學系教授

秦夢群 (撰寫第七章)

學歷：美國威斯康辛大學麥迪遜校區哲學博士

專長：教育行政、教育評鑑、學校行政、教育法學、教育政策、教育
計畫

現職：國立政治大學教育學院特聘教授

張德銳 (撰寫第八章)

學歷：美國奧瑞岡大學哲學博士

專長：教育行政、教學領導、教學視導、教師評鑑

現職：輔仁大學師資培育中心教授

張明輝 (撰寫第九章)

學歷：國立臺灣師範大學教育學博士

專長：教育行政、學校行政、管理心理學、組織行為、團體動力學

經歷：國立臺灣師範大學教育政策與行政研究所教授

林新發 (撰寫第十章)

學歷：國立臺灣師範大學教育學博士

專長：教育行政、學校行政、領導理論

現職：國立臺北教育大學教育政策與管理研究所教授

黃宗顯（撰寫第十一章）

學歷：美國俄亥俄州立大學哲學博士

專長：教育行政學、組織理論與行為、社會理論在教育經營與管理上的應用

現職：國立臺南大學教育經營與管理研究所教授兼教育學院院長

張鈿富（撰寫第十二章）

學歷：美國哥倫比亞大學教育行政博士

專長：教育行政、教育政策分析、學校行政

現職：淡江大學教育政策與領導研究所教授兼教育學院院長

林明地（撰寫第十三章）

學歷：美國威斯康辛大學哲學博士

專長：學校與社區關係研究、教育領導研究、校長學、教育組織理論與行為

現職：國立中正大學教育學研究所教授

湯志民（撰寫第十四章）

學歷：國立政治大學教育學博士

專長：教育行政、學校行政、教育視導、國民教育

現職：國立政治大學教育行政與政策研究所特聘教授兼教育學院院長

潘慧玲（撰寫第十五章）

學歷：美國賓州州立大學哲學博士

專長：學校效能與革新、教育研究與評鑑、性別與教育

現職：淡江大學教育政策與領導研究所教授

序　言

　　教育行政學是一門綜合性的學科，其內容融合了教育學、行政學、社會學、心理學、政治學、法學、財政學、經濟學、文化學、生態學、哲學等相關學科的理論。而上述每一學科又各自包含許多次領域，如行政學又包括決定、組織、溝通、領導、激勵、評鑑與興革等。因此如能結合各學科專長的學者共同合作，較能撰寫出教育行政學的神韻與內容。本書即基於此一精神，由十五位教授就其專長分章撰寫而成。

　　本書首章為教育行政導論，接著介紹教育行政的理論基礎，包括知識、倫理、財政、政治與制度等面向。之後探討教育行政的計畫、組織、變革、領導、溝通、政策分析、公關、教育設施規劃、教育效能與革新等程序與實務面。涵蓋層面相當周全，內容相當豐富。

　　教育行政學是一門應用科學，其理論的研究成果，主要用於教育行政實務工作上，以提升教育行政的品質與效率，進而提高師生的教學效果。然而理論與應用之間仍有相當大的距離，深知理論並不一定就能有效用到實務上。為彌補這一缺陷，本書各章於論述相關理論之後，均另有一節案例分析與討論，列舉與該章相關之案例，供師生討論，裨能將所學到的理論用來解決實際的教育行政問題，以培養教育行政實際能力。

　　本書是由多人合作撰成，可以呈現多元的觀點，並豐富本書的內涵。但因時間的限制或協調的不足，可能出現不夠周延之處。敬請方家不吝指正，以供日後修正之參考。

謝文全　謹識

2006 年 5 月 12 日

於國立臺灣師範大學教育政策與行政研究所

目　錄

第 一 章

教育行政導論

第一節 教育行政的意義與特徵

壹 教育行政的意義

教育行政（educational administration）是一個複合名詞，由教育與行政兩詞結合而成。教育一詞不待解釋，大家都懂。行政一詞從字面看就是推行政務之意。合起來說，教育行政就是教育政務的推行。政府為教育國民，就必須辦理教育。要辦理教育，就必須有一群人來負責推動教育工作，這種推動教育工作的行為就是教育行政的最簡單定義。

要深一層瞭解教育行政的意義，可從專家學者的論述中來探究。黃昆輝（2002）認為：「教育行政即是教育人員在上級—部屬的階層組織中，透過計畫、組織、溝通、協調及評鑑等歷程，貢獻智慧，群策群力，為圖教育的進步所表現的種種行為。」

克內維基（Knezevich, 1975）認為學校行政是界定、維持、激勵、監控、協調組織的人員與資源，以達成預定目標的一系列社會過程（social process）。美國人通常將學校行政（school administration）與教育行政一詞交換使用。

沙克斯（Saxe, 1980）認為教育行政是為達成教育組織的目標，參與獲取與督導人力物力資源的政策形成與執行之過程。

綜合專家學者的界定，可將教育行政的意義歸納如下：教育行政是推動教育工作的行政行為，透過教育人力與物力資源的糾合，制定與執行教育政策，以有效地達成教育目標。這一定義具有下列五個要點：

*1.*是一種推動教育工作的行政行為：要教育民眾就需辦理教育，

要辦理教育就須有人去推動，這就是教育行政。

2. 糾合教育人力與物力資源：要推動教育工作就須有人力與物力的資源，但這些資源須靠教育行政工作來取得與運用。

3. 包括教育政策的制定與執行：教育行政為推動教育工作，首需制定教育政策確定方向，接著要將政策加以執行，以達成預定目的。

4. 旨在達成教育目標：教育行政只是一種手段，其目的是在實現教育的目標。教育目標是在改變受教者的行為，使受教者成為健全的公民，教育行政的成效要看其所推動的教育工作是否能將受教者培育成健全公民而定。

5. 講求效率：教育行政在達成教育目標（通稱為效果，effectiveness）的過程中，需講求效率（efficiency），盡可能以最少的投入獲得最大的產出，因為教育資源實在有限，不能隨便浪費。

貳　教育行政的特徵

上述教育行政的定義，與行政學對「行政」或企業管理對「管理」二字所下的定義相當類似，差別只在教育行政所處理的是「教育」事務；而前兩者所處理的分別是「公共行政」與「企業」。這顯示教育行政與行政學或企業管理有其共通之處（黃昆輝，2002），其理論有相互參考之可能。但另方面也顯示彼此有相異之處，這是從事教育行政工作者須注意的地方。那麼教育行政與行政學或企業管理有何相異之處呢？這是教育行政特徵的問題。

綜合相關專家學者（林天祐等，2003；黃昆輝，2002；雷國鼎，1968；謝文全，2006；Campbell et al., 1971）的看法，可歸納出教育行政的特徵如下：

1. 對社會的重要性大（cruciality to society）：國家社會或一切組織

的發展都以人才為本，而人才的培育靠教育，教育行政所經營
管理的正是教育，其目的就是在完成教育目標。因此，教育行
政所履行的功能，對社會的重要性是非常大的。這一特徵隱示
教育行政人員應有強烈的責任感，善盡培育人才的重任，避免
誤人與害國。

2. 功能十分複雜（complexity of function）：教育的對象是人，必
須發揮多樣化的功能，才能培養出五育兼顧且知行合一的健全
人才。教育行政所經營管理的正是教育，自然需要發揮複雜的
功能，應兼顧教育的多元功能，培養出五育兼備的健全人才。

3. 公眾可見性（public visibility）大而易遭批評：教育行政所處理
的是教育事務，與每個國民都有關，公眾性極強，不只普受關
心，也極易遭致批評。每天見報率高，而且批評多於肯定。因
此教育行政人員應行事慎重妥善，對外界批判有適度敏感性與
虛心接受，時時反省改善。

4. 專業化程度高（staff professionalization）：教育人員既要做經
師，也要做人師，功能十分複雜，對社會的重要性大，因此必
須高度專業化，方能勝任。成員專業化程度愈高，其自主性的
要求也愈大。因此教育行政人員應接受專業教育，不斷提升專
業水準，並尊重成員的專業自主性。

5. 較具有學術化性質（academic nature）：教育行政所經營的是教
育，而教育除要傳遞文化與知識外，尚需創造文化與知識。要
創造就需不斷進行學術研究，因此本身就極具學術性。因此教
育行政人員應重視研究發展，並尊重學術上的原理原則，力求
合乎學術嚴謹精神。

6. 評鑑極具困難度（difficulty of appraisal）：教育行政的績效是看
其達成教育目標的程度。但教育目的是在改變人類的思想及行
為，既複雜、抽象且成效緩慢，因此相當不易評量。因此教育

行政人員應用心於教育目標的釐清及評鑑方法之改進，以提升評鑑的效度。

7. 屬於服務性的工作（service）：教育是服務事業，而非營利事業。因此教育行政工作也是服務事業，以服務社會為目的，而非以營利賺錢為目的。換言之，各級教育行政機關屬於公益組織，係以服務全體民眾為目的的組織。因此教育行政人員應以服務社會為目的，不可抱持謀私利的心態，方能為社會所認可。

第二節 教育行政的範圍

要深入瞭解教育行政的意義，就須瞭解教育行政的範圍。教育行政做了些什麼事，或教育行政學研究了哪些內容，就是屬於教育行政範圍的問題。

壹 專家學者的意見

海克、傑發特、黑克與瑞席兒等人（Hack, Gephart, Heck, & Ramseyer, 1971）認為教育行政的討論層面可包括哲學基礎、理論、環境（setting）、人（man）、工作（job）、組織與程序。哲學基礎、理論、環境三者屬於投入，分別提供行政的價值導向、行政的活動指引、對行政的期望與需求。投入透過「人」的運作，就形成工作（job）、組織與程序等三項產出。工作是權責的分配與行動範圍的界定，組織是結合組織目標與成員需求的架構，程序則為組織作決定與執行的過程。

霍伊與密斯科（Hoy & Miskel, 2001）認為教育行政所領導的對象為學校，而學校是一個社會系統（social system），由投入、轉化、產

出、環境四大要素交織而成。其中轉化（transformation process）又是由結構、個人、文化、政治等四個系統交互作用而成。依此架構，全書分為學校社會系統、教學技術核心、學校的結構、學校中的個人、學校文化與氣氛、學校的權力與政治、學校的外在環境、學校的效能與品質、學校的決定、學校的溝通、學校的領導、學校社會系統的檢討等章。

康寧漢與柯迪洛（Cunningham & Cordeiro, 2000）綜合一些教育行政學者與實務人員的意見，建構出其教育行政的範圍如下：行政理論與領導職責、教育行政人員的脈絡與觀點、學校革新、文化的多元性與社區關係、教育行政組織結構與領導、成功的學校領導、領導的道德與倫理層面、學程的發展提供與評鑑、學生事務行政、人力資源管理、學校與法律、資源的分配與管理、問題本位的學習方案（problem-based learning projects）。

黃昆輝（2002）將教育行政的歷程分為計畫、組織、溝通、協調及評鑑等五個要素。再據此等要素將其教育行政學的全書分為組織結構、組織歷程、組織氣氛、領導、決定、計畫、溝通、中外教育行政制度、我國主要教育政策等章，另加教育行政本質與研究方法、教育行政理論演進等導論性的主題而成。

貳 作者綜合歸納

綜合以上學者的意見，可以歸納出教育行政的範圍如下：

1. 教育行政研究方法論：探討教育行政的研究典範與研究方法。
2. 教育行政的理論基礎：探討教育行政的理論基礎，一般包括哲學基礎、社會學基礎、心理學基礎、法學基礎等。
3. 教育行政的實務層面：探討教育行政的實務，一般包括教務（課程與教學行政）、訓輔（學生事務行政）、人事（人力資

源管理）、總務（資源的分配與管理）、公關（社區關係）。

4. 教育行政的程序層面：探討行政的運作過程，一般包括計畫、決定（策）、組織（結構與制度）、領導、溝通（協調）、評鑑、興革等。

5. 教育行政的環境脈絡：探討教育行政的環境脈絡，一般包括文化、政治、經濟環境等。

其中以教育行政的程序層面與實務層面為核心內容，故再分別說明如下：

1. 計畫（plan）：凡事豫則立，不豫則廢，教育行政工作的實施應先擬定計畫，再依計畫而行，才能達成前述的效果與效率。

2. 決定（decide）：教育行政的實施需透過許多決定來完成。決定又可分為政策性決定與事務性決定兩種。

3. 組織（organize）：教育行政有賴相關組織的推動，而組織的結構與權責關係的建立，為重要課題之一。

4. 溝通（communicate）：教育行政與教育人員為數眾多，必須透過溝通才能集思廣益或達成共識，確實發揮團隊的力量。

5. 領導（lead）：教育行政執行過程中，必須指引及激勵成員，讓成員有明確的努力方向及高昂的工作士氣，因而能完成所負的組織任務。

6. 評鑑（evaluate）：教育行政計畫與決定經過執行之後，均須加以評鑑，已定其得失及據以改進，才能不斷提升其效果與效率。

7. 變革（change）：教育行政必須適時變革，適應環境的變遷，以不斷提升行政與教育的品質。因興革的速度或重點的不同，因此文獻出現一些類似的用詞，包括改革（innovate）、更新（renew）、重組（reorganize）、轉型（transform）、再造（restructure）等。

8. 課程與教學領導（curriculum and instruction leadership）：教育的

核心就是透過課程進行教學，因此課程與教學領導為教育行政
的範圍之一。本項俗稱為教務行政。

9.學生人事行政（student personnel service）：學生是教育的對象，
因此訓育與輔導行政為教育行政的範圍之一。本項俗稱為訓輔
行政。

10.人力資源管理（human resource management）：教育行政及教育
工作之執行必須依賴人力，因此人力資源管理為教育行政的範
圍之一。本項俗稱為人事行政。

11.物質設施、財務及事務管理（physical facilities, finance and business
management）：教育行政及教育工作之實施，必須有經費設備
的支援與文書檔案等庶務的處理，這些俗稱為總務行政，亦為
教育行政範圍之一。

12.學校與社區的關係（school-community relationships）：教育行政
及教育之實施旨在服務社會大眾，而且也有賴社會大眾之支持
與合作。因此學校與社區的關係為教育行政範圍之一。此項俗
稱為公共關係（簡稱為公關）行政。

第三節 教育行政的研究方法

壹 主要研究方法簡介

教育行政學的研究方法與其他學科的研究方法是一樣的，故在此
只作簡單敘述，詳細內容請自行參見教育研究法或行為科學研究法的
書刊（王文科，2002；馬信行，1998；秦夢群、黃貞裕，2001；黃昆輝，
2002；謝文全，2006）。

一、文獻分析法

　　文獻分析法（literature review）一般譯為文獻探討，係透過相關文獻的蒐集與分析，從中獲得結論的一種研究方法。本方法所分析的文獻包括書籍、期刊論文、碩士或博士論文等，凡與研究目的有關的文獻，均可納入。

　　譬如古博文（2000）即以文獻分析法，進行英國教育視導制度之研究，分析英國教育視導的組織與實施，進而探究英國教育視導制度的特點並予以評析，最後再根據研究發現，提出英國教育視導制度對我國的啟示。

二、文件分析法

　　文件分析法（documentary analysis），係透過相關文件的蒐集與分析，從中獲得結論的一種研究方法。所謂文件包括組織的會議紀錄、出版品、公文、信件、札記、日記、照片、錄影帶、影片、各種紀錄等，凡與研究目的有關的文件，均可納入。文件分析法與文獻分析法相當類似，不易區分清楚。大致說來，文獻偏向論述性的著作或論文；文件偏向實況的資訊紀錄。

　　譬如蘇桂美（2002）即以文件分析法，進行國民小學教育工作內容分析之研究。她蒐集了一所國小的「校外單位來函文件」與「校內正式文件」進行分析，藉以瞭解國民小學年度教育工作之實際內涵，供國民小學與教育行政單位從事工作簡化的參考。

三、問卷調查法

　　問卷調查法（questionnaire survey）係透過問卷調查，從中獲得結論的一種方法。首先依研究目的設計問卷或調查表，再郵寄或面交給被調查者填答，然後將填答結果統計分析，從中歸納出結論。調查的

對象稱為母群體（parent population）。如以將母群體的全部都納入調查，稱為群體調查（population survey）；如從中抽取一部分對象來調查，稱為樣本調查（sample survey）。樣本調查的結果大都用來推論母群體的特性，因此抽樣就必須注意其代表性。抽樣的方法有多種，其中以隨機抽樣與立意抽樣兩種被用得較多。

譬如張弘勳（1997）即以問卷調查法，進行國民中小學實施學校本位管理之研究，編製「國民中小學實施學校本位管理調查問卷」實施調查，藉以瞭解我國國民中小學實施學校本位管理的狀況。其調查對象為臺灣省、臺北市、高雄市公立國民中小學的學校教育人員，從中抽出 1,024 人為樣本進行調查。

四、德懷術

德懷術（Delphi Technique）亦譯為德菲法，係透過多次（通常是三至四次）的問卷調查，以獲得研究結論的一種方法。除第一次的調查依一般的方式進行之外，第二次以後的每一次調查，均會附上前一次調查的結果供填答者參考，以發揮相互激盪的效果。德懷術兼有問卷調查法的隱密性，並具有座談或訪問法的相互激盪性。因問卷數次來回很花時間，有時受研究時間的限制，其次數會有所增減，作法也會有所變通調整。本法因費時費力，容易引起填答者的厭煩而不願參與填答。

譬如吳曉青（2001）即以德懷術進行學習型學校建構策略之研究，透過文獻探討編製「學習型學校建構策略調查問卷」，作為調查研究工具。再依據德懷術之研究流程，延請對於學習型學校有相當瞭解之 41 位專業人士組成德懷術小組（Delphi panel），成員包含學者專家、學校教育人員、教育行政人員，以及家長代表等，以近三個月的時間完成三回合的德懷術研究，再據以提出學習型學校建構策略的結論與建議。

五、訪問調查法

訪問調查法（interview survey）又稱為訪問法或訪談法，係透過訪問相關人員，從中獲取結論的一種方法。進行時先根據研究目的編寫訪談題目，再請受訪者陳述其對題目的意見，經統計分析後歸納出研究結論。訪問可以面對面訪進行，也可透過電話或視訊的方式進行。如果訪談的時間夠長或分數次進行，直到疑問盡釋才停止，則稱為深度訪談（deep interview）。如果對一群固定的專家學者訪談，針對某一特定問題深入研討，通稱為焦點團體訪談（focus group interview）。

訪談如果依嚴格的程序進行，且訪談題目設計得相當細，訪談者與受訪者均少有自由發揮的彈性，稱為結構性訪談（structured interview）。如果訪談的程序與題目均未詳細規定，訪談者與受訪者雙方均能自由提出問題與回答，稱為無結構性訪談（unstructured interview）。介於上述兩者之間的訪談方式，則稱為半結構性訪談（semistructured interview）。

譬如林靜慧（2003）即以訪問調查法，進行國中初任女校長組織社會化之研究，瞭解六位國中初任女校長組織社會化之脈絡、歷程、影響因素，以及在面臨組織社會化時所遭遇之困境及因應策略。最後根據研究結果對主管教育行政機關、女性領導者提出相關建議。

六、座談法與焦點團體討論法

座談法係邀請專家學者出席，就擬研究的問題發表其意見，透過相互討論與激盪，以尋求問題答案的一種方法。座談所邀請的對象除學者外，尚可邀請實務工作人員，以發揮理論與實務交融與兼顧的效果。如果邀請一群固定的專家學者座談，分數次進行，針對某一特定問題深入研討，通稱為焦點團體討論法（focus group discussion）。

由於座談法與焦點團體討論法要集合一群專家學者在一起並不容

易，故常改用焦點團體訪談法。譬如柯秋蓮（2004）即以焦點團體訪談法，進行校長專業發展資源服務系統運用之研究。以臺北市資深、中堅、初任及候用校長三十二位為焦點團體，進行五次訪談，探討校長專業發展資源服務系統的相關問題，再根據研究發現對有關機關與校長提出建議。

七、觀察研究法

觀察研究法（observation）是到實際情境中去觀看與蒐集資料，以便獲得研究結論的一種方法。所觀察的情境可以是自然的情境（natural setting），也可以是人為的情境（artificial setting）。在自然情境中，觀察者通常是不去控制或操縱任何情境條件的；在人為情境中，觀察者則常會控制或操縱一些情境條件。至於到何種情境觀察，則視研究目的而定。

譬如林益興（2002）即以觀察研究法，進行建構式領導成長團體動力研究。研究者參與某國小以「生態教材園」為核心之學校本位課程發展歷程，觀察教師專業成長團體的動力機制與領導風貌。過程中以參與式觀察者、晤談者與分析者的多元角色，藉由質性研究之參與式觀察札記、會議記錄、晤談等方式，分析團體成員的互動過程，並據以提出結論與建議。

八、人種誌研究法

人種誌研究法（ethnography）又稱為俗民誌研究法，係採人類學的研究方法，進駐到實際情境中去研究，透過參與、觀察、深入訪談和蒐集實物資料等方式，來瞭解與解決所擬研究的問題。由於這種到實際情境去研究的方法，可以深入瞭解實質的情況，故屬於質的研究方法（qualitative rsearch）之一（黃政傑，1998；歐用生，1995）。

譬如李鴻章（2003）即以人種誌研究法，進行一位國小校長與他

的行政決定之俗民誌研究。目的在從社會文化脈絡的觀點，描述與詮釋校長的學校事務與行政決定狀況，如行政事務的類別、作決定的內容、影響因素、決定的方法等。

九、生命史研究法

生命是指個體生命的經驗歷程。生命史（life history）研究法也就是研究一個生命從生到死過程中一連續的事件與經驗，以及造成這些事件與經驗的歷史脈絡及其意義，進而從中獲取一些啟示與教訓。生命史研究法以訪談（半結構式訪談、深入訪談）為主，並輔以文件資料（照片、書信、日記）、參與觀察（平時生活中隨機觀察及對話）訪談重要他人、省思札記等方法。為確保資料的正確性，須進行相互檢證，除了讓被研究者核對資料的正確性外，並透過同儕相互檢證。

譬如許傳德（1999）以生命史研究法，研究一位國小校長的生命史。探討校園中最高主管者的治校理念與行事風格等，包括一天生活、簡史、教育理想、工作態度、同仁相處、社區互動、工程處理、操守和面對誹譽的想法、生命歷程中的重要轉折點和作事的準則。

十、實驗研究法

實驗研究法（experimental study）是在實驗情境裡，對研究問題進行實驗研究，以發現解決答案的方法。為確保結果的正確性，須對無關的變項加以控制，然後操縱實驗變項的變化，以觀察瞭解其對另一變項（稱為依變項）的影響情形，以確立兩變項之間的因果關係。實驗研究又可細分為兩類，其一所使用的實驗情境為實驗室（laboratory），故名為實驗室實驗（laboratory experiment）；另一種所用的實驗情境為實際生活的情境，故名為實地實驗（field experiment）。

行政學上有名的霍桑實驗（Hawthorne Experiments）即是採用實驗研究法。它是在美國芝加哥附近之西方電器公司（Western Electric company）霍桑廠（Hawthorne plant）所進行的實驗。此實驗在 1923 至 1932 年之間進行，由梅堯（Elton Mayo）、狄克遜（William J. Dickson）、羅斯勃格（F. J. Roethlisberger）等人主持。

十一、歷史研究法

歷史研究法是就研究的問題，探究其在歷史發展演進的真相與過程，從中尋求歷史發展的規律和意義，俾找出解決方案。歷史研究應注意史料真偽的鑑定，以免研究結論產生繆誤。鑑定的方式有內、外在兩種。內在鑑定（internal criticism）是從史料的內容來斷其真偽。外在鑑定（external criticism）係就史料內容以外的性質作鑑定，如從史料的用語、文體、風格，來鑑定出其是否屬於某一朝代的史料，或是否為某位歷史人物的著作。

譬如黃貞裕（2000）即以歷史研究法，進行教育行政方法論典範變遷之研究，以瞭解教育行政方法論之典範變遷之歷史發展，並進一步瞭解一些大型典範（包括實證論、後實證論與後現代主義等）對教育行政理論發展影響之情形。

十二、比較研究法

比較研究法（comparative method）是就研究問題，比較兩個以上地區或時期的作法，發現其異同優劣，歸納出趨勢及原則，以作為問題解決之參考。進行比較研究時，要留意各國歷史文化與社經背景的差異性，不宜全盤移植，以免產生水土不服的現象。一般說來，比較研究法要經過描述、詮釋、併排、比較等步驟來完成（謝文全，2006）。

譬如周幸吟（2002）以比較研究法，進行中英中小學校長培訓與任用制度之比較研究。比較中、英兩國中小學校長培訓與任用制度之背景、歷史發展、培訓之實施現況與校長任用制度相關之法律規定，並根據研究結論對我國中小學校長培訓與任用制度提出改善建議。

十三、行動研究法

行動研究法（action research）係在實際的教育組織情境中，由實務工作者與專家學者合作，就組織所面臨的問題進行研究，以提出適合該情境的結論與改進意見，據以進行改善工作的一種研究法。

行動研究可以將專家學者的理論與實務工作者的實務相結合，對實際問題的解決相當有幫助。其次，可提供實務工作者在職進修與成長，也讓專家學者有驗證理論的機會。行動研究法可以與上列各種研究方法相結合，因此是個具有相當包容性的一個研究方法（陳惠邦，1998）。

譬如蔡伊佑（2004）以行動研究法，進行型塑學習型學校校長之行動研究。他以自己所服務的學校作為研究對象，探討校長如何型塑學習型學校。本研究以立意抽樣抽取十一位不同職務之學校同仁作為觀察與訪談之對象，為求客觀另請同仁擔任訪談員，並設計半結構式訪談大綱作為訪談依據。

十四、相關研究法

相關研究法（correlational research）係研究兩個或多個變項之間是否有關係存在；如果有關係存在，則其關係的程度高低如何。關係的程度通常以相關係數（cofficient of correlation）表示。相關係數為正數時表示正相關；為負數時代表負相關；為零時則表示沒相關存在。如智商愈高，成績也愈高，即表示兩者有正相關；如智商愈高，犯錯次數愈少，即表示兩者有負相關存在。

譬如林朝夫（2000），即以相關研究法，進行縣市政府教育局組織文化與組織效能關係之研究。本研究探討縣市政府教育局組織文化類型與組織效能之關係；並剖析不同背景的教育局，其組織文化和組織效能的關係是否有差異，如有差異則其差異情形又如何。

十五、個案研究法

個案研究法（case study）是對某一或某些特定的對象或事件作深入的分析，探求其真相、原理或啟示，以供解決研究問題參考的一種方法。通常是對研究對象的發展變化的相關資料進行分析，或進行一段長時間的觀察研究，從中發現研究問題所要之答案。個案研究法可集中焦點對個案進行深入研究，惟如所研究的個案數量不多，研究結果無法推論到廣大的群體。

譬如洪秀枝（2004）以個案研究法，進行師範學院自籌經費籌措策略之個案研究。他以國立臺北師範學院為個案研究對象，探討該校自籌經費的策略與困境，以及對經費籌措未來的展望。最後，根據研究結果對該校自籌經費提出建議。

貳 各研究方法的綜合運用

以上各種研究方法常須依賴其他的研究方法來完成，譬如生命史研究法、人種誌研究法、個案研究法等，就須靠訪問、觀察、文件分析法等方法來蒐集相關資料供分析。如蘇美麗（2003）進行國小校長課程領導角色與策略之研究，係採用個案研究法，但過程中即兼用文獻分析、觀察、訪談、文件分析等方法來蒐集所需之資料。

各種研究方法都有其優缺點，因此宜視研究問題的性質與目的選用適當的方法。也可選用其中一種作為主要方法，而選另一種或二種為次要方法。必要時，甚至所有的方法都可以加以應用。兼用兩種以上的方法，可以相輔相成，但要花較多的心力。

譬如蕭美智（2004）從事校長實施臨床視導之研究，即兼用觀察法、訪談法、文件分析法進行研究，以長期現場教室觀察、訪談、文件蒐集等方式，從多種角度獲取研究資料，以解答研究問題，達成研

究目的。又如廖世和（2003）進行兩岸高等學校教師聘任制度之比較
研究，也兼用觀察、比較研究、歷史研究、文件分析、問卷調查等研
究方法。

第四節 教育行政理論的演進

　　在教育行政理論萌芽之前，教育行政主要是藉助於神話、傳說、
歷史、傳記或文學著作提供的相關啟示、智慧或證詞來運作（Cunningham
& Cordeiro, 2000）。自泰勒的科學管理理論提出之後，行政理論才正式
萌芽。

　　教育行政理論的演進，不同專家學者有不同的分期。金布勞與南
納立（Kimbrough & Nunnery, 1983）分為傳統（traditional）、過渡（transi-
tional）與現代（present）等三個時期（eras）。漢森（Hanson, 1996）分
為古典理論（classical theory）、社會系統理論（social system theory）、
開放系統理論（open system theory）、未來理論（future theory）等四個
時期。康寧漢與柯迪洛（Cunningham & Cordeiro, 2000）分為科學途徑
（scientific approaches）、過渡（transitional）、批判理論（critical the-
ory）、後現代主義（postmodernism）等四個時期。

　　黃昆輝（2002）分為科學管理、人際關係與行為科學三個時期。
秦夢群（2003）分為理性系統、自然系統、開放系統、非均衡系統等
四個時期。林天祐等人（2003）分為傳統理論、行為科學、系統理論、
新興理論等四個時期。

　　綜合上述及其他專家學者（姜占魁，1996；謝文全，2006；Etzioni, 1964;
Hoy & Miskel, 2001）的分期，作者將之分為科學實證（scientific empiricism）、
行為科學（behavioral science）、系統途徑（systems approach）、後系統

途徑（post-systems approach）等四個時期。以下分別簡述各時期的理論要旨及主要代表理論：

壹 科學實證時期

科學實證時期約在 1900 年至 1930 年之間，偏重理性典範，強調透過理性與客觀的方式與態度，來研究教育行政。綜觀本時期的主要代表理論，可以發現其主要論點如下（謝文全，2005）：

1. 視人性本惡或偏惡，故強調專制式的管理，以嚴格控制為手段，驅使成員為組織的目標而努力。

2. 視組織為封閉系統，因此只強調組織本身的生存，不重視與外在環境的互動與共榮，也就不重視與外在環境的調適與本身的革新發展。

3. 重視如何有效達成組織的目標；對成員的需求及其如何有效滿足則甚少注意。換言之，偏重組織而忽略成員。

4. 偏重組織結構的建構，認為行政的首要任務即在建構一套制度，只要依循制度運作即可達成目標。因組織結構或制度是較穩定的，故屬於靜態的層面。

5. 視人為經濟人（economic man），追求物質或生理慾望的滿足，因此行政管理須設法滿足成員的物質需要，以提高其士氣與動機。

科學實證時期的代表學派主要有三，即科學管理學派、行政管理學派及科層體制學派。茲分別簡述如下：

一、科學管理學派（Scientific Management School）

主要代表人物為泰勒（Taylor, 1947），主張運用科學方法找出管理及工作的最佳方法，再據以提供標準化的工作環境與設備。每一成員均應給予明確而適性的工作，並實施按件計酬等，才能提升其工作效

率。泰勒是最早提倡用科學方法來進行管理的人，故被尊稱為科學管理之父。

二、行政管理學派（Administrative Management School）

主要代表人物，為費堯、葛立克（L. Gulick）、吳偉克（L. Urwick）等人。因篇幅限制，在此只介紹費堯。費堯（Henri Fayol, 1841-1925）是法國人，為最先對行政歷程作分析研究的人，故被稱為行政歷程之父（Father of Administrative Process）。費堯（Fayol, 1949）認為行政應兼顧計畫、組織、指揮、協調及控制等歷程，並彈性運用下列十四個原則：分工合作、權責相稱、紀律嚴明、命令統一、目標統一、組織至上、報酬合理、適度集權、層級節制、人事相適、公正無私、任期安定、自動自發、團隊精神。

三、科層體制學派（Bureaucratic Model School）

亦稱為科層組織學派，主要代表人物為德國的韋柏（Max Weber, 1864-1920），強調理性（rationality）及效率（efficiency）。本學派主張依法行事、專業分工（division of labor）、層級節制（hierarchical authority structure）、用人唯才、保障任期、依年資或貢獻升遷、公正無私（impersonaliztion）、建立書面檔案等。

貳 行為科學時期

行為科學時期約在 1930 年至 1970 年之間，偏重自然典範，重視現象主體的意義，強調個別性的深入瞭解。綜觀本時期的主要代表理論，可以發現其主要論點如下（謝文全，2006）：

　1. 視人性本善或偏善，主張採民主領導，強調尊重成員人格、參與管理、雙向溝通、工作擴展等措施。

2.視組織為偏向封閉系統，因此略偏於強調組織本身的生存，較不重視與外在環境的互動調適與本身的革新發展。

3.認為個人目標的達成是組織目標達成的先決條件，故較強調成員需要之滿足。換言之，偏重成員而較忽略組織。

4.認為人才是組織運作的核心，行政首務在於促進成員的互動與士氣，因此特別強調對人類行為的研究與認識。

5.主張人是屬於心理人（psychological man）及社會人（social man），重視精神（心理）性及社會性的需求，故行政應重視對成員的精神性獎懲。

行為科學時期的理論也有多個，其中最具代表性的有霍桑實驗、需要層次論、激勵保健論、XY 理論等，茲一一簡介如下：

一、霍桑實驗（Hawthorne Experiments）

由梅堯（Elton Mayo）、狄克遜（William J. Dickson）、羅斯勃格（F. J. Roethlisberger）等人主持的實驗，發現人際互動、社會與心理因素才是影響組織績效的主要因素。因此行政應重視成員的參與與心理需求，並重視正式組織以外的非正式組織。因非正式組織是成員人際互動的結果，其規範對成員的影響力常會超過正式組織（Richey, 1964）。

二、需求要層次論

馬士婁（Maslow, 1954）為主要代表人物，認為人類有生理、安全、社會、尊榮、自我實現等五種主要需求。這五種需求形成一種優勢層級體系。當較低層需求（如生理需求）得到相當程度的滿足之後，下一優勢的需要（如安全需求）才會出現，並且支配了個人的行為動機。根據此一理論，已經滿足的需求，對成員行為的影響力就大為減弱。

三、激勵保健論

賀滋柏（Herzberg, 1966）是此派主要代表人物。他對工作滿意（job satisfaction）的研究發現，影響工作滿意與不滿意的因素並不相同。影響滿意的是一類因素，影響不滿意的是另一類因素。影響工作滿意的因素稱為激勵因素，包括成就感、受賞識感、工作本身、責任感、升遷。影響工作不滿意的因素稱為保健因素，包括組織的政策與管理、視導技巧、薪資、人際關係及工作環境等。因此如要提升成員的滿意度，就須從激勵因素入手。

四、XY 理論

以美國麥理格（McGregor, 1960）為代表人物。X 理論假設人性是偏惡的，認為一般人的人性是天生懶惰、缺乏雄心壯志、愚笨無知、以自我為中心、抗拒變革。因此領導必須強調強迫和威脅、嚴密的監督及嚴格的控制。

Y理論假設人性是偏善的，一般人都願意自動完成所肩負的組織任務，並能應用高超的智力來解決問題。因此領導應強調民主，以協助代替指揮，以鼓舞代替控制，以參與代替獨裁，以自律代替他律（林錦勝譯，1976）。

參 系統途徑時期

系統途徑時期約在 1970 年至 1990 年之間，採整合典範，融合了科學實證及行為科學兩個時期的行政理論，再加上本身的創見（如視組織為開放系統）綜合而成。因此系統途徑時期有守舊成分，亦有創新成分。綜觀本時期的主要代表理論，可以發現其主要論點如下（謝文全，2006）：

1. 視人為複雜人（complex man），人性善惡難定，因人因時而異。因此領導不能只限於專制或民主一種方式了，而應採因人因時制宜的權變領導。
2. 視組織為開放系統，與外界環境有交互作用，既自環境輸入「投入」，亦向環境輸出「產出」，故重視與環境的互動合作與相互調適。
3. 認為成員目標與組織目標不盡相同，因此主張兩者兼顧，使組織目標與個人目標均能達成，組織才能有效生存與發展。
4. 認為結構與人員對組織的運作同等重要，必須兼顧這兩個層面，才能將組織的功能發揮得淋漓盡致。
5. 認為人既然有生理及心理需要，則物質與精神獎懲並用自是合理的，不可偏廢。

系統理論時期的主要代表理論包括一般系統理論、Z理論、權變理論。茲簡述如下：

一、一般系統理論（General Systems Theory）

主要代表人物為薄特南飛（Bertalanffy, 1968），強調系統（system）的理念，認為組成系統的元素必須要相互依賴和相輔相成，形成一緊密的整體。

系統又有封閉與開放之分。封閉系統不與環境交互作用，開放系統則與環境有交互作用。因教育組織屬開放系統，故系統理論所討論以開放系統為主。系統理論取法乎開放系統的特性，主張下列論點：必須具有整體性的想法，投入（input）、轉化（transformation）與產出（output）三者並重，把努力的重心放在「未來」，重視計畫，成果導向，講求權變等。

二、Z 理論（Theory Z）

由麥哥里（John E. Megley）針對 XY 理論的偏失所提出，主張兼容並蓄與權變因應，認為制度與人員、激勵與懲罰、生理與心理、靜態與動態、組織及生態都要兼顧（引自王德馨，1978）。總之，Z 理論綜合 X 與 Y 理論，注重整體性、系統性、生態性及權變性的觀點。

三、權變理論（Contingency Theory）

由費德勒（Fiedler, 1967）所提出，認為領導是否有效端視領導形式與情境是否相配合而定。不同的組織情境須配以不同的領導形式，才能產生良好的組織績效。費德勒將領導形式分為工作和關係導向兩種：關係導向的領導較重視人際關係、成員的需要與感受及其滿足；工作導向的領導較關心組織任務的完成，對工作績效的要求嚴格，對人際關係則較輕忽。

肆 後系統途徑時期

1990 年之後為後系統途徑時期，這個時期的名稱是作者自創的，因係處於系統理論時期之後，故如此稱之。此時期相當於上述學者所提到的未來理論、後現代主義、非均衡系統理論，或新興理論等所涵蓋的時期。這個時期的理論尚未完整成形，因此缺乏完整的論述。不過作者認為本時期的論點仍不脫系統理論時期的觀點，只是對系統理論所提到的一些論點加以深化而已。

後系統理論時期強調的論點包括：批判反省、知識並無通則、解決問題無唯一的最佳途徑、個別差異的多元性。這些主張與系統理論的一些論點是一致的，系統理論即認為系統具有與環境相輔相成的脈絡性、有衰亡或耗散的趨勢、具有殊途同歸性等（謝文全，2006）。

本時期的主要代表理論如下（謝文全，2006）：

一、批判理論（Critical Theory）

主張秉持批判的精神，對有關理論進行批判並提出改善論點，以達成合理性與社會正義。批判理論帶來了對既有的方法論或論點的反省，如對技術理性的宰制、社會霸權的複製、教育機會的不平等、領導權力的專制、男性主義等等的批判，進而提出道德倫理、社會正義、授權賦能、女性主義等新興議題（Foster, 1986; Hodgkinson, 1991; Greenfield & Ribbins, 1993）。基本上，批判主義並非完全否定過去，而是對過去有所揚棄與有所補充。

二、後現代主義（Postmodernism）

是對現代主義（modernism）的一種反思，認為知識並無通則、解決問題無唯一的最佳途徑，應重視個別差異與強調多元，視情境脈絡之不同而採取不同的作法。反決定論、反權威，而主張解構（desconstruction）、去中心化（decentralization）、多元（pluralism）與存異（difference）等等，乃是後現代主義的口號（黃乃熒，2000；Derrida, 1978; Foucault, 1980; Lyotard, 1984）。

三、混沌理論（Chaos Theory）

認為自然與社會系統都是動態複雜而混沌的，有出現非線性（nonlinertity）的可能，很難循一定的規則予以完全預測與控制。換言之，自然與社會系統有其隨機性（randomness）與無序性（disorder），可能呈現出耗散結構（dissipation structure）、蝴蝶效應（butterfly effect）、奇特引子（strange attractor）、回饋機能（feedback mechanism）。因此行政應審時度勢知所權變、見微知著、注意個別獨特性，並運用回饋機能適時調適（秦夢群，2003；謝文全，2006）。

第五節 案例分析與討論

壹 案例一

　　在一所國民中學的走廊上，校長碰到王老師。在相互打了招呼之後，校長停下腳步，口頭請王老師有空時到校長室一談。王老師從師範大學畢業後就到此校任教，今年是第三年。她對教學工作相當熱誠與投入，聽到校長的話之後，很快就找個空堂時間，到校長室與校長談話。

　　校長見到王老師進來，就請她坐下，先略為寒喧後，就對她說：「王老師，三年甲班在您擔任導師的指導之下，各方面的表現都有相當進步，唯獨學業成績有逐漸退步的趨勢，不知是何原因？」

　　王老師回答說：「可能是我注重五育均衡發展的緣故吧。我要學生不能只顧智育，也要花時間去充實德、群、體、美等四育。」

　　校長聽後說道：「這樣一來，學生準備學業考試科目的時間就會減少了，所以學生的月考成績會退步。」

　　王老師點點頭，輕輕回答說：「是的。不過身為教師，我還是應該堅持教育的理想，兼重五育。」

　　校長一臉嚴肅地說：「話雖說得沒錯；可是學生即將畢業，將參加高中入學考試，如果智育成績不好，考上高中的機會就渺茫了，這對學生的前途影響太大了。」

　　王老師聽到校長這麼一說，有點茫然地說：「可是我的專業知識告訴我，國民教育的目的是在培養五育均衡發展的健全國民。我這樣做是符合專業精神的。」

校長以更低沉的聲音說：「可是這樣下去，我們學校的升學率會降低，將來就會收不到學生了。因為家長都希望自己的子女能升入好的高中。」

王老師急著為自己辯護說：「可是我堅信只要每位教育人員都能遵守教育理想，就長遠而言，對學生未來的生活品質與國家發展是有利的。」

校長覺得老師說得有理，可是現實的壓力去逼著他尷尬地說：「就怕還沒看到長遠的好處，我這個校長的職位就不保了。為了學生的升學率，也為了我們的工作起見，就拜託妳了。升學率是我們的優先考量，也是家長最關注的事。」

此時王老師不知該如何回答，就請校長讓她回去想一想。教師走出校長室時，校長還再叮嚀說：「無論如何一定要設法提高學生的月考成績及升學率，讓我們一起為學生的前途著想。」

問題討論

一、請從教育行政的意涵，評論校長的作為。
二、為何校長會認為兼顧五育均衡發展，會降低學生的升學率？
三、為何校長知道兼重五育是對的，但卻怕學校升學率不好，其校長職位會不保呢？
四、如果你是校長，你會如何對待王老師？

貳 案例二

陳局長原在一個貧困地區的教育局擔任首長，因表現優異，就被延攬到一個生活水準富裕的城市擔任教育局長。當他到市教育局後發現不知何故，局裡的成員士氣低落。為提升士氣，他直覺地認為應該

從自己以身作則做起，來帶動大家。於是他每天勤奮工作，常常加班到很晚才下班。如此經過一段時間之後，他發現成員一點都沒受到他的影響。

陳局長陷入沉思，想該怎麼做才能發揮作用。他回想到剛到貧困地區的教育局時，成員的士氣也很低落，後來經他不斷改善工作環境與成員的福利後，成員的士氣也跟著大幅提升。他覺得可以試看看，因此就著手改善市教育局的環境設備與成員福利。經過另一段時間的觀察，他發現成員的士氣似乎沒有起色。

陳局長發現有些成員的工作不得其法，所以績效低，連帶影響其士氣。他覺得必要給予輔導，於是他憑著過去的經驗指導這些成員該如何去做。有些成員對他的指導心懷感激，但另有些成員則對他的指導感到冷漠，甚至質疑局長怎麼能確定他的經驗或作法是正確有效的。換言之，部分成員對局長的經驗與指導仍抱懷疑的態度，所以對提升工作績效與士氣的效果仍不顯著。

先前的努力沒收到效果，陳局長有點洩氣，又有點惱羞成怒，覺得成員不願意配合他，甚至故意與他作對。他愈想愈氣，認為給成員敬酒不吃，就只好給吃罰酒。於是他開始嚴格監控成員的進度，對未達績效標準的成員，輕則給予警告或訓誡，重則給予記過處分或調職。如此雷風厲行一段時間後，成員不但士氣沒改善，反而結合起來對抗局長。到處說局長的壞話，寫匿名信誣告局長，甚至公然與局長對罵。

局長雖然內心極為不快，但作為主管仍須努力改善。在求好心切之下，他去請教一位專家學者的意見。該專家學者建議局長要多聽取成員的意見，讓成員有參與的機會。局長於是利用問卷調查成員對改革局務的意見，可是問卷回收並經統計分析後，成員對局務的評價都不錯，對局長的領導作風也多所肯定，更少提出問題與建議。局長有點失望與茫然，他不知道下一步該如何走下去。

問題討論

一、你對陳局長的作法有何評議？
二、從這個案例來看，人性是善或是惡呢？
三、教育局成員對局長的經驗與指導，為何會表現出懷疑的態度？
四、如果你是教育局長，你會如何去提升此一教育局成員的士氣？

參考文獻

中文部分

王文科（2002）。**教育研究法**。臺北市：五南。

王德馨（1978）。**現代工商管理**。臺北市：三民。

古博文（2000）。**英國教育視導制度之研究**。國立臺灣師範大學教育學系碩士論文。

吳曉青（2001）。**學習型學校建構策略之研究**。國立臺灣師範大學教育研究所碩士論文。

李鴻章（2003）。**一位國小校長與他的行政決定之俗民誌研究**。國立嘉義大學國民教育研究所博士論文。

周幸吟（2002）。**中英中小學校長培訓與任用制度之比較研究**。國立臺北師範學院國民教育研究所碩士論文。

林天祐等（2003）。**教育行政學**。臺北市：心理。

林益興（2002）。**建構式領導成長團體動力研究**。國立臺北師範學院數理教育研究所碩士論文。

林朝夫（2000）。**縣市政府教育局組織文化與組織效能關係之研究**。國立臺灣師範大學教育研究所博士論文。

林錦勝譯（1976）。D. McGregor 著。**企業的人性面**。臺北市：協志工業。

林靜慧（2003）。**國中初任女校長組織社會化之研究：以六位女校長為例**。國立臺灣師範大學教育研究所碩士論文。

姜占魁（1996）。**行政學**。臺北市：五南。

柯秋蓮（2004）。**校長專業發展資源服務系統運用之研究——以臺北市國民小學校長為例**。臺北市立師範學院國民教育研究所碩士論文。

洪秀枝（2004）。**師範學院自籌經費籌措策略之個案研究**。國立臺北師範學院教育政策與管理研究所碩士論文。

秦夢群（2003）。**教育行政——理論部分**。臺北市：五南。

秦夢群、黃貞裕（2001）。**教育行政研究方法論**。臺北市：五南。

馬信行（1998）。**教育科學研究方法**。臺北市：五南。

張弘勳（1997）。**國民中小學實施學校本位管理之研究**。國立臺灣師範大學教育研究所碩士論文。

許傳德（1999）。**一位國小校長的生命史**。臺東師範學院國民教育研究所碩士論文。

陳惠邦（1998）。**教育行動研究**。臺北市：師大書苑。

黃乃熒（2000）。**後現代教育行政哲學**。臺北市：師大書苑。

黃貞裕（2000）。**教育行政方法論典範變遷之研究：實證論、後實證論、與後現代主義**。國立政治大學教育學系碩士論文。

黃昆輝（2002）。**教育行政學**。臺北市：東華。

黃政傑（1998）。**質的教育研究：方法與實例**。臺北市：漢文。

雷國鼎（1968）。**教育行政**。臺北市：正中。

廖世和（2003）。**兩岸高等學校教師聘任制度之比較研究**。國立政治大學行政管理碩士學程碩士論文。

廖春文（1994）。**廿一世紀教育行政領導理念**。臺北市：師大書苑。

歐用生（1995）。**質的研究**。臺北市：師大書苑。

蔡伊佑（2004）。**型塑學習型學校校長之行動研究——知識管理策略**。國立中正大學成人及繼續教育研究所碩士論文。

蕭美智（2004）。**校長實施臨床視導之研究——以臺北縣快樂國小為例**。國立臺北師範學院教育政策與管理研究所碩士論文。

謝文全（2006）。**比較教育行政**。臺北市：五南。

謝文全（2006）。**教育行政學**。臺北市：高等教育。

蘇美麗（2003）。**國小校長課程領導角色與策略之研究**。國立中正大學教育
　研究所碩士論文。

蘇桂美（2002）。**國民小學教育工作內容分析之研究——以臺中市一所國民
　小學為例**。國立臺中師範學院國民教育研究所碩士論文。

外文部分

Bertalanffy, L. V.（1968）. *General system theory: Foundations, development, applica-tions*. New York: George Braziller.

Campbell, R. F. et al.（1971）. *Introduction to educational administration*. Boston: All-yn and Bacon.

Cunningham, W. G. & Cordeiro, P. A.（2000）. *Educational administration: A problem-based approach*. Boston: Allyn and Bacon.

Derrida, D. M.（1978）. *Writing and difference*. Chicago: University of Chicago Press.

Etzioni, A.（1964）. *Modern organizations*. Englewood Cliffs, NJ: Prentice-Hall.

Fayol, H.（1949）. *General and industrial management*. London: Sir Isaac Pitman & Sons.

Fiedler, F. E.（1967）. *A theory of leadership effectiveness*. New York: McGraw-Hill.

Foster, W. P.（1986）. *Paradigms and promises—New approaches to educational ad-ministration*. Buffalo, NY: Prometheus Books.

Foucault, M.（1980）. *Knowledge power: Selected interviews and other writings*（C. Gordon, L. Marshall, J. Mephram, & K. Soper, Trans.）New York: Panthon.

Greenfield, T. B. & Ribbins, P.（Eds.）（1993）. *Greenfield on educational adminis-trations: Towards a human science*. London: Routledge.

Greenfield, T. B.（1995）. Toward a theory of school administration: centrality of lead-ership. *Educational Administration Quarterly, 31*（1）, 61-85.

Hack, W. G., Gephart, W. J., Heck, J. B., & Ramseyer, J. A.（1971）. *Educational ad-ministration—Selected readings*. Boston: Allyn and Bacon.

Hanson, E. M.（1996）. *Educational administration and organizational behavior*. Bos-ton: Allyn and Bacon.

Herzberg, F.（1966）. *Work and the nature of man.* Cleveland, Ohio: World .

Herzberg, F. et al.（1957）. *Job attitudes: Review of research and opinion.* Pittsburgh: Pschological Service of Pittsburgh.

Herzberg, F., Mausner, B., & Snyderman, B.（1959）. *The motivation to work.* New York: Jone Wiley & Sons.

Hodgkinson, C.（1991）. *Educational leadership: The moral art.* New York: State University of New York Press.

Hoy, W. K. & Miskel, C. G.（2001）. *Educational Administration: Theory, research, and practice*（6rd）. Boston: McGraw-Hill.

Kimbrough, R. B. & Nunnery, M. Y.（1983）. *Educational administration—An introduction.* New York: Macmillan.

Knezevich, S. J.（1975）. *Administration of public education.* New York: Harper & Row.

Lyotard, J.（1984）.*The postmodern condition: A report on knowledge*（G. Bennington & B. Masumi, trans.）. Minneapolis: University of Minnesota Press.

Maslow, A. H.（1954）. *Motivation and personality.* New York: Harper & Row.

McGregor, D.（1960）. *The human side of enterprise.* New York: McGraw-Hill.

Richey, H. G.（1964）. *Behavioral science and educational administration.* Chicago: The National Society for the Study of Education .

Saxe, R. W.（1980）. *Educational administration today—An introduction. Berkeley,* CA: McCutchan.

Taylor, F. W.（1947）. *Scientific management.* New York: Harper & Brothers.

第二章

教育行政的知識基礎

第一節 傳統教育行政知識基礎的不完整性

　　教育行政知識基礎之發展有其歷史變遷的脈絡。事實上，教育行政知識基礎的歷史變遷，係從十九世紀末開始，直到二十世紀末，總共經歷了五個時期，且每個時期皆有其訴求的重點（Culbertson, 1991）。然而時值二十一世紀的今日，教育行政組織的特質，也產生了新的變化。若以今日的角度，去看每個時期的教育行政知識基礎，則會發現它們本身皆呈現不足的情形。因此透過當前教育行政運作的趨勢，對於傳統之教育行政知識基礎進行批判，將有助於勾勒出符合現今需求的教育行政知識基礎，據以提出合理的教育行政理論觀點。

　　根據教育行政知識基礎發展的歷史軌跡，以邏輯實證論、詮釋學與批判理論典範最具代表性，可視為教育行政知識基礎的三大傳統（Culbertson, 1990）。其內涵有如社會學家 Burrell 與 Morgan（1979）所提出的功能主義、詮釋學與激進人文主義等典範。各種典範雖有其優點，但也各產生盲點。茲分述如下：

　　就邏輯實證論而言，它視教育行政的運作，是植基於最大化的自我利益，其教育行政理論強調功能的觀點，主張經由專門性知識的開發，來提升教育行政組織效能；然而它的缺點是教育行政組織目標常為領導者所提示，隱含教育行政工作的推動，具權力不對稱關係的存在，所以它產生犧牲部屬來成就目標的問題，進而產生**倫理性不足的問題**（Morgan, 1986）。就詮釋學而言，**它質疑功能觀點**，強調心理動機理解的重要性，其教育行政的理論強調文化的觀點，主張經由文化動機理解的歷程，來提升人們組織生活的意義感。**然而它的缺點是忽略文化實體常是權力操控的結果，文化價值乃權力操控的產物**，故文

化生活本身存在偏見（Morgan, 1986）；**由於生活意義本身是權力階級教化的結果，因此人們的生活方式乃 K. Marx 所稱之錯誤意識的產物**（false consciousness）（陳文團，1999），因為如此，錯誤理念一直影響人們的生活。至於批判理論則強調人類對於不符合自己生活品質的權力關係應進行挑戰，以利發展符合人類自己意願的生活型態，因此其教育行政理論強調反組織理論的觀點，旨在打破社會階級的藩籬；缺點是它容易導致教育行政運作的缺乏穩定性。

　　當前教育行政組織必須回應民主化、多元化、特色化的潮流（教育改革審議委員會，1996）。然而邏輯實證論強調普遍的律則，作為維持社會秩序的基礎，雖有助於民主教育行政運作的效率，但卻難以回應多元化的需求。詮釋學強調他人文化動機的理解，基於文化價值的相對論而言，它確實有催化教育行政運作之多元化的效果，但是根據個體所信守的文化假定來進行溝通，容易產生教育行政的病態（Hogwood & Peters, 1985），亦無力解決文化價值間矛盾的問題。批判理論強調不合理權力關係的反省，雖有助於落實教育行政民主化及特色化的運作，但卻容易流於放任，而產生為反對而反對的惡鬥。因此，上述這些傳統之教育行政知識基礎，就今日的角度而言，各有其優點，但各自處於不完全的地位。

　　本章首先討論教育行政知識基礎發展的歷史變遷，進而衍釋傳統之教育行政知識基礎。然後再透過現今的教育行政實體，批判傳統教育行政的知識基礎，藉以探索教育行政知識基礎的可能方向。

第二節 教育行政知識基礎的歷史變遷

　　談論教育行政知識基礎的歷史變遷，必須討論教育行政科學的發展史。Culbertson（1991: 6-20）將十九世紀末到二十世紀末教育行政知識基礎的發展，歸納成五個時期，依序為教育行政科學萌芽期（1875-1900）、教育行政科學立論確立期（1901-1925）、教育行政科學之實徵**推廣**期（1926-1950）、教育行政科學之理論運動期（1951-1966）及教育行政科學之重視挑戰理念期（1967-1985）。此一架構可以作為探索傳統之教育行政的知識基礎，茲就其詳細意涵分述如下：

壹 教育行政科學萌芽期

　　1875-1900 年為教育行政科學的萌芽期，此時以 Hegel、Plato、Aristotle 等哲學家的立論為代表。他們強調以推論的哲學思維，作為建立教育行政的知識基礎，因此知識效度是純理性歷程的產物，也就是說知識是演繹推論及哲學思辯的產物。此時期將論理定理、資料系統安排及因果邏輯連結定義為科學，目的在提供心智思考與行動規約的律則（Culbertson, 1991）。基於此，這個時期主張教育行政的運作，係植基於社會科學知識的直接應用，而且此知識係來自於純哲學思辯的推論。

貳 教育行政科學立論確立期

　　1901-1925 年為教育行政科學立論確立期，此時期以 Comte 與 Spencer 的立論為代表，強調以自然科學的觀點，來建立教育行政的知識基

礎，因此實證是建立教育行政知識效度的方法（Phillips, 1991），並提倡實驗歸納的重要性（Culbertson, 1991）。換言之，本時期顛覆十九世紀末，以 Hegel、Plato、Aristotle 之純推理的科學；而強調客觀資料歸納所得律則的重要性，作為教育行政協調指引的根本。

參 教育行政科學之實徵推廣期

1926-1950 年為教育行政科學之實徵推廣期，此時期以 Dewey 的立論為代表，強調以辯證的觀點，來建立教育行政的知識基礎。Dewey（1929）認為理性應該深植於生活的挑戰，社會與道德的歷程不應該有固定的目的。基於此，教育行政運作強調問題定義的重要性，且經由實驗與比較歸納所提出的理念，對於問題的定義較為完整，所衍生的知識也較有效度。換言之，教育行政的知識基礎是基於實用，而非植基於僵化的規則。故有用的教育行政知識，深植於教育行政的實際脈絡，它不存在於書本，也不存在於實驗室，故它必須經由民主的歷程來探索，且能合理定義教育行政問題。由此觀之，此時期強調人在建立教育行政知識基礎的角色。

肆 教育行政科學之理論運動期

1951-1966 年為教育行政科學之理論運動期，此時期的立論以維也納圈（Vienna Circle）學者的立論為代表。維也納圈學者把 Comte 的實證論加以發揚光大，而創造出邏輯實證論的主張，為教育行政科學開創新的局面。邏輯實證論強調較多的演繹，而且主張理論與實證的事實具相互關聯性。它尤其強調進行實證之前，必須要先發展理論、建立假設，並經由事實的資料加以驗證，目的在發現實證的律則，提出可類化的理論，來建立教育行政的知識基礎。

Culbertson（1983:15）認為邏輯實證論強調教育行政理論的運動，至少有五個重點：(1)組織成員的主觀認知不應該成為建立教育行政知識基礎的要件；(2)教育行政的知識基礎是植基於事實的理論，而且理論具描述、解釋、預測的功能，但不具診斷的功能；(3)有效的研究是根植於理論，同時也受到理論所導引；(4)假設—演繹是產生理論的方法；(5)有效的研究是根植於理論，同時也受到理論所導引；(6)社會科學是植基於理論的發展；(7)理論具有類化的特質。

伍 教育行政科學之重視挑戰理念期

1967-1985 年教育行政科學融入挑戰的理念，強調對普遍的律則進行質疑（Scheurich, 1995）。由於普遍律則的發現是實證方法的重點，因此這個時期又稱為後實證時期，以詮釋學與批判理論為最具代表性，來建立教育行政的知識的基礎。它們不主張普遍規律的客觀實體，而認為教育行政運作應該重視組織成員的主觀認知及詮釋。因此它們以理解的經驗及認知的實體，來建立教育行政的知識基礎（Greenfield, 1978）。

基於此，Donomyer（1991: 270-273）強調後實證主義的認識論，著重政治及知識間的關係，會基於下列幾種假定，包括教育行政運作：(1)較為觀念導向、而非實證導向，探討問題的設定、而非問題的解決；(2)強調意義的詮釋；(3)意義是經由論述而創造；(4)真理是意義詮釋的產物；(5)領導者是扮演驅動審思的角色，並且激勵成員的開放互動；(6)重視主體的欲望。

第三節　傳統之教育行政的知識基礎

　　從教育行政知識基礎發展的歷史變遷來看，除了十九世紀末以哲學為主的教育行政知識基礎，尚未受到普遍認同之外（Murphy, 1995），其餘嚴格說來，二十世紀主導教育行政運作的知識基礎，可以大略區分為兩種特質：一為 1966 年以前強調實證導向的教育行政知識基礎，重視客觀的實體；二為 1967 至 1985 年強調後實證導向的教育行政知識基礎，重視主觀的實體。實證導向的教育行政知識基礎，以邏輯實證論的主張為主（Blanke, 1990）；後實證導向的教育知識基礎，以詮釋學與批判理論為主，而且 1985 年前的後實證教育行政知識基礎，更強調挑戰或否證的觀念（秦夢群、黃裕貞，2001；Murphy, 1985）。因此傳統之教育行政知識基礎，來自於邏輯實證論、詮釋學及批判理論三種主張（Culbertson, 1990: 13-25）。

　　由於認識論是處理知識來源的學問，故它是討論教育行政知識基礎的學問，**亦可以成為理論的基本假定**（Wood, 1997），**且理論比認識論而言更貼近於實際**（Bredo & Feinberg, 1990），因此分析教育行政的認識論，所建構的理論觀點，將有助於教育行政的知識更貼近實際，進而加強其在教育行政的應用性。以下茲就邏輯實證論、詮釋學及批判理論典範的認識論及理論觀點，詳細分析如下：

壹　邏輯實證論

　　邏輯實證論強調人文現象及自然現象的知識基礎具有相通性。由於自然現象的描述常運用符號邏輯，就如化學實驗是一種自然現象，會運用公式、數據、假設，來表達研究的歷程及結果，因此邏輯實證

論會透過數學符號邏輯建立假設，然後經由事實資料的蒐集，來驗證數學邏輯是否成立。基於此，邏輯實證論視教育行政知識之所以有效，是因為知識能夠正確描述事實，而且知識是某種變項間的因果關係。

深入來看，邏輯實證論的數學邏輯，必須先建立研究的假設，例如「校長轉型領導對於學校效率有正面的影響」，就是一種對立假設，且如此假設的建立須先有理論基礎，然後經由客觀事實的資料，加以考驗，即所謂「假設—演繹」的邏輯。若假設成立，則該假設便會轉化成有效的知識，知識亦是變數間的因果關係，因此知識本身就是一種理論。由於知識是普遍事實的結果，它具有客觀性，也能幫助建立普遍的行為律則，因此知識能放諸四海皆準，具有類化的特質，在不同情境皆具有功能性，特別具有維護社會穩定秩序的功能（Burrell & Morgan, 1979）。

邏輯實證論視理論是普遍事實的結果，亦是變數間的因果關係，具有預測事物的效果。因此，它認為直接運用理論，就可以有效處理教育行政的實際問題。顯示理論具有技術的特質，它是達成目的的手段。準此而言，它主張以技術的方式來處理實際的問題，並以技術性之知識來控制實際的狀況，進而將之導引朝向理論的理想訴求，故知識運用常透過獨白式的溝通（Bredo & Feinberg, 1990）。由於知識本身具有超然性，不去探索主體的主觀世界，因此它會忽略個別情感差異的理解。

邏輯實證論有一理論的特質，值得加以討論，那就是每個理論背後都有基本假定，即Merton（1968）「中程理論」（Middle Range Theory）意旨。事實上，**正統組織理論**建立在效率的假定，**對於某種時空下，效率並不一定是重要的訴求，會加以輕忽**（Quinn, 1988）。例如，**某個教師生了重病，若此時仍然以效率為主軸的貫徹，則教師易於衍生出瘋狂行為，對於組織效率的提升也會產生不利的影響**（Caputo & Yount,

1993）。有鑑於此，邏輯實證論之知識觀著重表象事物的描述，並著重實踐的控制特質，以利快速達到理論所訴求的目標，但對於忽略主體的動機，所產生對於實現組織目標的障礙，則不加以考慮（黃乃熒，2001）。

根據邏輯實證論的認識論，它主張功能論的教育行政運作，視教育行政組織理論為處理效率及效能的問題（Morgan, 1990）。因此邏輯實證論的教育行政理論，是植基於功能觀點（Salaman & Thompson, 1973）。綜觀教育行政的理論運動，選擇幾種理論觀點來加以說明。茲分述如下：

Hoy 與 Miskel（1987: 8-30）區分了三個教育行政理論的發展階段，可以約略解釋教育行政的理論觀點。第一階段稱為稱之為古典組織思想，以Taylor的科學管理理論、Fayol的計畫—組織—命令—協調—控制論，及 Urwick 的 POSDCORD（計畫、組織、用人、引導、協調、報告、預算）的理論為代表。這個時期的重點在強調教育行政效率，目的在促進理想目標的達成。

第二個階段是1930年代的理論，以Follett的理論為代表，強調人際關係行政理論的重要性，也強調工作的滿意度。本階段以芝加哥霍桑廠的實驗最為有名，這實驗是在一所電子公司進行的，試圖瞭解電燈的開關對於員工的績效有無影響。結果發現關掉電燈的時候，員工的工作績效不降反升，原因在於員工知道有他人在注意他們的工作。此階段所建立出來的理論，仍強調績效的重要，以功能為教育行政理論的重點。

第三個階段稱為行為科學階段，此時期的理論以Barnard與Simon的理論為代表。就Barnard的理論而言，Barnard（1938）的教育行政學理論，強調兩個元素：一則強調組織的合作體系，二則強調正式組織的重要性。Barnard認為組織所以能夠成立乃基於：(1)人們能夠彼此溝通；(2)人們願意貢獻行動；(3)能夠成就共同的目標。因此所有的溝通

行為，皆在成就教育行政的目標，故教育行政績效之實現是它的重點。就Simon的理論而言，Simon（1957）在《行政行為》（*Administrative Behavior*）一書中，認為傳統「經濟人」模式的教育行政理論不切實際，而主張應該基於有限理性的原則，強調行政行為的滿意度、接受性，而非最大化的目標成就，但是仍強調目標達成的重要性。

晚近1950年代，開放系統理論被視為教育行政運作的重要技術，強調教育行政組織調適外在環境的必要性，而且調適的基礎是基於組織的客觀需要，目的在加強組織存活的觀念。基於此，權變理論是常被應用的理論，強調組織必須置身於廣大環境的假定，而且視組織與環境為相互依賴關係的意涵，目的在促進環境變遷的調適，以利組織能夠存活下來。這種組織與環境相互依賴關係是基於功能的假定（Morgan, 1986），因此它仍是邏輯實證論的理論觀點。

貳　詮釋學

詮釋學主張的代表性人物包括 Schleiermacher、Husserl、Heidegger 與Dilthey等等。它的哲學基礎是植基於現象學，主張現象的理解為教育行政運作的重要基礎。所謂「現象」係指互為主體的關係網絡，也是我們常說的脈絡（Husserl, 1970），而對於脈絡進行理解及詮釋，所產生的意義就是知識。因此在教育行政運作的歷程中，對於文化脈絡進行理解，是一件重要的工作。

由於互為主體所構成的文化脈絡具有變動性（Geertz, 1973），原因在於主體具動態性、獨特性、動機導向的行動表現，因此必須經由持續的詮釋，透過新意義的揭示，來增進對現象的理解（Gadamer, 1975; Ricouer, 1974）。由於理解行動的持續性必須建立在社會互動之上，因此分享的詮釋是正確理解現象的重要途徑。分享詮釋的過程旨在理解他人，若詮釋得到共同意義的理解，則認定所建構的知識具有效性。

基於此，詮釋學的教育行政運作強調人類學的觀點，著重質化的教育行政歷程，**重點在於教育行政知識的建構，是植基於實際脈絡的意義理解**。

此外，詮釋學強調分享的詮釋是探索知識的必要方法，且會經由「我—汝」關係或社群關係建立的過程，來創造的知識。由於「我—汝」關係建構的過程，本身就是一種對話的行為（Hitt, 1988），因此詮釋學強調對話在創造知識的角色。「我—汝」關係是一種文化網絡，內容兼具價值及事實，必須透過探究來加以理解。探究者必須把自己置身於某個文化傳統裡，方能正確理解該文化的意義，故詮釋的探究旨在對於組織的文化進行理解。基於此，詮釋學強調文化傳統的理解，並認為文化的理解具有科學性（Evers & Lakomski, 1991）。

深入來看，理解與詮釋會連結到特別的社會現象，並經由歷史情境及心理動機的瞭解，來建構知識。有鑑於此，教育行政的運作必須抱持他人優先的態度，以擬情的態度對於別人主觀世界進行審視的觀察（Bredo & Feinberg, 1990）。尤其文化脈絡會以個案的方式呈現，因此個案研究是探索知識的重要方法。綜言之，詮釋學之認識論的科學性，是基於下列幾種特質（Evers & Lakomski, 1991）：(1)視理解是促進社會互動的原因；(2)**強調意義是植基於意圖的瞭解**；(3)**理解他人者致力於自我心智模式的修正**；(4)視知識具有務實性；(5)**意義可以提升組織的生活品質**。

根據詮釋學之認識論，詮釋學會加強文化生活型態經營的主張。由於文化脈絡的詮釋所產生的意義就是理論，因此詮釋學主張理論是經由實際情境創造出來的，並強調經由個體主觀內在動機的理解，來提升教育行政的實踐性。基於此，理論是從觀察而來，而非從演繹歷程發現所得，理論不是邏輯推論的產物，而是現象理解的產物，而且現象是一種文化網絡（Glaser & Strauss, 1967）。換言之，詮釋學的教育行政理論，是植基於文化的觀點。

　　而談到文化觀點的教育行政理論，當以 Silverman（1975）的組織理論為首。Silverman 認為教育行政組織理論，應該植基於社會實體建構的觀點，強調社會關係的維持及改變。他採用較自願性及主體性為導向的行動理論，旨在排除社會現象的物化，進而提升學校組織成員能夠享受自己建構而來的生活型態，故教育行政理論的觀點，會排除結構性的絕對關係；反之，它強調在社會世界中主客體間的過程性關係，以利維護社會世界中互為主體的特質。基於此，文化觀點的教育行政理論，**著重組織成員動機的維護**，進而提升組織成員對於組織的承諾，以及促進組織成員間的社會親密關係（Deutscher, 1966）。更深入來說，文化觀點的教育行政理論，視每一個歷史有它自己的偏見與假定，教育行政溝通旨在探索人們賴以生活之文化意義或歷史軌跡，以利維護人類真正的經驗，作為教育行政運作的重點（Deutscher, 1966）

參 批判理論

　　批判理論的代表性人物，包括 Adorno、Horkheimer、Fromm、Marcuse 與 Benjamin。它與詮釋學的主張相同，皆不認為社會現象與自然現象具共通性。然而批判理論強調社會的問題，係源自於意識型態的宰制。由於意識型態會與權力相伴而生，特別是政治性與經濟性的權力，更容易產生意識型態的宰制，因此批判理論強調經濟及政治權力合理性的分析，對意識型態的不合理性進行反省，以避免意識型態的宰制，進而促進組織或社會限制的啟蒙。批判理論強調專注於組織或社會限制的反省，經由理性的反省，促進社會關係的無限可能性。換言之，批判理論強調透過理性的反省，來促進意識型態宰制的啟蒙，以提升社會正義（Guess, 1989）。簡言之，批判理論強調人們應從傳統、霸權、權力關係、身分設定解放出來，以澄清人類真正的需要，並能使人類持續較久的滿足（Pfeffer, 1997）。

意識型態的宰制通常會產生錯誤意識，進而提示錯誤的理念，而批判理論強調排除**物化**來發展正確的理念（陳文團，1999）。也就是說它強調人們應從錯誤意識解放出來，作為探究知識的基礎，而人類潛能的開發則是其主要目的。在解放錯誤意識的過程中，必須對於現存的權力結構加以反省，而辯證則會促進解放的行動，它是一種測試現在、並探索未來的行動，並藉此建立倫理性的社會關係（Habermas, 1987）。倫理社會關係就是 K. Marx 所稱的實踐（praxis），故其透過倫理的實踐來創造知識。

由於意識型態的批判會創造新的意識型態，因此倫理的實踐也具意識型態的意涵。有鑑於此，它認為社會科學不可能是價值中立的產物，因為當社會科學關係到權力的議題，必須處理利害關係人間的興趣、衝突問題（Morgan, 1986; Morgan, 1989）。因此，批判理論強調利害關係人立場的維護，且經由真誠的溝通來探索知識，故知識具有構成的特質，知識效度是植基於理性的反省，旨在提升社會結構的更具合理性（Habermas, 1972）。而藉由互為主體的理解、相互質詢的行動、深度的詮釋、矛盾與對立的辯證，來察覺意識型態的物化，促進社會行動解放，則是批判理論探索知識的方法。換言之，批判理論旨在經由解放促進反省，藉以改善教育行政的運作。

批判理論強調權力結構不合理性的反省，因此教育行政理論的目的是在改變實際，而且新的實際要求新理論的形塑。由於改變實際就是在促進實踐，所謂實踐就是社會安排的自由及創造性的重建，如此重建是植基於溝通理性，以探索現在社會形式的限制及可能性，達到避免系統扭曲的目的（Benson, 1983）。因此，批判理論的教育行政理論，是植基於實踐的觀點。

實踐觀點的教育行政理論，強調權力關係的不斷重建，並藉由倫理的探索重建未來。由於它會強化現存秩序或權威的反動，因此辯證成為發展理論的重要方法，**以期教育行政運作**從宰制的關係中解放出

來（Benson, 1983: 115-116）；也就是說它經由解放的知識，達到教育行政倫理實踐的目的，即Clifford（1988）所稱「脈絡實踐的論述模式」，旨在強化權力的平衡關係，避免主體被宰制的可能性。基於此，批判理論會專注於社會關係的改變，而且教育行政的運作，旨在加強組織弱勢者的論述意識，藉以反省意識型態的不合理性，來考慮教育行政脈絡及情境的公平性，以避免系統的扭曲性（Mischler, 1986; Mumby, 1988），藉以開展更合理的社會關係，讓人感受到教育行政運作更有意義，因此批判理論強調社會結構的發展，作為教育行政運作的基礎（Bohm, 1987）。

實踐觀點的教育行政理論強調互為主體的論述，或曰集體自主的論述，著眼於即刻操作層級的實踐（Clifford, 1988）。而它強調溝通能力及理想的言談情境，旨在追求真正的共識，以利維護人類真正的生活經驗，並經由人性化、參與、合作的歷程，進而確保教育行政組織變革的成功（Evers & Lakomski, 1991）。基於此，批判理論強調歷程融入目標界定的重要性，**以提升合理組織形式的創造**（Benson, 1983）。

此外，批判理論反對強勢者展現霸權，也反對弱勢者受到宰制。如此著重於挑戰的意涵，教育行政理論的重點，旨在打破階級關係的藩籬，且反對傳統組織理論運用上下權威關係模式，作為教育行政運作的基礎。反之，它強調 Burrell 與 Morgan（1979）提出之反組織理論的教育行政觀點，重視從壓迫政治力量解放出來的價值性，故人類的欲求應納入教育行政運作體系（Clegg, 1975）。Burrell 與 Morgan（1979）把這種觀點稱之為激進人文主義，強調人性、社會性、整體性、意識、反動的力量、技藝、價值理性等理論內涵。

第四節　傳統教育行政知識基礎的批判反省

　　Griffiths（1979）認為教育行政的運作應該尋找新的定位，而且應強化挑戰的理念，原因在於以實證理論為本的教育行政運作，相當忽略倫理的實踐，必須經由挑戰的歷程，來加強不合理權力結構的反省，促進教育行政倫理的實踐。由於倫理的實踐為當代教育行政組織的重要議題，因此後實證主義的教育行政運作，包括詮釋學與批判理論，有必要加以重視（Murphy, 1995）。

　　Murphy 進一步批判邏輯實證論，進而勾勒出後實證觀點之教育行政運作的重要性。他認為實證科學的理論運動或有其時代的需要性，但就當代的教育行政組織而言，是一種錯誤的模式，尤其把具普遍律的理論，視為解決教育行政問題的唯一法寶，更不可行。他認為教育行政組織不可能存在客觀的實體，因為教育行政組織是社會互動的結果。基於此，詮釋學及批判理論對當代的教育行政組織而言，更具重要性，也就是說文化觀點及實踐觀點的教育行政理論，似較能解釋當前教育行政的實體。

　　申言之，文化觀點的教育行政理論，強調互動、持續、重新的創造實體，故反對純理性的經濟模式（Evers & Lakomski, 1991）；實踐觀點的教育行政理論，則強調朝向較弔詭、複雜、對立的理解模式。前者強調經由多重心向的揭露，反省教育行政實際及文化信念的合理性（Clifford, 1988），後者強調經由衝突批判權力結構的不合理性，藉以促進社會關係的轉變。兩者的教育行政運作，強調當組織成員的文化信念無法獲得理解，或壓抑無法獲得紓解時，他們會感受到生活的不滿足感及無意義感，則透過社會互動來建構實體的行為應持續進行

（Gage, 1989）。而詮釋學及批判理論之挑戰的意涵，強調定於一尊規範的解放，並重視多元價值的重要性，以維持組織成員的內在動機，及反省系統因為權力所產生的扭曲，以利教育行政運作的合理性。

除此之外，Gage（1989）對於邏輯實證論的教育行政運作，亦頗多批判。他認為自然科學的方法，是無法解釋教育行政現象的。而詮釋學強調行動的觀點，會處理組織成員的內在動機，以增進教師教學特色的可能性；批判理論強調解放的觀點，會經由利害關係人的衝突，來促進組織的變革。由於當前教育改革朝向學校本位經營的趨勢，其中重要的意涵之一，在於強化學校及教學特色，而詮釋學恰可以回應這樣的教育改革潮流。再則批判理論強調不合理社會結構的反省，藉以促進社會關係的改變，以利所有受教者或利害關係人得到全面性服務。由於當前教育改革潮流有把「利害關係人」的意涵，融入教育行政運作的趨勢，例如教師會的成立、家長會直接參與校務的運作、教評會的運作必須要有各方的代表等等，而批判理論恰可以回應這樣的教育改革潮流。

Pfeffer（1997）也曾批判邏輯實證論之功能觀點教育行政理論的角色，原因有三：⑴**理論運用難以發揮完全的影響力；理論與美麗詞藻沒有兩樣，它讓處理問題的概念易流於形式化**（Van Maanen, 1995）；⑵自然科學的現象與社會科學的現象有異；⑶好的理論應具有實踐性。因此理論必須基於脈絡，而非是一種普遍的法則。難怪Clegg（1990）會認為教育行政的運作植基於已建立的理論，會產生很大的限制。由此顯示，詮釋學及批判理論的教育行政運作，有必要加以推廣。

Murphy（1995: 67-69）也曾批判邏輯實證論，認為未來教育行政運作，應該加強挑戰的意涵，它的認識論應該著重幾方面的處理：⑴倫理與價值的處理；⑵要注意學校及教育的社會文化脈絡，故行為的觀點應該被社會或認知的觀點所取代，科層的關係應該被專業社群的關係所取代；⑶加強專業的技藝向度。此外，美國教育行政的大學委員

會（UCEA），認為未來教育行政運作，應著重幾方面的專業能力（Bredeson, 1995: 52）：(1)注意社會及文化在學校上的影響；(2)注意教與學的過程；(3)注意政治的影響；(4)注意法律的正當性與倫理性。這些論點隱指後實證主義的教育行政運作的重要性。

直到 1985 年前夕，後實證主義的教育行政運作，以詮釋學與批判理論為主軸，著重挑戰的觀念，已經為教育行政開展了新視野。但是無可否認，教育行政的知識基礎，從實證的觀念移轉到辯證挑戰的觀念，對於教育行政運作的影響，也產生諸多問題。由於教育行政科學的挑戰時期，著重多元主體動機的維護，及對於既存權力結構的挑戰，容易導致教育行政運作的缺乏方向感，太混亂的結果，亦使得組織成員缺乏安全感。原因在於教育行政的運作，缺乏整合的機制，會產生互相傾軋及無所適從的問題。因此以「挑戰」加「整合」兩元素，構成教育行政運作的方向，將成為 1986 年後教育行政的重要課題。而且挑戰加整合，將可促進「正」、「反」、「合」歷程的充分運用，就是所謂辯證的方法。因此未來教育行政的運作，應該加入辯證方法的運用。也就是說自 1986 年後至今，應該強化以辯證為本的教育行政運作。只是如此辯證的方法，應加強矛盾、對立的整合，而非為批判而批判，或無限制的挑戰及鬥爭。

就我國教育行政生態而言，挑戰加整合作為建立教育行政知識基礎的機制，有它的重要性。原因是當前我國教育改革朝向多元化、民主化、特色化的方向，可以運用激勵多元差異的挑戰意義，或運用權力霸權反動的挑戰意義，作為教育行政運作的核心價值。但是詮釋學強調多元的差異，卻未處理多元衝突及相互挑戰間的不安；批判理論的反組織理論觀點，強調激進的人文主義，容易產生為反對而反對的行動，而衍生沒有組織理論導引的教育行政行為，勢必造成支離破碎的互動結果，而出現反專業的行為。為了因應多元化、民主化、特色化的教育行政趨勢，後實證主義的教育行政運作，應該加以重視。但

是應該轉化一味挑戰之辯證意義，轉變成加強整合之辯證的意涵，方
具建設性。原因是批判解放的教育行政運作方向，會增進教育行政倫
理的實踐，但是它也會產生拒絕「整合」的問題，而產生教育行政倫
理實踐的問題，對於我國的教育行政運作，也未必有效（Rosenau,
1992）。基於此，加強矛盾、對立的調和，應該作為建立教育行政知
識基礎的機制。

第五節　未來之教育行政知識基礎的可能架構

　　未來教育行政的知識基礎，應該植基於矛盾、對立的調和。Murphy
（1995）就認為未來教育行政科學的運動，應強化辯證的方法。只是
辯證應該加強「挑戰」與「整合」的意涵，方能解決後實證主義時期
的諸多問題，包括：(1)教育行政運作缺乏考慮組織的結果；(2)可能忽
略知識基礎的道德、倫理向度。Foster 認為教育行政領導是一種道德
科學，但必須加強衝突的整合（Sanford, 1995）；(3)教育爭議的不當處
理，會造成無止境的對抗，而形成教育行政運作的虛無現象；(4)專業
才智架構具反智性，它雖考慮多樣情境的變動性，但是產生流於放任
的問題；(5)技藝向度的領導難以落實。技藝知識的運用有它的情境
性，必須運用多重典範的知識，加以診視，並選擇適當的理論加以運
用。難怪，Anderson 與 Page（1995）會認為未來教育行政的運作應減
少技術導向的知識，而要加強地方文化規範的知識、技藝性的知識
（實踐者經由理解所建立的意象、例子及行動）、重視個人需求為主
的知識、批判性的知識（後設故事敘述的反省）。只是這些知識要能
夠落實，必須加強辯證方法之整合運作，否則知識的錯誤假定及虛無

化，將阻礙教育行政的問題解決能力，再次說明了辯證的教育行政理論應加以推廣，且此辯證的觀點應該加強整合的意涵方為有用，成為建立未來教育行政知識基礎的重點。

組織理論為主的教育行政理論，結構建立是其重要的向度（Daft, 1989）。而未來教育行政的運作，強調矛盾、對立調和的知識基礎，除了要對不合理權力結構進行反省之外，更要積極建構新結構來調和不同的意志，因此結構應具有發展性，而且更加強它的整合機制，進而維持組織理論的架構，較符合教育行政結構的品質要求。有如Giddens（1984）之「結構—行動理論」的主張，強調結構必須由行動所構成，構成的結構也是驅動行動的來源。因此**「結構—行動理論」**除強調激進人文主義之解放行動之外，更強調對立及衝突係人們受到壓迫的產物，應該視之為正常的現象，但是必須以新的結構來調和興趣的衝突，方能確保倫理性。基於此，教育行政的運作強調權力關係的合理性，來確保它的道德性（Hodgkinson, 1991）。由於矛盾、對立調和的方法所激勵的對話，會避免意識型態批判所導致虛無的結果，也探索共同的行動意義，以樹立共同的行動方向，來加強差異的整合。因此，對話的模式將促使論述的元素變得具有價值性（Clifford, 1988: 43），原因在於它可以避免教育行政運作的過於混沌，而難以達到教育行政倫理實踐的目的（Fay, 1987）。

準此而言，未來教育行政的運作，應強調矛盾、對立調和的知識基礎，其教育行政的理論觀點，應強調價值衝突的調和（Mitroff, 1983）、共演化關係的管理（Bateson, 2000）、相互融攝性理論的運用（黃乃熒，2000；Park & Backoff, 1989）、**現象的反省**（Mitroff, 1983）以及情感的關懷（Mumby & Putnam, 1992）。茲就其意涵分析如下：

壹 教育行政理論觀點應強調價值衝突的調和

教育行政組織是一個價值衝突的世界（Sergiovanni, 1995），亦即教育行政組織為主觀構成的世界。因此主體有權選擇他們的行動範圍，主體間的衝突應視為必然的現象。基於此，教育行政理論應該融入利害關係人的觀點，以確保組織成員的利益不受不當的剝奪（Mitroff, 1983）。也就是說利害關係人的立場，可以定義教育行政組織的發展方向。但是利害關係人為了維護自我的利益，會以自我的立場，對於別人進行無止境的挑戰，而出現**拒絕整合**的行動，將會產生支離破碎的現象，必須加以避免。事實上，後實證時期的教育行政運作強調解放的行動，旨在促進教育行政倫理的實踐性。然而，問題是如此解放的歷程，將使教育行政的運作太過於混亂，進而產生教育行政倫理性不足的問題。

基於此，教育行政理論的觀點，應強調辯證方法之矛盾、對立及整合的行動。因此價值衝突及調和，成為教育行政組織的重要理論原則，原因在於它既重視不合理權力關係的解放，也強調權力的平衡關係，來促進教育行政的革新（Torbert, 1991）。其中權力的平衡關係，必須植基於權力運用的正當性及教育行政組織系統性發展的探索，應作為教育行政理論的觀點。簡言之，教育行政的理論重點，應該加強衝突的激勵與調和，且兩個步驟都很重要、缺一不可。

基於此，在教育行政歷程中，仰賴倫理關係的建構（合理權力關係的建立），來提升衝突解決的承諾，益形重要，唯有倫理建構的歷程，方能有根本性的衝突解決。因此教育行政的理論重點，是經由倫理的實踐，作為解決價值衝突的基礎，並藉以來提升教育行政的效率。難怪 Evers 與 Lakomski（1996）會認為，最大化效率的問題解決導向，容易導致沒有倫理性的結果，因此基於效率來作選擇，**必須視之**

可能產生教育行政道德性不足的問題，否則會有降低效率的問題。準此而言，教育行政的倫理實踐的位階，應該把它放在比效率還高的位階，成為教育行政理論的重點，旨在確保價值差異衍生衝突的有效解決。

貳 教育行政理論觀點應強調共演化關係的管理

　　因應後現代組織的來臨，去中心化行動的提倡，教育行政組織應視為具複雜性的現象（Mitroff, 1983）。因此系統元素間的循環對抗，可視為解決教育行政問題的契機。**而辯證的方法對於已存社會結構進行質疑**，必須加強挑戰者與被挑戰者間相互依賴關係管理，方有助於增進質疑行動後的社會整合，進而促進組織複雜現象的管理，成為教育行政理論的重點（Gage, 1989）。也就是說經由非線性的認知方式，來理解組織成員的行為動機（Lee, 1950），並以即刻的意義創造回應教育行政組織的複雜現象（Clandinin & Connelly, 2000）。然後透過意義開展的歷程，不斷回應組織成員的動機，以利組織成員的持續性滿足感與快樂感，來加強差異的整合。

　　基於此，教育行政領導的重點在於反省，因為面對變動不居的世界，探究歷程的改變、探究者的改變、觀點的改變及結果的改變，都必須植基於反省方能達成（Clandinin & Connelly, 2000）。而且探究的歷程，旨在尋找任何的可能性，會促進相互改變的歷程，來維持系統的均衡管理，以避免拒絕整合的行動出現。故教育行政的理論觀點，應該強調系統元素間的共演化的關係（Bateson, 2000），亦即經由主體間相互成長的探索，來加強利害關係人間的相互依賴關係管理。基於此，教育行政實踐的過程，就是運用及創造理論的歷程，原因在於透過教育行政實踐者的自我改變，促進相互成長的機制，加強相互依賴關係的管理，具創造理論的機制，而且能真誠加以運用。因此未來教

育行政的理論觀點，應加強利害關係人間共演化關係的管理。

參 教育行政理論觀點應強調理論運用的相互融攝性

教育行政組織現象趨於複雜化，且複雜的概念源自於多元立場的對抗，以及情境或條件的多樣性。因此任一種典範的教育行政運作，皆有它的限制性。而辯證的另一種意涵，強調不同理論的相互融攝性。例如，同時論證科學及價值導向的理論應用範圍，將有助於教育行政問題的診斷（Park & Backoff, 1989）。基於此，不同典範的教育行政理論，應同時應用來解決教育行政的問題，原因在於它們之間雖具不可共量性，但卻具有互補性。也就是說教育行政的運作，應從單一典範轉向多重典範，旨在避免強調信守單一典範，產生教育行政運作觀點不足的危機（Pfeffer, 1997）。Schwab（1960）認為在面對教育行政組織的複雜現象時，必須**透過探究歷程**來理解實體。探究的重要意涵，是指行動不應受制於理論及方法論的侷限，且根據不同情境，選擇適當典範所衍生的理論觀點，則是它的重點。這樣的立場必須經由辯證的反省，來促進教育行政理論的合理運用。基於此，多典範的知識基礎及理論的運用，會促進理論多元主義的實踐，它具有兩種意涵（Griffths, 1995: 308）：首先，教育行政領導者應該同時運用多元觀點的理論，來解決實際的問題；其次，教育行政領導者針對個別的問題，選擇一個或多個理論，來加以解決。例如，透過「以理解加強信任、以規範加強穩定」等不同典範理論間的相互融攝性，來對於教育行政情境進行診斷，容易瞭解根本問題之所在。

肆 教育行政理論觀點應強調現象的反省

現象是互為主體的關係網絡。若互為主體的關係網絡變成靜態的

文化價值，則錯誤的假定會導致問題，且教育行政的運作太穩定會產生不思創意的問題，因此**反省人類的文化價值**是理論運用的重要原則（Mitroff, 1983）。反之，互為主體的關係網絡若植基於過度膨脹的主體意圖，則教育行政未免太過不穩定，難保不會發生相互攻擊的事情，亦難以維護教育行政的倫理。而教育行政理論觀點強調現象的反省，既會探索文化價值的不合理性，也會加強個體間共同行動領域的建構，將可以經由辯證方法之挑戰及整合的行動，來探索穩定及變革間的互補關係，以確保教育行政組織的革新。深入來看，批判的重點在於加強主體間的相互擾動關係，藉以促進組織變革的機制，但是也加強動態平衡的維持，藉以維持關係的穩定，將有助於教育行政組織的永續發展。因此教育行政理論觀點，應該強調現象的反省。

伍　教育行政理論觀點應強調情感的關懷

　　教育行政理論觀點的未來趨勢，強調批判的行動，因此常出現整合困難的問題，原因在於弱勢者的情緒性挑戰，或強勢者的無情打壓，皆會出現階級立場間整合的困難。詳言之，弱勢者對於強勢者的挑戰，有可能讓弱勢者受到再一次打壓，讓弱勢者更為弱勢，到最後會出現瘋狂性的反抗（Foucault, 1979）。例如，教育行政的運作，在當前民主氛圍的影響下，上司會給予部屬挑剔主管不合理行為的機會，但是卻也讓部屬再一次受傷的機會；也許升遷輪不到他、把他歸屬在不是自己可以交心的人等等，會讓弱勢者愈形弱勢。基於此，教育行政理論觀點應該加入關懷、憐憫、支持及愛護，**重視以互為主體為本的實體建構歷程**（Mumby & Putnam, 1992）。因此弱勢者在挑戰過程中，必須顧及上位者的高處不勝寒而加以支持。反之，強勢者在面對挑戰時，也要顧及弱勢者所處工作條件的不利，並加以包容、同情、愛護，方有助於在挑戰的過程中，有整合的可能性。基於此，教育行政

理論觀點應該強調情感的關懷，方不會出現非理性的鬥爭。

第六節 邁向教育行政的新典範

鑑古可以知未來，探索教育行政的傳統，藉以發現未來教育行政的趨勢，可以提出教育行政運作的新典範，並澄清不合時宜的理論觀點，促進教育行政問題解決的能力。

根據教育行政知識基礎的歷史變遷，它經由純哲學的論述，進入實驗性的實證科學，再進入整合哲學及實證的教育行政科學，就是所謂邏輯實證論，傳統之教育行政的知識基礎，即以此為重要的主軸，然後再邁入後實證時期，包括詮釋學及批判理論，則是當代教育行政運作的另一主軸。因此邏輯實證論、詮釋學及批判理論，可以說是教育行政知識基礎的三大傳統。

然而，如此三大傳統各有特色及盲點。就盲點而言，邏輯實證論的教育行政知識基礎太強調知識的霸權，並以放諸四海皆準的規定加以呈現，因此詮釋學及批判理論可以說是批判它的產物，原因它們皆強調知識的解放特質，可以避免教育行政規則的宰制性。但是詮釋學強調文化的理解，卻產生**疏於對於該文化假定合理性進行反省、以及無法解決文化價值間無止境衝突等問題**；批判理論強調不合理權力結構的反動，卻會流於為反對而反對，而無法處理虛無運作的反專業行為：只要我喜歡有什麼不可以的迷思。基於此，有必要創造新的教育行政典範，來因應未來教育行政的民主化、多元化及特色化的趨勢。由於經由辯證方法的批判，來解決權威結構及文化假定的不合理，有它的意義性，但是卻無法處理解放之後穩定維持的問題。因此教育行政的知識基礎，除了要加強辯證方法的挑戰意涵外，也要加強辯證方

法的整合意涵。基於此,教育行政的理論觀點,應該強調價值衝突的調和、共演化關係的管理、理論的相互融攝性、現象的反省及情感的關懷。申言之,混沌認識論及自我組織的教育行政理論,應為未來指導教育行政運作的重點。茲就其原因分述如下:

壹 教育行政應朝向於混沌認識論

未來教育行政的知識基礎,強調辯證的方法運用,而且是植基於解放挑戰及整合的意涵。而混沌的認識論,主張以「耗散結構」作為創造教育行政知識的基礎(Prigogine & Stenger, 1984),它強調系統元素間會自成一個豐富的體系,且以系統元素連結而成的整體身分,不斷產生演化機制的實體建構,藉以創造知識。由於系統元素間連成整體身分的過程中,會對舊有的系統進行挑戰,也會經由不斷演化機制的探索,透過系統身分的維持及進步,來加強系統元素間整合的可能性,因此混沌的認識論,會加強辯證方法之挑戰及整合的運用,是未來教育行政的重要典範。

貳 教育行政應朝向自我組織理論

未來教育行政的知識基礎,應強調辯證的方法運用,而且是植基於解放挑戰及整合的意涵。由於自我組織理論強調開放的社會互動系統,會加強持續不斷的溝通行動(Luhmann, 1990: 14),且經由相互理解及分享詮釋的歷程,探索共同的行動意義,藉以激勵共演化的關係(Bateson, 2000)。且溝通行為能受到教育行政組織的專業身分所規範(Morgan, 1986),尤其自我組織理論強調人們在面對矛盾、衝突時,仍能為了教育行政組織身分的維護,而展現願意溝通的意願,實提供了人們在面對矛盾、衝突的挑戰以後,仍有整合可能的立論。基於

此，自我組織理論，實會加強辯證方法之挑戰及整合行動。而自我組織理論強調溝通的持續進行，來調和矛盾、對立，促使教育行政組織成為自我推論的反省系統，即會加強價值衝突的調和、共演化關係的管理、現象的反省及情感的關懷。再則它也會經由循環式的溝通行動，建構情境條件的多樣性，增進理論運用的相互融攝性。例如可以經由持續溝通，在面對某人時強調效率為導向的實踐，在面對某人時強調以倫理為導向的實踐；或面對同一人時，可以列出時序表，某個時間可以通融，某個時間內務必完成任務。基於此，自我組織理論應是未來教育行政運作的重要理論觀點。

第七節 案例分析與討論

壹 案例一

　　為利偏遠地區學生就學方便，教育優先區補助計畫特列交通車乙項；主管機關為顧及偏遠地區學生受教品質及教育資源的妥善運用，幾經裁併分校，改以交通車接送學生，就該區或整體教育發展而言，本應擁有多項利多。

　　然而交通車司機的遴聘，卻引發不同部落或族群間的抗爭，讓原本平和的淨土，多了些許的政治或火藥味。該學區分屬兩個部落（校本部、分校各一），司機遴聘係由前任校長作業，惟當日兩位地方人士的委員（含會長本人），因故未能出席。應聘當日合格出席者計三人：一位該校警衛、兩位為父子檔，與會長屬同一部落。會長以避嫌為由當場退出甄選委員會，甄選過程無人提出異議，結果由原校警衛獲聘擔任司機乙職。

　　家長會長未能接受甄選結果，率領該部落學生家長進行罷課，全校計 65 人，44 人參與罷課，**並表示直到得到校方滿意回應為止**，原因校長一手遮天，黑箱作業，甄選未盡公平合理，且司機資格不符，家長對於子女的生命安全有顧慮。又宣稱已早在兩個月前即與教育當局陳情，卻未受到重視。

　　教育局得知學生罷課後，特派副教育局長領軍，赴校與家長會長進行溝通，並保證由校長親自壓車，然未獲得該部落家長認同。

　　罷課 3 日，參與協調人員所提建議未被校方採納，最後協調再三，會長勉為其難，同意回部落開會討論，**司機為了地方和諧**，確保學生受教權，決意請辭，並由候補順位依序遞補，罷課事件也就此落幕。

問題討論

（請見案例二問題討論）

貳　案例二

　　九月剛開學不久，無敵國中即爆發嚴重的衝突事件，受到全國矚目。

　　這事件起因於布希校長於行政會議上，表示為因應九年一貫課程改革，即以「學校本位課程設計」、「課程統整」、「能力教學」之名，要求導師將辦公桌搬到各班教室。教師們以「沒有必要」表示不同意，但是校長為展現魄力，表現出強勢的作風，直接指揮學生將教師的辦公桌移至教室內。此舉引起全校教師的強烈反彈，於是教師們紛紛將辦公桌搬到走廊，就地辦公及批改作業，以表達無言的抗議。但部分家長對教師的行為頗不以為然，認為學生的受教權及教學品質

將受到嚴重影響。因為如此,教師於九月二日集體上升旗臺向家長鞠躬道歉。但是仍有部分教師因心情尚未平復,在臺上飲泣。之後陸續將辦公桌搬回導師室或專任辦公室內,並將布希校長原先的決議推翻,長達一週的抗爭,方暫告平息。

此時布希校長正因感冒而住院觀察,然教師會籌備主任卻表示,大部分教師仍不希望校長回來,如果校長繼續留任,則不排除發動更激烈的抗爭。所以希望校長暫時不要回校,等寒假時再換校長,則是完美的結局。而教育部則針對教師所提出之校長不適任的理由,進行蒐證。

尚在住院的布希校長得知自己被教師以「不適任」為由,移送教育局處置,深不以為然,表示自己並沒有做錯事,校長認為他配合教改政策沒有錯,所以欲趕快出院重返學校,即使日後被校長遴選委員會判定為不適任,也要留在無敵國中任教,直到年滿六十五歲退休。

問題討論

一、根據個案一與個案二,說明什麼應該作為建立教育行政知識基礎的機制?

二、根據個案一與個案二,說明什麼是造成衝突的原因(缺乏什麼典範)?

三、根據個案一與個案二,說明什麼是解決衝突的機制(從哪個典範而來)?

四、根據個案一與個案二,說明衝突無法解決的影響為何?

中文部分

教育改革審議委員會（1996）。**教育改革總諮議報告書摘要**。臺北市：行政院。

秦夢群、黃裕貞（2001）。**教育行政研究方法論**。臺北市：五南。

陳文團（1999）。**意識形態教育的貧困**。臺北市：師大書苑。

黃乃熒（2000）。**後現代教育行政哲學**。臺北市：師大書苑。

黃乃熒（2001）。學校行政瘋狂行為實際的探究——以一所國中為例。**教育研究集刊，47**，215-257。

外文部分

Anderson, G. L. & Page, B.（1995）. Narrative knowledge and educational administration: The stories that guide our practice. In R. Donmoyer, M. Imber & J.J. Scheurich（Eds.）, *The knowledge base in educational administration*（pp.124-135）. New York: The State University of New York Press.

Barnard, C.（1938）. *The functions of executive.* Cambridge, MA: Harvard University Press.

Bateson, G.（2000）. *Steps to an ecology of mind.* Chicago, IL: University of Chicago Press.

Benson, J. K.（1983）. Paradigm and praxis in organizational analysis. In B. M. Staw & L. L. Cummings（Eds.）, *Research in organizational Behavior, 5,* 33-56. Greenwich, CT: JAI Press.

Blanke, V.（1990）. *Knowledge and administration.* Columbus, OH: The Ohio State University.

Bohm, D.（1987）. *Unfolding meaning: A weekend of dialogue with David Bohm.* New York: Ark Paperbacks.

Bredeson, P. V.（1995）. Building a professional base in educational administration: Opportunities and obstacles. In R. Donmoyer, M. Imber, & J. J. Scheurich（Eds.）, *The Knowledge base in educational administration*（pp.47-61）. New York: The State University of New York Press.

Bredo, E. & Feinberg, W.（1990）. Conclusion: Action, interaction, self-reflection. In V. Blanke（Ed.）, *Knowledge and administration*（pp.27-43）. Columbus, OH: The Ohio State University.

Burrell, G. & Morgan, G.（1979）. *Sociological paradigms and organizational analysis: Elements of the sociology of corporate life.* Portsmouth, New Hampshire: Heinemann.

Caputo, J. & Yount, M.（1993）. Institutions, normalization, and power. In J. Caputo & M. Yount（Eds.）, *Foucault and the critique of institutions*（pp.1-15）. University Park, PA: The Pennsylvania.

Clandinin, D. J. & Connelly, F. M.（2000）. *Narrative inquiry: Experience and story in qualitative research.* San Francisco, CA: Jossey-Bass.

Clegg, S.（1975）. *Power, rule, and domination.* London: Routledge & Kegan Paul.

Clegg, S. R.（1990）. *Modern organizations: Organizational studies in postmodern world.* London: Sage Publication.

Clifford, J.（1988）. *The predicament of culture.* Cambridge, MA: Harvard University Press.

Culbertson, J. A.（1983）. Theory in educational administration: Echoes from critical thinkers. *Educational Researcher, 34*（10）, 15-22.

Culbertson, J. A.（1990）. Three epistemology and the study of educational administration. In V. Blanke（Ed.）, *Knowkedge and administration*（pp.13-25）. Columbus, OH: The Ohio State University.

Culbertson, J. A.（1991）. A century's quest for a knowledge base. In R. Donmoyer（Ed.）, *Introduction to inquiry in education administration*（pp.1-26）. Columbus, OH: The Ohio State University.

Daft, R.（1989）. *Organizational theory and design*（3rd ed.）. New York: St. Paul West Publishing .

Deutscher, I.（1966）. Words and deeds: Social science and social policy. *AL Problems, 3*（3）, 235-253.

Dewey, J.（1929）. *The source of a science of education.* New York: Liverright.

Donmoyer, R.（1991）. Post-positivist evaluation: Give me for instance. *Educational Administration Quarterly, 27*（3）, 265-296.

Evers, C. W. & Lakomski, G.（1991）. *Knowing educational administration: Contemporary methodological controversies in educational administration research.* New York, NY: Pergamon Press.

Evers, C. W. & Lakomski, G.（1996）. *Exploring educational administration: Coherentist applications and critical debates.* New York, NY: Pergamon Press.

Fay, B.（1987）. *Critical social science.* New York: Cornell University Press.

Foucault, M.（1979）. *Discipline and punish.* New York: Vintage.

Gadamer, H.（1975）. *Truth and method.* New York: Seabury Press.

Gage, N. L.（1989）. The paradigm wars and their aftermath: A "historical" sketch of research on teaching since 1989. *Educational Researcher, 18*（7）, 4-10.

Geertz, C.（1973）. *The interpretation of cultures.* New York: Basic Books.

Getzels, J. W.（1952）. A psycho-sociological framework for the study of educational-administration. *Harvard Educational Review, 22*（4）, 235-246.

Giddens, A.（1984）. *The constitution of society.* Los Angeles: University of California Press.

Glaser, B. G. & Strauss, A. L.（1967）. *The discovery of grounded theory: Strategies for qualitative research.* Chicago, IL: Adline.

Greenfield, T. B.（1978）. Reflections on organizational theory and the truths of irreconcilable realities. *Educational Administration Quarterly, 14*（2）, 1-23.

Griffiths, D.（1979）. Intellectual turmoil in educational administration. *Educational Administration Quarterly, 15*（3）, 43-65.

Griffiths, D.（1995）. Theoretical pluralism in educational administration. In R. Donmoyer, M. Imber, & J. J. Scheurich（Eds.）, *The knowledge base in educational administration*（pp.302-311）. New York: The State University of New York Press.

Guess, R.（1989）. *The idea of a critical theory: Habermas & the Frankfurt School.*

New York: Cambridge University Press.

Habermas, J. (1972). *Knowledge and human interest.* London: Heinemann.

Habermas, J. (1987). *The theory of communication: VII.* Boston, MA: Beacon Press.

Hitt, D. H. (1988). *The leader-manager: Guidelines for action.* Columbus, OH: The Ohio State University.

Hodgkinson, G. (1991). *Educational leadership: The moral act.* Albany: Suny Press.

Hogwood, B. W. & Peters, B. G. (1985). *The pathology of public policy.* Oxford: Clarendon Press.

Hoy, W. K. & Miskel, C. G. (1987). *Educational administration: Theory, research and practice.* New York: Random House.

Husserl, E. (1970). *The crisis of European science and transcendental phenomenology.* Chicago: Northwestern University Press.

Lee, D. (1950). Lineal and nonlineal codification of reality. *Psychosomatic Medicine, Xii,* 89-97.

Lenzer, G. (1975). *Aguste Comote and Positivism.* New York: Harper Torchbooks.

Luhmann, N. (1990). *Essays on self-reference.* New York: Columbia University Press.

Merton, R. K. (1968). *Social theory and social structure.* New York: The Free Press.

Mischeler, E. (1986). The joint construction of meaning. In *Researching interviewing,* 53-65. Cambridge, MA: Harvard University Press.

Mitroff, I. (1983). *Stakeholders of organizational mind.* San Francisco: Jossey-Bas.

Morgan, G. (1986). *Images of organization.* Newbury Park, CA: Sage Publications.

Morgan, G. (1989). *Creative organization theory: A resource book..* Newbury Park, CA: Sage Publications.

Morgan, G. (1990). Paradigm diversity in organizational research. In Hassard & D. Pym (Eds.), *The theory and philosophy of organizations: Critical issues and new perspectives* (pp.13-29). London: Routledge.

Mumby, D. K. (1988). *Communication and power in organizations: Discourse, ideology and domination.* Norwood, NJ: Ablex Publishing.

Mumby, D. K. & Putnam, L. L. (1992). The politics of emotion: A feminist reading of bounded rationality. *Academy of Management Review, 17,* 465-486. Brookfield: Ashgate Publishing Company.

Murphy, J.（1995）. The knowledge base in school administration: Historical footings and emerging trends. In R. Donmoyer, M. Imber, & J. J. Scheurich（Eds.）, *The Knowledge base in educational administration*（pp.62-73）. New York: The State University of New York Press.

Park, H. J. & Backoff, R. W.（1989）. Against representational process: Restructuring administrative theory in dialogical arena. Unpublished Manuscript. Columbus, OH: The Ohio State University.

Peshkin, A.（1988）. Understanding complexity: A gift of qualitative inquiry. *Anthropology & Education Quarterly, 19*, 417-423.

Phillips, D. C.（1991）. After the wake: Post-positivist educational thought. In R. Donmoyer（Ed.）, *Introduction to inquiry in education administration*（pp.40-51）. Columbus, OH: The Ohio State University.

Pfeffer, J.（1997）. *New directions for organization theory: Problems and prospects.* New York: Oxford University Press.

Prigogine, I. & Stenger, I.（1984）. *Order out of chaos.* New York, NY: Bantam.

Quinn, R.（1988）. *Beyond rational management: Mastering the paradoxes and competing demands of high performance.* San Francisco: Jossey- Bass.

Ricouer, P.（1974）. *The conflict of interpretations: Essays in hermeneutics.* Evanston, IL: Northwestern University Press.

Rosenau, P. M.（1992）. *Post-modernism and the social sciences: Insights, inroads, and instrusions.* Princeton, NJ: Princeton University Press.

Salaman , G. & Thompson, K.（1973）. *People and organization.* London: Longman.

Sanford, J. J.（1995）. Lessons of leadership: A critique of knowledge base in educational administration. In R. Donmoyer, M. Imber, & J. J. Scheurich（Eds.）, *The Knowledge base in educational administration*（pp.182-194）. New York: The State University of New York Press.

Scheurich, J. J.（1995）. The knowledge base in educational administration: Post-positivism reflections. In R. Donmoyer, M. Imber, & J. J. Scheurich（Eds.）, *The Knowledge base in educational administration*（pp.18-31）. New York: The State

University of New York Press.

Schwab, J. J.（1960）. What do scientists do? *Behavioral Science, 5,* 1-17.

Sergiovanni, T. J.（1995）. *The principalship: A reflective practice perspective.* Boston, MA: Allyn and Bacon.

Silverman, D.（1975）. *The theory of organizations.* London: Heinemann.

Simon, H.（1957）. *Administrative behavior*（2rd ed.）. New York: Collier/Macmillian.

Torbert, W. R.（1991）. *The power of balance: Transforming self, society, and scientific inquiry.* Newbury Park, CA: Sage Publication.

Van Maanen, J.（1995）. Style as theory. *Organization Science, 6,* 687-692.

Wood, J. T.（1997）. *Communication theories in action: An Introduction.* Belmont, CA: Wadorth Publishing.

第三章

教育行政的倫理面向

　　人類隨著社會發展及科技進步，生活愈來愈富裕，交往越來越密切，可是所面臨的各種政治、經濟、戰爭和環境問題卻有增無減，這些問題產生的根源，恐怕在於人類的倫理問題。環顧當今人類社會，是非不清、善惡不明、公理不張、爾虞我詐、作姦犯科……等景象，可謂司空見慣，的確為人所憂心。是故，倫理的倡導，實屬必要，而且也必須透過教育的力量，才能彰顯倫理的價值。

　　人類社會進步，有賴於教育，教育要發揮效果，行政則是扮演著重要角色，因為教育事務的推動，必須借助於教育行政制度和人力，其中教育行政人員知能和倫理尤屬重要。不管教育行政機關或學校，倘若行政人員具備完整的專業知能和良好的倫理道德，則整個教育行政工作運作將極為順暢，而且更容易促進教育目標的實現；尤其教育行政人員道德倫理行為關係到師生福祉，更有其探究之必要。

　　因此，本章將分別就教育行政倫理的基本概念、影響教育行政倫理的因素、教育行政倫理內涵的分析、落實教育行政倫理的有效途徑等方面說明之。

第一節　教育行政倫理的基本概念

　　教育行政倫理引導教育行政發展，影響教育實施成效。為了瞭解教育行政倫理的精義，首先先認清倫理及行政倫理的意涵，隨後才能掌握教育行政倫理的本質。

壹　倫理的意義

　　倫理一詞，就其英文字 ethic 而言，具有行為準繩、道德規範之

意，在拉丁文為ethica，在希臘文為ethika，都是源自於希臘文的ethos；而希臘文這個字，是指風俗習慣的意思。但是，風俗習慣，廣義來說，則包括社會的一切規範、慣例、典章和制度（王臣瑞，1988）。事實上，拉丁文除了ethica之外，還有moralis，源自mores，亦是風俗習慣的意思，因而倫理是完全實踐性的，而不是理論性的學問（鄔昆如，1998）。

至於中文的倫理一詞，其中「倫」字具有人與人之間所具有的條理之意，而「理」字則具有事物的條貫或次序、事物的規律等意思。所以，「倫理」一詞，就其中文字義而言，具有人倫道德的原理，賈誼《新書》：「以禮義倫理，教訓人民」，即為此意。

綜合中英文字義來看，倫理可以界定為：規範人與人相處的原理，以建立人的行為標準和確立做人的道理。依此而言，人類有了倫理，才能區別是非善惡、認清真假好壞，進而依規範而行，實踐人性的價值，發揮人性的光輝。

貳 行政倫理的意義

行政倫理一詞，包括「行政」和「倫理」兩個概念，行政一詞依其字義，即為管理或引導事務之意，若運用在組織上，可以界定為：「一個機關利用適當的方式，有效管理人、事、財、物等行為，以達成目標的過程。」（吳清山，2003）依此而言，行政倫理，可以簡單視為「處理機關事務應循的道德規範」。

學者們對於行政倫理亦提出不同的見解，例如：朱愛群（1996）認為：「行政倫理就是研究行政工作的倫理，或是行政作為一種職業道德。這些倫理觀，基本上都是一些道德規範性之陳述或客觀工作價值的界定，都是為了塑造某種觀念來鼓舞人們從事工作之所需，並以達成行政體所設定之目標。」蕭武桐（1999）將行政倫理界定為「公

務員在公務系統中，如何建立適當及正確的行政行為，以提生行政的生產力及工作滿足。」邱華君（2001）提出：「行政倫理是種政策和手段，透過執行而反應在價值的選擇及行為的具體標準。簡言之，行政倫理是指在行政體系中公務人員在角色扮演時應掌握的『分際』，即應遵循的行為規範。」喬治和瓊斯（George & Jones, 2002）亦指出：「組織倫理是規則、信念和價值，會影響到管理人員或工人面臨其行動可能有助或危害組織內外其他人情境時，表現出應有的行為。」

綜合以上學者之看法，行政倫理可以界定為「行政人員處理行政事務時，遵循一定的道德規範，建立適當及正確行為，以達成組織目標。」

參 教育行政倫理的意義

教育行政倫理的意義，基本上是由「教育」、「行政」和「倫理」所構成。而教育行政倫理是以「行政倫理」為本質，並以「教育」為場域，所以教育行政倫理是建立在教育基礎上的行政倫理。

因此，教育行政倫理可以界定為「教育行政人員，處理教育事務或進行教育決定時，能夠遵循一定的道德規範，表現適當及正確行為，以達成教育目標。」依此而言，茲將教育行政倫理的意涵說明如下：

一、就其本質而言

「行善避惡」為倫理的本質，亦是教育行政倫理的本質。教育行政人員所作所為，符合善的動機和目的，實踐「人之所以為人」的價值，循「正道」而行，負起自己應盡責任，不會從事不符合社會規範或風俗習慣的行政行為，這可說是教育行政倫理的本義。因此，教育行政倫理離開了「善」，則將毫無意義和價值可言。

二、就其內容而言

倫理是建立在「規範」和「德行」的基礎之上，所以教育行政倫理之重要內容，即為其應循的行為準則，這些行為準則具有其道德規範的價值，約束教育行政人員從事行政作為，所以不管是教育行政或學校行政團體所建立的準則、規約或公約，即是教育行政倫理的內容，缺乏準則、規約或公約，則教育行政倫理便是空的。

三、就其目的而言

教育行政倫理所做的種種道德規範，可以視為一種手段，而不是目的。若是教育行政倫理無法達成教育所定目標，則其價值性就很低。因此，為達成教育行政倫理的目的，促進教育目標的實現，就不能將準則、規約或公約束之高閣，或擺在一邊，而是教育行政人員確確實實的踐行，才能發揮行政效能和培育人才的教育目標。

肆 教育行政倫理的特性

教育行政倫理存在的意義和價值，不僅有其功能，而且展現出下列的特性：

一、價值性

教育行政倫理是一種對於教育行政人員價值的引導，這種引導是屬於正向的、積極的，讓教育行政人員奉為圭臬，有所遵循。所以教育行政倫理對於「是」與「非」、「善」與「惡」或「對」與「錯」等方面，都有明確的區辨，何者該為，何者不該為，都有價值的引導和指導，讓教育行政人員不致於迷失方向，誤入歧途。

二、規範性

倫理本身具有規範的功能，所以維繫社會發展的力量，除了靠外在的法律之外，內在的良知亦屬重要。是故，倫理一直是維持社會安定的支撐力；同樣地，教育健全發展，也需要教育行政倫理，來規範和約束教育行政人員的行為，使教育行政人員能夠表現出符合社會期望。所以，教育行政倫理所確立的各種標準或準則，無非是要教育行政人員確實遵循，並以理智行事，做好一位「教育行政人」。

三、實踐性

教育行政倫理具有規範教育行政人員行為的功能，此項功能的發揮有賴於力行實踐，而非流於形式的口號和標語，透過實踐的行動和實際的事實表現，展現出教育行政人員對於教育的貢獻。教育行政人員一言一行，一舉一動，皆能符合教育行政人員規範準則，即為實踐的具體表現。所以，教育行政倫理所標示的各種準則，不是供研究分析之用，而是作為實踐之用。

四、自覺性

倫理是個人立身行事的準則，它是一種內在的力量，亦是精神的層面，但是倫理要發揮其力量，必須透過個人不斷地反思或反省，從自我省思中不斷精進。因此，「良知」可以說是激發倫理的動力，從人類本性上啟發人的自覺。所以，教育行政倫理也就是啟發教育行政工作者自覺的能力，而不是靠本能的衝動。

五、應然性

倫理所強調的應然面遠遠大於事實面，所以倫理所關心的不是做什麼的問題，而是可以或不可以做的問題；或者是應該做或不應該做

的問題。同樣地，教育行政倫理，相當重視一位行政人員應該做什麼或不應該做什麼，而不是他做了什麼，亦即，教育行政人員有自我意志自由，決定他自己應做的事情，這種意志自由是建立在「理智」和「行善」的基礎上。

第二節 影響教育行政倫理的因素

　　教育行政人員面對各種情境，其所作所為，有些是符合倫理，例如：公平、負責、誠信等，有些是不符合倫理，例如：假公濟私、圖利他人、收受回扣、欺騙別人、怠忽職責等。基本上，教育行政人員之有各種行政行為，可以說是個人與組織交互作用的結果，其中個人的因素，例如：個人的價值感、制控感和道德感等；而組織因素則包括組織文化、組織氣氛和監督機制等。因此，影響教育行政倫理的因素，可以歸納如圖 3-1 所示。

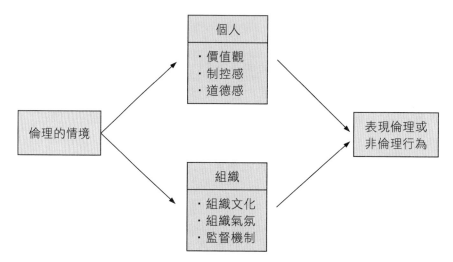

圖 3-1　影響教育行政倫理的行為

根據圖 3-1 的資料，茲將影響教育行政倫理的行為說明如下：

一、個人因素

影響教育行政倫理的個人因素相當多，但主要包括有下列三種：

㈠價值感

每個人受到遺傳和環境的影響，以及從父母、教師和同儕等方面的學習，慢慢發展自己對於「對」與「錯」或者「是」與「非」的判斷標準，所以一位教育行政人員在所服務的機構，常常擁有不同的價值觀，這種價值觀會左右其教育行政行為，凡是具有正向核心價值的教育行政人員，其所表現的行動都是較符合社會規範或道德標準，反之則常出現各種反常或異常行為。

㈡制控感（locus of control）

此項概念為心理學家羅特（J. B. Rotter）所倡，後來溫納（B. Weiner）發揚光大提出歸因理論。制控感是指個人對自己與環境關係的看法，有的人相信凡事操之在己，將成功歸因於自己努力，將失敗歸因於個人疏忽，持此看法者，稱為內控（internal control）。另有人相信，凡事操之在人，將成功歸因於機遇幸運，失敗則由於受人阻難，持此看法者，稱為外控（external control）（張春興，1991）。不同制控感的教育行政人員所表現倫理行為會有所不同，屬於內控型者，具有自己的內在標準引領自己的行為，願意為自己決策成敗負起責任；反之，屬於外控型者，缺乏一套內在的標準，不願為自己行為的後果負起責任，所以道德的判斷和行動都較差。

㈢道德感

每個人心中的一把尺都有不同，此意就是一般所言：「道德感」，亦即孟子所言：「人不可以無恥。無恥之恥，無恥矣。」基本上，一

位教育行政人員具有強烈的道德感,通常自我要求較嚴,自律行為較強,道德發展階段亦較高,無時無刻都會表現「正直」的人格,所以具有厚實的責任心,不會做出違法亂紀行為,同時亦會公平對待每個人,不會隨便歧視他人或有差別待遇現象,所以道德感深深影響到一位教育行政人員的倫理行為。

二、組織因素

影響教育行政倫理的組織因素相當多,但主要包括有下列三種:

(一)組織文化

組織之所以能持續發展,組織文化扮演著重要角色,從組織文化中所表現的信念、情感、行為及象徵等特徵,都會影響一個人的倫理行為,若是組織文化強調高度的倫理標準,成員自我控制能力較強,容忍力亦較高;反之組織中缺乏強而有力的主流文化,成員精神渙散,產生本位主義和各自為政的現象,較難表現出倫理的行為。

(二)組織氣氛

它是組織內整個環境的品質,通常涉及到學校或教育行政機關表現出開放、溫馨、親密、和諧,或冷淡、敵對、僵化、封閉等現象,而這種景象多多少少亦會影響到成員的倫理行為,若是一個組織氣氛是屬於積極、主動、溫馨、親密、和諧,成員較會愛惜羽毛,且認同組織,不敢從事不適當或違法的行為;反之組織處於不和諧氣氛中,容易產生衝突和對立,成員表現非理性和違反倫常情事的頻率會較高。

(三)監督機制

行政機關為端正政風,樹立廉潔節操,特別設置「政風」單位,這種監督單位若能經常宣導,並要求所屬確實遵守倫理規範,則成員較不易做出違反倫理的行為,反之則否。基本上,教育行政機關都有

政風單位,至於學校並無政風單位設置,人員接受其所屬上級機關政風單位的督導。

一位教育行政人員處理行政事務時,面對兩難情境,所做的判斷或選擇,端視個人的因素和組織因素而定,部分人員做出不合倫理的行為,例如:收受回扣或紅包,可能因個人面對金錢誘惑意志不夠堅定,或者組織根本缺乏監督的機制,即使從事不法行為,亦難以有效制裁。是故,一位教育行政人員表現出倫理或非倫理行為,個人和組織因素具有相當大的影響力。

第三節 教育行政倫理內涵的分析

教育行政人員從事教育公共事務,任何決策攸關社會大眾利益。由於教育行政人員享有法職權,如果缺乏倫理作為後盾,缺乏維持高度的倫理和道德統整性,將會產生權力的誤用或濫用,影響到其他人,這也是需要有倫理的教育行政人員的主要原因。此外,萬一教育行政人員缺乏倫理的規範,處在學習新知極為便利時代,其可能將所學新知,使用於不當之處,造成組織的危害,影響到組織的發展,何況教育行政人員所作所為,對於社會大眾更具有引導作用,更凸顯道德操守的重要性。謝文全(1998)特別指出:教育行政人員之道德操守不僅是學生的道德榜樣,更是家長及社會大眾所高度依賴與重視之「領導之心」,其意亦在於此。

壹 教育行政倫理的主要內涵

倫理涉及到價值的判斷和採取的行動,基本上,倫理的原則和概

念應包括利益的考量、最大的自由、尊重真理、平等（Schulte & Cochrane, 1995）。這種原則和概念多少影響到教育行政倫理內容，雖然不同學者對於教育行政倫理的內容有不同的看法，理想的教育行政倫理內涵應能同時涵蓋個人與制度層面（吳清山等，2001），茲說明如下：

一、個人層面

從個人層面的觀點來看，教育行政倫理是關於在特定的狀況下，行政人員作選擇的倫理。這個層面教育行政專業倫理的主要內涵包括：

㈠葛林斐德（Greenfield, 1991）從學校行政工作的觀點指出，學校行政工作的道德面向包含：

*1.*行政人員的品格

一個人的善與惡是什麼？是否清廉？能否信任？必須去確認一些學校行政人員可欲的（desirable）品格，以作為招收與選擇新成員的標準，並從一些專業倫理準則中，發現一些對學校行政人員的期望，或者是由成員所制定的規範性期望，以作為評鑑行政人員品格的標準。

*2.*行政人員行動的正確性

根據可接受的良善行為之標準，判斷行政人員行動的正確與否。所採用的是什麼樣的道德原則、理論與良善（goodness）的標準？這些用來判斷行政人員行動的良善標準，不只是相對而已，有時從道德的觀點而言是衝突的，行政人員如何知道他該怎麼做？其中，道德推理（moral reasoning）是學校行政人員可用來確認與分析兩難情境中道德面向的工具，並能達到該採取什麼樣行動的結論，這些道德價值的規範性判斷，通常伴隨著有關於一個人在特定情況下該做什麼樣的決定。學校行政人員經常面對與特定行動和決定有關的相對或衝突的道德價值，其中主要的兩難在於行政人員必須從許多的道德價值中選擇其一。學校行政人員該做什麼常常不是很明確，道德的兩難不是行政人員合乎倫理與否，而是行政人員必須決定哪個價值優於其他價值，

這些行動決定正確性都必須有判斷的標準。

3.行政人員道德權威的運用

　　道德權威的運用係指努力追求並影響其他人朝向特定觀點或行動方向。這是有關於領導的道德權威，在這些影響類型中，被行政人員所採用的是憑藉道德與意識型態而來的權威。關於學校領導者的專業領導，根源於下列的假設：教師與校長的義務與責任相似，就是做最有利於學童的事。行政人員依此假設來執行，並培養教師也具有這樣的觀點。在此觀點之下，所關注的道德與倫理的面向，不是行政人員的品格與特定行動，而是教師與行政人員間權威關係的道德基礎。這是一個特別重要的面向，因為學校行政人員必須依靠領導來管理學校。

　　㈡金布勞和南納利（Kimbrough & Nunnery, 1988）從教育行政的觀點指出，教育行政專業倫理的內涵應包括以下兩個面向：

　　1.合法的義務（legal obligations）

　　教育行政人員必須經常面對涉及倫理問題的情境，行政人員的所作所為，有義務與國家的法律、政策、規範或法則等相一致。

　　2.形式的義務（obligations of form）

　　是行政倫理中最重要的面向，這部分的行為不只是單純的符合法律與規則即可，形式的義務必須根據不同的社區、州的情況而作改變。這方面的倫理如品格、行政責任、關懷、忠誠等。所以，這其中涉及在不同情境中權威的運用、利益的衝突、對專業卓越的承諾、忠誠等。例如，行政人員欺凌教師或其他人員，將之視為奴隸來使喚，是權威的誤用，也是非專業的，這樣的行政人員也是不符合倫理的；在利益衝突的情況下，例如裙帶關係（nepotism）、受賄等，因涉及違法的問題，所以較偏合法的義務。但有時利益的衝突卻也涉及形式的義務，例如，校長可能在投資方面是合法的，但卻把他的時間精力，投入在投資上而不是在學校辦學上，這就是校長的私利與公共利益相衝突。所以，校長可能充分施行所有法規與學校政策，但卻沒有

把教學的改進列為優先考慮；在專業上，行政人員是否投入時間與精力以使成為最佳專業行政人員成為可能，這種對專業卓越的承諾是形式義務的最重要面向；此外，如忠誠也應視情境而定，所以，忠誠不應是盲從或無條件的絕對服從，若是上位者有違法的行為，則「忠誠」應該有不同的詮釋。

二、制度層面

從制度層面的觀點來看，個人的抉擇也只是在大的倫理脈絡中的一部分。希切樂（Sichel, 1993）指出實施學校道德方針與道德準則通常需要包含學校組織的層面。因為如果道德方針或道德準則的建立沒有考慮學校制度與結構的特質，則很少能得到預期的結果。而且教育行政人員有倫理上的責任，積極為教育的經營建立合乎倫理的環境。依此觀點，教育行政專業倫理內涵，主要是以制度層面為主。

史塔拉特（Starratt, 1991）就教育行政倫理的內涵認為應包括批判、正義與關懷三種倫理精神，以期有機會建立倫理的學校。茲說明如下：

㈠批判的倫理（the ethic of critique）

也就是對教育制度中不合理的現象，依理性的方式加以批判。所以，批判的倫理促使行政人員能意識到政治與社會的議題反映著權力與特權、利益與影響力的安排，這些安排通常被預設的合理性、法令與習俗所合法化。因此，學校應建立以服務更高層次的道德目的，以使年輕的一代可以為其社區負責。所以，除了合法與專業的義務外，學校對社會服務的道德義務亦被視為同樣重要。而批判的倫理，正是學校對社會服務的道德義務所應具備的。

㈡正義的倫理（the ethic of justice）

批判倫理通常只能指出問題所在，但無法提供其批判且想重建的社會秩序一個藍圖。不過，批判的倫理列舉出管理組織時一些不合乎

倫理的策略,並從平等、共善、人權、公民權、民主參與等倫理價值作批判。正義對這些問題作更精確的反應,例如,在學校中的管理,正義的倫理要求必須對學校中的共善與個人的權益同時尊重。所以,對學生的管教策略、教職員與學生的正當過程程序等的持續討論是絕對必要的。所以,正義的倫理與批判的倫理有密切的關係,提倡正當的社會秩序,必須依靠對與人類對抗的結構特徵持續作批判。因此,正義的倫理所強調的除了私人權益的保障,並重視公益的維持。

(三)關懷的倫理(ethics of caring)

正義的倫理作為一種寬大的目的,必須有一愛的倫理來補充與實現。關懷倫理強調的就是對關係的要求,也就是站在絕對關懷的立場。這種倫理使每個人都享有內在的尊嚴和價值,給予機會並顯示真正有魅力的特質。關懷的倫理需要對人信任,樂於承認每個人的權益,以開放的心胸面對每個真正的個體,並對這種關係忠誠。但關懷倫理所要求的並非親密的關係,而是要求關懷每個人的尊嚴,並想見到每個人充分享受其生活。所以,關懷倫理的關鍵在於,不把人看成工具,而是尊重每一個人的尊嚴與價值,並給予人性化的待遇。

基於以上的說明,教育行政倫理的內涵,從個人層面來看,應該包括品德、忠誠、道德、守法、責任;從制度層面來看,應該包括批判倫理、正義倫理和關懷倫理。

貳 教育行政人員倫理準則分析

一個教育行政機關為鼓勵其成員負起國家託付之職權與責任,並表現出良善行為,通常訂定倫理準則要求成員遵守;同樣地,一些教育專業組織為提升其專業形象和聲望,也會訂定倫理準則,供其成員遵守。

教育部為革新政治風氣,砥礪教育行政人員節操,特別頒布「教

育部公務員廉潔倫理規範」，以作為教育行政人員遵循依據。依據該規範之內容，主要是讓教育行政人員面對請託關說、贈送財物及飲宴應酬事項時，如何作有效處理，以符合教育行政人員的倫理行為。該項規範，如附錄一所示。此外，中華民國學校行政研究學會亦訂有倫理準則，如附錄二所示。

　　教育行政人員倫理準則應該包括的內容，各國各地隨其組織特性和人員需求，通常有些差異。國內吳清山等（2001）以理論探討並結合問卷調查法、訪談法和座談法等方式，進行「教育行政人員倫理內涵建構之研究」，研究發現，教育行政人員倫理準則之內涵，包括下列四方面：

一、基本信念

　　自己對處理行政事務深信不疑的價值觀，並作為行動的準則。其內容如下：

　　1.教育行政人員應視本身的工作為專業，並遵守教育專業團體的規範。

　　2.教育行政人員應認清教育的專業責任，以達成教育目標為要務。

　　3.教育行政人員應具有優質的經營理念。

　　4.教育行政人員應具有獻身教育、服務人群的觀念。

　　5.教育行政人員應確保學生學習權益及謀求學生福祉。

　　6.教育行政人員應維護教師專業自主的權利。

　　7.教育行政人員應尊重家長參與教育事務的權利。

二、工作倫理

　　處理行政事務所應遵守的工作規範。

　　1.教育行政人員應不斷自我進修，強化自己的專業知能。

　　2.教育行政人員應不斷自我反省，提升工作效能。

3. 教育行政人員應不斷自我激勵，全力推展行政業務

4. 教育行政人員處理行政工作應善盡職責，忠於職守。

5. 教育行政人員處理行政工作應誠實無欺，公正無私。

6. 教育行政人員應謹守行政中立的立場。

7. 教育行政人員應遵守業務機密的規範。

8. 教育行政人員應建立清晰明確的工作流程。

9. 教育行政人員不得利用職權，獲取不當利益。

三、人際關係倫理

處理行政事務時，應遵守人與人之間的規範。

1. 教育行政人員與同仁相處應相互尊重，相互支援。

2. 教育行政人員應與服務對象維持和諧的人際關係。

3. 教育行政人員應關心同仁，並協助解決其困難。

4. 教育行政人員應與同仁通力合作，避免惡性競爭。

5. 教育行政人員應營造良好的溝通環境，促進同仁相互瞭解。

6. 教育行政人員應尊重個人隱私，不作人身攻擊。

四、社會倫理

處理行政事務時，應善盡社會責任的規範。

1. 教育行政人員在公務之餘，應關懷社會公益事務。

2. 教育行政人員與外界互動時，言行應足為社會榜樣。

3. 教育行政人員處理行政事務應兼顧社會利益與社會正義。

4. 教育行政人員應積極參與社區活動，與社區建立良好的互動。

5. 教育行政人員應傾聽社區人士意見，共謀教育健全發展。

6. 教育行政人員應善用社會資源，增進教育成效。

第四節　落實教育行政倫理的有效途徑

　　教育行政人員的決策關係教育的成效，亦影響到師生的福祉，其所作所為不僅要「依法行事」，而且更要經得起「良心」的考驗，此乃彰顯教育行政倫理的重要性。處在科技高度發展和社會複雜之際，人文和人性逐漸退墜，身為教育行政人員，面對外界不斷的誘惑，若缺乏意志力和無法堅守倫理準則，往往迷失方向，不能潔身自愛，輕者被迫離開行政職務，重者還有囹圄之災，誠屬不幸。是故，教育行政倫理的重要性，可謂與日俱增，有增無減。

　　為了有效落實教育行政倫理，擴大教育行政倫理效果，必須從人員的職前教育和在職進修，以及文化塑造和制度建立等各方面進行，才能奏效。茲提出落實教育行政倫理的有效途徑如下，以供參考：

一、重視教育行政人員培育倫理課程，發展行政倫理知能

　　國內各大學校院部分系所開設「倫理學」或「專業倫理」課程，提供學生修習和培養學生倫理知能。然而觀諸各大學教育系所或校長培育課程，並無開設「教育行政倫理」課程，因此較無系統性培育學生行政倫理知能，所以未來大學校院不管在職前教育或在職進修，宜開設「教育行政倫理」課程，提供學生修習。基本上，職前教育和在職進修之課程宜有所區隔，前者應強調教育行政倫理規範與價值的討論，以培養其教育行政倫理的基本觀念和知能；後者應注重教育行政倫理案例研討與實踐情境，激發現職人員更高層次的倫理行為思考，進而落實到實際工作現場上。萬一無法專門開設「教育行政倫理」課程時，也應融入教育行政各相關的課程中。

二、辦理教育行政人員專業對話，激發專業價值的思辯

　　教育行政人員是從事一種專業性的活動，這種專業性活動建立在彼此的專業對話基礎之上，經由專業對話和討論過程，激發個人追求專業價值的理想目標。所謂「專業價值」是一種專業工作精神價值的最高點，正如倫理價值是人類精神價值的最高點。專業價值的追求，不在於物質價值的獲得，而在於精神價值的追尋，倘若教育行政人員過度沉迷於物質生活，常常禁不起迷惑和誘惑，稍一不慎，可能墮入罪惡深淵，無法自拔，最後導致身敗名裂。因此，經常辦理教育行政人員專業對話，不僅有助於個人的知識學習和澄清個人的價值，而且從對話過程中，更可激起個人向善和向上的意志和行為。不管是教育行政機關或學校單位，宜提供教育行政人員進行各種專業對話的機會，從專業省思中，建立應該遵守的專業價值。

三、鼓勵教育行政人員自我反思，檢視自我教育行政行為

　　教育行政人員的行為必須經得起道德的檢驗，始能算是符合倫理的行為，例如：一位教育行政人員表現廉潔、忠誠、負責……等行為，就具有其道德價值。基本上，這些道德價值都是來自於內在的良知，支撐其實踐倫理的一股力量。一個人的良知，需要後天不斷地省思，才能讓良知發光發亮；同樣地，一位教育行政人員如果能夠「三省吾身」，隨時檢視自我教育行政行為是否利於社會大眾？是否利於服務對象？相信可使自己教育行政行為保持在道德規範內。基本上，教育行政人員的自我反思，應該持續不斷地進行道德推理和倫理過程反思，才能產生效果，所以施特賴克、赫勒和蘇諦思（Strike, Haller, & Soltis, 1988）亦認為道德推理和倫理過程反思是培養倫理行為相當重要的手段。

四、強化在職人員行政倫理信念，激勵踐行行政倫理行為

信念為一個人深信不疑的意念，這股意念會影響到一個人的一言一行和一舉一動。例如：一個人認為誠信是至高無上的價值，則所從事的各種行為不會背離誠信的原則。同樣地，一位教育行政人員具有強烈的倫理信念，其所作所為當會遵循一定的道德規範，不管其行政行為的動機和目的，都以「良善」為準則，這種「良善」的信念，建立在「良知」的基礎之上，正如《書經》所言：「人心惟危，道心惟微，惟精惟一，允執厥中」，其所指的「心」，應該是人的良心，《孟子・告子上》亦言：「雖存乎人者，豈無仁義之心哉？其所以放其良心者，亦猶斧斤之於木也，旦旦而伐之，可以為美乎？」這裡所指的「良心」，也就是「良知」的同義詞。俗語說：「人在公門好修行」，倘若每位教育行政人員能夠念茲在茲，深信其各種教育行政作為一定符合倫理法則。當然，經常自我反思或在職進修，亦有助於強化其行政倫理信念。

五、激勵誠信的行政作為與態度，建立與服務對象良好互動

誠信是為人處世的基本法則，古人有言：「民無信不立」，其理亦在於此。同樣地，組織要能永續發展，誠信亦是重要的關鍵，沒有誠信，顧客會遠離而去，組織自然走入衰敗的命運，當前企業界倡導「品德管理」（ethical management），重視企業組織的道德與人員的人品和誠信，已經形成一股風潮，就是很好的例子。值此開放的社會，教育行政人員不能閉門造車，必須與外界互動，服務對象甚廣，包括師生、家長、社區人士、社會大眾等，在整個互動過程中，誠信為確保服務對象信任的重要條件，所以教育行政人員能夠時時維持誠信的作為與態度，自然容易取得服務對象的信任，彼此也很容易建立

良好的互動關係。所以，教育行政人員誠信的作為與態度，正是行政倫理的具體實踐。

六、建立民主化的教育行政運作，檢驗行政決策的合理性

倫理不僅是針對個人規範的要求，而且亦是社會規範的要求。社會之所以能夠穩定進步與發展，有賴於一套完整的倫理體系，由社會成員共同遵循之。這套倫理的體系並非一成不變，有時須隨著社會變遷或時代需求有所調整。一旦社會愈來愈開放，愈來愈走向民主化，舊有的倫理規範將面對新挑戰和批判，亦可能面臨倫理規範的解構，不管是教育行政機關或學校都要承認社會變遷的事實，以及接納社會發展的特徵，尤其現在是一個民主開放的社會，成員若仍然停留在傳統守舊的「唯我獨尊」和「絕對服從」的觀念，不符合當代社會的倫理觀，而且處理行政事務將會處處碰壁，任何決策應該朝向民主和參與的決策方式邁進，所做的任何決策合理性，亦能經得起嚴格的檢驗。因此，講求行政倫理不一定要拋棄行政民主，若能有效結合，亦可收效相輔相成的效果。

七、引導行政倫理融入核心價值，塑造強而有力的組織文化

組織文化影響到組織成員的行為和組織的績效，不僅有其理論的依據，而且亦有實證的支持。因此，教育行政機關或學校若能有效地將行政倫理引導融入成為組織的核心價值，成員經過耳濡目染，慢慢成為生活習慣的一部分，就會形成學校一股優勢文化，支配成員的各種行為。這種核心的價值應該是表現對於人的尊重和對事的負責，正如沈清松（1996）所言：「在現代工商業社會裡，個人與他人交往時，有時難免是要以其他人作工具的。然而，他在和別人交往時，都必須切實記住這條行動的準則：『把人當作目的，絕不能當作工具。』唯

有瞭解每個人都是有生命、值得尊重的個體，他才會尊重他人的權益。」依此而言，教育行政倫理的核心價值，是建立在「以人為本」的基礎上，自然而然地形成人本的組織文化。

八、領導者能夠以身作則且具社會責任，建立成員學習典範

領導者是單位主管，組織成敗繫乎領導者的風格與作為。故一位領導者要發揮領導的效果，不僅需要專業領導，更需要倫理領導。一位具有倫理領導的主管，除了以身作則之外，本身社會責任亦屬重要。紐思壯和戴維斯（Newstrom & Davis, 2002）曾提出倫理領導包括下列三個原則：(1)社會責任：一個人在組織中享有權力，自然就有責任；(2)開放溝通：組織中應該維持一個雙向和開放溝通管道，接受各種訊息的輸入和公開的對話；(3)成本效益分析：除了進行經濟成本分析之外，同時亦應進行一項活動的人力和社會的成本分析，以決定該項活動是否繼續進行，這些原則可供領導者之參考。此外，《論語》中對於倫理領導亦有所著墨：例如：「君子之德風，小人之德草，草上之風必偃。」（《論語‧顏淵》）、「政者，正也。子帥以正，孰敢不正。」（《論語‧顏淵》）、「其身正，不令而行；其身不正，雖令勿從。」（《論語‧子路》）、「苟正其身矣，於從政乎何有？不能正其身，如正人何？」（《論語‧子路》）。依此而言，領導者自己「身正」，其人格影響力達及於成員，自然而然地成為學習典範，他們就能夠自覺地遵守行政倫理規範。所以儒家思想，對於領導者具有良好的啟示作用。

九、確實督導所屬成員遵守倫理規範，公開違反倫理規範人員

教育行政人員或學校行政人員都屬於從事公務的人員，當接受

「公務員服務法」之規範，在該法中第五條明定：「公務員應誠實清廉，謹慎勤勉，不得有驕恣貪惰，奢侈放蕩，及冶遊賭博，吸食菸毒等，足以損失名譽之行為。」此外，第六條：「公務員不得假借權力，以圖本身或他人之利益，並不得利用職務上之機會，加損害於人。」第七條：「公務員執行職務，應力求切實，不得畏難規避，互相推諉，或無故稽延。」第十六條：「公務員有隸屬關係者，無論涉及職務與否，不得贈受財物。公務員於所辦事件，不得收受任何餽贈。」第十七條：「公務員執行職務時，遇有涉及本身或其家族之利害事件，應行迴避。」第十八條：「公務員不得利用視察調查等機會，接受地方官民之招待或餽贈。」這些都屬於倫理規範的一部分。其次，一般外行政機關為確保公務人員維持良好情操，亦訂定各種倫理規範，要求所屬遵循，例如：「行政機關貫徹十項革新要求實施要點」、「行政院禁止所屬公務人員贈受財物及接受招待辦法」、「行政院所屬軍公教人員涉及賭博財物處分原則」、「教育部公務員廉潔倫理規範」、「臺北市政府禁止所屬公教人員誣告、濫控執行要點」。這些規範對於成員都具有約束力，凡是公開違反這些倫理規範，且具有事實證據者，應該加以公開，使每位教育行政人員知所警惕。

第五節 案例分析與討論

壹 案例一：便當回扣案 國小校長被判刑

臺中縣市十二名國小校長被控從 1991 年起到 1993 年 10 月間止，學童每吃一個便當，校長就從中抽取一到二元不等回扣，以中飽私囊。檢察官說，十二名校長對非監督事務，利用職權或身分圖利。審

理時，十二名校長全部否認收受回扣，但法官採信檢方證物，認為十二名校長全部有罪，他並變更法條判決，認為依最高法院判例，校長對員工福利社或合作社有監督權，十二名校長應是對監督事務直接圖利自己。

　　檢方同時指控十二名校長及六名業者背信。法官表示，貪汙罪性質應包含背信，十二名校長已依貪汙罪判刑，背信部分就不予論處。至於六名業者，是背信罪幫助犯，十二名校長是背信正犯，既然正犯已「不存在」，六名業者背信罪也無法成立。更何況，背信罪成立要件是為他人處理事務，六名業者是賣自己的便當，兩者有所不同。

　　臺中縣市政府人事單位表示，收到判決書後，現任校長將予以停職，直到審判結束，若三審判決無罪，將讓校長復職，否則即予以免職。

資料來源：聯合報（1995）。便當回扣案　臺中縣市 12 名國小校長判刑。5 月 30
　　　　　日，1 版。

問題討論

一、校長涉嫌收取便當回扣，違反哪些倫理的規範？
二、校長涉嫌收取便當回扣案，對於學校行政人員有哪些啟示作用？

貳 案例二：教育局長被家長檢舉不法

　　2002 年 3 月，建中學生家長陳○○主動向媒體揭發國際生物奧林匹亞競賽有弊情，指曾任師大○○系教授的高雄縣教育局長曾○○主持 2001 年第十二屆國際生物奧林匹亞競賽的國手選拔時，涉嫌不法，陳另指曾涉及一樁「性醜聞」不適任教育局長一職。

檢調發現，曾○○在 2000 年 12 月初，接受陳○○招待喝花酒及安排性招待，主要是陳為兒子日後參加國際生物奧林匹亞競賽能獲曾○○指導，要求湯○○老師引介認識曾，希望透過湯與曾熟識的關係，拉攏曾的關係。不過檢察官發現曾與陳飲酒作樂時，兩人未談到生物奧林匹亞競賽的相關事宜，因而認定曾並無違背職務的受賄弊情。

據調查，陳○○兒子 2000 年 12 月 16 日參加生物奧林匹亞競賽初試，因成績未達前兩百名可參加複試的標準，陳為使兒子參加複試，以手中握有曾接受性招待等「性醜聞」的證據，軟硬兼施要求曾竄改初試成績以列入前兩百名。陳○○委由湯○○出面，以解決「性醜聞」為名，請湯轉交十萬元給曾，希望曾能竄改陳○○兒子的初試成績。曾拒收十萬元，但唯恐被揭發「性醜聞」，答應更改成績，指示研究室助理陳○○竄改分數。

檢方依違反貪汙治罪條例行賄罪、偽造文書等罪嫌將陳、湯、曾及協助竄改成績的曾局長助理陳○○等四人起訴，除陳○○犯後頗有悔意，檢方請求法官宣告緩刑外，另三人具體求處各兩年有期徒刑。

資料來源：聯合報（2002）。奧林匹亞競賽弊案 揭發人成被告。8 月 23 日，18 版／綜合新聞。

問題討論

一、局長涉及受賄及性醜聞招待，就教育行政倫理可言，有哪些可議之處？

二、身為一位教育行政人員面對各種誘惑時，如何「臨迷不亂」，維持廉潔情操？

中文部分

王臣瑞（1988）。**倫理學：理論與實踐**。臺北市：臺灣學生。

朱愛群（1996）。行政倫理的體與用。載於**行政管理論文選輯**（第十輯）（第419-455頁）。臺北市：銓敘部。

吳清山（2003）。**學校行政**。臺北市：心理。

吳清山、江愛華、邱馨儀、黃旭鈞、張正霖、鄭望崢（2001）。**教育行政人員專業倫理內涵建構之研究**。行政院國家科學委員會專題研究計畫成果報告（NSC 89-2413-H-133-010-S）。

沈清松（1996）。倫理學理論與專業倫理教育。**通識教育季刊**，**3**（2），1-17。

邱華君（2001）。行政倫理的理論與實踐。**政策研究學報**，**1**，85-105。

張春興（1991）。**現代心理學**。臺北市：東華。

鄔昆如（1998）。**倫理學**。臺北市：五南。

謝文全（1998）。道德領導──學校行政領導的另一扇窗。載於林玉体（主編），**跨世紀的領導演變**（頁237-253）。臺北市：文景。

蕭武桐（1999）。試論行政倫理的意義、範圍及內容。載於國立臺灣大學政治學系（主編），**行政現代化兩岸學術研討會**（頁187-212）。臺北市：國立臺灣大學政治學系。

外文部分

George , J. M. & Jones, G. R.（2002）. *Organizational behavior.* Upper Saddle River, NJ: Prentice-Hall .

Greenfield, W. D.（1991）. *Rationale and methods to articulate ethics and administrator training.*（ERIC Document Reproduction Service, No ED 332379）

Kimbrough, R. B. & Nunuery, M. Y.（1988）. *Educational administration: An introduction.* New York: Macmillan.

Newstrom, J. W. & Davis, K.（2002）. *Organizational behavior: Human behavior at work.* Boston: McGraw-Hill.

Schulte, J. M. & Cochrane, D. B.（1995）. *Ethics in school counseling.* New York: Teachers college Press.

Sichel, B. A.（1993）. Ethics committees and teacher ethics. In K. A. Strike & P. L. Ternasky, *Ethics for professionals in education: Perspectives for preparation and practice*（pp.162-175）. New York: Teachers College Press.

Starratt, R. J.（1991）. Building an ethical schools: A theory for practice in educational leadership. *Educational Administration Quarterly, 27*（2）,185-202.

Strike, K. A., Haller, E. J.& Soltis, J. F.（1988）. *The ethics of school administration.* New York: Teachers College Press.

附錄一　教育部公務員廉潔倫理規範

教育部九十年十一月十六日
臺（九〇）政字第九〇一六五四〇九號

一、教育部（以下簡稱本部）為革新政治風氣，砥礪公務員節操，恪遵「依法行政」之原則，爰參據「公務員服務法」、「公職人員利益衝突迴避法」暨行政院頒「端正政風行動方案」等相關法令之精神，訂定本規範，俾利於處理利益衝突迴避、請託關說、贈受財物及飲宴應酬事項時，能有一合理明確、透明公開之處理標準。

二、本規範所稱公務員，係指本部暨部屬機關、學校依據法令從事公務之人員。

三、公務員應依法公正執行職務，無正當理由不得為差別待遇，亦不得假藉職務上之權力、機會或方法，圖其本人或利害關係人之利益。

四、本規範所稱與其職務有利害關係人，係指個人、法人、團體或其他單位與該機關、學校或所屬機關間，具有下列情形之一者：

（一）業務往來、指揮監督或費用補助等關係。

（二）正在尋求、進行或已訂立承攬、買賣、租賃等交易行為或其他契約關係。

（三）其他因機關學校業務之執行或不執行，將遭受有利或不利之影響。

五、本規範所稱請託關說，係指當事人或代表其利益之人，以書面、口頭或其他方式，提出有利於本人或不利於第三人之要求，致有違法或不當影響特定權利義務之虞者。

六、公務員遇有請託或關說，應簽報其首長並知會政風單位。請託或關說非以書面為之者，應作成書面紀錄，載明請託或關說者之姓名、身分、時間、地點、方式及內容。

七、請託或關說無違法或不當影響特定權利義務之虞者，依「行政院暨所屬各機關處理人民陳情案件要點或教育部處理暨所屬各機關受理人民陳情案件作業規定」辦理。

八、本規範所稱贈受財物，係指以無償或不相當之對價，收受財物或其他具

有經濟價值之權利或利益。其要求或期約者準用之。

九、公務員不得要求、期約或收受與其職務有利害關係人之餽贈，但有下列情形之一而收受，且係偶發而無影響特定權利義務之虞者，不在此限。

　　㈠屬機關公務禮儀之性質許可者。

　　㈡長官對屬員之獎勵、救助或慰問者。

　　㈢公務員間因結婚、生育、就職、升遷異動、退休、辭職、本人或直系親屬傷病、死亡所為之餽贈且其市價未超過正常社交禮俗標準者。

　　㈣符合社會禮儀或習俗者。

　　㈤利害關係人之餽贈，市價在新臺幣一百元以下，或對機關內多數人為之，市價總額在新臺幣五百元以下。

十、公務員遇有贈受財物情事，應依下列程序處理：

　　㈠與其職務有利害關係者，除前項但書之情形外，應予拒絕或退還，並簽報首長及知會政風單位；無法退還時，除簽報首長外，應於受贈之日起三日內，將餽贈之財物交政風單位處理。

　　㈡前點第四款之情形，應簽報其直屬長官並知會政風單位。

　　㈢除其親屬或經常交往朋友間所為之餽贈外，雖無職務上利害關係，其市價超過正常社交禮俗標準者，應於受贈之日起三日內，簽報其長官，必要時並知會政風單位。

十一、本規範所稱公務禮儀，係指基於公務需要，在國內（外）訪問、接待外賓、推動業務、溝通協調等，依禮貌、慣例或習俗所為之活動。

十二、本規範所稱正常社交禮俗標準，係指除親屬以外依當地正常習俗，一般人社交往來餽贈之標準，其市價未超過新臺幣二千元者，或同一年度自同一贈與人取得之餽贈，價值合計未超過新臺幣六千元，全年累計受贈總額不得超過個人一個月之薪資。

十三、本規範有關贈受財物事項，而有下列情形之一者，該公務員應依第十條之規定辦理：

　　㈠由其直系血親、配偶或同財共居之親屬接受餽贈者。

　　㈡藉由其他第三人名義接受餽贈而轉達予其本人者。

十四、本規範所稱飲宴應酬，係指公務員參加與其職務有利害關係或與其身分、職務顯不相宜之飲宴或其他應酬活動，或出入不當場所，致影響機關廉潔形象者。

十五、公務員遇有前條飲宴應酬時，除有下列情形之一者，應予拒絕，並得
　　　簽報其長官或知會政風單位。

　　　㈠因本於公務禮儀確有必要參加者。

　　　㈡廠商因公務目的於正當場所開會、舉辦活動，邀請機關派員參加者。

　　　㈢因民俗節慶公開舉辦活動，且邀請一般人參加之餐會。

　　　㈣長官對屬員之獎勵、慰勞者。

　　　㈤公務員間因結婚、生育、就職、升遷、異動、退休、辭職所為之飲宴
　　　　應酬且其費用未超過正常社交禮俗標準者。

十六、公務員參加其親屬或經常交往朋友以外者之飲宴應酬活動，雖無職務
　　　上利害關係，但與其身分、職務顯不相宜者，應簽報其直屬長官並知會
　　　政風單位。

十七、公務員於訪、視察、調查或執行監督工作之出差、會議時，不得在簡
　　　餐及執行公務確有必要之餐盒、交通以外，接受相關機關飲宴或其他應
　　　酬活動之招待。

十八、依本規範規定應知會政風單位者，得以口頭或書面為之。

十九、公務員知有貪瀆之情事，應向該管長官或政風單位舉發。

　　　公務員知有違反本規範之情事，得向該管長官或政風單位舉發。

二十、本規範規定應由政風單位處理之事項，如該公務員所屬之機關（構）
　　　或學校未設政風單位者，由兼辦政風業務人員或其首長指定之人員辦
　　　理，該首長指定之人員並應轉報上級政風單位處理。

二十一、公務員有違反本規範經查證屬實者，視情節輕重，依相關規定懲
　　　　處。

附錄二 中華民國學校行政人員倫理準則

1. 學校行政人員應遵守法律與道德規範。
2. 學校行政人員應以學生為主體，以人文教育為依歸。
3. 學校行政的品質與行政人員的尊嚴，應建立在服務師生、支援教學，追求校務發展的卓越績效。
4. 學校行政人員應培養理性批判能力，以求不斷自我反省、自我超越。
5. 學校行政人員應依循質疑、反省、解構與重建的步驟，培養自主性自律的批判思考能力與氣質，尋求自我的創新發展。
6. 學校行政人員應扮演創新、溝通與服務者的角色，並促成學習型組織的校園文化。
7. 學校行政人員應將實務經驗，透過理性的溝通，與學校同仁共同促進專業知能的成長。
8. 學校行政人員應力行誠信原則。
9. 學校行政人員負有維護社會正義責任，樹立學校與社區之楷模。
10. 學校行政人員應發揮人文精神，關懷社會與文化發展，展現對教育工作的熱忱。

第四章

教育行政的財政面向

教育財政指教育行政過程中，資源的籌措與分配等。資源的籌措與分配則受到教育財政政策價值觀的主導，也影響教育財政系統的運作。本章探討教育行政的財政面向，包括：教育財政責任的歸屬問題、教育財政政策的價值觀、我國教育財政系統及其運作，以及近年來進行中的教育財政改革等。

第一節 教育財政責任的歸屬問題

學校教育經費從哪裡來？一般的人都會認為應該來自政府。政府開辦學校，理應負擔其運作經費。但政府的經費還是來自全體納稅人，所以是由全體納稅人為學生負擔教育成本。其次，學生受教育之後，從文憑的獲得、就業機會的增加、所得的提升，到社會地位的改善，都是個人享有的利益，所以學生也應該繳交學雜費。其他還有一小部分來自企業（雇主）等。

教育財政學討論的問題，主要圍繞在下列幾點：

1. 誰獲得教育利益？學生、家長、企業（雇主），或是社會大眾？
2. 誰應該支付教育經費？學生、家長、企業（雇主），或是社會大眾？
3. 教育經費主要來源應該來自學生學雜費、政府的公共教育經費支出，或是企業的捐贈？
4. 公共教育經費支出應該來自政府的哪一（些）收入？稅課收入或是其他？

分析教育的利益，包括受教者個人所獨享的私人利益，以及受教者以外的其他人所享受的公共利益。教育的私人利益包括：提高個人未來的收入、增加個人轉換工作的能力及適應、提高繼續深造或進入

專業領域之可能、提高社會地位、增加處理事情的能力等。至於教育的公共利益則包括：改善組織內同僚的生產力、改善社區生活環境品質、厚植人力資本促進經濟發展、外溢效果、傳遞文化遺產與社會規範、消除社會不公促進社會和諧等。所以教育活動產生的利益不但由受教者直接享有，也為社會上其他人所間接享有。學生受教育，就像購買一種財貨一樣，教育財同時具有公共財與私有財的屬性，其特性為：

一、具有排他性與不具排他性

具有排他性指學生到學校接受教育，必須符合一定的資格才能入學，例如國民中小學的學生必須足齡，也有學區、國籍等的限制；高中、高職、專科、大學等，則必須取得前一級教育的（同等）學歷，也必須通過某些檢定方式才能入學，所以教育「具有」排他性。另一方面，教育活動沒有排他性，因為教育活動的進行，不會因為他人的加入而影響教育的品質，換句話說，教育的邊際效果，不會受到額外加入的一個學生而有顯著的差異。所以教育「不具」排他性。

二、利益內在與利益外延

教育利益的內在，指的是教育利益為受教育者私人所享有；教育利益外延，則是指個人受教育之後，能夠將利益發散給社會中的其他人，使他人享受到教育的間接利益，

三、價格的波動

教育的價格指學生受教育的學雜費。教育依其入學方式分成兩種：義務教育與選擇性教育。義務教育屬於強迫入學，理應免費，如果因為財政考量必須收費（如我國的國中小僅免學費，不免雜費與書籍費），亦應僅收取最下限，而且不應有價格波動。選擇性教育由學

生自行依其生涯規劃決定入學與否，與就業市場、經濟景氣有密切的關係，其學雜費反映辦學成本，也反映了學生對畢業之後預期的所得高低，因此可以有價格的波動。

第二節 教育財政政策的價值觀

價值是「願望」的概念，某種價值是對喜好某種行為或狀態的持久信念，也是在意識或是下意識情況下的優先選擇並表現於人類的個人或集體行為上（King, Swanson, & Sweetland, 2003: 10），價值系統則是排列價值觀優先順序的持久信念組織。價值觀決定我們認為的是與非，因為是對的，所以我們會去做；如果我們認為是不對的事情，我們就不會去做。公共政策既然是社會大眾集體要去執行的事情，也就反映出社會大眾共同認為應該去做的事情。教育財政政策是社會上教育資源籌措與分配的決定，其所有籌措與分配的原則就是價值觀的反映。Guthrie、Garms 與 Pierce（1988）認為在西方民主社會中，教育政策最重要的三種價值觀，分別為：公平（equity/equality）、自由（liberty）與效率（efficiency）。

壹 公平

公平可以詮釋為客觀的均等狀態，所以稱為equality，如果加上主觀的判斷，則可視為是正義（equity/justice）。教育財政學上將公平分成下列幾種：水平公平（horizontal equity）、機會公平（equality of opportunity）與垂直公平（vertical equity）。水平公平指的是「相同條件，同等對待」，所以同樣是國小五年級的學生，水平公平要求的是大家

享受的教育資源的差異要愈小愈好，也就愈公平；機會公平則要求經費（資源）的分配，與可疑的因素（suspect factors）的關聯要愈小愈好，最常見的可疑因素為地區的財政能力，或是學生的家庭背景等；最後，垂直公平與前述兩者完全相反，要求「不同條件，差別待遇」，而且對於條件愈是不利者，給的資源就要愈多。目前世界各國立法界定的條件不利，必須獲得較多資源的學生，包括：身／心障礙的特殊教育學生、文化資源不利（如原住民、低收入戶、偏遠地區）的學生等。

水平公平以分散量數衡量分配狀態的不均度，衡量量數包括：全距、限制全距、聯合全距比例（federal range ratio）、麥克倫指數（McLoone index）、變異數、變異係數（coefficient of variation）以及吉尼係數（Gini coefficient）。機會公平以關係量數衡量經費分配與可疑因素之間的關係程度，衡量量數包括：相關係數、斜率、彈性係數，以及調整關係量數（adjusted relationship measure, ARM）。至於垂直公平的衡量量數包括分散量數與關係量數，只是計算分配單位（例如以學校、班級或是學生人數計算）時，採用加權計算，對於需求（needs）愈高的單位，給予愈多的加權。最好的例子是美國各州對於特殊教育的學生依照其殘障程度給予不同的加權規定，最重度加權可能為正常學生的十倍以上。

自 1970 年代開始，教育財政學者致力於教育財政公平之衡量，其中發展得最完整的衡量模式，首推 R. Berne 與 L. Stiefel 在 1984 年出版的《*The measurement of equity in school finance: Conceptual, methodological, and empirical dimensions*》一書，此後財政公平的衡量，大致上都是以 Berne 兩人的模式繼續發展。然而自 1989 年肯德基州最高法院對 Rose v. Council for Better Education 案的判決，裁定整個州的財政努力是「不足夠並且相當低於全國標準」的（陳麗珠，2000a：101），自此開啟了教育財政充足性的討論。綜合各州的法院判決結果，教育充足性

至少可以有三種定義：(1)教育投入標準：透過公平撥款方式以達到公平；(2)教育產出的標準：培育學生具有均等的教育產出；(3)教育內容與資源標準：學校教育應該保障學生獲得特定內容，因此應該重視學生個別差異，不利的學生可以獲得較多調整加權（陳麗珠，2000a：113）。

貳 效率

效率意即一項經費或投資獲致最好的收益（Fowler, 2000: 115）。所謂最佳的收益，包含三種情形：(1)相同投入，獲致最大產出；(2)相同產出，可以以最少投入（成本）獲得；(3)增加投入以加大產出（林文達，1986：31-33）。以上三種關係，都屬於教育生產過程中的「投入—產出」關係，稱為技術效率（technical efficiency）；另一種效率，則界定為心理狀態的檢視，當顧客（消費者）對於提供的服務愈滿意，則愈有效率，這種效率稱為配置效率（allocative efficiency）。

參 自由

自由或稱適應（responsiveness），指資源的分配能夠符合不同學生、家庭或是地區的需求。自由的價值觀反映在政府間經費移轉上，就是整批補助（block grant），在對學生的經費移轉上，則主張以直接補助取代間接補助。直接補助的觀念推到極致，就是教育券（education voucher）。雖然教育券早在1955年就為Milton Friedman所提出（Friedman, 2004: 29-30），但是直到1990年代以後自由才成為教育財政政策的主導價值觀。自由化的教育財政政策主張學校本位的財務管理、打破學區限制的開放入學（open enrollment）、開放辦理特許學校（charter school），以及打破公私立學校界限以徹底市場化（Chubb & Moe, 1990）。

第三節 我國的教育財政系統及運作

　　我國的教育財政系統並未獨立，而是附屬於公共財政系統之下。在統收統支的原則下，教育經費的收入與支出都屬於政府公共收支的一部分，根據《財政收支劃分法》的規範，教育沒有獨立的財源，也沒有固定的支出，而必須每年與其他政事部門競爭資源。決策者（policy makers）的價值觀主導資源的分配，政策的內容就是價值觀的反映。教育財政的收入來源，就是整個政府的財政來源。依據《財政收支劃分法》的規定，財政收支分成兩個系統，一個是中央政府，一個是地方政府。其中，中央政府的收入包括：稅課收入、獨占及專賣收入、工程受益費收入、罰鍰及賠償收入、規費收入、信託管理收入、財產收入、營業盈餘及事業收入、協助收入、捐獻及贈與收入，以及其他收入等十一項。地方政府的收入，在直轄市方面，包括：稅課收入、工程受益費收入、罰款及賠償收入、規費收入、信託管理收入、財產收入、營業盈餘及事業收入、補助收入、捐獻及贈與收入、自治稅捐收入，以及其他收入等十一項。至於在縣（市）收入包括：稅課收入、工程受益費收入、罰鍰及賠償收入、規費收入、信託管理收入、財產收入、營業盈餘及事業收入、補助及協助收入、捐獻及贈與收入，以及其他收入等十一項。鄉（鎮、市）收入則包括：稅課收入、工程受益費收入、罰款及賠償收入、規費收入、信託管理收入、財產收入、營業盈餘及事業收入、補助收入、捐獻及贈與收入，以及其他收入等十一項。

　　另一方面，中央政府的支出包括：政權行使支出、國務支出、行政支出、立法支出、司法支出、考試支出、監察支出、民政支出、外

交支出、國防支出、財務支出、教育科學文化支出、經濟建設支出、交通支出、社區發展及環境保護支出、社會福利支出、邊政支出、僑務支出、移植支出、債務支出、公務員退休及撫卹支出、損失賠償支出、信託管理支出、補助支出、特種基金支出，以及其他支出等二十六項。地方政府的直轄市支出包括：政權行使支出、行政支出、民政支出、財務支出、教育科學文化支出、經濟建設支出、交通支出、警政支出、社區發展及環境保護支出、社會福利支出、移植支出、債務支出、公務員退休及撫卹支出、損失賠償支出、信託管理支出、協助支出、特種基金支出，以及其他支出等十八項。縣（市）支出包括：政權行使支出、行政支出、民政支出、財務支出、教育科學文化支出、經濟建設支出、交通支出、警政支出、社區發展及環境保護支出、社會福利支出、債務支出、公務員退休及撫卹支出、損失賠償支出、信託管理支出、協助及補助支出、縣（市）特種基金支出，以及其他支出等十七項。鄉（鎮、市）支出包括：政權行使支出、行政支出、民政支出、財務支出、教育文化支出、經濟建設支出、交通支出、警政支出、社區發展及環境保護支出、社會福利支出、債務支出、公務員退休及撫卹支出、損失賠償支出、信託管理支出、協助支出，以及其他支出等十六項。

我國公私立學校與教育機構雖然為數眾多，服務的對象幾乎占了全人口的四分之一，但是在政府財政分配上，卻屬於弱勢的一群。在政府各政事部門之間，教育部門往往是資源分配中的弱勢，主事者往往不願意為教育付出太多的教育經費，其中的原因主要還是在於教育經費支出的成效往往不能立竿見影，例如對學校教育的重大改革，經費花用之後未必能夠看得見成效，還不如造橋鋪路等「具體」的工程建設成效顯著，而且教育投資的回收期雖然很長，但是投資的期間也很長，如果資源分配者沒有前瞻的眼光，教育投資在政府各部門資源競逐中，勢必會被犧牲。此外，另一個原因是教育機關與學校不屬於

營業單位，僅有少數的規費（學雜費）收入，但是同時每年公立教育機構（以學校為主）需要政府撥款，私立教育機構（學校）也需要政府補助，這些教育經費支出則列在政府的二十六項支出中，而且占有很重的比重，如民國九十三年度教育經費支出便占政府歲出的百分之十八點一（教育部，2006a）。財主單位往往把教育部門視為消費部門，不願意持續投入資源，因此如果沒有法令的保障，政府在教育部門的投資將會被忽視。

我國教育財政系統另一個特色，是對教育經費的立法保障。民國三十五年制訂中華民國憲法時，為彰顯我國對教育事業的重視，特別於憲法第一百六十四條，規範對教育、科學、與文化經費的保障：「教育、科學、文化之經費，在中央不得少於其預算總額百分之十五，在省不得少於其預算總額百分之二十五，在市、縣不得少於其預算總額百分之三十五。其依法設置之教育文化基金及產業，應予以保障。」這一條文在民國八十六年修憲時遭到凍結，另以憲法增修條文第十條第八項取代：「教育、科學、文化之經費，尤其國民教育之經費應優先編列，不受憲法第一百六十四條規定之限制。」新的增修條文並沒有明確記載保障方式，為彰顯國家對教育經費的重視，立法院在民國八十九年立法通過《教育經費編列與管理法》，其中第三條規定「中央、直轄市及縣（市）政府應於國家財政能力範圍內，充實保障並致力推動全國教育經費之穩定成長。各級政府教育經費合計應不低於該年度預算籌編時之前三年度決算歲入淨額平均值之百分之二十一點五。」所以現行的教育經費保障，適用的法令就是《教育經費編列與管理法》其中第三條。

壹 中央政府教育財政系統之運作

民國八十九年十一月二十八日立法院通過《教育經費編列與管理

法》，總統於同年十二月十三日公布，並規定自公布後一年內施行。依據規定，中央政府對地方政府之教育補助分為一般教育補助及特定教育補助，其中一般教育補助用於直轄市、縣（市）政府所需之教育經費，不限定其支用項目，並應達成教育資源均衡分配之目的。特定教育補助，則依補助目的限定用途。中央政府對地方政府的一般教育補助款在各縣（市）之間的分配，由行政院「教育經費基準委員會」負責審議；特定教育補助，則由教育部「教育經費分配審議委員會」負責審議其補助辦法與相關規定。

　　根據《教育經費編列與管理法》之規定，中央政府在行政院應該成立「教育經費基準委員會」，其任務包括：教育經費計算基準之研訂、各級政府之教育經費基本需求之計算，以及各級政府之教育應分攤數額之計算。教育經費基準委員會置委員十三至十七人，由學者、專家、直轄市政府、縣（市）政府、行政院主計處、財政部、中央主管教育行政機關及相關機關代表組成，其中學者及專家人數不得少於委員總數三分之一；其組織及會議等相關事項，由行政院定之（教育經費編列與管理法第九條）。教育經費基準委員會應衡酌各地區人口數、學生數、公私立學校與其他教育機構之層級、類別、規模、所在位置、教育品質指標、學生單位成本或其他影響教育成本之因素，研訂教育經費計算基準，據以計算各級政府年度教育經費基本需求，並參照各級政府財政能力，計算各級政府應分擔數額，報請行政院核定之。各級主管教育行政機關應依前項核定之基本需求及分擔數額，編列年度預算。各級政府編列之教育預算數額不得低於前項核定之基本需求。中央政府應就第一項計算之直轄市、縣（市）政府教育經費基本需求，扣除直轄市、縣（市）政府應分擔數額後之差額，編列對於直轄市、縣（市）政府之一般教育補助預算（教育經費編列與管理法第十條）。各級教育經費計算基準、教育經費基本需求，以及各地方政府財政能力，業已於九十一年度計算完成，並作為往後年度經費分

配的依據。

　　此外，教育部根據《教育經費編列與管理法》第十一條之規定成立「教育經費分配審議委員會」，其條文為：「中央主管教育行政機關教育預算經完成立法程序後，除維持中央主管教育行政機關與所屬教育機構、公立學校運作所需者外，對於公、私立教育事業特定教育補助，應由中央主管教育行政機關教育經費分配審議委員會審議之。」委員會置委員十三至十七人，由學者、專家、社會公正人士、中央主管教育行政機關及相關機關代表所組成，其中學者、專家、及社會公正人士人數不得少於委員總數二分之一；其審議項目、程序及設置辦法，由中央主管教育行政機關定之。

貳　地方政府教育財政系統之運作

　　根據《教育經費編列與管理法》第十二條規定：「直轄市、縣（市）主管教育行政機關所屬教育機構、公立學校，應訂定中長程教育發展計畫，報請該管主管教育行政機關審查通過後，提送依教育基本法第十條第一項所設之直轄市、縣（市）政府教育審議委員會審議。前項委員會審議通過後，應依第十條第一項核定之基本需求及分擔數額，提出直轄市、縣（市）主管教育行政機關所屬教育機構、公立學校之預算數額建議案，作為該管主管教育行政機關編列年度教育預算之依據。」此外，直轄市、縣（市）政府之各項教育經費收入及支出，應設立地方教育發展基金，依法編列預算辦理；其收支、保管及運用辦法，由直轄市、縣（市）政府定之（教育經費編列與管理法第十三條）。地方教育發展基金的來源，主要包括地方政府自籌財源與中央政府補助（又包含一般教育補助與特定教育補助）兩大部分，其目的是希望藉著基金的成立，使地方政府教育財政得以不受政治因素的干擾。

有關於教育經費編列與管理法所建構的教育財政系統，請見圖4-1。

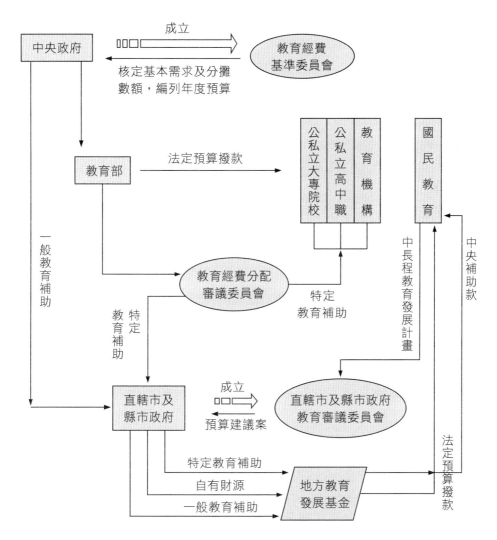

圖 4-1　《教育經費編列與管理法》建構之教育財政系統運作圖

資料來源：陳麗珠（2001a）。教育經費編列與管理法之評析。**教育學刊**，**17**，139。

參 中央政府對地方政府的補助款

我國的地方政府一共有二十五個，其中包括兩個直轄市、二十一個縣市政府，以及福建省的金門縣與連江縣。直轄市雖有十一項收入，縣市也有十一項收入，但仍不及中央政府的收入豐厚；縣市政府收入貧瘠，又主辦國民教育，學生涵蓋六到十五歲的國民，人數多而且學校設立分散，教育經費支出負擔龐大，因此長期以來縣市政府都要仰賴中央政府的補助。承前文所述，中央政府對地方政府一般教育補助款之分配，由行政院教育經費基準委員會討論，教育部各司、處對各級學校與公私立教育機構的特定教育補助辦法，則由教育部分配審議委員會審議。隨著縣市政府的財政狀況愈加惡化，對於中央政府補助款的依賴也逐漸加深。

教育部對國民教育補助款，在一般教育補助方面，過去稱為平衡省市基金，現在則統以一般教育補助稱之，主要是用來補助地方政府辦理國民教育龐大的人事費支出。然而一般補助款沒有限定其支用方式及項目，未必直接用於教育部門。至於教育部對地方政府辦理國民教育的特定補助，向來以學校建築及設施為主，而且有相當長久的歷史。早在民國六十六年便開始實施「發展與改進國民教育五年計畫」至七十年為止，七十二年至七十七年間實施「發展與改進國民教育六年計畫」，七十八至八十一年度實施「發展與改進國民教育第二期計畫」，八十二、八十三年實施「教育部補助地方國教經費校務發展計畫」，八十四至八十六年度實施「整建國中與國小教育設施計畫」，八十七年開始實施「教育部小班小校計畫」，預計執行到九十六年為止。以上計畫都是對國中小重要的補助硬體計畫。

由於各地方政府的財政狀況不同，同一縣市內不同學校因為所在位置不同，學校對於補助款的需求程度也不相同。早在民國七十二

年，臺灣省政府教育廳即開始執行「均衡城鄉教育發展計畫」，期能有效消除城鄉差距，達到教育機會均等的理想。民國八十四年，教育部師法英國「教育優先區」（Educational Priority Area, EPA）計畫的精神，補助臺灣省政府教育廳八億元試辦「教育優先區計畫」，並自八十五年度起正式擴大辦理。該計畫根據學校的文化資源不利情形訂定指標，以九十五年度為例，教育優先區計畫之指標計有以下六項：(1)原住民學生比例偏高之學校；(2)低收入戶、隔代教養、單（寄）親家庭、親子年齡差距過大之學生比例偏高之學校；(3)國中學習弱勢學生比例偏高之學校；(4)中途輟學率偏高之學校；(5)離島或偏遠交通不便之學校；(6)教師流動率及代理教師比例偏高之學校。同（九十五）年度教育優先區計畫之補助項目，計有以下八項：(1)推展親職教育活動；(2)辦理學習弱勢學生之學習輔導；(3)補助學校發展教育特色；(4)修繕離島或偏遠地區師生宿舍；(5)開辦國小附設幼稚園；(6)充實學校基本教學設備；(7)充實學童午餐設施；(8)發展原住民教育文化特色及充實設備器材（教育部，2006）。自實施以來，執行教育優先區計畫的經費約有一百四十億元。照顧弱勢學生成為近年來政府施政的重要教育目標。

在補助技術方面，七十年代的中央政府教育補助款規定必須由地方政府負擔若干比例的配合款（matching grant），對於財政能力不佳的縣市而言，簡直是雪上加霜，八十年以後，配合款的規定取消，但是縣市政府挪用補助款，以致未能達成計畫目標的情形仍然很難防止。八十二年度以後，教育部與教育廳遂改將中央政府補助款一律匯入各縣市的「教育專戶」，專款專用，帳目清楚，一時被中小學校稱為一大德政。民國九十年起，行政院主計處實施「制度化補助款」，規定中央政府各部會對地方政府的各項補助，包括一般補助與特定補助都必須納入地方政府年度預算中，其動支依法必須經過地方議會審議通過。這種制度最大的缺點，在於議會審議曠日廢時，影響補助款

的時效,對於有學期行事曆等時效限制的國中小學而言,造成很大的不便。此外,地方議會對於中央部會已經審議過的經費重複審查,不但不具意義,也容易使地方政治勢力延伸進入具有中央政策指標意義的補助款中(陳麗珠,2002e)。

九十五年一月,中央政府訂定「中央對直轄市及縣(市)政府補助辦法」,將各縣市政府財力依其財政收入與需要額之比率分成三級,並規定中央對地方政府計畫型補助款之最高補助比率,在直轄市政府不得超過百分之五十,在縣市政府不得超過百分之九十。地方政府在申請補助時應提報是否編足分擔款或相關計畫經費編列情形,經確定未超過最高可補助比率,始得撥付補助款。可見配合款的規定於停辦多年之後又已恢復。

肆 中小學校預算與經費支出

我國的中小學校包括高級中等教育的高中與高職,以及國民教育的國中小學。高級中等學校位在直轄市者,隸屬於地方政府,稱為市立高中(職);學校位在臺灣省二十一縣市者,過去隸屬於省政府教育廳,稱為省立高中(職),八十九年以後配合精省政策,改隸中央,稱為國立高中(職)。高中職的學校經費向來比國中小寬裕,自籌能力也較佳,然而國立高中職卻因為精省政策的影響,經費比省立學校時代減少許多,尤其是高職的資本門經費已經大幅縮減。

學校運作所需的經費,包括經常經費與資本經費,前者以教職員人事費為大宗,還有學校日常使用的耗材等;後者則是購置列入學校財產管理、多年度使用的設備設施等的經費支出。

在國民中小學方面,雖然地方政府成立教育發展基金之後,國民中小學的年度預算編列方式依法必須改為基金預算,即使如此,此種改變對國民中小學而言並沒有太大的意義,主要是因為縣市政府財政

困窘，因而壓縮國民中小學校預算經費編列空間。通常學校的經常門
預算占了學校預算的九成以上，而經常門中又以教職員的人事費為
主，至於學校設備購置與汰換之資本門，許多學校是無法編列的。換
句話說，由於縣市財政困窘，學校年度預算經費中，除了人事費支出
之外，改善教學設備與環境的經費就相當有限。學校如果需要這一類
的經費，就必須仰賴中央政府的特定教育補助款。

伍 高等教育機構經費之流程

　　為提升高等教育品質與增進教育績效，國立大學自民國八十五會
計年度起陸續設置校務基金，凡是大學的一切收支均納入基金，依法
辦理，其性質屬預算法第四條所定之「特種基金」。校務基金和傳統
公務預算時代最大的不同，在於學校經費支用不受到年度的限制，以
及學校自籌經費責任的加重。校務基金的收支、保管及運用，在校內
設有「校務基金管理委員會」管理，另外在校務會議之下成立「經費
稽核委員會」，用以監督管理校務基金之運作。校務基金之收入來源
包括：政府編列預算撥付、學雜費收入、推廣教育收入、建教合作收
入、場地設備管理收入、捐贈收入、孳息收入與其他收入等；校務基
金之用途則包括：教學及學生獎助金支出、研究支出、推廣教育支
出、建教合作支出、增置擴充改良資產支出，以及其他與校務發展有
關之支出。校務基金於八十五會計年度首先由 5 所財務狀況良好的國
立大學試辦，八十六年增加 8 所，八十七年 13 所，到了八十九年底所
有的國立大學都成立了校務基金。

　　校務基金制度增加學校自籌經費的責任，可以減輕政府的高等教
育經費負擔，在民國八十四學年度國內大學及獨立學院校數為 60 所，
到九十學年度校數增加到 135 所，政府的高等教育經費並沒有成相等
比例的增加，所以校方為維持學校營運，就以調整學雜費的方式因應。

我國的高等教育學雜費政策在八十七學年度以前係由教育部統一收費標準，每年學費之調整依軍公教人員調薪幅度，雜費依當年度四月份物價波動指數決定，且各校調幅一致。自八十八學年度起，教育部實施「大學學雜費彈性方案」，此方案開放各校依據辦學理念、投資於教學之成本，及實際支應於與學生直接相關的經常性教育經費等，而決定其收費標準，一方面給學校充分自主空間，另一方面也能確保學生在付出學費時能獲得相對應有的教學品質。其中公立大學學雜費收入，不得高於教育部所定基本運作所需經費中學校應自行負擔部分，而且每年調幅也有限制，八十八學年度以前為百分之十，八十八學年度以後為百分之五。然而各校自訂學雜費收費標準也帶來若干爭議，尤其當高等教育人力進入就業市場的人數增加，但未能獲得預期的就業機會時，學雜費收費是否適當，自然引起各界的討論。

第四節　進行中的教育財政改革

我國的教育財政系統，在八十年代之後變化相當大，早在民國八十年初，即有所謂廢除憲法一六四條對教育經費保障的說法，隨著社會變遷速度加劇，改革壓力日益加大，終於導致民國八十六年國民大會修憲凍結一六四條的效力，首度開始我國的教育財政改革政策議題；民國八十九年底，立法院通過《教育經費編列與管理法》，為教育財政改革勾勒出藍圖，然而法案條文規範的諸多改革措施，畢竟與現行制度相去太遠，實施不易，仍有待持續努力。以下介紹這些進行中的教育財政改革的內容，以及其主要面臨的困難：

壹 影響教育財政改革的主要因素

教育財政改革之成敗，其實受到許多外在因素之影響。分析近年來影響教育財政改革的主要因素包括下列各項：

一、教育改革

民國八十年初開始的教育改革，帶動學校教育另一波新潮流，這一波改革倡導學校本位管理，因而有開放中小學校自籌經費的校務發展基金的說法；同時，這一波改革提倡家長參與學校校務，在都會地區學校家長會和學校募款之間的關係更加緊密。都會學校財務自主的趨勢逐漸形成，對政策的訴求與鄉區學校的差異逐漸加大。

二、精簡省府層級組織

民國八十六年修憲的重點，就是將原來三級政府中的省府層級，以組織精簡的方式調整其業務與功能，而成為二級政府。這一次精簡組織中，原來省政府主管教育相關事務的教育廳，改制成為教育部的中部辦公室，所以在精省之後首先受到影響的是省立高中與高職，省立學校在八十八年元月全部改隸中央，成為國立學校，但是原來由省政府負擔的省立高中職學校預算，在精省之後實質上已經削減許多，原來經費寬裕的省立學校飽受經費不足之苦，其中高職比高中的情形更加嚴重（陳麗珠，2001b）。

三、憲法一六四條的凍結

民國八十六年，國民大會通過對憲法第一百六十四條的修正案，將原來對教育、科學與文化經費的保障條文：「教育、科學、文化之經費，在中央不得少於其預算總額百分之十五，在省不得少於其預算

總額百分之二十五，在市、縣不得少於其預算總額百分之三十五。其依法設置之教育文化基金及產業，應予以保障。」另以增修條文第十條第八項取代：「教育、科學、文化之經費，尤其國民教育之經費應優先編列，不受憲法第一百六十四條規定之限制。」雖然修憲當時包括總統與行政院長都承諾教育經費「只會多，不會減少」，但是在修憲之後的數年內教育預算在政府整體分配中仍然受到影響，因此遂有教育經費立法保障的呼聲，也促成了教育經費編列與管理法的立法。

四、《教育經費編列與管理法》的立法

《教育經費編列與管理法》在民國八十九年十二月公布，並自公布後一年內實施。這一個法案是建立我國教育財政制度最重要的法案。其中的重點包括：對教育經費之定義、教育經費之保障、中央政府教育經費分配機制之建構、地方政府教育經費分配機制之建構、學校校務發展基金之爭議、對地方政府教育經費之補助原則、各項優先原則、獎勵私人興學原則、財務監督與評鑑、財物資訊之公開等（陳麗珠，2001a）。這些條文對於我國教育財政系統之建立有相當的規範作用，但也引起相當的爭議，儼然開啟新一波的教育財政改革。

五、政府財政緊縮

我國的教育總經費在民國七十八年到八十二年之間，受到政府落實執行憲法一六四條的保障而直線攀升，民國八十二年達到頂峰；八十二年以後，財主單位將教育經費以「政事別」取代「機關別」的定義，又將重大支出解釋為特別預算以規避憲法中「總預算」的界定，使教育經費的成長幅度趨緩；八十五年開始實施國立大學校務基金制度，八十六年修憲凍結保障，八十八年實施精省政策，都使教育經費的需求面逐漸降低；同時，八十九年以後國內經濟景氣下降，政府財政緊縮，教育預算受到影響，尤其是教育經費編列與管理法所規範的

保障條文係以政府過去三年歲入平均值為計算基礎，當政府財政緊縮時，教育經費預算總額也隨之受到影響。

貳 進行中的教育財政改革措施

雖然《教育經費編列與管理法》已經立法並公布施行，但是我國的教育財政改革才正要開始。因為該法所規範的條文，對於行之多年的制度改變太大，因此在執行中引發諸多爭議，其後續效應有待觀察。以下逐一介紹這些進行中的教育財政改革措施，在中央政府層級的改革措施包括：公共教育經費之保障、兩個經費委員會之運作、全國教育經費基本需求之計算；在地方政府與學校層級的改革措施包括：地方政府教育發展基金之成立與運作、學校校務發展基金之成立與運作，以及學校財務監督與評鑑等。

一、公共教育經費之保障

公共教育經費保障之爭議並未隨著憲法一六四條修憲凍結而停止。雖然《教育經費編列與管理法》條文明確規定教育經費之認定採取機關別而非政事別，對於全國教育總經費「各級政府合計應不低於該年度預算籌編時之前三年度決算歲入淨額平均值之百分之二十一點五，不含舉債及移用以前年度歲計賸餘，扣除重複列計部分」的保障，對於教育經費保障效果，還是有待觀察。其中的主要原因還是以歲入作為計算的基準，會隨著經濟景氣與政府財政政策而變動，尤其我國中央政府的預算赤字年年增高，政府歲收減少，教育經費總額也隨之下降，保障的意義並未達預期效果。

二、中央政府教育經費分配機制之建立

隨著《教育經費編列與管理法》之立法通過，行政院成立「教育

經費基準委員會」，負責中央政府對地方政府一般教育補助款之分配，教育部成立「教育經費分配審議委員會」，負責教育部特定教育補助款之審議。雖然目前為止這兩個委員會都有依法在運作，但是因為財主單位仍居經費分配主導地位又未必尊重教育專業、委員會成員中教育專業學者的名額居於相對弱勢、行政單位對於委員會審議程序增加處理時效仍感抗拒，以及補助時效與會計制度間之配合仍有待加強等因素，使得中央政府教育經費分配機制之建立還是有待持續努力。

三、教育經費基本需求之計算

教育部於九十一年完成將我國地方政府國民教育經費基本需求做成計算公式，以教師人事費、職員工人事費、辦公費、修繕費、水電費、活動費以及基本教學設備費等項目，依照學校規模與所在地區等條件加以調整及計算（陳麗珠，2002c）。然而因為一般補助款的分配難免受到政治因素強力主導，基準委員會僅能將計算結果作為參考。

四、地方政府教育發展基金

雖然《教育經費編列與管理法》規範地方政府應該成立地方教育發展基金，但是二十五個地方政府執行的情形並不踴躍，已經成立基金的地方政府，也未必能夠完全遵循基金預算的精神去運作。既然成立基金屬於地方政府的權限，中央政府並不便加以強勢干預；即使地方政府已經成立基金，仍未必是國民教育之福，因為基金中包括自籌經費，地方政府可以在國民教育辦理過程中對學生額外收費或從事生產事業以增加收入，然而如果地方政府太過重視基金收入之籌措，是否可能與國民教育的義務本質背道而馳？再者，當各縣市都成立基金時，各縣市的財政狀況就與基金的營收狀況成正比，將來可能使國民教育品質的地區差異擴大，又違背了國民教育的普及特性。因此，地方教育發展基金的長遠效果，值得密切觀察。

五、學校校務發展基金之設置

《教育經費編列與管理法》考量到全國各縣市、地區之間的社經狀況差異，所以並未硬性規定各級學校（尤其是國中小）都要設置。對於財政狀況佳的都會學校，學校成立基金固然有助於社會資源的凝聚，但是因為基金籌募以家長捐輸居多，家長會勢力坐大，難免干預校務運作。另外，對於位處偏遠或是社會資源貧瘠的國中小而言，成立基金誠屬不易，而且收入不多，基金運作與維持都不容易。因此校務發展基金制度會加速教育資源的城鄉差異，加大教育的不均等，實不宜硬性規定全面實施。

六、學校財務監督與評鑑

過去行政主管機關對於教育財政的認知，僅著重於經費的分配階段，對於經費分配之後，學校與教育機構的經費使用情形，並未加以重視，充其量僅是考核其「執行情形」是否將經費花用完畢，至於經費的使用與教育目標的達成之間的關聯性，則未在考量的範圍內。《教育經費編列與管理法》規範各級主管教育行政機關對公、私立學校及其他教育機構應依法進行財務監督。其有違反前項規定或其他法令者，除公告外，得視情節輕重停止其特定教育補助。此外，各級主管教育行政機關為提升教育經費使用績效，應建立評鑑制度，對於公、私立學校及其他教育機構進行評鑑。同時，有鑑於過去學校之財務不當使用情形其實往往都是當地政府縱容的結果，建議中央主管教育行政機關對於公、私立學校及其他教育機構之財務運作違反規定者，除了由教育部教育經費分配審議委員會依規定停止其特定補助之外，學校直屬之地方直轄市、縣（市）政府亦應該負起監督不周之責，受到連坐之懲罰，由行政院教育經費基準委員會刪減其一般教育補助或特定教育補助款。

七、教育財務公開

雖然教育部宣稱全國各級學校已經都建立起教育網路，各種訊息透過網際網路的傳達到學校暢行無阻，但是民國八十九年十一月進行的一個全國國民教育基本需求網路調查，針對全國三千多所國民中小學校進行網路問卷調查，結果發現中小學校的網路知能亟待加強，連網路之架設也極不穩定（陳麗珠等，2002f）。因此《教育經費編列與管理法》規範各級政府教育預算與基金應於年度決算後公開於資訊網路，立意雖佳，也具有前瞻性，但是仍有待落實。

第五節 案例分析與討論

壹 案例一：教育優先區補助款之爭議

教育優先區計畫是教育部從八十五年開始實施的補助計畫，主要的目的是對全國位在教育資源不利地區的國民中小學校，針對不利條件（指標）給予適當補助（項目），以增加弱勢學生的生活照顧、提供學習輔導、發展學校特色、改善教學環境、發展學生潛能並提高其成就水準。自八十三年度起至九十二年度止執行教育優先區計畫總執行經費共新臺幣一百十八億三千餘萬元。然而教育優先區計畫從實施以來就爭議不斷，主要的質疑來自於都會地區學校，認為教育優先區計畫依據不利指標分配經費，使偏遠地區獲得較多經費補助，是「很不公平的事情」；另外，偏遠學校多屬小型學校，學生人數少，經費花在他們身上「很沒效率」。這種意見終於使補助指標的界定與補助項目年年修正，原來沒有獲得補助的都會地區（兩個直轄市與五個省

轄市）也獲得經費補助；此外，都會地區學校多被地方政府認定為「青少年行為積極輔導學校」，因此可以獲得補助社區化活動場所，單一學校補助的金額很高。九十一年度訪評結果發現這些學校硬體補助竟然占了年度計畫總補助額度的三分之一，反而失去了計畫的原意。社區化活動場所的補助項目於九十二年度起終於刪除。

貳 案例二：大學整併政策之爭議

我國的大學發展在近十年間質量失衡，學校與學生數量急速增加，錄取標準降低，師生比提高，這些都是大學教育品質下降的警訊。有鑑於此，教育部於九十年八月頒布「國立大學校院區域整合發展計畫」，明確提出大學與學院區域整合的三種方式：(1)校際合作：校際之間系所規劃、師資聘用、運動設施、校際選課、研究計畫等合作事宜；(2)策略聯盟：整合數個有潛力的研究中心或具有跨校性之發展方向、特色等進行規劃，逐步整合可互補之大學校院成為一個新大學系統；(3)學校合併：鼓勵同區域或性質可以互補的國立大學校院合併，成為一個規模更大、資源更充裕、更具競爭力的大學。其主要目標在於藉著「調整國立大學院校的經營規模以提升教育品質與辦學績效」、「發展新型態的高等教育學府以增進高等教育的競爭力」，以及「鼓勵大學資源共享促進地區教育發展」。至於其預期效益則包括：(1)使各校資源可以作更有效率的整合與運用，進而促進各地區高等教育均衡發展；(2)提升學校的競爭力及辦學績效；(3)學生獲得更多元之學習環境，提升學習效果（教育部，2001c）。教育部一方面刪減對大學的補助款，一方面也對於願意參加整併計畫的大學承諾給予經費補助，然而這樣的整併計畫並未獲得規劃為整併對象大學的認同，數個整併計畫進度相當緩慢，唯一比較具體的成果是數所大學成立策略聯盟，或是局部的校際合作計畫等，但是這些聯盟與合作旋即被各

界解讀為爭取經費的手段而已。所以大學整併是否真正能夠促進高等教育各地區的均衡發展、提升學校競爭力、增進學生學習效果，似乎計畫的規劃目標與實際執行之間有很大的落差。

中文部分

林文達（1986）**教育財政學**。臺北市：三民。

教育部（2001a）。**大學教育政策白皮書**。臺北市：作者。

教育部（2001b）。**大學教育的現況與前瞻**。臺北市：作者。

教育部（2001c）。**國立大學校院區域資源整合發展計畫**。臺北市：作者。

教育部（2002）。**教育統計**。臺北市：作者。

教育部（2006a）。**教育統計指標**。臺北市：作者。

教育部（2006b）。**教育部推動教育優先區計畫**。臺北市：作者。

陳麗珠（1994）。**國民教育經費公式之模擬研究**。行政院國家科學委員會專題研究報告書。NSC83-0301-H-017-004

陳麗珠（1996）。**教育券制度在我國可行性之研究：以高級中等教育為例**。行政院國家科學委員會專題研究報告書。NSC85-2418-H- 017-003-F6

陳麗珠（1997）。**我國國民教育經費補助公式之模擬研究：垂直公平考量**。行政院國家科學委員會專題研究報告書。NSC86-2413-H-017-005

陳麗珠（1998）。**臺灣省教育優先區計畫與實施之評估研究：教育機會均等理念之實踐**。臺灣省府教育廳委託專案研究報告。

陳麗珠（2000a）。**美國教育財政改革**。臺北市：五南。

陳麗珠（2000b）。**我國教育財政改革之研究（三）高等教育財政改革**。行政院國家科學委員會專題研究報告書。NSC 89-2413-H-017-009

陳麗珠（2001a）。教育經費編列與管理法之評析。**教育學刊，17**，125-145。

陳麗珠（2001b）。**精省效應對臺灣省中小學教育財政影響之研究（I）：精省效應對臺灣省高級中等教育財政之影響**。行政院國家科學委員會專題

研究報告書。NSC89-2413-H-017-033。

陳麗珠（2002a）。**大學整併政策的規模經濟觀點與盲點**。發表於「大學整併理念與策略學術研討會」。淡江大學主辦，2002 年 12 月 6, 7 日。

陳麗珠（2002b）。地方政府國民教育經費基本需求財政公平效果之檢討。**教育研究集刊，48**（4），135-162。

陳麗珠（2002c）。**九十二年度地方政府國民教育經費基本需求試算**。教育部委託專題研究報告。

陳麗珠（2002d）。**精省效應對臺灣省中小學教育財政影響之研究（II）：精省效應對國民教育財政之影響**。行政院國家科學委員會專題研究報告書。NSC90-2413-H-017-013。

陳麗珠（2002e）。地方補助款制度化政策對國民教育財政影響之研究。**教育學刊，19**，91-120。

陳麗珠等（2002f）。網路調查應用於教育研究之可行性：以全國中小學教育經費基本需求調查為例。**教育研究資訊，10**（6），85-110。

蓋浙生（1993）。**教育經濟與計畫**。臺北市：五南。

蓋浙生（2001）**教育財政與教育發展**。臺北市：師大書苑。

外文部分

Alexander, Kern & Salmon, Richard（1995）. *Public school finance*. Boston: Allyn and Bacon.

Berne, Robert & Stiefel, Leanna（1984）.*The measurement of equity in school finance: Conceptual, methodological, and empirical dimensions*. Baltimore: The Johns Hopkins University Press.

Birkland, Thomas A.（2001）. *An introduction to the policy process: Theories, concepts, and models of public policy making*. New York: M.E. Sharp.

Chubb, John E. & Moe, Terry M.（1990）. *Politics, markets & America's schools*. Washington D.C.: The Brookings Institution.

Fowler, Frances（2000）. *Policy studies for education leaders: An introduction*. Upper Saddle River, New Jersey: Prentice Hall.

Friedman, Ian C.（2004）. *Education reform*. New York: Facts On File, Inc.

Guthrie, J., Garms, W. & Pierce, L.（1988）. *School finance and education policy: Enhancing educational efficiency, equality, and choice.* New Jersey : Prentice Hall.

King, R., Swanson, A. & Sweetland, S.（2003）. *School finance: Achieving high standards with equity and efficiency.* Boston: Allyn and Bacon.

Odden, Allan R.（Ed.）（2000）. *Rethinking school finance: An agenda for the 1990s.* San Francisco: Jossey-Bass Publishers.

Odden, Allan R. & Busch, Carolyn（1998）. *Financing schools for high performance: Strategies for improving the use of educational resources.* San Francisco: Jossey-Bass Publishers.

Odden, Allan R. & Picus, Lawrence O.（2000）. *School finance: A policy perspective.* U.S.: McGraw-Hill.

第五章

教育行政的政治面向

第一節 教育與政治的關係

壹 前言

　　教育扯上政治，總是給人不佳的印象，維持教育中立，避免政治干涉教育，似乎是社會上的共識，所以在選舉期間，學校門口總會貼著謝絕候選人入內進行宣傳活動的佈告，避免校園受政治污染。教育基本法第六條中也明白規定：「教育應本中立原則。學校不得為特定政治團體或宗教信仰從事宣傳，主管教育行政機關及學校亦不得強迫學校行政人員、教師及學生參加任何政治團體或宗教活動。」

　　由上述種種聲明來看，教育與政治應該是涇渭分明，井水不犯河水，教育行政人員與教師也應該不涉政治，致力維持教育的中立才是。不過，教育基本法第二條似乎又傳送著另一個衝突的訊息：教育事實上具有重要的政治功能：「人民為教育權之主體。教育之目的以培養人民健全人格、強健體魄及思考、判斷與創造能力，並促進其對基本人權之尊重、生態環境之保護及對不同國家、族群、性別、宗教、文化之瞭解與關懷，使其成為具有**國家意識與國際視野之現代化國民**[1]。為實現前項教育目的，國家、教育機構、教師、父母應負協助之責任。」上述內容說明了教育具備重要政治功能，希望透過教育將學生教育成為具備「國家意識」的公民。至於什麼是國家意識的內涵？近年對於歷史、地理、語文教育的爭議，可以說明這個問題沒有

---

[1] 黑體字為作者所加。

簡單的答案，不同的教育決定，將產生具不同國家意識的公民，符應特定團體對國家的定義與認同，迫使另一群人改變對國家的定義與認同，看似教育或課程與教學上的決定，其實是一個政治上的決定，問題是教育可以不處理這個部分嗎？「教育歸教育，政治歸政治」是不是處理教育與政治關係最正確的答案呢？老師是否只要埋頭教書？不必管自己教的是什麼？課程編輯者是否只要專注編出「政治正確」的教科書便盡了責任？這些問題都只是教育與政治複雜關係中的一小部分。

　　究竟教育與政治之間的關係如何？兩者之間應該維持怎樣的關係？教育基本法中為何傳遞著矛盾的訊息？教育有無可能不涉政治？教育人員應該如何定位自己的政治角色與政治功能？這些都是教育行政人員應該探討的問題。身為教育行政人員，如果不能瞭解教育工作在政治上所扮演的角色與功能，掌握教育行動可能的政治效果，或採取適當的政治行動以引發社會對教育的支持，其結果可能是淪為特定政治意識型態或團體的腳伕，為特定團體的政治利益服務，或是使教育成為政治角力下的犧牲品，無法發揮教育的專業角色，為學生的利益服務。在進一步討論教育與政治的關係之前，可以先提出一個如下的結論：「如果教育人員不能具備政治知覺（political awareness），由政治角度分析教育措施，採取必要政治行動以改進教育，則難以成為有專業能力的教育人員。」以下的討論將說明為何這個立場是必要的。誠如 Wirt 與 Kirst（1972）所言，不涉政治的教育（apolitical education）乃是迷思，持此想法反而使得服務學生的工作更不容易做好。Chubb 與 Moe（1988）也指出學校不是孤島，並非存在政治真空之中，國內學者如謝文全（2004）與林天祐（2004）等人也提醒教育界注意教育與政治的關係，教育人員實不應自外於教育的政治分析。

第二節 政治的意義

壹 政治是管理眾人之事

　　傳統對政治的印象，總認為政治是骯髒、講求謀略、精於計算，這類的印象根深蒂固，使得教育界恥言政治，其實孫中山先生說得很好：「政治乃是管理眾人之事」，公立學校因為滿足社會功能及家庭需求而成立，使得教育成為眾人之事，即使沒有在學學童的個人，也會受到學校教育成果的影響，使得教育不僅僅是「私領域」的事。舉例來說，如果學校提供不足或教育辦不好，我們可能得花更多錢在獄政上，而街上的罪犯，也不會考量他人是否有小孩而決定是否犯罪；學校如果教導小孩仇視特定社群的人（例如同性戀者、墮胎者、特定宗教信仰或族群者、特定膚色者），不管這些社群的人是否有小孩，都將概括承受學校教育的後果；又如國家如果在人力資源投資上政策不當，其結果可能是經濟進步遲緩或公民素養不佳，是項結果亦絕對是「眾人之事」，教育具備政治面向，其理甚明。

　　政府是「管理眾人之事」最主要的負責者，所以政治一項常見的定義是政府或治理的藝術與科學（the arts and science of government or governing）（http://www.thefreedictionary.com/politics），制度與規章的設計、權力的監督與分配、參與的方式等等，都可屬於這個範圍。必須注意的是政府雖是主要，卻非唯一的政治行動者，其他政治行動者（如利益團體），其行動的後果亦有可能對眾人之事產生影響。探討管理眾人之事，免不了探討權力（power）、權威（authority）、正當性（legitimacy）的問題，包括：何謂權力？誰能享有權力管理眾人之事？當

意見不一時，誰具備權威作最後的決定？如何判斷政治行動的正當性？這些都是教育政治學中重要探討議題。

貳 政治即方法或策略

另一個字典上對政治的定義是方法或策略（methods or tactics）（http://www.thefreedictionary.com/politics），這項定義偏重技術層面，探討如何透過政治手段達成目的（如胡石明，2004），也較容易讓大眾產生不良的印象，與政治手段聯想在一起，卻是一般人對政治最常有的印象，不利教育政治分析的進行。通常使用政治手段的目的是為了獲得權力，以遂行目標或實現利益。政治方法或策略雖然容易引起不好的聯想，卻是政治研究的一部分，適當的政治策略運用，有助於目標的達成。

參 政治即政府、政治人物或政黨所從事的活動

這項定義是由人來界定活動，所以從事公職者、民選或派任的政治人物，或是政黨所從事的活動，都可看成政治（http://www.thefreedictionary.com/politics）。這項定義有兩個問題，首先是這些團體所從事的活動不全然是政治；其次，不屬於上述類別者所從事的活動也可能是政治活動，例如微觀政治學中對教師之間政治互動的研究（Blasé & Anderson, 1995），或是對家長參與的研究，即為一例，教師或家長可能不屬於上述任一類的行動者，但並不代表他們所從事的活動就不是政治行動，或者其行動不具政治效果。進行教育政治分析，不能將焦點限制於上述人物所從事的活動。

肆 政治即人際衝突

社會中人際關係的衝突是另一項政治的定義，這項定義給政治一詞較廣的空間，也符合政治學研究關心的焦點，亦即探討人際互動的緊張關係及其成因，點出衝突是政治生活與政治研究的重要部分，不過這項定義過度強調衝突的面向，忽略了合作關係與共同價值。人際衝突背後原因很多，並非都是因為個人層次特徵所導致，與結構較有關的因素，例如意識型態的衝突、利益的衝突、價值的衝突，都可能影響日常生活世界中人與人的互動。

伍 政治即價值

Stout、Tallerico 與 Scribner（1994）則將政治等同於價值，換句話說，價值即是教育政治學研究的內容，這個看法雖然不全，但是卻指出了教育政治學研究的核心。根據 Stout 等人的看法，教育政治學即在處理選擇（choice）、均等（equity）、效率（efficiency）與卓越（excellence）等價值問題，這些價值都值得追求與重視，但是因為資源的限制，必須有所取捨，因而產生政治衝突。

以「選擇」價值而言，重視的是個人的自由，認為政府的干預愈少愈好，以高等教育為例，要不要接受高等教育，應是個人的自由，國家不應由人力規劃的觀點限制高等教育的機會，高等教育對個人的用途也應該由個人決定，不須國家為個人高等教育的成本效益費心；宗教信仰或學習內容的選擇等等，也是個人的自由，學生學習什麼，國家不應干涉。以上例子所彰顯的是個人的教育選擇權。

以「均等」價值而言，重視的是教育正義與不同團體教育機會的均等，教育是個人流動的重要工具，教育上的不正義或不均等，不但

違反人權，也會造成社會怨懟，影響安定。是以提供均等的教育，乃是先進國家的基本原則，我國亦於憲法及教育基本法中明白揭示這項原則。不過完全的均等是不可能實現的理想，即便在共產主義社會中，也沒有辦法實現完全的教育機會均等，研究教育機會均等的重要議題，應該是不均等的**程度**，或是政府在**減輕**不平等上的努力，而非均等或不均等的二分。

效率亦是重要的價值，因為資源有限，總希望投入的成本能夠發揮最大的功能，如果一個老師教二十名學生的成效與教四十名學生的成效沒有太大差別，或者只是稍微好一些，我們當然希望老師能教四十名學生，因為這樣可以使資源發揮最大的效用。成本效益的計算乃是理性的行動，績效責任是人民對政府的要求，我們希望政府將經費花在刀口上，以產生最大的產值，我們也希望施政能劍及履及，以履行對人民的承諾。

卓越（或品質）也是重要的價值，政府所提供的服務只有在與私人機構所提供的服務品質一樣好時才能合法化，如果政府要提供教育，就必須提供高品質的教育。最近美國所推行的切要測驗（high-stake testing）運動，就是追求品質與卓越的例子。早期美蘇太空競賽時所推動的課程改革，亦是追求品質與卓越的重要政策。

上述各項價值都相當重要，但落實到教育政策與實務中，卻常常面臨衝突，成為政治問題，特別是某些價值間常隱含著潛在衝突，例如追求效率，涉及成本計算，特殊與不利學童可能就成為被犧牲的對象；重視均等，在追求卓越上常常需有所妥協，如何取捨，便是政治問題。Stout、Tallerico與Scribner（1994）將上述價值應用在五個美國教育上亟須解決的問題，包括：

1. 誰應該上學？
2. 學校教育的目的為何？
3. 兒童應該學習什麼？

4.誰應該決定學校方向與政策等問題？

5.誰應該為學校教育付費？

以誰應該上學為例，由選擇的觀點來看，上不上學是個人的自由，政府無權限制或強迫；由均等的觀點來看，政府應確保公民受教育的機會均等，強迫入學乃為必須，以免某些學童輸在起跑點上；由效率的觀點來看，投入成本最低，能為社會製造最大產值的學生，才是值得教育投資的對象；由品質與卓越的觀點來看，為了追求卓越，所有學童都應該達到一定的水準，故應上學接受較為一致的課程。問題是政府只能有一個入學政策，准許人們有不上學的自由，或限制某些人就學的權利，就違反均等的價值；要求每一個學生都要表現出一定「品質」的教育成果，可能違反了選擇的自由，這些衝突都是政治問題。

上述各類定義分別說明不同教育政治學研究或探討的重點，也都各有其限制，瞭解這些定義，可以增加教育人員政治敏感度。接下來將以美國為例，探討為何不涉政治的教育信念會成為教育界的信仰與追求目標，這項信念的問題，以及教育政治學為何日漸受到重視。

第三節 教育政治學研究的歷史

Mitchell（1990）曾對教育政治學研究的歷史作了很好的回顧，根據其整理，教育政治學研究受到重視是相當晚近的事，1950年後教育界才開始注意到這個面向的探討，之前的研究多是由歷史學家從事，1969年美國教育研究協會（American Educational Research Association）下成立教育政治學會（Politics of Education Association），相關教育政治學的研究也逐漸累積。如果觀察臺灣，教育政治學的研究開始得更

晚，國立臺灣師範大學教育系雖早就設有教育政治學的課程，但列為選修，實際從事這方面研究者也不多，直到最近幾年，才有愈來愈多的趨勢。

在分析為何教育政治學相關研究起步較晚時，Mitchell 認為是受到：⑴都會改革的政治運動（Urban Reform Political Movement）；⑵教育進步主義（progressivism）；與⑶科學管理運動開展的影響。美國都會改革政治運動原本是為了對抗政治對教育的干擾而產生的，挑戰以種族、階級為主的政治機器對教育的干涉，主張透過策略保障學校的自主性，如給予教師永聘、將學區董事會的選舉與政黨選舉錯開、主張學校應由非政黨的公民菁英所領導等。這些措施的目的在建立防護罩，防止教育受到政治干擾。

進步主義教育運動是另一個教育政治面向受到忽略的原因。這項運動認為教育的目的是為了協助學生為未來世界作準備，而不僅僅是將上一代的價值傳給下一代。進步主義強調專業控制，反對政治干預，教育人員擔負學童學習的主要責任，自然也不涉政治。

科學管理運動是另一項教育不涉政治迷思的來源，科學管理相信學校經過仔細規劃之後，便能看到效率和成果，要確實落實規劃與執行，就需排除政治的干擾，以免破壞組織系統中的階層控制，影響組織績效。學區教育局長（superintendent）是組織中唯一的政治人物，保護學校免受政治的干預。

上述這些期望與努力讓教育界與一般大眾相信學校是存在於政治真空之中，由教育專業管理教育事務，學校人員只須關心教育技術與心理的問題，不需思考或煩惱政治相關的議題。不過 1950 年代後連續發生的幾件事卻逐漸動搖了政（治）、教（育）分離的信念（Mitchell, 1990）。

首先是教育成為為國家目標服務的機器，兩次大戰使得美國政府清楚看到教育在國防上的重要性，數學、科學與教育因而成為國家國

際競賽的工具，為國家目標服務的功能漸明顯。後來的Sputnik事件，蘇俄在太空競賽中拔得頭籌，更引發美國上下的危機感，對教育關心程度提高，認為教育人員失職，不能使教育配合國家需要，確保國家優勢與競爭力。

美國教育政治上重要的 3R（Race, Religion, Urban/Rural Conflict）之一的種族問題，也為社會帶來相當大的震撼，早期法院的判決認為隔離但平等的政策是合法的，但 1954 年布朗與教育董事會（Brown vs. Board of Education）訴訟案的結果卻推翻了早先的決議，認為學校在教育機會均等上應該要扮演更為積極的角色，促進教育上的種族融合（例如透過校車接送），這項判決引發相當大的反對聲浪，也導致了白人逃離（white flight），以地理區隔的方式進行另一種教育上的種族隔離，一連串因為反種族隔離與反校車接送以減少種族隔離（desegregation）的衝突事件，使得社會大眾驚覺努力多年的都會改革政治運動其實並未能促進多少教育機會均等，教育其實仍隱含相當多的階級與種族政治。

Mitchell（1990）認為 1960 年紐約市的教師罷工徹底瓦解了美國人對政（治）、教（育）分離的信念，這次罷工不但迫使政府必須透過政治途徑與手段處理罷工事宜，政治人物也須在罷工與反罷工之間採取立場，學校教師不再是中立的教育專業人員，而是政治行動者，與當年都會教育改革政教分離的努力背道而馳，當然也違反了進步主義以兒童為中心的主張，因為成人間的衝突已經影響到小孩的學習。上述的事件讓美國人理解教育是很難不涉政治的。

之後為政治對教育影響的事例不斷被揭露，如何定位教育與政治之間的關係因而成為眾人關心的問題。Chubb與Moe（1990）探討歷次教育改革運動失敗的原因之後，主張公立學校系統應該擺脫政治邏輯的控制，改由市場邏輯引導，過去公立學校透過太多政治力量（如利益團體、政治人物、教師工會等）的干預，許多改革的成效大打折

扣，釜底抽薪之計，應該讓學校脫離政治邏輯的控制，透過私有化讓市場機制管理學校的運作。這項主張在英美都有呼應者，也已經部分推行，不過學校是否能就此脫離政治的影響？或是學校應不應該脫離政治的影響？則是另一需要研究的問題。

反觀我國，一般人亦認為教育應不受政治的干擾，所以教育政治面向的探討在國內起步得更晚，教育政治的分析，往往藏身於教育行政學或教育社會學中，不是將教育治理或運作方式當作實然與應然來探討，不思考其背後的假設；就是將其戴上社會學的帽子，描述關鍵社會背景變項（如階級、種族與性別等）如何影響教育過程與結果，忽略了許多教育的決定，其實是個政治的決定，應受政治分析；同時在該採取政治行動時，又因信守政（治）、教（育）分離的信念而裹足不前。整體而言，國內對於政治對教育的影響，仍然是相當反感的，這種態度，其實妨礙了我們持平檢視教育中政治面向的機會，忽略了教育是「眾人之事」中的重要部分，也是政治人物關心的議題，同時亦忽略價值亦充斥於教育之中，教育系統運作免不了人際互動，也就很難不涉政治。

為了增加教育人員對教育政治面向的敏感性，以下將說明教育政治學研究的內涵，並將以幾個領域為例，說明目前研究的成果。

第四節 教育政治學研究的內涵

Hastings（1980）整理教育政治學的參考文獻，將這些文獻分成八個部分，分別如下：

1. 教育政治學作為一學科領域（the politics of education: a field of inquiry）。

2.公立初等與中等教育治理與政治（the politics and governance of public elementary and secondary education）。

3.經濟與財務研究（economic and fiscal studies）。

4.教育政治學特殊議題領域研究（specialized issue areas in the politics of education）[2]。

5.高等教育的政治、治理與財務研究（the politics, governance, and finance of postsecondary education）。

6.一般教育文獻：代表性作品（general education literature: representative works）[3]。

7.政治與公共政策（general works on politics and public policy）。

8.政府（selected works on general government）[4]。

Hastings 為教育政治學會所作的文獻整理可謂相當的豐富，上述的分類也告訴我們教育政治學研究領域的廣泛性，舉凡人事、財務、政策、組織等，都是教育政治學研究的內涵。但這份資料主要目的不在界定教育政治學的領域，而在對現有的文獻作整理，因為年代較舊，所以新興的研究領域並未包括在內，例如最近開始發展的教育微觀政治學（micropolitics of education）研究（Ball, 1987; Blasé, 1995）即為一例；其次，部分重要的教育政治學議題也未見提及，例如利益團體與教育；最後，在分類上，也以教育階段的分類為主，不是很理想的分類方式。筆者參考 Hastings 的分類，輔以平日閱讀整理所得，暫且將教育政治學的研究分類如下，並挑兩小部分於第五節中作介紹，這些介紹難稱完整，但對於提高教育人員的政治意識與政治知覺有幫助。

---

[2] 這些特殊議題領域如績效責任、課程與課程改革、反隔離研究、殘障教育、教育券、種族與教育、非公立學校與教會／國家議題、方案評鑑政治分析、研究政治學、教育中的性別歧視、教師組織與集體談判等。

[3] 包括了政治歷史、教育系統評論、學校教育提供與效果之均等與不均等研究。

[4] 包括了地區與都會政府、州政府、國會與總統、政府間之關係、法院。

1. 教育政治學學科研究：包括教育政治學學科的研究方法、學科歷史與發展研究，相關理論研究（解釋不同教育政治現象的理論），如解釋國家教育角色的多元理論（pluralism）或馬克思理論（Marxist theory）等、解釋教育系統的系統理論（system theory）、解釋政治參與的競爭參與理論（competition/participation theory）、教育政治比較研究等。

2. 教育治理研究：包括各級政府教育權力的分配與運作，各級各類政府之間的關係與互動、教育治理的組織與法令規範等議題。

3. 教育財政與經濟的政治研究：由政治角度分析教育財政與經濟分配的機制、情況與效果。

4. 教育政治行動者的研究：如對總統、行政院長、部長、壓力團體、政治菁英、社會菁英、家長團體、教師團體等行動者之教育政治興趣、行動或參與之分析與研究。

5. 教育政策之政治分析：包括教育政策之政治歷程分析、政策內容與影響之政治分析，亦包括 Hastings 所提的特殊議題分析。

6. 文化政治分析：如對課程與教學內容、文化生活、認同與意識建構之政治分析。

7. 微觀政治分析：如對於個人或組織政治互動之研究、影響力發揮之歷程、政治策略之運用及其影響研究等。

以下將以教育治理的政治分析為例，說明教育與政治的關係。第六節則以學校與社區關係說明微觀政治學的分析途徑。

第五節 教育治理的政治分析

壹 國家模式治理

國家模式治理在臺灣應不陌生，人民教育權限屬於國家，私立學校相對較為弱勢，人民的教育選擇權較少。這類教育治理模式認為國家的領導者乃是智者，知道如何安排公平適當的教育，展現的是家庭式國家（family state）的概念（Gutmann, 1999）。

不過對於國家如何扮演教育治理的角色，卻有不同的解釋，馬克思主義（Marxism）、多元主義（pluralism）、政府利益模式、科層政治理論與菁英理論（elite theory），對於國家在治理上所扮演的角色，有相當不同的看法（Hill, 1997）。馬克思主義認為國家在治理上並不具備自主性，只是在協助資本主義邏輯運作，反映階級的利益，推論到教育上，教育措施之目標也在協助資本家利益的極大化，促進階級複製。

多元主義者與馬克思主義者則一致，認為國家在治理上並不具備自主性，但是對於國家存在的目的則有不同的看法，在多元主義社會中，政策是透過不同利益團體協商、結盟、衝突等過程而形成的，國家的角色只在訂定程序以維持公平開放的競爭；應用到教育治理與教育政策上，國家的角色乃在維持不同團體教育利益上的競爭規則，至於教育政策應如何訂定，就要看不同團體互動的結果。

科層政治理論則將關注的焦點放在政府組織內部，探討政府人員在面對組織角色與限制的情況下，活動競爭的後果，根據此理論，國家是具自主性的。以此類推，教育政策是政府不同人員在面對組織角

色與限制的情況下所作的行動選擇，這些限制可能包括人力、經費、時間的限制。此一理論的特色是較能描述政府內部的情況。

　　另一個理論是政府利益模式，認為政府本身有自己想要追求的目標，這些目標不一定受到特定階級或利益團體的影響，政府本身具有相當大的自主性。如果以多元主義的觀點來看，國家本身也是利益團體，未必受到特定階級或其他利益團體的影響，在教育政策的制定上，也就考量對政府最有利的方式進行。

　　菁英模式則較常被用來解釋未開發國家的治理方式，其實在已開發國家中亦然。根據菁英理論，菁英是影響政策的重要變數，要瞭解政策，必須先研究菁英的特質、目標、意識型態立場、類似政策經驗、位置及權力關係、政治與機構認同等，都會影響其決定，形成政策的基礎。

　　不管國家或政府在教育治理上是否具有自主性，國家的施為必然成為關心的焦點，透過預算的控制與立法，政府對於教育治理具有一定的影響力，也必繼續成為研究關注焦點。

貳　民主模式治理

　　教育決定權究竟應當屬於何人？此乃教育政治學上重要議題。在美國，因其歷史背景與制度關係，教育主要由地方（學區）負責，學區選出「教育董事會」董事，作為決策單位，聘請學區教育局長（superintendent）領導教育局（或學區辦公室），執行學區教育董事會的決議。由此看來，教育權力是屬於居民及其所選出的教育董事，市鎮首長、州政府或是聯邦政府可以關心，不過卻未必能領導，只能透過不同的管道（通常是經費的補助）影響教育政策，最合法的基礎是賦稅的基礎，公立學校因為接受公共經費補助，所以對於代表人民的民意機關必須有所回應。這類治理方式的特徵是民主領導專業，實

際領導的程度則要視教育董事會和教育局長實際的互動關係而定，而
這項關係又常常受到學區或社區社經背景的影響（Spring, 1993）。就
形式而言，董事會及其所代表的人民是教育局長的主要的僱主，也是
其必須服務與回應的對象。

上述直接民主控制的模式，雖然免除了市鎮首長直接的指揮，卻
不代表教育已遠離政治。Chubb 與 Moe（1988）認為這正是美國教育問
題的根源。直接民主控制機構（如學校或教育董事會），本身並不能
解決多少教育問題，相反的，他們自身才是問題的根源，在民主控制
機制之下，學校本身所反映的是其所運作的機構脈絡。簡單來講，民
主控制機制雖然具回應性，但也可能讓學校陷於眾多「公婆」的指揮
之中，家長、政治人物、社區菁英、壓力團體對於學校都有期望與壓
力，透過直接參與、立法規定，或是經費的控制，影響公立學校的運
作，使得學校經常欠缺明確一致的目標，或必須執行互相衝突的目
標，再加上法令規定與各壓力團體的施壓等種種限制，使得公立學校
不論是在人力資源管理、課程內容與教學方法的選擇、領導重心與特
質、目標設定與實務執行等方面，都不利學校有效運作（Chubb & Moe,
1988）。

參 市場模式治理

市場模式擺脫科層管理，主張透過利潤管理引導組織的運作，在
市場機制之中，顧客根據自身的需求選擇適當的產品，市場則透過競
爭機制淘汰經營不善的機構，在此運作模式下所產生的是有效率、具
回應性的機構。

市場模式與選擇權概念息息相關（Chbb & Moe, 1988），首先提出
選擇權概念的是諾貝爾獎經濟學門的得主 Milton Friedman，他指出選
擇權的實施在於利用市場的機制，改進教育的成果，減少政府的干

預。他所規劃的教育經營，是一個由政府稅收資助、由私人經營的教育，私人的營利組織或是非營利組織，都可以投入學校的經營。Friedman提出教育選擇權的主要考量，是因政府干預下所達成的教育均等，必然要以個人的自由為代價，唯有利用選擇權，也就是市場競爭，才能夠減少政府的干預，保障個人的自由，同時達到品質的提升。在市場模式中，政府的角色是設定最低的要求，並且監督各個私人經營的學校符合這項要求，其餘的就交由物競天擇的原理來運作（Fuller, Elmore, & Orfield, 1996）。

教育選擇機制運作邏輯可以以下圖表示：

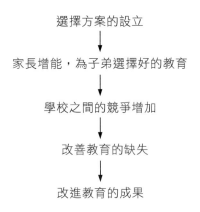

選擇方案的設立

↓

家長增能，為子弟選擇好的教育

↓

學校之間的競爭增加

↓

改善教育的缺失

↓

改進教育的成果

圖 5-1　教育選擇機制運作邏輯

（筆者根據 Goldhaber, 1999 整理繪製）

簡單來說，市場機制之所以優於民主控制機制，乃因其具回應性與效率，例如 Chubb 與 Moe（1988）的研究發現，公立學校校長教學年資較短，心思較多花在處理行政或政治事項上，相較之下私立學校校長教學的年資平均較長，也比較重視教學改進的部分，自然在教學效能提升上容易見到結果；又如人事決定方面，公立學校校長所掌握的權限不大，受到法令規定、壓力團體的影響，較難透過人事調整或

獎賞提升組織的效率，相較之下私立學校人事管理權限較大，可以透過人事調整或獎賞制度提升組織效率，達成組織目標。上述兩例說明市場機制較有效能，而由民主控制的教育機構常陷入了科層化的泥沼之中，解決之道，就是讓學校脫離民主控制，改由其他機制引導學校的運作。

市場模式當然也非沒有問題的，批評的意見包括：市場機制並非不受文化邏輯所影響，個別顧客的市場行為往往受到其自身背景與文化脈絡的影響而有不同。市場化學者過度樂觀地認為每個人都只根據理性計算做出選擇，都有充分的資訊、能力與意願做出選擇，乃是錯誤的假設。事實上，倡導個人選擇與市場機制，可能反而加大社經地位不平等。另一個批評是針對公立教育目的而來，批評者指出追求效率並非公立教育的主要目標，推動市場機制後，學校的目標是由學校家長決定，未必顧及公共利益，而公立學校所扮演的公民社會化與文化傳遞的功能，很容易喪失（Fuller, Elmore, & Orfield,1996）。

上述不同治理模式各自有其重點與限制，在設計教育治理模式時，應儘量針對其缺點提出配套措施。

第六節　微觀政治分析

前節以巨觀的政治分析為例，說明教育政治研究的內涵，本節則以微觀政治分析為例，說明這類分析方式。

Blasé（1991: 8）回顧了多種對微觀政治的定義後，提出其個人定義如下：

微觀政治代表個人或團體應用正式或非正式的權力以達

成其在組織中的目標。大體而言，個人與團體因為知覺到的差異所採取的政治行動，伴隨著應用權力以影響或保護的動機，引發了政治行動。雖然這類的行動是有意識的被引發，不過任何行動，不論是有意識的或無意識的，在特定情況下都會有政治的意涵。合作或是衝突的行動與歷程是微觀政治領域的一部分。更重要的是巨觀與微觀政治因素兩者間常常是彼此交織的。

上述定義的幾個重要概念可再討論如下：
1. 權力：不論是正當或不正當的權力形式都是微觀政治討論的一部分。
2. 目標：目標的定義包括了興趣、喜好與目的。
3. 政治行動：政治行動包括了決定、事件、活動等，
4. 差異：所謂差異包括了需求、價值、信仰、目標、意識型態等方面的差異。
5. 有意識引發的行動：指意圖的、經過計算的、策略性或目的性的行動。
6. 無意識引發的行動：指規律性的、非決定的、忽略的、不採取行動、習慣性的行動，或是影響他人不能施展影響力的行動。
7. 政治意涵：是指行動對他人所產生的效果。
8. 政治行動：包括了衝突與合作的歷程與結構。
9. 組織外部與內部因素互相影響。

由以上的定義可知，微觀政治分析涉及權力、目標、合作與衝突，雖然發生在組織內部，不過卻常常反映結構因素的影響。以下謹舉 Corbett（1991）對學校與社區關係分析為例說明。

一般對於權力的定義，認為權力是能夠使別人去做一些原來不會去做的事情之能力。不過，這只是權力的一種定義而已。其實權力不

只是存在於上階層之中，下階層者也握有權力。學校上位者權力來源主要是靠權威及在下位者的支持，而學校中在下位者的權力來源則是靠其隱匿性。學校教師的本身是在上位者兼在下位者，一方面仰賴權威作為一種權力來源，一方面維持隱匿性，使自己不致成為批評的對象。隱匿性之所以能變成一種權力，乃因知識就是力量，如果別人不知道學校在幹什麼，也就沒有什麼批評的起點。隱匿性如何能夠成為個人的力量？以教師為例，學校當中最大的力量可能是教師同意的力量（The real power in schools is the power of teacher consent），教師有權力控制外在社會對學校的接觸，當門關上後，基本上教師決定了教室中所要發生的事，只有靠增加老師的曝光率，才有可能增加老師們被控制的機會。

社區如何控制老師？就老師而言，學生的話是使家長能夠瞭解老師作為的一個管道，老師很難封住學生的嘴，家長和社區也就能夠經由這個管道知道學校的作為。

因為教師與行政人員的權力來源不同，與社區互動的方式也會不同。學校行政人員與教師在面對社區壓力的分工方式一般有兩種，一是由校長和行政人員承擔主要的社區壓力，教師可以展現教學的自主性，包括對學生的體罰決定。在這種情況下校長可能是受批評的對象，家長的控告可能會讓學校的行政人員惹上麻煩。另外一種模式是教師基本上只做與教學有關的事，而把行政工作如學生體罰、成績輸入、分班等都交給學校的行政人員來處理，問題是行政人員碰到這類的問題通常會有法律和壓力的考量，不一定能夠照教師的期望來處理。行政人員關心的是避免曝光，避免上級的詢問與關心，在處理態度上可能都是大事化小，小事化無，處理的方式可能不符合教師的期望，也減低了教師在家長與學生面前的權威，使得教師的領導產生了困難。究其原因，乃是因為行政人員的觀眾和教師的觀眾是很不一樣的，行政人員關心的是公共形象、上級單位或民意機關的意見，可是

老師們直接接觸的是該班學生及學生的家長，關心的是能不能直接控制學生，但又不要惹上家長。教師也陷入權威的維持和隱匿性的維持兩難中，如果教師無法維持在家長或學生面前的權威，在領導上產生困難，教學成效也會受到影響。行政人員的處理方式，牽動教師與家長及社區之間的關係，以及教師在班級領導上的權威及教學的成效。教師與行政人員在面對社區壓力時應如何分工，必須考量權力運作的脈絡，評估可能發生的後果。

第七節 案例分析與討論

壹 案例一：併校風波

廖局長雙手叉腰，仔細看著窗外市府廣場前群眾的一舉一動，「大概有兩百人吧。」廖局長心裡默算著，「來了三十幾個小孩，全部的學生應該有六十多個，看來最多來一半。」廖局長正想轉身叫秘書到底下叫警察局的人注意小孩，突然間看到人群中起了一陣騷動，與反併校聯盟對峙的警察突然逮捕了四男一女，引起群情大嘩，更糟糕的是一個看來像是小學五年級的男生為了救回其中一名看來像是他爸爸的男士，竟然情急之下與警察扭打，被用力甩在地上哭了起來，一個看來像是他母親的婦人蹲在那個男孩的旁邊，一方面東翻西看的檢查那男孩是否受傷，一方面咆哮著：「你警察連細漢都打，算是什麼警察！警察打人啦！警察打人啦！」廖局長看到這裡，懊惱的罵著：「怎麼搞成這樣？」

這不是廖局長第一次併校了，當年在 A 縣，他也併了好幾所學校，在B縣，一個鄉的六所小學也都合併成功，哪像今天，不過要把

縣內總共九所分班，六十七位學生，五十幾位老師，分班人數在二十人以下的併入本校，竟然會引來群眾抗議事件。想到此，廖局長又嚥不下這口氣，「不該發生的事為什麼會發生？」

「局長，是不是要叫警察強制驅散？」一旁陪著觀看的劉課長轉頭問廖局長。「不要，現在記者都來了，你驅散他們，不是正好製造新聞給他們拍，再等一下，看他們會不會願意進來談。」局長搖著頭說。

「剛剛就已經請高立法委員進來講，不要在外面站著，他一會兒說不要跟局長您談，要跟縣長談，一會兒又說他不要進去談，我看今天他不會想要跟我們談。」劉課長篤定的說著。「根本就是 xx 黨在作秀嘛！」廖局長又忍不住批評起來，「給他的條件那麼好，體諒他小孩子年紀還小，一二年級留在原分班上課，只有三年級才到本校上課，撥新的交通車給他們，縣政府出錢請司機，出油錢，給他辦保險，還讓他們吃免費的午餐，人家住得比較遠的都要講話了，他還不滿意，要反對併校。一個小孩子在一個班上學習，沒有同學，以後連同學會要開都開不起來，有什麼意思？也不懂得怎麼跟別人相處，也沒有和別人競爭過，也沒有文化刺激，這樣子將來適應不良，有什麼好？這些家長一點都不會為小孩想，人家講東就往東，人家講西就往西，單純得過分！為了要維持一個分班，要花這麼多錢，也不符合經濟效益，況且我也是在執行縣議會的決議呀！」

「就是呀！」劉課長也附和著。突然間幾個記者擁入了教育局局長室，還沒坐定，就爭先恐後的問問題：「廖局長，為什麼要併校？」「廖局長，他們說縣政府要把他們村里好不容易辛辛苦苦爭取到的小學撤走，對偏遠地區雪上加霜，縣政府是否仍然覺得併校是一個正當的措施呢？」「廖局長，他們說他們要留在原地等老師回來上課，教育局要怎樣處理這件事情？」「廖局長，反併校聯盟說要幫學生請老師在原校上課，請問教育局承不承認他們的成績？」「廖局長，上次

你和高立法委員和師院教授電視辯論，師院教授叫你要去在職進修一下，你有沒有什麼回應？」「廖局長，這些村里的家長說縣政府不尊重民意，剝奪小孩子的受教權，讓小孩年紀小小就得長途跋涉去念書，請問縣政府怎麼回應？」「廖局長，家長說安全比競爭力重要，你的看法呢？」劉課長聽了這麼多問題，趕在問題的空檔間插話：「我們一個問題一個問題來，好不好，教育局一定會給各位一個圓滿的答覆。」記者這時稍微安靜了一下，拿著筆或錄音機，準備作紀錄。

　　「我不懂為什麼師院教授叫我要去在職進修？高立法委員說一對一的教學，像家教一樣，小班小校是最好的教學，我也不懂，我更不懂師院教授為什麼會贊成他的話？這些分班當初是謝東閔時代為了普及國民教育所設的，徵收了民間的土地，蓋了這些小學，我瞭解村民對這些學校的感情，不過現在人口外流嚴重，一個老師教一個學生是一種教育上的浪費，對這些小孩的社交能力，和別人競爭的能力、文化刺激等也不是很有利，我們規定二十人以下的分班才要併校，已經是很寬鬆了，而且等人口回流，我們就會給他們復校，我不懂是誰對小孩子比較殘忍，讓不懂事的小孩子來參加大人主導的活動？教育局希望家長盡快讓小孩子回校上學，不要讓小孩子失去了教育的機會，按照強迫入學條例，曠課達到一定時數以上，就是輟學，家長會被依強迫入學條例受罰的，我希望家長能夠三思而後行，更希望政治人物不要為反對而反對，把我們的小孩當作工具。併校不是一件壞事情。」廖局長沉穩地說著。

　　「喂，快下來呀，他們抬雞蛋和稻草人來了，不快下來你看不到了。」一名記者由外面衝進來通知他的工作夥伴，一時之間「謝謝局長」的聲音此起彼落，記者一窩蜂的又離開了局長的辦公室，「我就知道他們會這麼做」，廖局長無奈的嘆了一口氣。樓下廣場的聲音突然大了起來，聽到了群眾鼓掌叫好的聲音的廖局長，不看也知道底下發生了什麼事。

問題討論

一、有什麼其他資訊是你在分析這篇文章時也想知道的？

二、這個故事中主要人物有哪些？他們各扮演了什麼角色？有什麼興趣或訴求？

三、以此教育政治事件而論，你看到有哪一些價值在主導不同參與者的教育訴求？這些價值與訴求正當嗎？你對併校的主張如何呢？說明你的理由。

四、為什麼在廖局長眼中認為不該發生的事，竟然會發生？

五、如果你是廖局長，要如何處理這一件併校風波？

六、如果你是反併校聯盟主席，要怎樣領導這次反併校運動？

七、縣議會、教育局、中央民代與市民，或者是其他人，誰有權力決定縣的教育政策？為什麼？

貳 案例二：超額教師

坐滿了近五十位老師的大會議室熱鬧烘烘，充滿了開學的氣氛，老師們三三兩兩、嘻嘻哈哈，交換著暑假期間的妙事與經驗。教務處李主任看了看錶，清清喉嚨，宣布校務會議開始，總算把鬧烘烘的聲音壓了下來，不過卻轉為蜜蜂採蜜般嗡嗡嗡的聲音。在行禮如儀後，蔡校長與李主任面色沉重地交換眼神，輕嘆了口氣，卻沒有任何老師注意到。李主任調整了一下麥克風，宣布了讓全場鴉雀無聲的消息：「各位老師，麻煩注意聽一下！教務處今年學生報到的統計出來了，我們一年級的新生有八十幾個應報到的沒有報到，根據我們打電話瞭解的結果，這些學生都被附近的大開、元中、立青私立學校給搶走了，再加上這幾年學區學生人數每年大概都掉個百分之五，教育局已經指示我們明年要減班，調整我們的班級數。教務處初步估算的結

果，可能明年一到三年級共要減四班，有八位老師由教育局協助分發到其他學校任教，希望自願接受分發的老師到我這來登記。」話剛說完，老師罵聲四起：「什麼爛私立學校！搶學生搶成這樣！」「李主任，你們不會去搶回來嗎？學生就白白送給別人呀！」「教育局憑什麼叫我們調校？不走！要走叫局長、叫縣長自己來搬我！笑話！」「誰要登記呀，妻小房子都在這裡，哪能說走就走呀！也不知道會調到什麼鬼地方！」「情況有那麼糟嗎？不要沒事嚇我們！一定有辦法的。」李主任耐著性子，繼續解釋：「私立學校挖走的學生有三分之一都是國小前幾名畢業的學生，向他們家長保證三年不收學費，且保證派最好的老師來教他們，這幾年他們的升學率衝得很快，相較之下我們的升學表現就很不令社區家長滿意，我聽到幾個家長說如果再這樣下去，明年他們小孩也要轉走了，我擔心這個問題不會更好，只會更壞，因為這幾間私立學校做得出來的事我們做不出來。校長和我已經和教育局討論很多次了，教育局那邊的意思很堅決，教師人數是有法令規定的，教育局不能違法，學校也不能違法，我們可能還是要提早準備。」

學校中元老之一的黃老師站起身來，盯著校長問：「校長，學校打算怎麼準備？你打算把誰先超額出去？」全場的氣氛冰到極點，沒有人敢大聲呼吸。蔡校長沉吟了一下，說道：「這是教評會的權力，希望教評會根據學生的學習權及老師的意願考量，做成決定。有些科目老師過多，也希望能先處理，不要動到老師原本就已不足的科目。」國文科的陳老師站起來說：「校長，你是說國文老師要先超額出去嗎？」蔡校長謹慎的回答：「我說過，這由教評會決定，不過國文老師的確超過人數較多，我想教評會應該會做好的考量。」陳老師很不高興的說：「你就是要國文科老師走嘛！好呀！我們就走著瞧，看最後是誰走？」李主任忙著出來勸慰：「陳老師，我們還有時間可以從長計議，先別急，有話好說。」會議又在鬧烘烘中結束，蔡校長則是

沉著臉不發一語。

　　兩天後，英文科新進的劉老師趁著教務處都沒人的時間靠近李主任，小聲說道：「主任，學校很多位老師連署組成教師會。」「那沒什麼不好，是老師的權利。」「不過他們打算派代表進入教評會，這次教評會改選，聽說也有口袋名單。」李主任吃驚的問：「幹嘛？是哪些人？」「都是學校資深的老師，聽說提出先進後出的原則，我和林老師、廖老師到校年資都較淺，可能逃不掉吧，麻煩主任幫我們打聽一下附近學校那裡缺英文老師的，我們好提早準備。」「你們幾個走了，那英文科不就沒幾個人教了。」「我們也不想走，但教評會投票是算票數的，情況就這樣，他們說可以配課教英文，學校也可以請代課老師。如果要他們調校，是比較辛苦，房子買在這，小孩也要照顧。我們比較年輕，家累也少，所以也不想計較了，只要飯碗能保住就好，也不要調到太偏遠的地方，不然進修或家庭的照顧會有問題。廖老師還很擔心他女朋友會跑走呢！」

　　「那誰管學生的英文？」聽完李主任的轉述，蔡校長氣呼呼的對李主任說。李主任無可奈何的答道：「教評會的成員都是一面倒的，年輕的老師沒有一個人進教評會，我看我們很難扭轉情勢。」「這些老師到底有沒有良心，學生是要升學的耶！再這樣下去，我看學校關門算了，讓那幾所私立學校正中下懷。」李主任垂頭喪氣的說：「這些話他們是聽不進去的，沒有人要走就是沒有人要走。」蔡校長跌坐在椅子上，深深的嘆了一口氣：「我這辦的是哪門子的教育？算哪門子校長！」

問題討論

一、還有什麼資訊是你在分析這篇文章時想知道的?

二、私立學校與公立學校經營的理念與原則有何相同或不同之處?
　　各自有何優勢?又會碰到哪些挑戰?

三、在決定教師超額分發的順序時,有幾種作法?你有不同的建
　　議嗎?這些作法各自根據哪些理由?又會產生哪些政治效果?
　　誰有權力決定哪些老師應該超額分發出去呢?

四、如果你是校長,要怎樣處理減班之後教師超額分發的問題呢?

五、如果你是學校教師會會長,要怎樣處理老師必須超額分發的
　　問題呢?

六、校長在學校中的角色為何?以處理教師超額分發為例,校長
　　的權限為何?又需具備哪些政治技能?

中文部分

林天祐編(2004)。**教育政治學**。臺北市:心理。

胡石明(2004)。**國民中學教職員運用微觀政治策略之研究**。國立臺灣師範
　　大學教育研究所碩士論文。未出版。

謝文全(2004)。**教育行政學**。臺北市:高等教育。

外文部分

Ball, S.(1987). *The micropolitics of schools: Towards a theory of school organization.*
　　New York: Methuen.

Blasé, J. & Anderson, G. L.(1995a). *The micropolitics of educational leadership:*
　　From control to empowerment. London: Cassell.

Blasé, J. & Anderson, G. L.（1995b）. Political interactions among teachers, implications for the sociocultural context of the school. In Blasé, J. & Anderson, G. L.（Eds.）, *The micropolitics of educational leadership*（pp.64-76）. CA: Thousand Oaks: Corwin Press, Inc.

Chubb, J. E. & Moe, T. M.（1988）. No School is an Island: Politics, Markets, and Education. In Boyd, W. L. & Kerchner, C. T.（Eds.）, *The politics of excellence and choice in education: 1987 yearbook of the politics of education association*（pp. 131-142）. Tayler & Francis Group.

Chubb, J. E. & Moe, T. M.（1990）. *Politics, markets, and America's schools.* Washington, D.C.: Brookings Institutions.

Corbett, H. D.（1991）. Community influence and school micropolitics: A case example, In J. Balse（ed.）. *The politics of life in school: Power, politics, and corporation*（pp.73-95）. CA: Thousand Oaks: Corwin Press, Inc.

Fuller, B., Elmore, R. F., & Orfield, G.（1996）. *Who chooses? Who looses? Culture, institutions, and the unequal effects of school choice.* NY: Teachers College Press.

Goldhaber, D. D.（1999）. School Choice: An examination of the empirical evidence on achievement, parental decision making, and equity. *Education Research, 28*（9）, 16-25.

Gutmann, A.（1999）. *Democratic education.* Princeton University Press.

Hastings, A. H.（1980）. *The study of politics and education: A bibliographic guide to the research literature,* ERIC.

Hill, M.（1997）. *The policy process in the modern state.* Prentice Hall.

Mitchell, D. E.（1990）. Education politics for the new century: Past issues and future directions. In Mitchell, D. E. & Goertz, M. E（Eds.）, *Education politics for the new century: The twentieth anniversary yearbook of the Politics Association*（pp. 153-168）. PA: Falmer Press.

Spring, J.（1993）. *Conflict of interests: The politics of American education*（2nd ed.）. New York: Longman.

Stout R. T., Tallerico, M., & Scribner, K. P.（1994）. *Values: The 'what' of the politics of education*, In Scribner, J. D. & Layton, D. H.（pp.5-20）. PA: The Falmer Press.

Wirt, F. M. & Kirst, M.W. (1972). *Political and social foundations of education*. CA: Mccutchan Publishing Co.

第六章

教育行政的制度面向

　　本章旨在探討教育行政的制度面向，共分為四節，第一節論述中央集權相對於地方分權的行政控制類型；第二節針對各國教育權力分配情形，析述各國教育行政制度實況；第三節闡述教育行政去集中化的改革，包括類型、原因、目標和取向、準則、影響及結果等；最後以加拿大和北歐三個國家的教育行政制度作為討論的二個案例。

第一節　中央集權相對於地方分權

　　傳統上對於教育行政制度通常區分為中央集權和地方分權兩種相對的制度，並且析述「集權」（centralization）與「分權」（decentralization）制度的相對利弊得失（Reller & Morphet, 1962）。茲將中央集權和地方分權的教育行政制度敘述如下：

壹　中央集權的教育行政制度

　　雖然中央集權具有事權統一的優點和中央政府掌控了強而有力的介入力量之特徵，使得中央政府可以對全國事務包含教育在內產生較大的影響力，但除了少數的共產主義國家和特別強調社會主義的國家外，事實上西方民主國家特別是聯邦體制國家諸如德國、美國、加拿大、澳洲等，大抵是採地方分權的制度。換言之，目前除了共產主義國家例如中國大陸、民主國家中的法國，在教育行政制度上是採中央集權制外，大多數的民主國家係採地方分權的教育行政制度。

貳 地方分權的教育行政制度

前已述及，西方民主國家以採地方分權的教育行政制度居多，但
Lauglo（1997）曾指出，事實上有著各種教育行政制度的地方分權類
型，而且其特徵與啟示如下（參見表 6.1）。

表 6.1　地方分權教育行政制度類型的特徵及其啟示

	相對於中央集權的各種地方分權類型	決策權分配重點	評價與監督機構的方式與教育實際
政治的	自由主義	強勢的地方政府 私立學校 市場機制 專業自主性	市場影響勢力 專業的自律 弱勢的國家控制
	聯邦主義	聯邦的權力是弱勢的 沒有進一步規範	沒有啟示
	受歡迎的地方主義	區域性的地方政府 父母的控制	地方的運作
	參與式民主	弱勢的外在控制 集體的內部決策 扁平的內在結構	只有內部參與 集體的過程 來自下層的控制
品質與效率	教學專業主義	個別教師的自主權 弱勢的非專業權威	專業的自律 同業的審查
	目標管理	強勢的學校管理 結果與預算的外部審查	配合目標與預算的表現指標
	市場機制	競爭 強勢的學校管理	消費者的要求 學校的認證
	分權化	在地方上有強勢的分駐單位 區域性聯合領域的計畫	管理資訊體系

資料來源：Lauglo, 1997, p. 4

可見，地方分權制並非是單一類型，由於各國擁有不同的傳統和觀念，以及人口、土地、幅員大小之差異，形成了如表 6.1 所呈現的各種地方分權教育行政制度。

第二節 各國教育行政制度實況

本節旨在敘述各國教育行政制度的實際狀況，特別是針對中央、地方與學校之間，在學校教育（前期中等教育以下）決策權限上之實際情形。這是引用經濟開發暨合作組織（OECD）於 1995 與 1998 年公布的研究發現，來說明各國（以經濟開發暨合作組織會員國為主）的學校教育決策權力之劃分情形。

究竟學校應該擁有多少自主性，其自主的範圍應包含哪些項目，不同國家可能有所差異。根據 1995 年經濟開發暨合作組織的調查結果顯示：各國受訪者傾向於贊成更多的學校控制（詳如表 6.2 所示），其主要的調查發現如下（OECD, 1995）：

1. 對學校層級決策之支持，各國之間有著相當大的差異。對於何種決策被視為是學校最適合的權限亦有很大的差異。
2. 美國多數人支持學校在所有決策領域行使自主性。
3. 獲得最多支持的學校決策領域是：教師甄選與升遷、學校如何運用經費、科目如何教學；相對地，獲得最少支持的領域是：教哪些科目、教師的薪資與工作條件。
4. 有一些國家（例如美國）對於六項決策領域的看法相當一致。另一些國家的社會大眾對於某一決策領域與其他領域間的看法大相迥異。例如：瑞典有 51%受訪者支持學校預算的控制，但只有 17%支持讓學校訂定教師的薪資標準。荷蘭有 47%受訪者

支持學校對於教師甄選與升遷之控制，但只有 15% 受訪者贊成學校對於教學科目的控制（OECD, 1995）。

表 6.2　學校決策調查結果

	教哪些科目	如何科目教學	教師用於每一科目之教學時間	學校如何運用經費	教師甄選與升遷	教師薪資與工作條件	每一國家之項目平均
奧地利	31	36	28	33	31	18	29.6
比利時	22	41	27	36	39	26	31.9
丹麥	20	32	16	34	31	12	24.0
芬蘭	18	35	26	40	34	22	28.9
法國	34	56	51	50	59	43	48.7
荷蘭	15	35	22	31	47	24	28.9
葡萄牙	44	55	50	56	51	37	48.8
西班牙	13	19	17	19	20	13	16.9
瑞典	23	38	24	51	44	17	32.8
瑞士	18	32	21	22	26	14	22.0
英國	39	50	44	57	50	32	45.3
美國	53	60	57	64	67	57	59.8
每一項目之國家平均	27.7	40.6	31.8	41.0	41.6	26.2	

資料來源：OECD, 1995, p.66

其次，根據 1998 年經濟開發暨合作組織的研究，在二十二個經濟開發暨合作組織會員國中，有十三個國家其大多數的前期中等教育決策是由地方或學校本身負責。英格蘭、匈牙利、荷蘭、紐西蘭及瑞典等國，學校本身是最重要的決策單位，大約有超過 62% 的決策是由學校掌控。在芬蘭、挪威、蘇格蘭及美國，則地方行政的決策特別重要（見表 6.3）。

表 6.3　中央、地方與學校之間決策權力之分配情形

會員國	中央	州	省/區域	次區域	地方	學校
奧地利	35	18			22	25
比利時（法語區）		10	2	61		26
捷克	17			21	10	52
丹麥	26				43	31
芬蘭					64	36
法國	32		11	27		29
德國	4	28	15		16	37
希臘	56		22			23
匈牙利					35	65
愛爾蘭	47					53
義大利	39		25		3	33
南韓	37		31	7		25
荷蘭	24				3	73
紐西蘭	34					66
挪威	35				55	9
葡萄牙	69		7			24
西班牙	3	46	10			41
瑞典	13				22	66
土耳其	94					6
英格蘭	20				18	62
蘇格蘭	9				51	40
美國				2	69	29
其他國家						
阿根廷	3	68				29
智利	7		3		54	36
中國大陸	21		3		30	46
印度			91			9
印尼	63		7			30
蘇丹	65				19	16
馬來西亞	82					18
巴拉圭	67					33
菲律賓	37		24			39
泰國	55					45
烏拉圭	100					

資料來源：OECD, 1998a, p.299

　　在希臘、葡萄牙、土耳其，中央政府居於支配性的地位。土耳其除了教學方法由學校與中央政府諮詢後決定，以及學生平常評量工作完全由學校自主決定外，其他所有決策均由中央政府主導。在印尼、蘇丹、馬來西亞及泰國，中央政府占有支配性的地位；相對地，印度大部分的學校決策是由省或區域政府負責。阿根廷有過半數的學校決策由各州政府控制，其他則由學校負責。

　　在比利時的法語區、芬蘭、匈牙利及美國，中央政府在教育決策上並未扮演任何角色。德國、蘇格蘭、西班牙及瑞典，中央政府的權力亦相當有限。在聯邦國家及擁有獨立自主省份的國家中，中央、聯邦政府相對擁有甚少之決策權力，州或自主省份在某些程度上可以被視為取代國家政府角色，並成為最重要的中央決策單位。

　　在聯邦或類似組織的國家中，諸如德國、西班牙，其邦與省作成的決策數量與學校相當。在奧地利及比利時法語區，國家的次一級政府、中間層級政府也參與教育決策。愛爾蘭的學校決策權力係平等分配給予中央政府與學校。丹麥、法國、義大利及南韓，決策是平均分配至中央、中間層級政府及學校。

　　前面所述的學校決策權力係就整體決策而言，如果將學校決策事務根據其性質作區分的話，經濟開發暨合作組織的調查將教育決策分為四個領域（教學組織、人事管理、計畫與結構，以及資源），詳如表6.4所示。

　　此項研究結果顯示：所有經濟開發暨合作組織的會員國，除了挪威與土耳其外，學校本身支配了教學組織領域的決策權力（參見表6.5）。例如，幾乎所有經濟開發暨合作組織會員國，其教學方法、教科書、校內學生編班的標準、日常學生評量方法均是由學校負責作成決策。然而，大部分的前述國家，其學校是在高一層級政府訂定架構下來作成決策。二十二個經濟開發暨合作組織會員國之中，有十三個國家，甚至於有關兒童應進入哪一所學校就讀亦由學校決定，包括

表 6.4　教育決策領域的定義

決策領域	定義
教學組織	決定學生入學的單位、影響學生生涯（升級、留級及轉學）的決策、教學時數、教科書的選擇、編班的標準、學習障礙學生之協助（額外的支持活動）、教學方法、學生日常活動的評量方法
人事管理	校長、教師、職員之晉用與解僱、職責與服務條件、薪資標準、生涯發展機會
計畫與結構	學校的創設與關閉、年級的設置或廢止、為特殊學校設計與選擇學習的方案和教學科目、課程內容的界定、訂定文憑或證書的資格考試
資源	指教學人員、職員的人事預算、其他經常門預算、資本門預算，將這些預算分配至學校、校內這些經費的使用

資料來源：OECD, 1998a, p.298

學生與父母擁有學校選擇權的情形在內。即使是在較集權化的國家，諸如希臘、葡萄牙，此一領域（教學組織）的決策亦有高的百分比（分別是 63% 與 75%）是由學校負責。在大部分經濟開發暨合作組織國家中，教學時數是此一領域中少數並非由學校負責作成決策的事宜，而是由州或中央政府（二十二個之中有十二個國家）或由地方行政（有二個國家）來予以規範的。

　　在其他三個決策領域（人事管理、計畫與結構，以及資源），由學校負責的決策一般是相對少見的。人事管理領域係指包括人員晉用與解聘、設定薪資標準，以及工作條件的決策事項。在人事管理方面，大部分南歐國家（希臘、義大利、葡萄牙、土耳其）以及馬來西亞、巴拉圭、烏拉圭，有超過 80% 的決策是由中央政府負責；阿根廷、西班牙及印度是由州或省政府負責；智利、芬蘭及美國是由地方行政負責；英格蘭、紐西蘭是由學校負責。在捷克、匈牙利、愛爾蘭、荷蘭、紐西蘭、瑞典及英國，個別教師的晉用是由學校決定；芬蘭、美國是由地方行政負責；在其他資料可資利用的十個經濟開發暨合作組織會員國則是由較高層級政府來負責（參見表 6.6）。

表 6.5　教學組織

會員國	中央	州	省/區域	次區域	地方	學校
奧地利	17					83
比利時（法語區）		13		13		75
捷克	14					86
丹麥					25	75
芬蘭						100
法國	13			13		75
德國		13				88
希臘	38					63
匈牙利						100
愛爾蘭						100
義大利	13					88
南韓	13			13		75
荷蘭						100
紐西蘭	19					81
挪威	25				38	38
葡萄牙	25					75
西班牙	13					88
瑞典					13	88
土耳其	75					25
英格蘭						100
蘇格蘭					25	75
美國					31	69
其他國家						
阿根廷	13	31				56
智利	13					88
中國大陸	25		13			63
印度			63			38
印尼	38					63
蘇丹	38				13	50
馬來西亞	50					50
巴拉圭	50					50
菲律賓	13					88
泰國	13					88
烏拉圭	100					

資料來源：OECD, 1998a, p.300

表 6.6　人事管理

會員國	中央	州	省／區域	次區域	地方	學校
奧地利	58	25			17	
比利時（法語區）		15	8	77		
捷克	4			29		67
丹麥	42				33	25
芬蘭					83	17
法國	67		25			8
德國	17	37	15		10	21
希臘	100					
匈牙利					33	67
愛爾蘭	42					58
義大利	83		17			
南韓	50		42			8
荷蘭	21					79
紐西蘭	17					83
挪威	44				56	
葡萄牙	91		5			5
西班牙		86				14
瑞典	8				25	67
土耳其	100					
英格蘭						100
蘇格蘭	17				71	13
美國				8	83	8
其他國家						
阿根廷		100				
智利					100	
中國大陸					25	75
印度		100				
印尼	58					42
蘇丹	67				33	
馬來西亞	100					
巴拉圭	100					
菲律賓	50		33			17
泰國	67					33
烏拉圭	100					

資料來源：OECD, 1998a, p.300

　　在計畫與結構領域，南韓、葡萄牙、匈牙利、土耳其，有超過80%的決策是由中央政府負責；在比利時的法語區、美國則是由地方行政負責。在訂定證書或文憑的資格與考試政策上，幾乎所有國家是中央集權，雖然在德國是由邦作成決策；在比利時的法語區則是由區域下一層級行政單位負責；在美國是由地方行政單位負責；希臘則是由學校本身負責（參見表6.7）。

　　在資源決策上，特別是學校各項活動領域預算之整體資源上，有超過80%的決策，在土耳其由中央負責決策，在南韓由省／區域政府負責，以及在丹麥、挪威是由地方行政部門負責。在大多數國家，關於如何運用營運及人事預算的決策是由學校負責，雖然此類預算額度通常是由上一級政府決定。學校接獲（或分配）其營運之預算（例如：教學資料及其供應、學校建築之維護、學生餐飲之準備，以及學校設施之租借等），在瑞典是由學校決定；在英格蘭、匈牙利、義大利、蘇格蘭及美國則由地方行政部門負責。關於營運支出的資源分配，在愛爾蘭、荷蘭及土耳其是屬於中央政府負責的決策範疇（參見表6.8）。

　　另外特別值得一提的是，1998年的經濟開發暨合作組織研究亦指出，如果限於由學校完全自主的決策領域時，荷蘭、瑞典及英格蘭的學校享有最高的自主性（大約占所有決策之40%）。根據此一標準，捷克及挪威的學校擁有最少的自主性。在葡萄牙由學校作成的決策相對最少，但這也必須注意一項事實，亦即其學校會受到諮詢關於所有由其他行政層級所作的決策之 28%；相對地，在英格蘭（12%）、德國（17%）及美國（12%），其學校相對受到其他層級行政部門諮詢的次數較少。

　　如果粗略推論至所有國家，許多由學校完全自主作成之決策是必須遵循較高一層級行政部門建立之架構。就決策領域而言，（見表6.5-6.8）根據上級政府設定的架構來從事決策，對於計畫與結構、人

表 6.7　計畫與結構

會員國	中央	州	省／區域	次區域	地方	學校
奧地利	67	17				17
比利時（法語區）				86		14
捷克	45				20	35
丹麥	64				29	7
芬蘭					71	29
法國	50		7	43		
德國		50	29			21
希臘	43		29			29
匈牙利					40	60
愛爾蘭	71					29
義大利	43		29			29
南韓	86			14		
荷蘭	36					64
紐西蘭	60					40
挪威	71				29	
葡萄牙	100					
西班牙		42	17			42
瑞典	42				25	33
土耳其	100					
英格蘭	79				14	7
蘇格蘭	20				40	40
美國					95	5
其他國家						
阿根廷		57				43
智利	14				29	57
中國大陸	57				29	14
印度			100			
印尼	57		29			14
蘇丹	71				14	14
馬來西亞	93					7
巴拉圭	50					50
菲律賓	86		14			
泰國	57					43
烏拉圭	100					

資料來源：OECD, 1998a, p.301

表 6.8　資源

會員國	中央	州	省／區域	次區域	地方	學校
奧地利		29			71	
比利時（法語區）		13		71		17
捷克	4			55	22	19
丹麥					83	17
芬蘭					100	
法國			13	54		33
德國		13	17		54	17
希臘	42		58			
匈牙利					67	33
愛爾蘭	75					25
義大利	17		54		13	17
南韓			83			17
荷蘭	38				13	50
紐西蘭	42					58
挪威					100	
葡萄牙	58		25			17
西班牙		56	22			22
瑞典					25	75
土耳其	100					
英格蘭					58	42
蘇格蘭					67	33
美國					67	33
其他國家						
阿根廷		83				17
智利			13		88	
中國大陸					67	33
印度			100			
印尼	100					
蘇丹	83				17	
馬來西亞	83					17
巴拉圭	67					33
菲律賓			50			50
泰國	83					17
烏拉圭	100					

資料來源：OECD, 1998a, p.301

事管理及資源領域最重要；相對地，學校自主性的決策則是在教學組織的領域。

第三節 教育行政制度的改革

最近幾年間，有很多國家，特別是英、美、加拿大、澳洲等英語系國家的教育行政制度，已朝向去集中化的改革方向。本節旨在敘述這種去集中化的改革，要點包括闡明去集中化的類型、原因、目標和取向、原則，以及影響與結果。

壹 教育行政去集中化的類型

教育去集中化可以有許多種類型，它的差異取決於哪些決策授權至哪一級政府而定，以及隨著去集中化的取向——究竟去集中化強調管理（governance）或教學的改變（pedagogic changes）而有所不同。但根據Burki等人（1999）的觀點，教育去集中化主要區分為兩種類型——分權給較低層級政府與分權給個別學校，而且二者具有不同的起源與目標。幾乎沒有例外的是，教育分權給較低層級政府是在一個更普遍去集中化的政府脈絡下進行的，但其原因則極為分殊；相對地，教育分權給個別學校通常其主因係源自於對學校表現不佳的關注。

教育決策集權的層級範圍，包括自區域與地方政府至社區與學校。許多聯邦國家，諸如巴西、加拿大、德國、印度，組成聯邦的州或省擁有憲法上的教育職責。其他國家如阿根廷、墨西哥、委內瑞拉等，長期以來教育責任是掌握在中央政府手中，但過去十年間亦大致將權力下放至州或省。地方政府通常擁有教育的責任，特別是初等與

中等學校教育事務。美國大部分州政府將教育管理權力下放至單一目的地方政府（亦即專責教育的地方政府）或學區（school districts）。其他國家——巴西、智利、哥倫比亞——自治的地方政府（municipalities）則在過去十年間亦獲得增加的教育職責。

此外，有些國家則賦予學校董事會（school councils）與學校本身在管理教育的明顯自主性。荷蘭也許是一個在公款補助及中央政府的資助下，父母擁有權力創設自己的學校之最好例子。最近美國的城市如芝加哥、曼菲斯市（Memphis）則是學區賦予個別學校明顯的管理自主性之具體範例（Burki et al.,1999; Whitty et al., 1998）。

貳 教育行政去集中化的原因

自 1980 年代初期以來，很多國家在政府組織改造，以及進行系統性的改革上，將更多的決策權力賦予較低層級的教育體系是一項重要的目標。然而同時出現的是：增強中央政府在某些領域上的影響。例如，在放鬆對於執行程序與財務管制的同時，也可能伴隨著增加中央政府對於教育產出的控制，並訂定國家課程的架構。例如，英國國定課程與統一考試制度的出現（Education Reform Act 1888, 1989）。集權類型改變的動機是多方面的，並且各國有所不同。最共通的一項原因是在於提升效率、改進財務控制、減少科層體制、增加地方社區之責任，以及人力資源的創意管理、增進革新的潛力，還有創設改進學校教育品質之誘因或條件。不同的動機引發提升學校自主性的構想，諸如提升品質、效能及學校教育的回應性。關於公平性（equity）方面，增加回應地方的需求是深具爭議性的。學校自主性被視為可以激勵學校回應地方的需求，但同時也被視為會牽涉選擇的機制，而有利於已經擁有較多資源的社會團體。在中央政府訂定的架構下，由個別學校作成決策可能是一種反對完全的學校自主之可能作法（OECD, 1998b）。

此外，Dalin（1998）進一步指出，很多國家教育走向去集中化的可能原因如下：

- 提升生產力（productivity）：大部分國家實施分權化的一項主要原因在於提升生產力，採行的方式有鬆綁（deregulation）、管理發展、新的人事改革，以及預算的彈性。其核心理念是：最關鍵的事務應由最接近面對任務與挑戰的人員來主導並掌握更大的彈性。

- 促進民主化（democratization）：企圖將決策的過程帶領至更接近公共服務的使用者，而且增進使用者的直接參與機會。近年來在美國提出所謂改進學校之「擁有權」（ownership）觀念，可以說是扮演著極為重要的角色；在丹麥，個別公民權利之觀念被視為是學校管理過程的重要事務，而且最好透過父母（參與學校教育）的權利來予以維護。

- 強調關聯性（relevance）與品質（quality）：學校的科技或構成良好教學基礎之知識財並不存在於抽象、科學的層次。教學（pedagogy）是一門藝術甚過於一門科學，而且是由有經驗的教師在面對異質性甚高的學生，以及各種日常的挑戰時來予以瞭解，不會只因為決策的形成係根據關於構成良好教學或良好學校的理性研究資料，教學品質便會獲得改進。唯有掌握良好的資訊，並擁有良好經驗的教師，而且教師會運用理論與實務來反省教學的兩難矛盾問題時，才能提升學校教育品質。

可見，去集中化是為了減輕政府財政負擔、增進對於社會大眾的績效責任，以及提升教育品質多元壓力下的產物。

參 教育行政去集中化的目標與取向

去集中化改革的目標與取向可能會隨著國家而異。在一些改革地

方控制是其目標，不管是基於政治理由或是強化學校對其服務對象之績效責任。這些改革的焦點是在於結構，亦即轉移決策權力與責任至較低層級的政府或至學校管理委員會（school councils）。這些改革隱含著一種期望，亦即地方控制與績效責任將會提升效率，不管是在資源的使用上，或是顧客需求與學校服務之對應上均是如此。

其他的去集中化改革目標則是改進學習，以及決策權力的轉移僅是一種達成此種目標的工具。這種改革較強調教育改革的內容，甚過於結構本身。父母參與此類改革被認為具有價值，因為被視為有助於學校教育之成功，但不在於提升績效責任。只有在顧客要求與提高品質一致時，使學校提供之服務符合顧客要求是相當重要的。雖然結構與內容的改革具有相對性，但此種分類事實上是一連續體，因為大部分的去集中化改革會同時包括每一項單元（Burki et al., 1999）。例如，紐西蘭的教育改革在教育行政權力的分配結構大幅度改革之後，伴隨的是反映內容的課程與教學改革（Ministry of Education, 1999）。

肆 教育行政去集中化的準則

在去集中化趨勢的背後，有若干重要準則，包括提升社會福利與技術效率、教育市場或準市場、學校選擇、學校本位管理等，以下從經濟學與管理學兩方面，說明教育去集中化的準則。就經濟性考量而言，教育去集中化旨在提升社會福利與技術效率。分權化的決策被認為可以賦予地方選民—消費者對於所接獲的服務擁有較大的影響力，因而提高其自身的福利。其基本假定是，愈是接近地方愈能夠聽到選民—消費者的聲音，亦即由學校本身來主導會較地方政府層級更有利於考量到選民—消費者的心聲；同理，單一目的政府（例如，專責中小學教育事務的學區）也會較普遍目的政府（掌管所有各項地方事務的地方政府）更為有利。

改進技術效率是教育去集中化的另一項規準，並主要基於下述主張（Burki et al., 1999）：第一，價格與生產程序會隨地區而有所差異；由地方決策者分配預算較具明顯的效率。第二，在中央政府部會首長監督與視察地方學校力量薄弱的情境中，將這些責任授權至地方選民-消費者手中，可以增加學校對其本身表現之績效責任；如果地方選民-消費者也同時對學校提供財力或非財力的捐助時，他們參與學校事務的興緻也會較高。第三，擁有多元的供應者而非單一供應者可能會導致較多的經驗與革新機會；如果有足夠的溝通與交換經驗和訊息的途徑，分權化制度可能會比集權化制度更易於導致更多快速的革新與改變契機。

同樣也是基於經濟學的另一項觀點是「教育市場」（markets in education）觀念。根據 Teelken（1999）的看法：

> 教育市場係指教育供給面與需求面的出現：供應者是教育機構及其法定的權威，需求面是父母與學生。第三者則包括規範教育的結構：中央與地方行政部門。如果在教育市場中的供給面與需求面是免於相互干預的話，可以稱之為自由的教育市場。提供自由的學校選擇權，可以形成這種免於彼此干預的條件（pp. 283-284）。

因此，最近有一些國家的教育改革旨在為教育創造一種市場，使接受教育的學生及其父母扮演「消費者」的角色，有時稱之為市場導向的教育改革（Hartley, 1999; Vandenberghe, 1999）。美國與英國的保守派政治人物均提倡學校間的市場競爭（Baker, 1998），其實也是基於考量經濟學因素的結果。

伍 教育行政去集中化的影響與結果

在 1990 年代，實行去集中化改革之國家數量快速增加。誠如 Sayed（1999）所言：「最近教育去集中化政策已經成為國際間教育重建的一個重要層面。」（p.141）同一期間內，亦有一明顯的世界性教育改革趨勢，亦即賦予學校較大的決策自主性，以增進學校之表現與績效責任。例如，學校體系多元分化者如澳洲的維多利亞州、美國田納西州的曼菲斯市（Memphis），以及巴西的米納斯吉賴斯（Minas Gerais）等，均賦予學校校長較大權力，並透過不同的機制，來促使校長對學校綜合表現負責（Burki et al., 1999; Gamage et al., 1996）。

教育行政去集中化導致的一項重要結果是學校本位管理（site-based management）運動的興起。各種教育改革方案之中，學校本位管理之所以受到歡迎的一項主因在於：它指出一項深具吸引力的簡單原則，亦即學校決策去集中化將會改進學校的表現（Latham, 1998）。顯然這是源自於最近管理學的一項重要觀點，亦即強調將組織決策權力儘量授權至最接近執行任務的單位，以便提升組織的績效與責任。

然而什麼是學校本位管理呢？Gamage 等人（1996）曾對學校本位管理作成下述的定義：

> 學校本位管理是一實用主義的途徑，以較民主的結構來取代學校行政的科層模式。分權化的型態確立了個別學校是主要的改進單位，並且植基於決策權力的重新分配，透過這種權力的重新分配，可以激發並維持學校的進步。此一管理的基本信念是：民主式的權力下放（democratic devolution）可以導致更有效的決策，並且形成更大的自主性（autonomy）、彈性（flexibility）、生產力（productivity）及績效責任（accountability）（p.24）。

　　我們觀察近年來國際間教育權力分配結構的改變朝向去集中化之時，不難發現有很多國家主要是朝學校本位管理的方向發展，這種發展明顯見諸於英國 1988 年教育改革法案後在英格蘭與威爾斯的發展事實；美國目前很多學區推展學校本位管理的制度（Whitty et al., 1998）；澳洲大抵已朝向學校本位管理（school-based management）並成為澳洲學校體系的一項明顯特徵（Gamage et al., 1996; Sharp, 1996）；還有紐西蘭「明日的學校」（Tomorrow's Schools）報告書，以及後續的 1989 年教育法案（Education Act of 1989）（Fiske, 1996; Ministry of Education, 1999; Whitty et al., 1998）；以及自 1980 年代以來巴西教育的發展（Santos & Dos, 1993）、南非 1994 年大選後教育決策與控制的去集中化發展（Sayed, 1999）等均是極為明顯的實例。前述這種學校本位管理運動也可以說是教育去集中化改革的產物。

第四節　教育行政制度的案例

　　最後一節是舉述教育行政制度的二個案例，包括加拿大和北歐的挪威、芬蘭、丹麥三個國家的教育行政制度。這是因為前者的中央政府並未設立聯邦教育部，是屬於比較獨特的制度；後者則是屬於相對比較陌生的國家。

壹　加拿大的教育行政制度

　　相對於大多數的國家而言，加拿大的教育行政無疑是比較獨特的制度。由於聯邦政府並未成立掌管全國教育事務的教育部，教育事務的職權與責任主要在於各省政府。但是為了增進各省之間教育事務的

協調，乃於 1967 年設立了加拿大各省教育廳長委員會（Council of Ministers of Education, Canada）。此一委員會是加拿大全國教育事務之代表，透過此一機制，教育廳長們諮詢並行使涉及相互利益的重要事務，以及和全國性教育組織及聯邦政府的諮詢與合作，此一委員會也在國際上代表加拿大各省區域的教育利益（Council of Ministers of Education, Canada, 2003）。

貳 北歐國家的教育行政制度

以下敘述挪威、芬蘭、丹麥等三個北歐國家的教育行政制度：

一、挪威

中央政府是由教育、研究和教會事務部（Ministry of Education, Research and Church Affairs）掌管全國教育事務。部長對所有各級教育事務負責，範圍從初等和中等至高等教育，包括成人教育。部長也負責研究政策。立法權力是由國會（national assembly）掌控並由國會訂定教育的主要目標。

挪威共分為 19 個縣（counties）或地方行政單位，和 435 個自治區（municipalities）。縣和自治區擁有不同的教育職責。自治區負責初等和初中學校（義務教育）和此一階段的成人教育。自治區並負責學校建築的興建和維護，以及教師的派任，縣則負責青少年和成人的高中教育，以及此類學校的運作和學生的入學及教師的派用。

國家透過教育部擁有高等教育的整體責任。傳統上在大學部分已大幅授權給予個別的機構；相對地，非大學部分則在 1995 年之前是較直接由中央政府予以管理。1995 年引進大學和學校的法案後，非大學部分（國家學院從 1997 年起改稱為藝術學院）被賦予如同大學一般的行政職責。

新的行政機構挪威全國委員會（Network Norway Council）在 1998 年初成立，成為對教育部的諮議機構，特別是關於長程、跨越機構和全國性高等教育內的問題，其任務包括高等教育機構之間學科領域和學習方案的分配原則、入學政策、私立高等教育的品質評量應用，以及在挪威的外國高等教育之認可資訊，以及一般高等教育資訊。

直到 1990 年代初期，挪威教育制度的一項明顯特徵是：擁有很多關於特定的教育諮詢全國性機構。後來經由教育部門的全面調整，大多數此類機構已於 1992 年 1 月廢止，只剩下職業訓練委員會（Council for Vocational Training）和全國父母委員會（National Parents Committee）。這種重組的結果是：在每一個縣設立了國家教育局（National Education Office）並由教育局長（Director of Education）負責。教育局局長是在縣層級的國家代表，負責履行除了高等教育之外，不同教育領域下的政府任務與職責。

自 1980 年代末期以來，決策的去集中化已成為普遍的趨勢。個別學校和高等教育機構的專業自主性逐漸增加。初等和中等教育階段的去集中化方向之主要步驟，是於 1986 年引進一項新的部門獎助款制度所造成，在此一制度之下，地方和區域政府接獲涵蓋所有中央政府對學校教育和文化，以及健康服務的整筆款項。影響所及，自治區和縣現在已擁有在教育事務上較大的自主性。

二、芬蘭

在中央的層級，教育政策的立法架構和普遍原則是由國會立法確立。在政府部門，教育部（Ministry of Education）和國家教育委員會（National Board of Education）負責中央行政層級的政策實施。

教育部是芬蘭的最高教育決策部門，幾乎所有公款資助的教育是由教育部管轄或督導的。教育部準備教育立法並作成需要提交政府的各項決策。教育部的行政領域不僅包括初等、中等教育、對青少年和

成人職業和高等教育及研究，也包含文化的、教會的、青少年和運動事務。

　　教育部目前有兩位部長：教育部長負責教育、科學和教會事務；文化部長負責文化、青少年和運動事務。二位部長的責任分配是由每一次新內閣分別決定的。國家教育委員會是專家機構，負責綜合學校、高中學校、職業訓練及成人教育的教育目標、內容和方法的發展。此一委員會規劃並行使國家課程設計指南，以及負責教育制度的評量。此一委員會也協助教育部準備教育政策決定事宜。國家教育委員會是由理事長和管理委員會負責管理，委員會成員包括教育專家、社會人士代表、自治區行政官員和教師。國家教育委員會分成一般教育組、職業教育組、成人教育組、瑞典語教育組、計畫組、行政和服務組。在芬蘭並沒有獨立的教育視導人員。全國教育體系指南是關於高中和高等教育機構設立及職業教育的衡鑑，並由政府和教育部所頒訂的。

　　在區域的層級，芬蘭分成 12 個省，每一個省有省政府（provincial government），並由省長領導，以及由一個政府部門或單位負責學校的文化行政。

　　在過去幾年之中，省政府的職責已遭刪減。現在只管理在省轄區內的全國性學生選拔制度、分配在職業訓練的學生員額數量，以及分配特定的額外政府獎助款。省對教育行政的參與持續減少，目標在於建立只包含國家中央行政和地方局的二元教育行政制度。

三、丹麥

　　在立法的架構下，丹麥教育的主要職責是在於教育部（Ministry of Education）（並不包含托育、幼稚園教育、職業成人教育，以及在表演藝術之下的一些高等教育課程）。政治控制是由教育部長行使，他是政府閣員。丹麥的公共教育擁有延續性傳統，因此高級公務人員

甚少是政治性的任命。

　　教育部是由 7 個部門和 1 位首長組成。每一個部門轄有一些單位。在法律的架構之下，教育部頒訂學校教育實施的主要規定和命令，因此設定了每一科目和主題的教學目標，以及訂定個別科目的課程指南，還有課堂分配的指南。教育部是教師薪資和任用個案，及特別教育資助的延伸制度問題之最高申訴單位。

　　關於普通高中教育，教育局擁有整體的教育職責。教育部頒訂對於課程和考試的規定，敘明書面考試問題，對新的選修科目之同意權、督導教學和考試。再者教育部是教育爭論之申訴單位，包括考試在內。教育部也建立關於教師永聘條件並負責教師的教學訓練。教育部負責並確定提供高級職業中等教育和職業教育及訓練領域之下的教學學校許可條件。最後，教育部行使對自主管理機構學校地位的認可。

　　縣政府（county councils）在財政上肩負著對所有在其職責之下的學校（Gymnasium）和課程（HF-courses）之教育活動，並確保機構有能力來滿足符合入學要求的申請者的需要。縣政府決定在其職責之下對機構的獎助分配和個別機構的財務架構、校長的指派、教職員的解職、特殊教育、學生使用的教學材料之支付、機構的最大班級數量，和學校有義務許可的最少學生數量之重要事項。再者，縣政府負責學校／課程和科系的設立、運作及關閉的職責。

　　自治區政府（municipal councils）擁有在其轄區內的兒童日間照顧機構的整體責任，而且建立這些機構活動的目標和架構。再者，自治區政府訂定這些機構管理的地位。自治區學校的行政視導由自治區政府負責。自治區政府決定教育部設計的一般目標和課程指南的實施。

　　自治區政府擁有其轄區的學校系統之整體職責。自治區政府可以決定學校活動目標和範圍，也督導這些活動。自治區政府負責下述重要事項：學校體系和個別學校的撥款、校長和教學人員的任用和解職、學校體系（包括學校數量、每一所學校的類型層級、特殊的教育

資助規模等）結構、教學組織（包括課堂數、特別的教育資助、班級的設置）的架構、將學生轉介至其他學校、註冊和學校圖書館重要事項之指南。

在學前階段機構的行政是由校長和選舉產生的委員會負責。在學校教育階段的機構之行政，亦是由校長和選舉產生的教學委員會（pedagogic council）對校長在教育議題上提出建議，還有學生委員會（pupils council）代表學生的利益，這是相對於學校和自治區政府立場的組織。學校委員會從事遵循自治區政府訂定的目標和範圍的活動。普通高中的行政是由校長、一個選舉產生的委員會、教學委員會和教師會（teachers assembly）負責履行。教師會是處理學生成就水準並對學生及其家長進行在升入下一年級的輔導與溝通，也處理教學合作和學生的課業負擔。

此外，職業教育委員會（Council for Vocational Education）是教育部在教育政策上的諮議機構，由 20 位代表相關的雇主和員工、丹麥縣政府協會、全國地方政府協會，以及職業學校的校長和教師協會指派的成員共同組成。還有技術教育委員會（Council for Technical Education）提出對教育部關於課程的建立和廢止之建議，這些課程包括：領域劃分、課程架構、課程單元之目標、結構和期間、入學許可要求、考試模式和入學程度；也對教師的一般資格要求提出建議，並扮演對部長在相關課程議題上之顧問。

參考文獻

中文部分

教育基本法條文（1999）。中華民國八十八年六月二十三日公布。

外文部分

Baker, T. E.（1998）. *Who Should Control Teacher Education? Lesson from England.* Paper Presented at the Annual Meeting of the Association of Teacher Educators（ERIC NO: ED418924）.

Barber, M. & Sebba, J.（1999）. Reflections on progress towards a world class education system. *Cambridge Journal of Education, 29*（2）, 183-193.

Burki, S. J., Perry, G. E., & Dillinger, W.R.（1999）. *Beyond the Center: Decentralizing the State.* Washington, D. C.: The World Bank.

Council of Ministers of Education, Canada（2003）. http://www.cmec.ca/index.en.html.

Dalin, P.（1998）. *School Development: Theories and Strategies.* London: Cassell.

Education Reform Act 1988（1989）. London: HMSO.

Fiske, E. B.（1996）. *Decentralization of Education: Politics and Consensus.* Washington, D. C.: The World Bank.

Gamage, D. T., Sipple P. & Partridge P.（1996）. Research on school-based management in Victoria. *Journal of Educational Administration, 34*（1）, 24-40.

Hartley, D.（1999）. Marketing and the 're-enchantment' of school management. *British Journal of Sociology of Education, 20*（3）, 309-323.

International Bureau of Education（2003）. *World data on education: Finland.* Paris: The Author.

International Bureau of Education（2003）. *World data on education: Norway.* Paris: The Author.

International Bureau of Education（2003）. *World data on education: Demark.* Paris:

The Author.

Latham, A. S.（1998）. Site-based management: Is it working? *Educational Leadership,* April, 85-86.

Lauglo, J.（1997）. Assessing the present importance of different forms of decentraliza-tion in education. In K. Watson, C. Modgil, & S. Modgil（Eds.）, *Educational Di-lemmas: Debate and Diversity, 3: Power and Responsibility in Education.* London: Cassell.

Ministry of Education（1999）. *Schooling in New Zealand: A Guide.* Wellington: Min-istry of Education.

OECD（1995）. *Education at a Glance: OECD Indicators.* Paris: OECD.

OECD（1998a）. *Education at a Glance: OECD Indicators.* Paris: OECD.

OECD（1998b）. *Reviews of National Policies for Education: Korea.* Paris: OECD.

Raad, C. D., Munn P., McAvoy, L., Bailey, L., Arnott M., & Adler, M.（1997）. Devol-ving the management of schools in Britain. *Educational Administration Quarterly, 33*（2）, 140-157.

Reller, T. L. & Morphet, E. L.（1962）. *Comparative Educational Administration.* Eng-lewood Cliffs, N. J.: Prentice-Hall.

Santos, F. & Dos, J. C.（1993）. The recent process of decentralization and democratic management of education in Brazil. *International Review of Education, 39,* 391-403.

Sayed, Y.（1999）. Discourses of the policy of educational decentralisation in South Af-rican Schools Act since 1994: An examination of the South African Schools Act. *Compare, 29*（2）, 141-152.

Teelken, C.（1999）. Market mechanisms in education: School choice in the Nether-lands, England and Scotland in a comparative perspective. *Comparative Education, 35*（3）, 283-302.

The British Council（1998）. *Education Reform in the UK.* Manchester: The British Council.

Thomas, H.（1998）. An overview of education reform. In the British Council（Ed.）, *Education reform in the UK.* Manchester: The British Council.

Vandenberghe, V.（1999）. Combining market and bureaucratic control in education: An

answer to market and bureaucratic failure? *Comparative Education, 35*（3），
271-282.

Whitty, G. & Edwards T.（1998）. School choice policies in England and the United Sta-
tes: An exploration of their origins and significance. *Comparative Education, 34*
（2），211-227.

Whitty, G., Power, S., & Halpin, D.（1998）. *Devolution & Choice in Education: The
School, the State and the Market.* Buckingham: Open University Press.

第七章

教育計畫之理念與方法

　　計畫被認為是教育行政工作之首要步驟，其重要性不言可喻（秦夢群，2005；黃昆輝，1988；謝文全，2005；Kaufman, 1996）。教育政策在執行前，應有計畫作為藍圖。因此，教育計畫是教育政策達成教育目標的必要之舉。在實際行動之前，先進行規劃，可避免在執行時無所適從的窘境。本章之重點即在說明教育計畫的定義、目的、功能、原則、類別，擬定教育計畫的步驟與方法，最後並以國內相關教育計畫為例，以說明實際教育計畫擬訂之過程。

第一節　教育計畫的意涵與類別

壹　計畫的意涵

　　計畫（planning）一詞與方案（program）、企劃（project）、措施（measures）、設計（design）等詞意義相近。當動詞解釋時，計畫係指「對事情預為籌謀的歷程」；當名詞使用時，指「事情預為籌謀的具體作業方案」。Kaufman（1972）指出計畫乃指一個包含應完成事務內容的方案，以達成有效與有價值的目標。簡言之，計畫是在決定什麼應該做，並審視計畫執行時所應具有之相關條件，以使得目標之達成具有效能與效率。

　　教育計畫與一般行政計畫的實施對象雖有不同，係以學校相關事務為主，然其基本原理與一般行政計畫相通。行政院研究發展委員會之「長中程計畫作業要領」中即主張「計畫」應具備四大要件（魏鏞，1986）：

　　　1. 計畫之產生係為解決某項特定問題或者達成預定目標程度，計畫具有問題取向（issued-oriented）與目標取向（goal-oriented），

亦即一項陳述若未企圖解決某項特定問題或達成其目標，而僅係問題或目標的闡明，均不屬於計畫。

2. 經由理性的思考：計畫的擬訂係在紛擾多歧的現象中規劃並選擇最可行的策略，計畫內容與所欲解決的問題（或所欲達成之目標）之間具有密切程度的因果關聯，而不是空想、臆測。

3. 預為行動的策略：計畫具有未來取向（future-oriented），係針對未來的情勢發展，先期予以規劃與準備，而非對於過去或已完成事務的檢討評估。亦即計畫乃預為行動之策略。

4. 具體的方法與程序：計畫的內容不能僅是抽象的敘述，必須有清晰而明確的工作項目、實施步驟與時間安排等，抽象模糊的敘述多只是構想，具體明確化後才稱為計畫。

學者對於教育計畫的定義各有看法。方炎明（1973）認為所謂教育計畫是指教育行政當局為達成國家以數據表示的長期教育政策目標，而建立的一切手續（手段），亦即包括有關教育的現況分析、將來預測、策略決定，以及擬計畫之作業在內的綜合過程。林文達（1988）認為教育計畫是在各種教育的相關因素及情境之下，運用科學的方法及技術，規劃並執行既定的教育目的、目標及行動方案的一個連續的歷程。

黃昆輝（1988）將計畫區分「教育計劃」與「教育計畫」。「教育計劃」是為未來教育的發展準備一套決定，亦即為未來教育的實施先作好準備，而「教育計畫」係經過「教育計劃」所訂定的整體教育發展方案，包括未來教育實施之項目、方法、進程與經費等項目之具體說明。簡而言之，「教育計劃」是一種動態的過程，而「教育計畫」則為靜態的結果。具體言之，教育計畫是一個繼續的、系統的及科學的歷程，經由教育發展目標的訂定、未來發展趨勢的預測、教育發展策略的建立、教育系統資源的籌配、各種行動備選方案的研擇，以及實施手段與方法的設計等步驟，藉以培養健全國民，達成教育系

統的目標，從而導致國家經濟、社會及文化之全面發展與進步。

　　鄭崇趁（1995）則認為教育計畫係指教育行政當局或教育人員為達成國家教育目標，對於教育事業具體之規劃作為，包括目標之設定、策略之選擇，及方法之闡明陳述。謝文全（2005）定義計畫是以審慎的態度和方法，預先籌謀如何有效達成目標，並決定做何事及如何做的歷程。

　　綜合各家說法，可知教育計畫乃是對教育政策的進行事前規劃，以順利在預定的時間達成教育目標的過程。

貳 教育計畫之類別

1. 從實施時間來區分，可分為長程教育計畫、中程教育計畫、短程教育計畫。一般以長達七年以上者屬長程教育計畫，三年至六年者為中程教育計畫，二年或以下者稱為短程教育計畫。

2. 從計畫所屬層級來區分，可分為中央教育計畫、地方教育計畫與學校教育計畫。由教育部擬訂之教育計畫為中央教育計畫，縣市政府擬訂者為地方教育計畫，各級學校擬訂之學校發展、校務計畫、班級經營計畫等為學校教育計畫。

3. 從時效限制來區分：可分為一次性計畫、常備性教育計畫、持續性教育計畫。一次性計畫係針對某一特殊教育問題研訂解決方案，並限於計畫期間完成者，例如「九二一大地震災區學校輔導工作計畫」；常備性計畫係指長期推動者非有必要不做改變者，例如「九年國教實施計畫」；持續性計畫則指經常實施或反覆實施以期改善教育品質之計畫，例如「資訊教育基礎建設計畫」。

4. 從涵蓋層面來區分，可分為鉅觀教育計畫及微觀教育計畫。前者指計畫影響層面涉及整個教育組織各部門或各類事務計畫，

例如「教育改革方案」；後者則指僅涉及某部門或某事務的計畫，例如「多元入學方案」。

第二節 教育計畫的原則與實施步驟

壹 教育計畫之原則

一、方法多元

任何教育政策之規劃必須集思廣益、力求客觀，才能預見問題、解決問題。教育計畫所牽涉之層面相當廣泛，所以在進行決策過程中，必須多參考教育專家、相關教育行政人員、教師之意見，才能夠讓問題的真相更為彰顯，方能在解決之策略上有所斬獲。要使教育計畫之訂定不偏離客觀，則必須從以下的步驟來進行。首先，訂定教育計畫之相關人員必須擁有足夠的專業素養，能夠明辨計畫之主要方向。其二，訂定計畫的過程必須持嚴謹的態度。其三，必須廣納相關人員之意見，其中包括開公聽會、討論會，或是相關專業之意見調查等，可使教育計畫更為周延。讓廣泛的相關人員參與討論可產生以下四項作用：(1)集思廣益；(2)可使他們對計畫的內容，有深入的瞭解，產生認同與支持；(3)可增進計畫客觀上的合理性及執行的順利；(4)可滿足他們的需求（如尊榮感、成就感），並促進行政人員與相關教育人員的關係，營造良好的組織氣氛（謝文全，2005）。其四，訂定計畫的過程必須按照一定的步驟來進行，且每一步驟都能謹慎而細心，如此才不致忽略計畫應有考慮項目。

二、內容統整

教育計畫必須適時反映整個社會、經濟、政治與文化之需要，因應國家之實際發展需求來擬定。內容上則應重視與整體環境步調之一致性，且與整體之相關因素進行統合的規劃，才能增進在執行的過程中之順暢。簡而言之，教育計畫中之目標、步驟、經費、預期成效等皆必須能前後呼應，內外統整。

三、目標明確

任何的教育計畫之訂定必須說明其來龍去脈，其中包括由何人執行、由哪些單位執行、哪些事項必須優先進行、需要有哪些配套策略。具體明確之教育計畫才可讓相關人員在執行的過程中減少不確定感，進而增進計畫之成效。

四、具體可行

任何計畫也須考量現實限制與需要，如資源需求及經費需求等，一旦偏離了現實因素之考量，則所擬定的教育計畫將流於理想的空談而無法落實。1990 年代以來，時常被提出來的十二年國民教育計畫，事實即與當前國家大環境之需求不吻合。由於歷經數年之全球經濟不景氣，造成國家財政緊縮，此時若再大舉推動十二年國民義務教育，勢必造成問題。

五、合乎彈性

教育計畫在執行過程中，常會遭遇與原先預計不同之情況，故執行計畫者除了要能提出彈性應變措施，亦應適時對該教育計畫之內容再次進行討論。教育計畫雖然不可隨著大環境之轉變而搖擺不定，然而，一旦發現執行上已不符時空需求時，進行局部的修正與調整仍是

必要的。

貳 教育計畫之步驟

　　教育計畫之訂定主要目的即在改善教育品質，實現教育目標並提升國家競爭力，故教育計畫之內容、項目等都必須符合當前國家發展、學校教育之需求。因此相關計畫之訂定即是希望能夠因應環境的需要，或是在改善教育問題。而問題之改善需藉由新策略與新方法來進行。相關教育人員在訂定教育計畫時，必須兼顧傳統與創新，尤其是在新計畫的討論過程中，即為一種創意的過程，它需要計畫訂定者的腦力激盪與創意開發。就知識經濟的觀點而言，組織之運作必須是一種創新的過程，而計畫也是一種產生創意、實現創意的過程。教育計畫的訂定包含了新知識的轉化及運用、資訊連結、服務改變與資源再運用等。組織創造力大師Amabile（1988）指出創新過程包括五個階段：

1. 設定議程（setting the agenda）：敘述計畫的總任務及目標。
2. 設定步驟（setting the stage）：擬定細項執行目標。
3. 創意產生（producing the ideas）。
4. 創意的施測及實施（testing and implementing the ideas）。
5. 結果的評估（outcome assessment）：依據結果的成敗，決定是否回到步驟設定之第二階段。

馮清皇（2002）則指出創新管理可分為六個步驟：

1. 危機意識的察覺與探究。
2. 創新團隊的組成與設置。
3. 新願景的勾勒與溝通。
4. 創新策略的研發與測試。
5. 短期成果的評估與修正。
6. 整合成效並持續變革。

學者Koontz和O' Donnell（1972）則將計畫分為建立目標（establishing objectives）、考慮前提（premising）、擬定各種可行方案（determining alternative courses）、評估各種方案（evaluating alternative courses）、選定方案（selecting a course）、擬定衍生計畫（formulating derivative plans）等步驟。

林文達（1988）主張之步驟為：訂定目標、研訂可行策略及方案、決策、管制與評鑑計畫的實施、再設計。

謝文全（2005）則將計畫的步驟分為：認識問題界定目標、設定前提或判斷的標準、蒐集有關的資料、研擬各種可行的方案、選擇最佳方案、實施及評鑑改進。

歸納相關學者之看法，可歸納出教育計畫之步驟為：

一、界定教育問題

教育問題多如牛毛，若要對於每個問題深加瞭解實有其限制。計畫者必須對當前之教育現況深入瞭解，除了去發現問題，也要選擇哪些問題必須優先處理。瞭解問題，方能明瞭計畫之目標、方向為何。

二、蒐集相關資料

任何計畫不能憑空杜撰，或以個人好惡為判準。因為計畫之執行乃在現實的教育情境中，故計畫方案必須周延詳盡，能對相關環境之限制作沙盤推演，進而使方案執行時之效果提升。

三、研擬可行之解決方案及其相關配套

任何的問題不能以單一的計畫來作為解決之辦法，須盡可能集思廣益，擬定若干備選方案，再從中挑選最佳的方案來執行。而方案之研擬相當耗費心力，必須廣徵博引，尋求多方意見，期使計畫更為完善。

四、進行方案評估與決策

在各項發展出來的方案中，必須對各個方案先進行評估，分析各個方案之利弊得失。評估之規準有三：(1)是否具可行性？(2)是否較能有效的改善或解決問題？(3)是否符合經濟效益？在方案之選擇過程則務求客觀，避免私有目的或政治考量，以合情合理的慎思過程做出決策。

五、績效評估與計畫修正

只有在不斷實驗之中，方案才得以修正，更趨完整。即使選擇了眾人認為的「最佳方案」，但仍無法保證其完美無缺。是故，必須在方案執行過程中定時檢視其成果，有缺失不足之處便即刻予以改進。檢視近年來之教改方案，在實施過程中，亦產生許多嚴重問題。究其原因，可知在方案決策過程缺乏徵求教改人士之外的學者專家之意見，在方案執行前又缺少試行的過程。因而，若能事先進行績效評估，則可在全面執行之前，即能發現問題，而有所修正。

第三節 教育計畫的方法

在擬定計畫的過程，有諸多的方法可供選擇，其中包括社會需求法、成本效益法、系統分析法、計畫評核術及目標管理法等。各種方法各有優勢，故在使用上必須斟酌所需擇用。

一、社會需求法

從社會需求觀之，教育計畫可依據民意需求，作為規劃之基礎。

社會大眾對教育之看法，是最直接且最實際的。臺灣近年來由於社會大眾教育程度的提升，對教育也投入較多的關注。尤其開放社會之民意高漲，社會開始對政府之教育政策有較多的看法。因此，主管教育機關如何將社會大眾之想法納為計畫考量之重點，著實考驗主政者之智慧。

此外，就人力資源管理觀點而言，教育被視為勞動市場的人力培育過程。因此，教育規劃者可依國家的需求規劃調整部分教育計畫，以有效培育符合各階層需要之人才。例如 1980 年代「加強培育及延攬高級科技人才方案」，即先行評估分析當時國內科技人才不足的數量及類別，再依據此需求數量推動調整國內大學碩士班及博士班招生名額（最低目標，增加機械類一百人，電機類一百五十人）、鼓勵重點科技系所教師國內外進修與設置研究生獎學金等措施。

二、成本效益法

以教育投資觀點，任何教育的興革或計畫皆必須符合國家發展的目的。例如廣設高中大學或是延長義務教育年限，其著眼點即希望能夠培養國家發展所需要的人才。若要衡量教育投資的直接收益，可從個人收益及國家生產力兩大途徑來檢視（鄭崇趁，1995）。從個人收益的觀點，則藉由各階層所受教育程度高低對個人收入影響情形來瞭解教育成效，例如讀完高中、高職、大學、研究所之畢業生，其收入是否因教育程度的不同而有顯著的差異。從國家生產力的觀點，則必須檢視當前之教育投資政策是否能提升國家生產力，例如思考職業技術生比例的提升是否能夠帶動國家競爭力。

三、系統分析法

依開放理論系統，教育計畫即在投入與產出間設計最有效之資源運用策略，以達成教育目的。因此，運用明確的指標或數據來作為教

育成效分析的依據，以作為新計畫之方向，實為系統分析的重點。例如，1986 年教育部曾提出「提高國民小學教師員額編制計畫」，即是由於當時國民小學每班人數平均達 51 人，造成教師教學上負擔過大，使得教學之效果大受影響，在投入與產出之間失去平衡，故必須有所調整。

四、計畫評核術

計畫評核術（Program Evaluation and Review Technique, PERT）為一套管理技術，經由計畫、評估、查核、繪製網狀圖，來進行計畫工作。並利用統計學的原理，來計算計畫中每個作業最早或最遲可允許之完成時間為何，與遇到瓶頸時的作法。計畫評核術重視現實環境的限制，故每件安排的事都配合實際的條件與環境，冀求在工作進度嚴格要求，準時達成計畫目標。

計畫評核術非常重視「時間管理」，因此在計畫的執行採用PERT即可監督整個計畫的進度，達成效果。但是，對於一個模糊程度較高之計畫則不適合採用 PERT。例如，教訓輔三合一實驗方案，由於輔導工作無法立竿見影，學生之偏差行為也很難在短期內改善，故較難採取 PERT 來執行。

第四節 教育計畫的案例分析

教育計畫為擬定、執行、評鑑的過程，其不但耗時耗力，且牽涉到許多主客觀之因素，相當繁瑣。以下僅舉二例作為說明，以瞭解教育計畫之體例與擬定過程應注意之事項。

壹 臺灣資訊教育基礎建設計畫

壹、策訂依據

一、配合行政院提升國家競爭力政策。

二、行政院八十五年四月二十四日第十九次政務會談決議。

三、中華民國教育報告書邁向二十一世紀教育遠景。

四、行政院教育改革審議委員會第二期諮議報告書。

五、整合資訊教育相關計畫。

　　－改善各級學校資訊教學計畫

　　－電腦輔助教學軟體發展與推廣計畫

　　－E-MAIL 至中小學計畫

貳、計畫目標（86 年 7 月-90 年 6 月）

一、充實資訊教學資源。

二、改善教學模式。

三、加強人才培訓。

四、推動調整組織制度。

五、提升設備。

六、延伸臺灣學術網路。

七、普及資訊素養。

參、實施策略

一、設立資訊教育軟體與教材資源中心，整合軟體資源。

二、擴大辦理金學獎、校園軟體創作等活動，激勵民間及學校主動參與軟體及素材開發。

三、加強國小、國中、高中職在職教師資訊應用訓練，使 70% 教師具資訊素養。

四、補助國小至專科充實及汰換電腦軟硬體設備，達部頒標準，使 100% 國小有電腦教室。

五、推動高中職、國中小連線臺灣學術網路，使80%學校連上
　　TANet。

六、加強課程橫向設計，將資訊科技融入各學科教學中。

七、國中自八十七年開始實施電腦必修課。

八、辦理資訊教育相關推廣活動。

肆、預期效果

一、資訊教育向下扎根，普及全民資訊教育，使國民具基本資
　　訊素養，輕鬆邁入資訊化社會。

二、資訊基礎環境之建置暨網路科技，使各校共享教育資源，
　　縮短城鄉教育差距。

三、資訊科技融入各學科，使教材、教法、教學媒體多元化，
　　建立啟發式、互動式學習環境。

　　本計畫為因應全球資訊化的需求而擬定。由於當時全球網路基礎之崛起，為因應學生應用網路的需求，以及改善當時學生資訊教育，故於 1996 年 4 月 24 日訂定本計畫。計畫之目的包括充實資訊教學資源、改善教學模式、加強人才培訓、推動調整組織制度、提升設備、延伸臺灣學術網路、普及資訊素養等。

　　本計畫對於臺灣地區學生使用網路學習的狀況做了很大的改善。往後由世界各國在上網指標上，我國排行全球前十五名之內即可看出。本計畫因應社會需求而產生，計畫內容具體明確（如使 80%的學校連上 TANet）、可行性高，故成效良好。然而，近年來卻發現城鄉差距之「數位落差」問題相當嚴重，使得本計畫之成效打了折扣。

貳 教學、訓導、輔導三合一整合實驗方案

壹、目標

建立各級學校教學、訓導、輔導三合一最佳互動模式與內涵，培養教師具有教訓輔統整理念與能力，有效結合學校及社區資源，逐步建立學生輔導新體制，其具體目標如下：

一、建立有效輔導體制。

二、增進輔導組織功能。

三、建立學校輔導網絡。

四、協助學生適性發展。

五、培育學生健全人格。

貳、策略

一、成立學生輔導規劃組織。

二、落實教師輔導學生職責。

三、強化教師教學輔導知能。

四、統整訓輔組織運作模式。

五、結合社區輔導網絡資源。

參、方法

一、成立「建立學生輔導新體制規劃委員會」

教育部會同省市教育廳局，結合教育、訓導、輔導學者專家及實驗學校校長，成立「建立學生輔導新體制規劃委員會」，規劃教學、訓導、輔導三合一整合實驗方案，協助實驗學校依據實驗方案，擬定教訓輔人員最佳互動模式與內涵，並逐步增加實驗學校。

二、擬定實驗學校實驗計畫

實驗學校成立「建立學生輔導新體制執行小組」，依據部頒「教學、訓導、輔導三合一整合實驗方案」，結合社區資源，設計學校教、訓、輔人員最佳互動模式與內涵，規劃具體實驗計畫，提

送教育部「建立學生輔導新體制規劃委員會」審議，經行政程序核定後據以執行。

三、辦理學生輔導新體制實驗績效評估

教育部「建立學生輔導新體制規劃委員會」配合實驗進程，適時委託學者專家進行「學生輔導新體制實驗績效評估」，併同「省市試辦專業輔導人員方案評估」結果，作為調整實驗方案及實驗學校之參考。

四、落實教師在教學歷程中輔導學生之責任

實驗學校「建立學生輔導新體制執行小組」依據教師法第十七條規定，並配合學校傳統與發展特色，規範教師在教學歷程中輔導學生之責任。

五、培養全體教師皆具有輔導理念與能力

實驗學校設計多元途徑與方法，引導學校教師善盡輔導學生責任，並規劃提供各項研習機會，培養全體教師皆具有輔導理念與能力。

六、實施每位教師皆負導師職責

實驗學校可視師資現況及員額編制，設計多元模式，實施每位教師皆能擔任導師，在教學中能及時辨識、通報並輔導學生。

七、鼓勵每位教師參與認輔工作

實驗學校配合學校輔導工作行政運作，鼓勵教師人人認輔一至二位適應困難、行為偏差或中輟復學學生，協助學生順利成長發展。

八、策勵教師實施高效能的教學，幫助學生獲得人性化及滿意的學習

實驗學校辦理教師教學知能研習，提升教師的教學知能，發揮教學的本質與功能，兼顧認知、情意與行為等領域的教育目標，幫助學生獲得人性化及滿意的學習，並使教學達成主學習、副學習、輔學習的理想。

九、強化各科教學研究會功能，將輔導理念融入教學歷程，提升教學品質

實驗學校加強彈性安排課程，實施定期及不定期各科教學研究

會、教學觀摩，共同擬定教學計畫，將輔導理念融入教學歷程，並成立教學診斷小組，瞭解教學與辦學問題，持續研究課程、教材、改進教學方法，及必要的補救教學，以提升教學品質。

十、實施教學視導及教師評鑑

實驗學校將教學視導及教師評鑑納入教師聘約中，規定教師均應接受主管教育行政機關及學校所進行之教學專業視導及教師評鑑。

十一、調整學校訓導處之行政組織及人員編制，兼具輔導學生之初級預防服務功能

實驗學校將訓導處改為學生事務處，依據學生身心發展特質，運用輔導的觀念及態度，實施訓育及生活教育，培養學生正確的價值觀及人生觀，並協助推動與執行全校性之初級預防服務工作。

十二、調整學校輔導室（學生輔導中心）之行政組織及人員編制，加強各級心理輔導及諮詢服務工作

實驗學校為發揮輔導功能，中小學校得調整輔導室為輔導處，大專院校亦可將學生輔導中心改為諮商中心，設置專任輔導教師及專業輔導人員，規劃、辦理全校性輔導工作，結合醫院心理治療人員，加強二級、三級預防服務工作，並為全校教師及學生家長提供輔導知能諮詢服務。

十三、調整學校行政組織及人員編制

實驗學校配合教訓輔行政組織之整合，以及輔導網絡之建立，調整行政組織及人員編制，以提升全校行政運作功能。

十四、建立學校輔導網絡，結合社區資源，協助辦理學生輔導工作

實驗學校結合社區資源，如社工專業人員、心理衛生人員、公共衛生護理人員、法務警政人員、心理治療人員、公益及宗教團體等，建立學校輔導網絡，協助學校輔導工作。

十五、運用社區人力資源，協助學校推動教育工作

實驗學校研訂辦法，結合社區義工、學生家長及退休教師，協助推動教學、訓導、輔導工作，例如充實與補救教學、交通導護、校園安全、認輔適應困難學生、追蹤輔導中輟學生、親職教育諮詢

服務……等。

十六、研訂學校教師輔導工作手冊

實驗學校依據「建立學生輔導新體制」實驗內涵，明確規範教師、導師、輔導教師、專業輔導人員、行政人員之角色任務與職能，列舉教師進行學生輔導工作有效實施模式，逐年研訂教師輔導工作手冊，進行實驗工作，提升輔導學生績效。

十七、辦理學校教師、行政人員、義工及家長研習活動

實驗學校配合實驗方案設計，適時辦理教師教學、訓導、輔導知能及行政人員、義工、家長相關研習活動，提升其教訓輔知能。

肆、行動步驟

一、教育部會同省市、縣市教育廳局，結合學者專家，於八十七年六月前成立「建立學生輔導新體制規劃委員會」，規劃策訂實驗方案，執行重要實驗工作。省市政府教育廳局於八十七年八月成立「建立學生輔導新體制督導小組」，負責遴選推薦實驗學校及督導所屬學校實驗工作之進行。各縣市政府於八十八年三月成立「建立學生輔導新體制督導小組」負責推廣國中國小實驗學校及督導工作。

二、實驗學校之遴選由主管機關推薦，經「建立學生輔導新體制規劃委員會」審議核定，第一年實驗學校由學者專家指導，並配合實驗成效評估工作，第二年起主管機關依所屬學校之規模與地區分布向規劃委員會建議，經審議核定後擴大實驗。

三、各實驗學校成立「建立學生輔導新體制執行小組」，於每年五月底前擬訂實驗計畫，六月底前提送審議，七月底前經核定後據以執行。

四、實驗學校因實驗之需要，得依據相關標準，調配學校教職員總員額，設置專任輔導教師及專業輔導人員；如為配合整體實驗方案之需要，必須增加員額時，得敘明理由，提報「建立學生輔導新體制規劃委員會」審議。

五、教育部依據八十七學年度實驗成效為基礎，規劃逐年擴大

推廣實驗學校。預計八十八學年度增至每縣市均有學校參與,八十九學年度配合修訂各級學校法規後,九十一學年度前全面實施。

六、教育部應配合實驗方案之進程,定期辦理各項研習與傳承活動,並擇定各層級一所中心學校,負責邀集同一層級實驗學校人員定期討論,研議實驗工作衍生問題與改進措施。

七、教育部應配合實驗方案之進程,定期彙集實驗成果,印製各種輔導工作手冊,推廣實驗績效。

八、教育部及省市、縣市政府教育廳局應配合本實驗計畫之進程,指定專人執行相關業務。

九、參與實驗學校第一年所需經費由教育部教改經費中優先支援,第二年起即依據經常性業務運作辦理,教育行政主管機關依實驗績效擇優補助之。

十、本方案所需經費除實驗學校補助款由教改經費另行支援外,由「青少年輔導計畫」年度經費額度優先勻支。

本計畫為 1994 年以來教改行動方案之一,目標在改善學校輔導工作,以預防重於治療的教育理念,配合學校行政組織的彈性調整,激勵學校教師全面參與輔導學生工作,並結合社區資源,建構學校輔導網絡,為學生統整規劃一個更為周延的輔導服務工作。

由於當時學校輔導工作面臨兩大困難:(1)家庭、學校、社區三大輔導層面,彼此未能密切配合,以致輔導成效不彰。而學校輔導系統本身雖強調輔導工作應由全校教師及行政人員共同負責,卻未能相互支援而使績效不佳。(2)學校教師之教學或學校之辦學方針,未能兼顧學生之需求與程度,導致部分學生課業適應困難,以致產生諸多學業困難,加重學校訓輔工作負擔。故行政院教育改革審議委員會總諮議報告有「學校應行訓輔整合,建立學生輔導新體制」之建議,行政院教育改革推動小組則進一步將「結合社區資源,建立教學與訓導、輔導三合一學生輔導新體制」列為十二項優先教改行動方案之一。此為

教訓輔三合一實驗方案產生的原因。

本方案負有四大任務指標：

1. 激勵一般教師全面參與輔導工作，善盡教師輔導學生責任。

2. 增進教師教學效能與人性化照顧學生，融合輔導理念，全面提升教學品質。

3. 彈性調整學校訓輔行政組織運作，為訓輔人員及一般教師規劃最佳互動模式與內涵。

4. 結合社區輔導資源，建構學校輔導網絡。

在教師輔導學生責任方面，本方案提列了三條可行途徑，包括：(1)落實教師在教學歷程中輔導學生之責任；(2)實施每位教師皆負導師職責；(3)鼓勵每位教師參與認輔工作。

在提高教學效能與人性化照顧學生方面，本方案強調，實驗學校必須將輔導理念融入教學歷程，規劃提升教學效能相關措施，協助教師實施高效能與人性化之教學，幫助學生獲致滿意的學習，強化各科教學研究會功能，成立教學診斷小組瞭解教學與辦學問題，實施教學評鑑、教師評鑑及必要的補救教學等，全面提升教學品質。

在學校行政組織調整方面，本方案建議實驗學校優先朝下列兩個方向規劃：(1)將「訓導處」調整為「學生事務處」，兼具輔導學生之初級預防功能；(2)將「輔導室」（學生輔導中心）調整為「諮商中心」或「輔導處」，加強各級心理輔導及諮詢服務工作。再配合全校其他行政組織的調整與運作，期能為訓輔人員及一般教師規劃最佳互動模式與內涵。

在建立學校輔導網絡方面，本方案提列社區輔導資源對象，包括社工專業人員、心理衛生人員、公共衛生護理人員、法務警政人員、心理治療人員、公益及宗教團體、社區義工、學生家長及退休教師等。也提列了可協助學校推動之教育工作，例如：充實與補救教學、交通導護、校園安全、認輔適應困難學生、追蹤輔導中輟學生、親職

教育諮詢服務……等，提供實驗學校規劃具體實驗措施時參考。

由於本方案為實驗方案，故採取的方式為先進行小型規模實驗，經評估效果後再擴大為中型規模實驗，經確定可行性後，再逐步擴大全面實施。三合一體制的規劃，依循五項目標而訂出五項策略，分別為成立學生輔導規劃組織、落實教師輔導學生職責、強化教師教學輔導知能、統整訓輔組織運作模式、結合社區輔導網絡資源。為因應實施，乃提出十七項具體方法和十項行動步驟，期能有效推動。

第五節 教育計畫的限制

計畫乃行政工作的第一環，一旦計畫不夠周延，則往後的組織執行運作過程將面臨許多問題。計畫係歷經無數的決議之後才完成，所以在計畫的過程中，決策者最擔心的是碰到渾沌不明的情境。特別是當所進行之教育計畫影響層面極大，一旦無法認清方向，則所做出來的教育計畫可行性將不高。這也是為何學者專家皆主張教育計畫的工作，必須經由嚴格的科學化過程來進行，才能訂定具體明確、可行之計畫。

然而科學的方法有其限制所在。現實的層面往往限制了理想的推展，欲使問題在短時間內獲得解決或達到成效，並非想像中容易。因此，在計畫執行過程中採取漸進式的思維應較為恰當。而執行中的計畫常受到經濟、政治、社會等諸多因素之影響，是故，必須適度進行調整，也因此，教育計畫執行過程的持續追蹤與研究發展實為重要。緣此，即有專家學者（如鄭崇趁，1995）提出在教育部單獨設置「教育計畫組織」，其主事者應有相關教育專業之素養，以對於相關教育計畫之研訂與執行作持續性的監控。

實務上，由於國內之教育計畫與政策多隨政治浮沉，也即教育政策隨著主政者而定，偏離了教育計畫中一貫性的原則。近幾年來，相關的重大教育政策更迭頻仍，而教育計畫也隨之不斷調整，此一亂象在政治紊亂的時代中更為凸顯。以九年一貫課程實施計畫為例，計畫之初由於未廣納各教育學者專家以及第一線基層教師意見，造成了實務上的推行面臨極大的困境，尤其是在課程統整教學與建構式課程的規劃，反而使得學生之素質下降，其所付出的代價不小。由此觀之，教育計畫在決策的過程中，即使擁有科學的方法，若主政者仍一意孤行，則所擬定的教育計畫無非只是意識型態的競合罷了。

因此，吾人必須知道教育計畫之實施仍有以下幾點限制：其一，由於教育計畫仍是對未來教育事業的預為籌謀，係一種預測或預估的性質，故無論預測之過程如何注重科學化與理性化，仍然具有不確定性存在。誠如混沌理論所揭示的：「巴西之**蝴蝶展翅**，德州就可能颳颶風」。其二，教育計畫通常基於人力以及資源上的限制而難以達成。其三，教育計畫通常以當下之教育需求而產生，但仍然容易受到政治、經濟、社會、文化等因素的影響而被迫停止或修正，自 1994年以來推動的教育改革即是一明證。

第六節 案例分析與討論

壹 案例一：離島風雲

設立在離島的松柏高中，是個歷史悠久的學校。教職員工除少數專業科目教師係由臺灣本島聘來外，大部分為當地人。由臺灣來的教師，除離鄉背井、生活不便外，學校中的本地人對臺灣本島來的教師

大多態度冷漠，心存排擠，更使得臺灣來的教師離職率居高不下。學校中的行政職務，多由本地人擔任，同時這些人亦多在家開店經營與媒體教學有關的視聽器材，如錄放影機等設備。他們藉職務之便，提供高價物品謀利，形成一個環環相扣的利益集團。

由於缺乏優良專業師資，利益集團交相爭利，學生學習風氣不佳，升學率始終不彰；學校再也招不到素質好的學生，進來的學生只求混個高中文憑而已。如此惡性循環下，學校教育的素質始終無法提升。再加上歷任校長都是年資極深且年紀較大，雖然作風各有不同，但卻有一個共同點，就是對教職員工的要求採取較放任的態度，全校教職員工也過慣了這種生活。

此次調來一新任校長賈聰明，為師範學院畢業，並曾於教育研究所進修。滿懷治校理念，對學校行政措施方面，想配合上級的教育政策，從大力改進師資聘用、教學以及設備器材採購著手，親自制訂許多改進計畫，交由各處室主任執行，但其大多對校長的看法有意見，採取消極抵抗或杯葛手段。

放學後的操場，海風迎面吹來，只見校長一張無奈的面孔浮現，其他的學校員工卻不見蹤影。

問題討論

一、松柏高中的組織文化有何特徵？
二、對於各方的消極抵抗，有哪些改革策略可以採用？
三、針對松柏高中的組織特徵，應採用何種領導形式才能有所改進？

貳 案例二：山雨欲來

常青家商於二次大戰後設校，起初是所貴族子弟念的私校，辦了

幾年後,逐漸走下坡,校風也惡名昭彰。其後,經由第二任校長大刀闊斧的整頓,配合全體教職員工與歷屆學生的努力與爭氣,終於成為南部數一數二的私立職校,甚至與日本、韓國締結姊妹校,揚名於國際間。

詎料,正當該校校運如日中天時,校長卻因心臟病發作猝逝。此一劇變,無疑是晴天霹靂的打擊。所幸,校長治校十餘年,早已在各方面建立一套良好的制度,只要蕭規曹隨,稍用一點心力,任何人來接棒,都不至於在辦學方面交不出漂亮的成績單。

偏偏董事長從北部調來一位差兩年就退休的親戚,以空降的方式來接掌校務。這位新任校長姓朱,本身既無知人善任的慧眼,行政能力奇差無比,心地狹窄,輕諾寡信,易遷怒他人,又喜歡搞小圈圈,視錢如命。

朱校長一到任,就被一些小人誤導無法包容原先在校的資深主任,並視其為大敵。於是新舊兩派勢力間壁壘分明。剛開始,把最有可能接任校長的頭號敵人陳主任,由教務主任的職務,發落到邊疆的輔導室,也把年資超過三十年的董事會秘書冷凍起來。校長堅持取消主任會報,校內大小事只和兩、三位親信商討。在公開場合,以言語攻擊前任校長以破壞其形象。而對於自己曾教過的學生卻信任有加,言聽計從,並且提拔他擔任主任級的董事會秘書。整個學校的教師被打擊得士氣全無,連期末導師座談會三個年級都聯合起來不發言,作沈默的抗議。而且朱校長竟自我解嘲說:「都沒有人提出問題,表示一切都很完美。」

朱校長在用人方面也是一塌糊塗,先是訓導處的三位組長同時請辭。隔年,教務處的組長也四上四下,幾乎沒人願意擔任行政工作。究其原因是正面規諫無效,總是忠言逆耳聽不進去,校長最喜歡聽讚美的話而敷衍了事。一度被當成頭號敵人的陳主任,就經常為了公事而和朱校長爭得面紅耳赤。朱校長於是乾脆使出殺手鐧,以殺雞儆猴

的手法，把陳主任這位在校服務二十五年的元老所兼的行政工作解除，而改聘為專任教員。

新的人事任用案公布後，陳主任即放出風聲要召開記者會，揭發朱校長所做的違法事件。他手上有的證據包括：(1)朱校長未經董事會通過擅自挪用貳佰陸拾萬元，預借給議員和教育官員出國考察之用；(2)幫助自己的妹夫（學校董事）一同向全國退休基金管理委員會詐領退休金；與(3)排課不實等。眼看學校就要引起一場暴風雨，許多教師都擔心不已。

問題討論

一、常青家商的校長領導形式有何特徵？
二、常青家商的組織文化有何特徵？
三、如果您是朱校長，您該怎麼做才能平息糾紛？

參考文獻

中文部分

王文科（1995）。**教育計畫與教育發展策略**。臺北市：心理。

方炎明（1973）。**初等教育計畫與發展**。國科會六十二學年度研究報告。

林文達（1988）。**教育行政學**。臺北：市三民。

秦夢群（2005）。**教育行政：理論部分**（第四版）。臺北市：五南。

馮清皇（2002）。創新管理在國民小學校務經營的意涵。**教師天地，117**，32-42。

黃昆輝（1988）。**教育行政學**。臺北市：東華。

鄭崇趁（1995）。**教育計畫與評鑑**。臺北市：心理。

謝文全（2005）。**教育行政學**。臺北市：高等教育。

魏鏞（1986）。**長中程計畫作業要領**。臺北市：行政院研考會。

外文部分

Amabile, T. M.（1988）. A Model of creativity and innovation in organization. In B. M. Staw & L. L. Cummings（Eds.）, *Research in Organizational Behavior*（pp. 123-167）. Greenwich, Conn.: JAI Press.

Fullan, M.（1993）. *Change forces: Probing the depths of educational reform.* New York: Falmer Press.

Johnson, W. C.（1992）. *Public administration: Policy, politics, and practice.* Guilford, Connecticut: The Dushkin Publishing.

Kaufman, R. A.（1972）. *Educational system planning.* N. J.: Prentice-Hall.

Kaufman, R. A.（1995）. *Auditing your educational strategic plan: Making a good thing better.* Thousand Oaks, CA: Corwin Press.

Kaufman, R. A.（1996）. *Educational Planning: strategic, tactical, operational.* Lancaster, Pa.: Technomic Pub.

Koontz, H. & O'Donnell, C.（1972）. *Principles of management: An analysis of managerial functions.* New York: McGraw-Hill.

第八章

教育行政組織

　　人是社會的動物，不能離群索居，為了共同的方便與保護，自然
而然的形成了各種組織，以便藉著集體的力量來達成共同生活的目
的。同樣的，為了達成教育行政的目的，有賴教育行政組織的運作。
本章即在探討教育行政組織理論內涵，共分五節，第一節針對教育行
政組織的概念進行分析，第二節介紹教育行政組織結構，第三節說明
教育行政組織氣氛，第四節論述教育行政組織文化，第五節則申述教
育行政組織的應用原則，第六節為案例討論。

第一節　教育行政組織的概念分析

壹　組織的意義

　　現代社會科學家對「組織」（organization）的研究，已開拓了四
個研究途徑。從靜態觀點著眼的人，認為組織乃是一種成員的結構或
權責分配的系統；從動態觀點研究的人，認為組織是一種群體互助或
活動交織的系統；從心態觀點研究的人，把組織看作是一群人的心理
因素交融而成的團體意識與共同目標；從生態觀點來說明的人，認為
組織實是一種為達成任務而能適應外在環境，不斷調整改變、繼續發
展的系統（黃昆輝，1988：123）。

　　對於「組織」的探討，宜採取統合的觀點，不但要兼顧靜態與動
態，而且亦應融合心態與生態，方可周延描述組織的全貌及內涵。謝
文全（1989：175-176）根據綜合的觀點，為組織下一定義如下：「組織
是人們為達成特定的共同目標，結合而成的有機體，藉著『人員』及
『結構』的適當配置與互動及對環境的調適，來完成其任務。」

　　本文作者根據謝文全對組織的定義，進一步為「教育組織」下一

定義如下：教育組織是教育人員為達成發展與改進教育事業的共同目的，結合而成的有機體，藉著「教育人員」及「教育結構」的適當配置以及對教育環境的調適，來完成其任務。此一定義，包含四個要點：(1)教育組織是具有目標性的體系；(2)教育組織係由教育人員及教育結構兩個基本元素所構成的；(3)教育組織是由構成元素交互作用所形成的整體；(4)教育組織必須與教育環境交互調適才能求生存和發展。

貳 組織的類別

Parsons（1960）以組織的社會功能為基準，將組織分為四類：(1)生產的組織，旨在從事經濟性或勞務性的生產，以供社會消費，如工廠；(2)政治的組織，旨在藉生產及分配社會的權力，以達成社會的價值目標，如行政院；(3)整合的組織，旨在協調衝突、指導成員努力達成團體的期望，並謀使社會各部門均能分工合作，如法院；(4)維持模式的組織，旨在藉著教育及文化活動，來維持社會的持續性，如學校。

Blau 與 Scott（1962）以組織的主要受惠者為基準，將組織分為四類：(1)互惠性組織，其主要受惠者為會員，如工會；(2)企業組織，其主要受惠者為組織所有者，如公司行號；(3)公益組織，其主要受惠者為一般社會大眾，如警察機關；(4)服務性組織，其主要受惠者，乃是與該組織有直接接觸的顧客，如學校。

Etzioni（1969）以上司的權力運用方式，及部屬的順從程度為基準，將組織分為三類：(1)強制性組織（coercive organization），係以強制權力（coercive power，如鎮壓或威脅）來控制部屬的組織，如監獄、集中營等屬之；(2)利酬性組織（utilitarian organization），係藉利酬權力（remunerative power，如誘以物質報酬）來控制部屬的組織，如工廠、商會等屬之；(3)規範性組織（normative organization），係藉規範權力（normative power，如誘以名譽、地位和成績等象徵性的獎懲）

來控制部屬的組織，如學校、教會等屬之。

　　從上面三位學者對組織的分類方式，可知教育組織就社會的功能來看，屬於維持的組織；就其主要受惠者來看，屬於服務性組織；就上司運用權力的方式來看，屬於規範性的組織。除了上述三種特性之外，王如哲、林明地、張志明、黃乃熒、楊振昇（1999）認為教育組織之所以不同於其他組織，係因具有下列特性：(1)服務對象的參與性：教育組織所服務的學生，不僅參與組織之中，且會影響組織的運作；(2)服務對象的異質性：教師在一個教室中必須同時面對具有不同家庭背景與個人特質的學生；(3)組織目標的抽象性：教育組織的目標常是抽象的描述，難以客觀具體的評量；(4)組織聯繫的鬆散性：教育組織在結構上看似嚴密，但教育人員間的聯繫卻是相當鬆散。因為教育組織的獨特性，因此本文作者認為教育界很難完全採用企業組織或行政組織的原則來運作教育組織。

第二節　教育行政組織結構

壹　組織結構的意義

　　Silver（1983: 20）認為組織結構是組織組成份子之間的關係型態。Stoner 與 Freeman（1989: 264）指出組織結構是一個機構的各個不同部門、職位的安排和相互關係。吳清基（1989: 56）則認為「組織結構」係指「透過組織中各單位、各職務及其彼此間的系統關係，所反映出的一種較持久性組織特質。」

　　綜合上述學者的定義，茲為組織結構下一定義如下：組織結構是由一個組織中的各個不同的部門、職位、角色和程序所構成的關係型

態,由於此種關係型態具有其持續性,所以它也使得組織的活動狀態具有規律性和持久性。另外,由於此種關係型態強調上下屬之間以及不同部門之間的關係,它提供了組織垂直控制以及水平協調的一個正式架構。

貳 組織結構的有關理論

一、科層體制理論

Weber(1947)曾從權力的觀點,來說明科層體制(bureaucracy)的理想處。Weber認為權力的演變,可依歷史的進化,分為傳統權力、超人權力、法定權力等三個階段。在傳統權力階段,組織容易流於保守,無法適應環境的變遷。在超人權力階段,組織容易流於獨裁專制或者造成「人存政舉,人亡政息」之現象。在法定權力階段,組織較為穩定,成員的權利可獲得保障,而且組織的權力,亦可循法定的程序和平地移轉。

法定的權力既遠比傳統權力和超人權力為佳,所以Weber(1947)決定採用法定權力作為科層體制的基石。Weber認為只要依法行事,不要感情用事,組織必能以正確合理的決定,來達成組織目標;組織能夠作正確合理的決定,則必能以較低的成本,來達成目標。追求合理性和效率正是科層體制的二個優點。由於科層體制有其優點,所以Hoy 與 Miskel(2001: 79)認為幾乎所有當代的組織,包含學校組織,皆具有科層體制的特徵。

科層體制的概念是一種理想形式,其特徵主要有七:(1)「權威階層」,即組織的結構要像金字塔般的型態,分層辦事,上一層級管理下一層級;(2)「法規條例」,即每個組織都應具備有意建立且一致性的抽象法規系統,以規範組織的運作;(3)「專職分工」,即組織中所

有的工作，均應職有專司；(4)「不講人情」，即法規之前，一視同仁，任何的決定，均避免情感的衝動或個人的好惡；(5)「書面案卷」，即組織的所有活動、決定或法令等，均應書面化，以文字加以記錄；(6)「支薪用人」，即組織編制內人員領有一定的薪水，可以依年資、成就而陞遷；(7)「資源控制」，即組織的資源一旦自外在環境取得之後，資源的控制與分配便操在組織的行政與管理人員的手中（Silver, 1983: 75-78）。

　　科層體制的觀念雖然具有合理性和效率之優點，可是仍然受到許多組織理論學者所批評，其主要批評為（黃昆輝，1988：178-184）：(1)忽視非正式組織的存在；(2)具有「科層化」和「專業化」之雙軌性質；(3)具有許多負面功能。這些負面功能如下：權威階層可能導致上下屬之間的溝通障礙和衝突；法規條例可能養成成員消極被動、工作形式化、缺乏彈性；專職分工可能使成員覺得他們只是大機器中的小螺絲釘；不講人情可能造成成員關係的冷漠；支薪用人可能會造成年資比成就為更重要的加薪或升級因素。

二、不證自明理論

　　不證自明理論（axiomatic theory）是由 Jerald Hage 所提出的。Hage（1965）認為組織共有八個變因，其中四個為組織的結構特徵，代表「手段」；另四個為組織所預懸的目標或結果，代表「目的」。此一手段─目的連鎖具有雙向的特性：組織結構固可影響組織目標的達成，而組織所形成的特定目標亦會限制了組織的結構。

　　形成組織手段的四個結構性變因，乃是組織中人際關係的層面，分別為複雜化（complexity）、集中化（centralization）、正式化（formalization）及階層化（stratification）。複雜化係指組織中專門性工作的數目，及執行各項工作所需訓練的水準。集中化係指組織內行政決定集中於少數最高階層人員的程度。正式化是指組織對其成員職責及

作業程序所作規定之明細程度。階層化特別強調組織中成員工作地位差別的數目及行政階層體系中所有層級的數目。

形成組織目的的四個功能性變因，分別為適應力（adaptiveness）、生產力（productivity）、效率（efficiency）以及工作滿意（job satisfaction）。適應力係指組織對其環境變遷所作的反應。生產力乃是組織以其產出結果的質和量，來反映該組織的效能。效率所強調的是每一單位產出的最低成本。工作滿意主要是指成員對組織的態度或工作態度。

Hage 根據上述八個組織變因，提出七個主要命題和二十一個推論，這七個命題為：⑴集中化愈高，生產力愈高；⑵正式化愈高，效率愈高；⑶集中化愈高，正式化愈高；⑷階層化愈高，滿足感愈低；⑸階層化愈高，生產力愈高；⑹階層化愈高，適應力愈低；⑺複雜化愈高，集中化愈低（Silver, 1983: 26）。

此外，Hage更根據八個組織變因的交互關係，提出兩個凸顯的組織型態，即「有機組織」（organic organization）和「機械組織」（mechanistic organization）。惟因有機組織和機械組織各有其弊病，所以Hoy與Miskel（1987: 131）乃建議一種具平衡性的「整合組織」（integrated organization）。這三種組織在八個組織變因上的特性如表8-1所示。

三、策略結構理論

策略結構理論乃是由Chandler（1962）所提出的，然後經由Mintzberg與Quinn（1995）加以修正擴充而成的。Mintzberg與Quinn建議，下述三個基本面向是用來區別不同的組織結構：⑴組織的主要部分；⑵主要協調機制；⑶分權化的型態。

Mintzberg與Quinn（1995）主張組織的主要部分係指決定組織成敗的角色，包括：⑴策略性上司：係負責組織策略性任務的高層行政人員，如教育局長；⑵運作核心：係執行組織基本工作的人員，如學校

表 8-1　三種組織結構的特性

結構與功能	有機組織	機械組織	整合組織
複雜化	高	低	高
集中化	低	高	中
正式化	低	高	中
階層化	低	高	低
適應力	高	低	高
生產力	低	高	中
效率	低	高	中
工作滿意	高	低	高

資料來源：謝文全、林新發、張德銳、張明輝（1995）。**教育行政學**（頁120）。
　　　　　臺北市：空中大學。

中的老師；(3)中級人員：乃是負責控制與協調機制的人員，如學校中
的校長；(4)技術結構，係提供技術協助的人員，如會計、人事、課程
研發人員、工程師；(5)支持性部門：係提供間接支援的事務部門，如
維修人員、午餐供應人員、法律顧問、諮商人員。

　　Mintzberg與Quinn（1995）認為主要協調機制則是組織用以協調活
動的主要方法，包括：(1)直接視導，即透過個人的命令來監視和控制
部屬；(2)工作過程標準化，即透過明確的工作流程來完成工作；(3)技
術標準化，即透過技術與知識標準化，提供間接控制及協調；(4)輸出
標準化，即透過明確說明工作成果來監控工作；(5)相互適應，即透過
非正式溝通，達成相互調整和適應。

　　Mintzberg與Quinn（1995）指出分權化類型則是組織使部屬參與決
策的程度，包括：(1)垂直分權化，指的是上司與部屬間權力的共同分
享；(2)水平分權化，指的是不同部門員工間權力的共同分享；(3)選擇
性的分權化，指的是將決策權分配給組織不同單位。

　　依上述三基本面向的各因素，表8-2說明了五種組織結構：(1)簡

表 8-2　Mintzberg 的五種組織結構

結構型態	主要協調機制	組織主要部分	分權化的方式
簡單結構	直接視導	策略性上司	垂直和水平集中化
機械科層體制	工作過程標準化	技術結構	限制性水平分權化
專業科層體制	技術標準化	運作核心	垂直和水平分權化
部門形式	輸出標準化	中級人員	限制性垂直分權化
任務編制式	相互適應	支持性部門	選擇性分權化

資料來源：Lunenburg, F. C. & Ornstein, A. C.（2000）. *Educational administration: Concepts and practices*（p.50）. Belmont, CA: Wadsworth.

單結構：以策略性上司為主，採用直接視導協調方式，垂直和水平集中化過程；(2)機械科層體制：以技術結構為主，採用工作過程標準化協調方式，限制性水平分權化的過程；(3)專業科層體制：以運作核心為主，採用技術標準化協調方式，垂直和水平分權化過程；(4)部門形式：以中級人員為主，採用輸出標準化，限制性垂直分權化的過程；(5)任務編制式：以支持性人員為運作核心，在特定時間內完成特定工作任務，係採用相互適應協調機制，選擇性分權化過程。

　　在教育組織中，雖以機械科層體制、專業科層體制、部門形式為主，但也各有不同的特徵。然而，此理論主要是希望教育行政人員能瞭解組織策略與組織結構是有關聯的，也就是組織的策略會影響到組織的結構，而教育行政人員需因不同的策略採用不同的組織結構，這也是組織結構權變理論的原則所在。

四、鬆散結合系統理論

　　「鬆散結合系統」（loosely coupled system）此一概念係由 K. E. Weick 所提出的。Weick（1976）認為在學校機構裡，事件（events）與事件彼此間是互相回應的，但每一個事件又保有自己的主體性（identity）以及一些物理上及邏輯上的分離性。同樣的，學校成員之間，彼此也

是互相聯結的，但成員卻保持自己一定的身分與獨立自主性。例如，學校中的輔導室，在編制上是屬於學校且受命於校長的，但是輔導室與校長的關係常是微弱而且鬆散的，校長並不會經常到輔導室，親自視導輔導室的業務。同樣的情形發生在校長與老師之間，老師雖受命於校長，但是老師卻保有教學自主權，校長也很少視導老師的教學。

Weick（1976）認為一個鬆散結合的系統具有四個長處：(1)系統中的每一個部門，可針對其對應環境的需要，作較佳的調適；(2)如果系統中的某一部門發生毀損或解組的現象，則此現象僅限於此一部門，並不會影響到其他部門；(3)系統中的每一個成員或團體有較大的自主空間；(4)系統可以不必花費太多的資源，用在各部門彼此間的協調活動上。但是一個鬆散結合的系統亦有其不利之處，其最大的短處就是：系統的中樞命令，難以迅速有效地貫徹到每一個部分去。

五、雙重系統理論

雙重系統理論（dual systems theory）認為學校在教學系統上具有鬆散結合的特性，但在非教學的行政事務上卻具有緊密結合（tightly coupled）的特性。這兩種組織結構特性，可以在學校組織中並行而不悖。

Owens（1991: 26-27）認為在教學上，教師和學校行政人員的關係常是微弱而且鬆散的，教師雖受命於校長，教師卻保有教學自主權，校長也很少視導教師的教學。但是在學校日常行政上，如薪水的發放、校車的接送學生、學生的管理，以及校園的清潔維護，皆由校長和行政人員作嚴密與系統化的控制。此外，校長雖不直接干涉老師的教學，他還是可以透過下列行政手段來影響老師的教學：(1)時間的控制：例如藉著對課程表的安排，校長可以決定教師上課的時段與學生學習活動的種類、次數及時段；(2)教師任教班級的安排：校長可依自己的看法來決定哪些教師教導哪些班級，而對教師的教學產生一定的

影響；(3)學生能力分班的安排：校長可以決定是否採用同質編班（homogeneously grouping）或是異質編班（heterogeneously grouping），來影響教師的教學方式；(4)教學資源的控制：例如藉著對教學用品、儀器、甚至教學活動經費的控制，來影響教師的教學。

有關雙重系統理論的研究以 Meyer 與 Rowan（1983）在美國舊金山188個小學所做的調查研究最為著名。他們發現，學校教學活動確實具有鬆散結合的特性，例如有85%的校長指出其與老師並未做每日的接觸，而83%的老師報導他們彼此之間也有相同的情形。此外，他們也發現，學校行政活動具有緊密結合的特性，例如88%的校長認為其有權力安排學校的人事與財務支出，82%的校長認為其可以決定學校活動的日程表，75%的校長則認為其可以決定學生的編班方式。

六、學校本位管理理論

教育行政的運作，過去長期以來偏向於集權式。通常的情況是：由各級教育行政機關制定決策及實施程序，然後發交中小學去執行。中小學執行有了疑義，再層層向上級請示處理。這種集權式的運作方式，往往造成行政機關行政管理主義盛行、基層學校缺乏專業自主空間、學校行政組織偏向科層體制等缺失。為了培植學校教育改革的能量，近年來各先進國家傾向修正集權式的教育行政運作，走向分權分責的學校經營方式。

「學校本位管理」（school-based management，簡稱 SBM）便是一種分權化的管理實務。在此種管理實務之下，教育行政機關把作決定的最主要權力和績效責任，賦予各地方學校（Cross, 1988: 229; Guthrie, 1986: 306）。此種管理哲學相信：最適宜的教育改革單位，是單一的學校，有其校長、教師、家長、學生——這些人每天都生活在其中，作為改革的基本參與者。

Cross（1988: 229）指出全美各中小學實施學校本位管理，在廣度

和深度上有所不同。廣度係指管理功能被分權化的範圍或種類，例如
經費預算、課程、教師任免、教師進修、教師評鑑等傳統上屬於地方
學區的權責，如今可以下放至學校層級。深度則是指決策權責被分權
化所及的層次：例如有些學區規定只有校長可以獲得新賦予的決策
權，另有些學區則規定決策權必須普及教師，甚至由家長和社區人士
所共有。

學校本位管理之倡導者（如 Hanson, 1991; Koppich et al., 1990; Lindquist
& Muriel, 1989; Murphy, 1990），指出此種管理實務具有下述優點：(1)增
進每個學校對其顧客的獨特需求即時加以回應的能量；(2)藉著提升學
校教育人員對學校決策的擁有感，增進其工作動機、組織承諾和工作
滿足感；(3)藉由學校自行決定自己辦學的成敗，塑造其強烈的績效責
任意識；(4)縮短行政溝通路線和時程；(5)有助於學校提供強勢的教育
方案和提升學生學習表現。

學校本位管理並不是絕對完善的管理模式，它亦具有多項缺失，
例如容易造成教育行政組織結構的過於鬆散、教育行政目標不易達
成、各學校課程內容和方案品質容易流於不一致、教育行政機關教育
資源無法經濟有效地加以統籌使用等。然而 Cross（1988: 229）指出美
國曾採用此種管理實務的地方學區，實施結果發現利多於弊。

第三節　教育行政組織氣氛

壹　組織氣氛的意義

Lunenburg 與 Ornstein（2000: 73）認為組織氣氛係形容一個組織內
部整體環境的品質。Taguri（1968: 27）對於組織氣氛的定義是「組織內

部環境相當持久的特質，而能為組織成員所體驗，並能影響組織成員的行為，同時亦能以組織特性的價值加以描述」。林新發（1990: 77）則認為：學校組織氣氛是學校環境中，校長與教師，交互反應所形成的一種內在環境相當持久的特質，可透過成員的知覺加以描述。

茲綜合上述各學者的建議，為組織氣氛下一定義如下：組織氣氛是組織內部環境相當持久的特質或獨特風格；這種特質或風格是由組織成員交互反應所構成的，它不但能為組織成員所體會，並且能影響組織成員的行為，同時亦能以組織特性的價值加以描述。

貳 組織氣氛的有關理論

一、組織氣氛的描述架構

「描述架構」（description framework）主張學校組織氣氛乃是校長行為層面和教師行為層面相互影響的結果。由於四種校長行為層面和四種教師行為層面，以不同的型態結合，而產生六種類型的學校組織氣氛，而此六種類型的氣氛，從開放型到封閉型構成一連續體。

Halpin 與 Croft（1963）認為：校長所表現的行為，可以分成四個層面：(1)疏遠：指校長與教師經常維持某種程度之心理與生理的距離；(2)成果強調：指校長為達成學校教育目標，完成學校組織任務，而主動督導教師的程度；(3)以身作則：指校長以身示範、努力工作的程度；(4)關懷：指校長關懷及體恤教師的程度。至於教師所表現的行為，可以分成另四個層面：(1)隔閡：指教師們彼此間及對學校所保持的心理與生理距離；(2)阻礙：指教師在其與教學專業無關之文書及其他行政瑣務上所負責任的程度；(3)工作精神：係指教師的服務精神及活力的高低程度；(4)同事情誼：指教師彼此密切交往，相互信賴的程度。

　　根據組織氣氛描述架構的基本假定，一個學校的組織氣氛類型是校長與教師兩者之各四種行為層面交互影響而成的。經過交互作用後所形成的學校組織氣氛類型之中，有六種較為顯著，分別稱為開放型、自主型、控制型、親密型、管教型及封閉型。此六種類型係從開放型到封閉型構成一個連續體，而各種類型所具有的校長行為和教師行為特徵，則以圖 8-1 表示之。

　　Silver（1983: 188-189）指出組織氣氛描述的分類架構適用於學校氣氛的分類，同時很多實證研究也採取此一分類方式，但是此種分類方式在理論和實證上也存在著一些困難：其一為略嫌繁瑣；其二為有關開放型或封閉型的定義仍相當含糊，而且缺乏明確的理論依據。另外在實際操作上的層次上，研究者面對的困難是他們該採取獨立變數或連續變數的觀點來分析學校氣氛架構的內容。

校長行為					
低強調成果 低疏遠 高關懷 高以身作則	低強調成果 高疏遠 低關懷 中以身作則	高強調成果 高疏遠 低關懷 中以身作則	低強調成果 低疏遠 高關懷 中以身作則	高強調成果 低疏遠 高關懷 中以身作則	高強調成果 高疏遠 低關懷 中以身作則
開放型	自主型	控制型	親密型	管教型	封閉型
低阻礙 低隔閡 高同事情誼 高工作精神	低阻礙 低隔閡 高同事情誼 高工作精神	高阻礙 低隔閡 低同事情誼 高工作精神	低阻礙 高隔閡 高同事情誼 中工作精神	低阻礙 高隔閡 低同事情誼 低工作精神	高阻礙 高隔閡 中同事情誼 低工作精神
教師行為					

圖 8-1　學校氣氛為從開放到封閉的連續體

資料來源：Silver, P.（1983）. *Educational administration: Theoretical perspectives on practice and research*（p.187）. New York: Harper & Row.

二、組織氣氛的管理系統架構

「管理系統架構」（management system framework）是探討組織氣氛的另一種途徑，認為組織的特徵即是組織的氣氛，而組織的特性乃是組織內部功能實際運作情況的反映。組織的特性可從領導歷程、激勵力量、溝通歷程、交互影響歷程、決定歷程、目標訂定歷程及管制歷程等七種功能加以測量描述。

Likert（1967）從組織內部的七種功能之不同程度的狀況，加以綜合分析，可以得到四種管理系統的形式：那就是，系統一—「剝削—權威式」、系統二—「仁慈—權威式」、系統三—「商議式」及系統四—「參與式」。因此，每個系統均可以用組織的氣氛和領導的行為予以描述，亦即每種系統代表一種類型的組織氣氛。至於組織內部的功能（組織特徵）與管理系統的關係，可以圖 8-2 表示之。

上述四種管理系統實際上彼此只有程度上的差異，而無種類上的不同。系統一與系統四乃居於連續量尺上的兩端，彼此在七種內部功能的運作的程度上明顯地對立，系統二與系統三居中；系統二比較接近系統一，而系統三則較接近系統四。

管理系統架構不僅在描述組織的氣氛及分析組織的變因，而且尚在試圖建立組織氣氛與組織效能的關係。它主張系統四應在下列組織表現的測量標準有較佳的表現：⑴生產力（如獲利性、投資報酬、市場分享等）；⑵缺席率及人事異動率；⑶無謂的耗損與浪費；⑷品質管制。

由於系統四具有較佳的組織效能，所以管理者應努力使自己的管理系統趨向於系統四。至於革新管理系統的作法，Likert 與 Likert（1976）提供下列原則供參考：⑴以改變領導行為與領導結構來作為行動的焦點；⑵漸進地從系統一進步到系統二、系統三和系統四；⑶在計畫行動時，儘量使那些行動將受影響的成員參與行動的規劃；⑷在計畫行

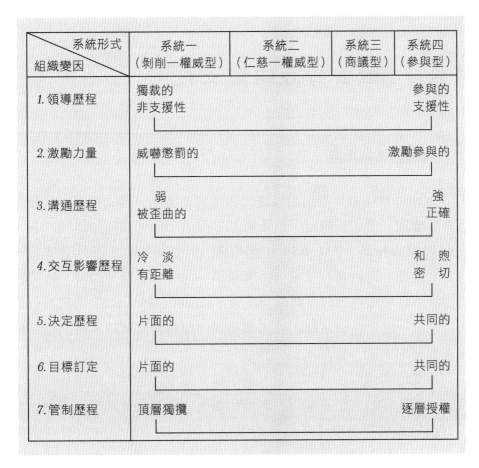

圖 8-2 組織特徵與管理系統之關係

資料來源：黃昆輝（1988）。**教育行政學**（頁 336）。臺北市：東華。

動時，引用客觀的、公正的證據；(5)儘量使那些具有權力的人士或居
於影響位置的成員帶頭行動，並且持續參與改革方案；(6)在支持性、
協助性的氣氛下，推動改革行動。

第四節　教育行政組織文化

壹　組織文化的定義

　　Ouchi（1981: 41）指出組織文化係一套象徵物、儀式和傳說，藉著這套象徵物、儀式和傳說，組織將基本價值和信仰傳輸給組織成員。Peter 與 Waterman（1982: 103）主張組織文化是一套具支配性且連貫性的共享價值，而這套共享價值藉著故事、傳說、傳奇、口號、軼聞和神仙故事等象徵性手段，傳輸給成員。Schein（1985a: 572）則認為組織文化乃某一團體在學習解決外部調適與內部整合問題時，所創造、發現或發展出來的一套基本假設模式。

　　本文作者綜合各家的說法，為組織文化下一定義：組織文化是組織成員所共享的一套基本假設前提和價值，以及由這套價值衍生而來的行為規範和行為期望。組織的價值不但可能被組織成員視為當然的，而且具有指導成員行為的作用。藉著故事、傳說、儀式、典禮等象徵性手段，組織將其價值傳輸給成員。

貳　組織文化的層次

　　要瞭解組織文化意義的另一個途徑是從各種不同層次分析組織文化（Schein, 1985b）。組織文化由三個部分所組成：(1)組織的基本假設前提；(2)組織的價值、規範和期望；(3)組織的人工器物和創造物。第一部分居於組織文化的最深層，第三部分居於組織文化的最表層，第二部分則居間。第一、二部分是組織文化的實質內容，第三部分則代

表組織文化的表達形式。

一、組織的基本假設前提

根據 Schein（1985b）的看法，組織的基本假設前提可分為五個類別，即組織與環境的關係、對真理的本質、人性的本質、人類活動的本質、人類關係的本質。每個類別又可各自分為二個或三個行為取向。在組織與環境的關係方面，成員相信人定勝天，或是相信人必須屈服於環境的壓力。在真理的本質方面，成員相信真理是來自權威人物的指示，或是來自個人經驗改造和重組的過程。在人性的本質方面，成員認為人性本善或是本惡，或是善惡混合。在人類活動的本質方面，成員認為人的活動是集體主義導向，或是個人主義導向。在人類關係的本質方面，成員認為人與人之間的關係應保持上下權威關係，或是左右平行關係。

二、組織的價值、規範與角色期望

組織的價值反映組織的基本假設前提。組織的基本假設前提係組織成員解決某種問題背後所根據的信念，組織的價值則強調了某種解決問題方式的正當性與可欲性。例如，若某一所學校的老師相信「教師間的合作總是可以提升教學效能」這個基本假設前提，則該所學校的老師應會認為「教師間的互助合作是很重要的」。

組織的價值決定了組織的規範。組織的價值是一個較抽象的概念，它表達了大多數組織成員所共同認為可欲的、正確的、好的事物；組織的規範則是由組織價值衍生而來的，較明確的行為法則（Vander Zanden, 1988: 65）。當組織的行為規範應用在某一個特定的情境時，組織的行為規範便成為組織的角色期望。例如，「老師應和同事們共同研究改進教材教法」是一學校規範，「資深的張老師應樂於指導新進的李老師改進教材教法」則是學校對張老師的一個角色期望。

三、組織的人工器物和創造物

組織文化的最可見的部分是它的人工器物和創造物。組織行為的研究者雖然無法直接觀察到組織的基本假設前提、價值、規範和期望，但是他可以從組織可見的、可觀察得到的人工器物和創造物加以判讀和推測。例如在一所強調教師間互助合作的學校，老師所使用的語言、老師間流傳的故事、老師辦公室的空間規劃和藝術品陳設，以及學校所採行的典禮和儀式，都很可能會流露出教師間互助合作的精神或氣氛。

參 組織文化的功能與反功能

Siehl 與 Martin（1987: 434-435）認為組織文化具有六個功能：(1)組織文化提供給成員一種對組織過去事件合理的解釋，因而便利了成員瞭解他們在未來類似事件中應有的表現；(2)當成員們能夠認同組織的價值信仰和管理哲學時，他們會認為他們為組織所做的努力是有意義的、有價值的；(3)組織文化使成員產生一種社區意識（a sense of community），組織成員所共享的價值觀念則成為社會化新進成員的利器；(4)組織文化劃定了組織的界限，成員會以文化特質的有無劃分內團體（in-groups）成員和外團體（out-groups）成員，組織對內團體成員的行為期望自然有別於其對外團體成員的期望；(5)組織文化具有控制成員行為，尤其是禁制成員不當行為的機制作用；(6)一個尊重人性的強勢組織文化，確能提升組織的生產力和獲利能力。

組織文化對成員的影響並不全然都是有利的，它最少有二種可能的不利影響。第一，每一個組織都可能會有衝突的次級文化（conflicting subcultures）之存在，次級文化的衝突則造成組織整合的困難及組織效能的減低。就以學校組織而言，為了增進學校管理的效率，學校成

立各處室，分別掌理教務、訓導、總務、輔導等工作。但是 Van Maanen
與 Barley（1985: 39-40）所言，各處室由於成員日常密切的互動，逐漸
發展出它們自己獨特的語言、規範、時間觀念以及對組織任務的觀
點。也就是說，學校專業分工的結果，造成了學校組織的分裂和學校
次級文化的繁殖。學校要協調整合各分裂的次級團體，必須付出一定
的成本，學校要整合具有衝突傾向的各次級團體，所付出的成本尤為
鉅大。

　　組織文化的第二個可能不利影響是，組織既有的文化傳統可能不
能適應新的組織環境。組織為了生存，常需要改變既有文化傳統。但
是誠如 Schein（1985b）所言，組織既有文化傳統往往根深蒂固，要改
變既有文化傳統，常遭遇極大的阻力。例如，某所中學的老師一向採
取傳統式的教學方法，並認為以傳統式的教學方法來準備學生升學考
試，可以無往而不利。在這種情況下，如果校長想要這些老師改採創
造思考教學法或是價值澄清法，以提升學生的創造思考能力和道德判
斷能力，可能是一件不太容易的事。

肆　組織如何創造、維持與改變組織文化

一、組織文化的創造

　　Hellriegel、Slocum 與 Woodman（1989: 305）認為組織文化的創造，
除了源於組織解決外部調適問題或內部整合問題的需要之外，尚可能
受到另外兩種因素的影響：第一，在組織的草創初期，組織的創立者
大抵能夠決定組織的文化，但在組織創立之後，組織的文化不但反映
了創立者的觀念和基本假設前提，而且也容納了其他組織成員的學習
經驗。第二，組織所在地的國家文化會影響該組織的文化。

二、組織文化的維持

　　一個組織既有的文化傳統固然會影響組織現行的運作方式，但是一個組織現行的運作方式也會反過頭來影響組織既有的文化傳統。Hellriegel 等人（1989: 307-310）指出下列六種領導實務，有助於領導者強化組織既有的文化價值：(1)領導者對某一組織事務的強調與評論；(2)領導者對組織重大事件或危機的反應方式；(3)領導者的角色示範、教導和訓練；(4)領導者在組織獎懲系統和社會地位系統上的設計；(5)領導者對選擇新成員、晉升成員和開除成員所採行的標準；(6)領導者採行的儀式和典禮。

三、組織文化的改變

　　上述六個組織領導實務可以用來強化組織文化，也可以用來改變組織文化。也就是說，領導者可以經由下列六個手段，來改變他認為已經不合時宜的組織文化：(1)改變組織過去所強調的事務；(2)改變組織的危機處理方式；(3)改變組織聘用成員和晉升成員所採行的標準；(4)改變組織的獎懲標準；(5)改變組織的典禮和儀式；(6)領導者的角色示範。例如說，一位想要改變組織保守作風的領導者，可以在公開及私下場合，一再強調創新觀念的重要性。同時，他可以以身作則，以新的方式，來處理組織的重大事件。他也可以聘用和晉升那些具有創新觀念的成員，並以成員創新作為的有無，來作為評鑑成員的標準。最後，他可以採用創新的儀式或典禮，來公開表揚成員的創新成就。

　　值得說明的是，要改變一個組織的文化，不是一件容易的事。Schein（1985b）認為組織文化是自然發展而來的，很難從中加以人為的改變。而且，組織文化具有長期穩定性，成員一旦接受了既有的文化傳統，往往視文化傳統為當然的、不可挑戰的，因此要成員放棄既有文化傳統，而改採其他文化價值與規範，常遭到成員的抵制。

伍 學習型組織的學校文化

「學習型組織」（learning organization）不僅是當代組織理論的重要概念，而且也在組織實務上，指引著教育組織追求長期的生存和成功（Fullan, 1993; Senge, 1990）。根據 Senge（1990: 3）的觀點，所謂「學習型組織」是指：「組織中人員能持續性擴展其創造真正所欲達成結果的能力，並在其中培育出新的而且具延展性的思考型態；組織中人員可自由地培塑出集體性的志向，並且持續地學習如何在一起學習。」

Senge（1990）在其所著《第五項修練》一書中，認為如果一個組織要認真地追求學習，那麼必須要遵循下列五項法則：(1)系統思考：要以整體的觀點來看出各部門彼此間係互相關聯、互相影響的；(2)改善心智模式：要去除習慣性的自我防衛，以開放的心胸去虛心接納別人的意見，去探尋真知，作最佳的決策；(3)團隊學習：學習的基本單位是團隊而不是個人，並且透過團隊合作，共同經營組織的成長與發展；(4)自我超越：強調透過學習，延續生命中的創造力，不斷地超越自我，來實現生命中真正想要達到的目標；(5)塑造共同願景：和組織成員分享一個在未來可共同達成的理想和遠景。

林明地（2003: 265-266）亦認為，對於學習型學校而言，成員持有、認同，甚至推動下列價值的可能性較高：(1)勇於試驗：冒險、持續改善、永不滿足於現狀的精神；(2)彼此信任：追求真誠的溝通；(3)彼此合作：擺脫個體分離主義，尋求協助他人的機會，並敢向他人求助；(4)對組織目標與願景承諾；(5)強調高度表現：所有學生與教職員都是學習者，宜持續提升表現水準；(6)專業互動：成員需在教學、課程、行政及其他事物上經常談論、對話、分享、觀察，並一起工作；(7)專業成長與發展：珍視機會，追求個人在專業上的成長，並投入於全校性的專業發展活動。

第五節 教育行政組織的原則

前面各節已經說明了組織、組織結構、組織氣氛、組織文化的有關理論。茲根據這些理論，提出教育行政組織的若干原則以供參酌。

一、發展適度的科層化

科層體制理論係一理想形式，衡諸實際教育組織，實無完全符合其科層特徵之機關、學校存在。惟教育行政人員如果能夠善用科層體制的特徵，並同時避免其副作用，當可提升教育組織的效能。至於如何善用科層體制的特徵，謝文全（1989: 187-232）曾提出下列建議：(1)劃分部門實施專業分工；(2)作適度階層分化實施層級節制；(3)制定法規作為行事的基準；(4)依情境作適度的分權；(5)組織用人應才德兼顧；(6)適當保障成員的任期與安定；(7)建立書面檔案制度。

二、組織結構宜採用「整合的組織模式」

Jerald Hage 在其組織結構的「不證自明理論」中，曾提出「機械組織」與「有機組織」這兩種理想形式。黃昆輝（1988: 201-202）指出「機械組織」注重生產力，而「有機組織」則特別強調適應力。前者既然特重生產力，勢必亦看重集中化、正式化、階層化及效率；相反地，後者因為凸顯適應力，其亦勢必重視複雜化及工作滿足感。這是兩個極端，不論採取其中任何一種組織模式，都會問題重重。因為如採生產力高的機械模式，其適應力低，且工作精神不易保持；但是如果採適應力高的有機模式，則其生產力低，成本亦高。教育行政人員面臨此種兩難困境時，宜採平衡的策略，將這兩種組織模式加以整

合，也就是採取「整合組織」模式，方能契合學校組織的特性。

Hoy 與 Miskel（1987: 131）指出「整合組織」在四個「結構性變因」上具有下列特性：高度的複雜化、中度的集中化和正式化、低度的階層化。此外，在四個「功能性變因」上則具有下列特性：高度的適應力和工作滿足感、中度的生產力和效率。換言之，「整合組織」一方面企圖保持「有機組織」在適應力及工作滿足感上的優勢，另方面努力挽回「機械組織」在生產力及效率上的長處。

三、依組織策略來設計較適宜的組織結構

一般而言，教育行政組織固宜採行整合組織，但仍需依組織的策略來作較佳的選擇。謝文全（1989: 183）便認為，如果組織所處理的工作，是屬於例行性的，或可以預知的，則較適宜採機械組織；反之，如果組織所處理的工作，是不能預知的，或不是例行性的，而是強調創新與冒險的，則較適於採用有機組織。依據 Mintzberg 與 Quinn（1995）的策略結構理論，在一個非常小型的教育組織裡，適合簡單結構；在一個穩定而大型的組織裡，可以採行機械科層體制；在現代的學校社會裡，為了符應教師專業自主的潮流，較適合專業科層體制；如果教育組織內有更明確的部門劃分必要，可以採行部門形式；但是如果為了要革新或者適應快速變遷的環境，則可採任務編制式。這種強調最佳的組織結構，應依情境或者策略而有所不同，便是組織結構權變理論的精義所在。

四、體認學校乃一「鬆散結合的系統」

「鬆散結合系統理論」告訴我們：在學校機構裡，事件與事件彼此間是互相回應的，但每一個事件又保有自己的主體性。同樣的，學校成員之間，雖然彼此也是互相關聯的，但成員卻保持自己一定的身分與獨立自主性。

有鑑於此，Weick（1982）認為在一個鬆散結合的學校系統中，一位成功的學校行政人員必須不斷地以學校成員所共享的願景、價值、信念、規範與語言，來結合學校成員。如此，一方面學校成員間的關係不會太過於鬆散，另一方面學校成員也才會有共同的努力方向。除此之外，學校行政人員也必須運用社會化（socialization）與再社會化（resocialization）的歷程，來培養系統成員所具有的共同價值與信念。

五、善用學校本位管理實務

現代的社會變化多端，是一個講究民主放、開放化、多元化、自由化的時代。集權式的教育行政運作，較難適合當前社會的需要，而且造成中小學長期以來缺乏教育改革的能量。有鑑於此，我國目前有必要修正集權式的教育行政運作，逐步改採分權的方式，從傳統「以教育行政機關為中心的管理」走向「學校本位的管理」，讓學校有更多的人事、預算和課程決定權，來落實教育行政機關的政策與方針。例如，讓學校有更多聘用教職員的權責。此外，學校可以在分配到的年度預算總額內，配合年度工作計畫，自由決定如何支配使用。

其次，教育行政機構宜鼓勵各校成立「校務發展小組」或「學校審議會」。在校長領導下，進行學校現況與問題的評估工作，然後再依評估結果，審慎制定一套改進學校辦學效能的短、中、長程計畫，計畫中應包含具體可達成的目標、將來實施後的評鑑標準、具體的實施步驟、完成各項步驟的時間表。計畫完成後，委由學校行政部門負責推動執行。執行過程，由小組或審議會負責加以監督和評鑑。

六、發展開放的組織氣氛

「組織氣氛描述架構」指出：開放的組織氣氛有助於組織的和諧團結，亦與行政的績效及教學的效果有關。因此，如何發展和諧開放的組織氣氛，係行政人員責無旁貸的任務。黃昆輝（1988: 343-344）認

為欲發展開放的組織氣氛，可以分積極與消極兩方面同時進行。在積極方面，行政主管的行為，應能以身作則，熱心服務，精力充沛，任事負責，這樣才能帶動風氣；其次，行政主管要能關懷並體恤部屬的辛勞及生活，並不斷地給予適切的激勵。在消極方面，與部屬或教師避免保持心理的距離，與其保持疏遠的關係，即不易對其產生必要的影響。對教師而言，宜儘量消除影響其教學工作的行政阻礙，而且亦應避免不信任及過嚴的行政監督。

七、採取參與式的行政管理

依據「組織氣氛管理系統架構」之看法，教育行政人員如果在作決定的過程中，有讓組織成員參與的機會，則可以一方面使成員對決定內容有深入瞭解，產生了認同與支持；另方面可滿足成員的尊榮感及成就感需求，並有助於組織氣氛的改善。

至於如何增加成員參與決定之機會，可分下列四點加以說明：(1)利用各種會議，鼓勵成員充分發表意見，並以民主方式作決定；(2)建立提案制度，鼓勵成員就組織所欲解決之問題，提出意見或構想，由組織採擇施行，並給予提案者適當的獎勵；(3)用問卷實施成員意見調查；(4)設立意見箱、意見橋等溝通管道，以廣納成員的各項建議。

惟教育行政人員在邀請成員參與決定時，要考慮成員對決定的關心程度及成員的決定能力：如成員對某項問題（如改進文書收發程序）覺得與本身職責毫無相關，又自認對此問題並無認識，在這種情況下，行政人員不應勉強成員參與決定。因此，參與決定的對象的選擇，應限於對該決定有關係者或對該決定品質的提升有貢獻者。

八、塑造學習型組織之學校文化

現代的學校應該是一所「學習型學校」（learning school），因為唯有在學習型學校裡，學校成員才能持續不斷的學習，以及運用系統

思考從事各種不同的行動研究和問題解決，進而增強成員個人的知識和經驗，以及改變整個學校的組織行為，以強化學校組織變革和創新的能力。如果學校組織變革和創新的能力愈強，則就愈能適應變遷極為迅速的現代社會。

為了塑造學習型組織之學校文化，Barth（1990）建議校長可以採行的行為包括：⑴實施在職進修：瞭解同儕專業互享學習的概念與實際；⑵進行腦力激盪：練習彼此合作方式；⑶協助分享教學經驗：建立互享學習氣氛；⑷安排一起設計教材教具：分享教學知識與實際；⑸安排參觀彼此教學：觀摩學習優缺點，提供回饋；⑹組織協同教學：增進教學專業；⑺鼓勵與增強：增強學習的價值；⑻評估學校的同儕專業互享氣氛：瞭解現況，分析潛在問題。

在學習型學校裡，教師宜同時扮演三種角色，即終身學習者、同儕輔導者以及行動研究者。作為終身學習者，教師的成長與學習除了經由自我學習外，更可以經由同儕合作的學習歷程。作為同儕輔導者，教師們宜形成合作的、團隊的情誼，共同計畫教學，相互觀察、討論，並彼此回饋，彼此開放，願意被質疑，並且檢討或改變自己的教學決定。作為行動研究者，教師們宜有系統地思考問題，蒐集資料，分析問題，提出改革方案，加以實施之後，再仔細評估改革方案的成效。近年來，行動研究已經成為教師專業成長、課程發展和教育革新的重要手段之一。

第六節 案例分析與討論

壹 案例一：創業維艱，守成不易

　　青山國小是一所新設的小學，校地雖然不大，但因依山傍水，校園景色相當優美。因為學校建校的經費是一次撥下，所以雖然是一所創立未滿四年的新學校，卻沒有一般新學校分期施工所顯現的雜亂不堪景象。校園依山而建，花木扶疏，屋舍儼然，尤其是中庭的蓮花池以及涼亭，更是師生流連忘返之所。不論是學生和老師都很喜歡這樣一個桃花源般的學習環境。

　　由於學校新，老師也很年輕——平均年齡只有27歲。校長最老，但也只是37歲而已。由於年輕，大家都顯得朝氣蓬勃，合作無間。校長是個凡事躬親、以身作則的人，單是看他也和教務主任排一樣多的課（其實在這種規模的學校，校長可以不排課），就令全校同仁心服口服。教師們對教學工作相當克盡職責，主任們也都秉持著「行政支援教學」的精神，所以教師和行政同仁間相處得相當融洽和諧。

　　然而好景不常，最近各處室的組長們為了工作的分派，公開的發生過幾次爭執。先是主計為了事務組買東西沒先辦請購手續，認為受到輕視而拒不付款，最後只好由廠商鬧到校長室要錢。其次，為了學校日到底應該由誰負責主辦，教務主任、訓導主任、輔導主任大家互相踢皮球。鬧得最凶的一次是為了籌辦資源班，教學組、輔導組、資料組、設備組和訓育組，在晨會的公開場合上拍桌大罵。

　　本來創校之初，各處室業務彼此支援，誰也沒埋怨過，等校務漸漸穩定之後，竟變成事權劃分不清。明明應該是訓導處要做的工作，

卻循往例變成了教務處，久而久之，有些人覺得不公平，要丟掉沈重的歷史包袱；另有些人卻覺得要尊重往例，不必做太多的改變。校長並沒有積極介入各處室日益增多的紛爭，他一向喜歡用民主表決的方式解決問題，使得各處室、各組無不盡力拉攏各學年的老師，以便在表決時人多勢眾。眼看著各處室山頭林立，青山國小的天空籠罩著一片烏雲……。

問題討論

一、青山國小的組織結構有什麼特徵？

二、為什麼一所新學校在建校之初成員能和諧共事，卻在校務漸趨穩定之後，工作關係生變？

三、如果你是該校校長，你會如何處理各處室、各組之間的紛爭？

貳 案例二：她該怎麼辦？

松柏國小是一所建校百年的老店，學校的規模曾經大到六、七十班，因為地處老社區，附近居民年輕人口外移嚴重，加上近年來辦學口碑不佳，家長紛紛將戶籍遷往鄰近的學區，由於學生人口流失，現在只剩下二十班，而且還在陸續減班中。

由於交通便利，附近居家環境優良，加上以往同事們人情味濃厚，老師們自從到校服務後，大多做到退休為止。不過，老師的年齡卻嚴重老化，平均年齡超過五十歲。由於近幾年從未聘新老師，這裡幾乎成了年輕老師的禁地。

張校長是近六年來的第四任校長，前三任都是在未屆齡的情況下，由於帶不動老師而自動申請退休。張校長是個四十來歲，有朝氣、有活力的初任女校長。調任到校之前，雖也曾耳聞治校的艱難，

但在教育局長官的勉勵和期許下，接下了推動學校改革的重責大任。眼見要領導這群比自己年長的老師：守舊、保守、追求傳統、自以為德高望重的老師們，她該怎麼辦？

此外，另一令人擔心的是，學校老師們和社區家長有相當的隔閡。學校老師們認為孩子們難教，和社區家長對教育的冷漠和不支持有相當的關係。而有些家長們卻不信任老師的教學，認為老師教法陳舊；另有些家長則對部分老師動輒處罰學童的作法，強烈不滿，揚言要換老師或者轉班，否則就轉校。

學校行政人員與老師之間，以及各處室之間的關係亦不樂觀。校內各處室權責劃分不清，派系分明，連人事與主計亦都各有所屬。教師在晨會上公然與行政人員互相攻擊，彼此抵制，不是砲聲隆隆，就是拍桌怒罵，亦是不爭的事實。張校長初來乍到，可能還不知道，加上是初任，處理經驗不足，她要怎麼辦？

問題討論

一、松柏國小的組織文化是什麼？形成的原因為何？

二、如果你是張校長，你會如何改變學校的文化？

三、如果你是張校長，你會如何推動學校的革新工作？

中文部分

王如哲、林明地、張志明、黃乃熒、揚振昇（1999）。**教育行政**。高雄市：麗文。

林明地（2002）。**學校領導：理念與校長專業生涯**。臺北市：高等教育。

林新發（1990）。**我國工業專科學校校長領導行為組織氣氛與組織績效關係之研究**。國立臺灣師範大學教育研究所博士論文。未出版。

吳清基（1989）。**教育與行政**。臺北市：師大書苑。

黃昆輝（1988）。**教育行政學**。臺北市：東華。

謝文全（1989）。**教育行政──理論與實務**。臺北市：文景。

謝文全、林新發、張德銳、張明輝（1995）。**教育行政學**。臺北市：國立空中大學。

英文部分

Barth, R. S.（1990）. *Improving schools from within: Teachers, parents, and principals can make the difference.* San Francisco, CA: Jossey-Bass .

Blau, P. A. & Scott, W. R.（1962）. *Formal organization: A comparative approach.* San Franscisco: Chandler.

Chandler, A. D.（1962）. *Strategy and structure.* Cambridge, MA: MIT Press.

Cross, R.（1988）. School-based management. In R. A. Gorton, G. T. Schneider, & J. C. Fisher（Eds.）, *Encyclopedia of school administration & supervision*（pp. 229-230）. Phoenix: Oryx Press.

Etzioni, A.（1969）. A basis for comparative analysis of complex organizations. In A. Etzioni（Ed.）, *A sociology reader on complex organizations*（2nd ed.）（pp. 59-76）. New York: Holt, Rinehart and Winston.

Fullan, M.（1993）. *Change forces: Probing the depths of educational reform.* London:

Falmer Press.

Guthrie, J. W.（1986）. School-based management: The next needed education reform. *Phi Delta Kappan, 68*（4）, 305-309.

Hage, J.（1965）. An axiomatic theory of organizations. *Administrative Science Quarterly, 10,* 289-320.

Halpin, A. W. & Croft, D. B.（1963）. *The organizational climate of schools.* Chicago: University of Chicago.

Hanson, E. M.（1991）. *Educational administration and organizational behavior*（3rd ed.）. Boston: Allyn and Bacon.

Hellriegel, D., Slocum, J. W., & Woodman, R. W.（1989）. *Organizational behavior*（5th ed.）. New York: West .

Hoy, W. K. & Miskel, C. G.（1987）. *Educational administration: Theory, research, and practice*（3rd ed.）. New York: Random House.

Hoy, W. K. & Miskel, C. G.（2001）. *Educational administration: Theory, research, and practice*（6th ed.）. New York: McGraw-Hill.

Koppich, J. E., Brown, P., & Amsler, M.（1990）. *Redefining teacher work roles: Prospects and possibilities.*（From Eric Document Reproduction Service. No. ED. 326930）

Likert, R.（1967）. *The human organization: Its management and value.* New York: McGraw-Hill.

Likert, R. & Likert, J. G.（1976）. *New ways of managing conflict.* New York: McGraw-Hill Book Company.

Lindquist, K. M. & Muriel, J. J.（1989）. School-based management: Doomed to failure? *Education and Urban Society, 21*（4）, 403-416.

Lunenburg, F. C. & Ornstein, A. C.（2000）. *Educational administration: Concepts and practices*（3rd ed.）. Belmont, CA: Wadsworth Publishing Company.

Meyer, J. W. & Rowan, B.（1983）. The structure of educational organizations. In J. W. Meyer & W. R. Scott（Eds.）, *Organizational environments: Ritual and Rationality.* Beverly Hills, CA: Sage .

Mintzberg, H. & Quinn, J. B.（1995）. *The strategy process: Concepts, contexts, and cases*（3rd ed.）. Paramus, NJ: Prentice-Hall.

Murphy, J.（1990）. The education reform movement of the 1980s: A comprehensive analysis. In J. Murphy（Ed.）, *The reform of American Public Education in the 1980s: Perspectives and Cases.* Berkeley, California: McCutchan.

Ouchi, W.（1981）. *Theory Z.* Reading, MA: Addison-Wesley.

Owens, R. G.（1991）. *Organizational behavior in education*（4th ed.）. Englewood Cliffs, New Jersey: Prentice-Hall.

Parsons, T.（1960）. *Structure and process in modern society.* New York: The Free Press.

Peters, T. J. & Waterman, R. H.（1982）. *In search of excellence: Lessons from America's best-run companies.* New York: Harper & Row.

Schein, E. H.（1985a, Summer）. The role of the founder in creating organizational culture. *Organizational Dynamics,* 13-28.

Schein, E. H.（1985b）. *Organizational culture and leadership.* San Francisco, CA: Jossey-Bass.

Senge, P.（1990）. *The fifth dimension: The art and practice of the learning organization.* New York: Doubleday.

Siehl, C. & Martin, J.（1987）. The role of symbolic management: How can managers effectively transmit organizational culture? In J. M. Schafritz & J. S. Ott（Eds.）, *Classic of organizational theory*（pp. 433-455）. Chicago, IL: The Dorsey Press.

Silver, P.（1983）. *Educational administration: Theoretical perspectives on practice and research.* New York: Harper & Row.

Stoner, J. A. F. & Freeman, R. E.（1989）. *Management*（4th ed.）. Englewood Cliffs, NJ: Prentice-Hall.

Taguri, R.（1968）. The concept of organizational climate. In R. Taguri & G. H. Litwin,（Eds.）, *Organizational climate: Explorations of a concept.* Cambridge, MA: Division of Research, Graduate School of Business Administration, Harvard University.

Van Maanen, J. & Barley, S. R.（1985）. Cultural organizations: Fragments of a theory. In P. J. Frost, L. F. Moore, M. R. Louis, C. C. Lundberg & J. Martin（Eds.）, *Or-*

ganizational culture（pp. 31-54）. Beverly Hills, CA: Sage.

Vander Zanden, J. W.（1988）. *The social experience: An introduction to sociology.* New York: Random House.

Weber, M.（1947）. *The theory of social and economic organization.* New York: Oxford University Press.

Weick, K. E.（1976）. Educational organizations as loosely coupled systems. *Administrative Science Quarterly, 21*（1）, 1-19.

Weick, K. E.（1982）. Administering education in loosely coupled schools. *Phi Delta Kappan, 63*（10）, 673-676.

第九章

教育組織變革

　　組織變革是管理學及行政學的重要概念,也是工商企業界、政府單位以及學校組織,近年來積極追求的主要目標之一(吳清山、林天祐,2003:130)。而教育組織變革,則直接或間接影響教育組織的經營成效,亦為教育組織近年來所關注的焦點所在。

　　本章共分五節,分別析述教育組織變革的基本概念;教育組織變革的類型與模式;教育組織變革的相關理論;提升教育組織變革績效的相關策略;以及教育組織變革的案例。

第一節 教育組織變革的基本概念

　　本節首先析述教育組織變革的意義,其次,分析教育組織變革的原因;再次,則探究教育組織變革的內涵。茲分述如下:

壹 教育組織變革的意義

一、變革的意義

　　「變革」(change)一詞,具有改變、變化、變更、變遷、興革和革新等涵義。從字義而言,變革係指事務變得不同,也許變得更好,也許變得更壞。但是如果沒有變革,組織就不可能有所改進(張清濱,1997;Robbins, 2003)。

　　吳定(1984)亦指出,就變革本身的意義而言,變革是由一種狀態轉變為另一種狀態的自然改變,其改變的可能性並不只是積極正向的改變,也包括負向或非計畫性、非預期性的改變。

　　秦夢群(1998)則認為變革與「革新」(innovation)的概念相似,

主張將「change」譯成「興革」。

由上所述,可見變革的意義甚多,並具有中性的意涵,包括正向與負向、計畫性與非計畫性的改變。

二、變革的相關概念

除了前述有關變革的譯名及意涵外,事實上仍有許多名詞,如革新、再造、發展等和變革有關,茲分述如下:

㈠革新

革新(innovation)係指有計畫、謹慎及具體的變革,此種變革的目的在於協助組織更有效地達成既定的目標。秦夢群(1998)即指出,一般所謂的組織變革(change)並不意味有組織的革新(innovation),但教育組織變革則是關注如何經由有計畫的設計,促使組織更加具有效率的變革。

㈡再造

再造(reinvention)與其他兩個英文名詞restructure和redesign係相通,係指透過組織設計原則的重新思考,以及重新檢視組織目的、組織運作、組織結構等根本問題,來進行組織的重組(reorganize)、重構(restructure)、作業的重整(reengineer)和重新設計(redesign),以適應外在環境的變遷(呂生源,2000;林海清,2000;Hammer & Champy, 1994)。而教育組織變革,亦有透過組織再造的途徑,以提升其組織績效。

㈢發展

發展(development)係一種長期、持續、系統的計畫性變革,組織發展(organizational development)係考量組織內外整體環境,而以系統性思考的方式進行計畫,進而實施變革,並且是長期持續的改進且

無終止的計畫變革（林偉人，1997；吳清基等，1990）。因此，組織發展亦是另一型態的組織變革。

三、組織變革的意義

當組織內外在因素對組織的現狀造成影響時，便會對組織形成一股推或拉的力量，造成組織內部的緊張與不穩定。當緊張與不穩定的狀態超過某一限度時，將會造成組織的瓦解；而為消除過度緊張與不穩定的狀態，組織本身必須進行調整，直到緊張或不穩定的狀態獲得舒緩（吳清山、林天祐，2003）。

吳秉恩（1993）則指出，組織變革係指組織為加強提升組織文化及組織成員能力，以適應環境變化維持均衡，進而達到生存與發展目標的調整過程。

黃仲銘等人（2000）亦指出，組織為因應未來或已遭遇之內外部的變遷，所採取各層面或單方面的調適措施，其目的在延續或加強組織的競爭力與新型態組織文化的建立。

張慶勳（2002）則強調「組織變革」係組織受其內外在因素影響後，在有計畫性或非計畫性之下，從事組織個人、團體或組織相關層面的改變。

George 和 Jones 於 2002 年亦將組織變革界定為：一個組織從目前狀態朝向未來可欲的狀態，以增加組織效能（引自吳清山，2003：5）

綜上所述，組織變革係組織受到組織內外在因素影響之後，採取有計畫性或非計畫性以及整體或局部調整的過程，而組織變革亦為組織從「穩定狀態」變成「不穩定狀態」再轉成「穩定狀態」的過程。其目的在延續或加強組織的競爭力或更新組織文化，以促進組織持續的生存與發展。

四、教育組織變革的意義

教育組織亦為組織的一種，任何發生於其他組織的變革亦可能發生在教育組織之中。廣義而言，教育組織包括教育行政組織及學校組織，因此，教育組織變革亦可區分為教育行政組織變革及學校組織變革。同時，教育組織變革亦有教育組織更新與進步之意涵。

此外，如採取變革的整合系統觀，教育組織變革則應考量教育人員、教育組織結構、內部工作流程、組織氣氛與文化等的變革；而其變革的影響因素，則包括：政治、經濟、文化、教育歷史背景、社會趨勢、教育行政體制與政策、教育法令等教育組織外部因素，及領導理念與風格、組織成員互動、組織文化、組織所在地及組織規模等內部因素（林明地，2002：226）。

綜言之，教育組織變革係指教育組織受到外在環境的衝擊，並考量內在環境的需求，有計畫地從事組織中有關個人、團體或組織層面的改變，以維持組織系統的均衡，進而達到教育組織生存與發展目的之過程。

貳 教育組織變革的原因

茲分就企業組織、教育行政組織及學校組織變革的原因，析述如下：

一、企業組織變革的原因

Robbins（2003）曾將組織變革的原因歸納如下：

1. 勞動力結構：例如引進外勞後，勞工人力結構的多元化、專業人員在人力結構中的增加，以及新進員工不瞭解基本生產技術等。
2. 科技影響：諸如電腦的應用、實施全面品質管理等。

3. 經濟衝擊：包括經濟衰退、石油價格波動等。

4. 競爭力：例如全球化競爭、企業合併趨勢，以及電子商務的成長等。

5. 社會因素：例如對抽煙者態度的改變，以及年輕人普遍晚婚等。

6. 國際趨勢：例如蘇聯解體、中共市場開放，以及黑人統治南非等。

Heller 則指出，組織變革的原因如下（陳海鳴，1998）：

1. 社會因素：社會、政治與人口結構的改變，帶領消費市場的巨幅波動，並改變消費者的要求及其他經濟活動的型態。

2. 經濟因素：市場和資金的快速變動，競爭方式的改變等。

3. 科技因素：資訊科技（information technology）的革新，對管理、製造、服務、採購及銷售等方式所產生的影響。

陳海鳴（1998）亦分析企業組織變革的外在原因及內在原因，茲析述如下：

(一)外在因素

1. 產品市場的變動：由於消費者消費習慣的改變、競爭廠商數量的增加，以及產品本身或服務水準的落後等。

2. 人力資源的消長：包括勞動人口供不應求或勞工成本增加，而促使生產走向自動化；而自動化程度增加後，自然影響組織內人力資源的變化。

3. 科技水準的進步：由於科技的引進，使企業中許多工作職位變得單調或遭到淘汰；另外，也使一些職位充滿挑戰，並增加許多新的工作職位。

4. 社會文化的變遷：近年來社會多元化的發展，個人對特定組織的忠誠度降低，且其人生目標和價值觀念亦不斷改變。而整合不同價值觀的成員也是組織變革的重要工作。

5. 國際化的影響：由於外貿活動的增加，國際資金的交流，引導許多組織朝向國際化及自由化而發展，未來組織必須因應外在環境變化而進行必要的調整。

㈡內在因素

1. 人力素質改變的影響：管理者面臨新的勞動人口，必須要有新的管理方法及作風，組織結構與管理技術也應適當的調整。

2. 工作滿足轉變的影響：高素質工作人員已明顯表現出其慾望需求層次的提升，逐漸追求工作的自主性、決策參與權、升遷機會、自由表現、自我實現等層面的工作滿足。因此，組織應能設計出一套能平衡內在滿足和外在滿足的酬償系統。

綜上所述，企業組織變革的原因可區分為外在因素與內在因素，外在因素涵蓋政治、經濟、社會、文化等相關因素；而內在因素則包括組織結構、人員及工作流程等因素。

二、教育行政組織變革的原因

教育行政組織為組織的一種，其組織變革原因除與前述企業組織變革的原因類似外，教育行政組織尚有下列各項原因：

㈠教育改革

教育改革往往帶動教育組織的變革，教育行政機關為因應教育改革需求，均會採取各項因應策略。例如：中央教育行政措施的鬆綁，賦予地方及學校更多彈性；成立新的教育行政業務單位或學校等。

㈡組織再造

為精簡人力或經費而實施組織再造，亦為教育組織變革的原因之一。例如，英國首相布萊爾在大選獲勝成立新政府後，於 2001 年 6 月 8 日宣布將英國「教育與就業部」（Department for Education and Employment, DfEE）及「社會安全部」（Department of Social Security, DfSS）兩部會加以整合，進行組織再造；「教育與就業部」更名為「教育與技術部」（Department for Education and Skill, DfES）（張明輝，2001）。

(三)教育實驗

教育行政機關為推動教育實驗計畫或方案，亦會影響教育組織變革。例如，為推動建立學生輔導新體制——教學、訓導、輔導三合一整合實驗方案，教育部即選擇中小學試辦學校，調整學校訓導處之行政組織及人員編制，兼具輔導學生之初級預防服務功能；調整學校輔導室（學生輔導中心）之行政組織及人員編制，加強各級心理輔導及諮詢服務工作；另為配合教訓輔行政組織之整合，以及輔導網絡之建立，調整行政組織及人員編制，以提升全校行政運作功能（教育部訓委會，2003）。

(四)教育法令

教育法令的訂定或修正，亦影響學校組織的變革。以臺灣地區學校組織為例，民國八十四年教師法公布實施之後，各級學校均得設置「學校教師會」及「教師評審委員會」，即屬於因為教育法令的公布或修正而影響組織變革。

因此，教育行政組織變革的原因除一般性組織變革原因外，尚包括：教育改革、組織再造、教育實驗及教育法令等，足見其變革的原因相當多元，而其對教育行政組織變革的影響亦十分深遠。

三、學校組織變革的原因

學校組織變革的原因，除了受到上述教育改革、組織再造、教育實驗及教育法令等因素的影響外，吳清山（2003）指出學校組織變革的原因，可有下列各項：

1. 外在原因：包括政治的改變、政權的更迭、經濟的改變、科技

的改變、教育法令的改變、教育市場的改變及教育資源的有限
等。

2. 內在原因：包括學校人員結構、教學方法、教學題材、行政結
構、學校氣氛及學校目標的改變。

其他相關學者亦有將學校組織變革的原因分為外部環境因素及內
部環境因素者（杜歧旺，2001；林郁絲，2001；張德銳，1994；張慶勳，
1996）：

1. 外部環境因素：包括政治、經濟、文化、社會發展趨勢、教育
改革、教育法案、學校外在壓力、教育事件及新興理論與技術
等。

2. 內部環境因素：包括學校內部壓力、學校領導者的領導風格、
學校組織文化、學校組織特性及學校組織成員等因素。

可見，學校組織的生存與發展，受到學校組織外部及內部環境因
素的影響，為因應此種多元因素的變動與交互影響，學校組織必須加
以面對並且推動組織的變革。另一方面，學校組織成員亦須確實掌握
這些相關影響因素，針對學校組織可能的變革方向及趨勢做好因應的
準備。

參 教育組織變革的內涵

一、組織變革的內涵

陳光榮（2002）指出，組織變革的內涵基本上可區分為三類：

1. 組織結構的變革：係透過正式工作結構及職權關係的改變，而
試圖改善組織績效的管理行為。最常見的組織結構變革即成立
團隊組織，並經由問題解決方案的實施增進組織成員間彼此的
熟悉與信任。

2. 人員的變革：係指員工態度、技能及知識基礎的改變，其目的
　為提升人員的生產力，並與他人協同一致完成組織所分派的工
　作。

3. 技術的變革：係指將資源變成產品或服務的新方法之應用，包
　括生產作業自動化、電腦化，以及因為電腦化和自動化所帶動
　的工作重新設計與管理問題等。

Robbins（2003）亦指出，企業組織變革的內涵包括下列各項：

1. 人員的變革：藉由人員的改變，如更換管理階層的人員或提升
　人員素質等。

2. 技術的變革：如引進辦公室自動化設備，及同事間通訊聯絡的
　工具等。

3. 策略的變革：如重新定位行銷策略或行銷市場等。

4. 流程的變革：即將工作流程或創造附加價值的流程加以改變。

5. 結構的變革：如裁撤部門或將非核心業務外包等。

此外，Damanpour（1991）則將組織變革的內涵區分為：

1. 關係變項：包括特別化、專業性、管理者的態度、技術資源、
　管理者之任期和資源的充裕性等六項。

2. 內容變項：包括功能差異性、正式化、集中化、管理強度及垂
　直差異性等五項。

3. 程序變項：包括內部溝通及外部溝通等兩項程序。

　綜上所述，組織變革的內涵應可涵蓋組織結構、組織人員、組織
技術、組織策略以及組織流程等主要內容。

二、教育組織變革的內涵

㈠教育行政組織

Mckinney 和 Garrison 於 1994 年曾指出，後現代教育行政組織管理

模式的四種管理再造理念，包括：⑴在特定的情境下集體作決定；⑵透過集體參與以解決問題；⑶參與者能依共同興趣自由溝通；⑷整體組織成員參與未來的決定（Hoy & Miskel, 1996）。

因此，教育組織變革的內涵，就教育行政機關而言，首先為因應新增業務而增加部門及人員；其次，則是採用電腦資訊設備後，導致作業流程的改變及人員工作技術的改變；再者，由於組織結構和技術的改變，進而影響人員工作習慣亦隨之改變。

另一方面，隨著政治及社會的變遷與發展，教育行政人員的理念與工作態度，亦由監督管控轉變為協助與服務，並帶動教育行政機關組織文化的變革，不再具有濃厚的科層色彩。

㈡學校組織

林明地（2002: 226）指出，欲瞭解學校組織變革的內涵，必須採取整全的系統觀，同時考量個體、整體學校結構、教與學的工作流程、政治與行政脈絡、廣泛的學校氣氛與文化，以及這些層面的彼此互動。

然而，針對學校組織的變革，其內涵應可包括（李明堂，2002；張明輝，1997）：

1. 組織結構的改變：教師法公布實施之後，中小學成立「學校教師會」及設置「教評會」，更由於「家長會」功能的強化及家長積極參與校務的趨勢，使得學校組織結構產生實質的變革，成為學校行政部門、教師會及家長會三足鼎立的互動結構。
2. 工作程序的改變：由於學校行政作業流程的重新設計，增進組織間及成員間的溝通機會，其工作方式趨於合作，工作態度也轉為主動積極。
3. 組織文化的改變：學校組織變革尚影響組織成員的思考模式、權力分配、價值觀及管理制度等組織文化內涵的變革。

4.權力運作的轉化：由於學校組織變革強調授權、團隊合作及多元參與，使得學校組織的權力重新分配與調整，亦為組織變革的內涵之一。

5.資訊科技的融入：諸如辦公室自動化、建立學校與社區的合作關係、運用網路及電子佈告欄增進與師生和家長的溝通等，則是以資訊科技促動學校組織的變革。

吳清山（2003）則認為，學校組織變革的內涵可包括下列四個範疇：

1.行政與組織變革：學校變革通常涉及管理方式的改變、組織結構的調整，也涉及權力的轉移，其變革乃為了提升行政效率。

2.課程與教學變革：課程必須隨著社會發展而不斷更新，教學亦是如此；課程與教學都是學校教育的重心，為提供學生有效學習，變革是必要的。

3.規章與制度變革：法治社會依法行政成為施政的重要準則，學校組織變革都會涉及管理方式的改變，而這些變革是為了符應社會發展、教育潮流和民眾需求。

4.觀念與文化變革：學校組織變革除了有形的變革外，無形的觀念與文化的變革亦相當重要，亦為學校組織變革不可或缺的一部分。

總之，學校組織變革的內涵，包括行政與組織、課程與教學、規章與制度以及觀念與文化的變革等。而未來學校組織變革將形成學校行政部門、教師會及家長會相互支援及制衡的組織架構，學校行政過程將朝向參與決定及行政民主化發展，學校行政運作將賦予行政人員更多彈性自主的空間。而面臨社會變遷的多元化，學校行政將更為重視校內外公共關係的建立，以協助學校的變革與發展。

第二節 教育組織變革的類型與模式

　　本節內容將析述組織變革類型、教育組織變革類型、組織變革模式、教育組織變革模式及其他有關組織變革的相關理論，如組織再造理論、學習型組織理論、網狀組織理論及虛擬團隊組織理論等。

壹 教育組織變革的類型

一、組織變革的類型

組織變革依其分類方式之不同，可有下列各種類型（吳清山，2003；張德銳，1998；闔自安，1999）：

(一)依組織變革的意圖區分

1. 計畫性變革（planned change）：係指深思熟慮、精心策劃以達到目標的變革。
2. 自發性變革（spontaneous change）：係指未經深思熟慮的變革，而是在自然環境下短時間的改變。
3. 演化式變革（evolutionary change）：係指組織經一連串的改變後，長期所形成的累積性變化之結果。

(二)依組織變革的範圍與所跨越的變革時間區分

1. 漸進式變革（incremental change）：變革範圍較小且時間較長的變革，屬於和緩的變革，通常沒有時間限制。
2. 激進式變革（radical change）：範圍較大且時間較長的變革，

屬於劇烈、全盤的變革,對組織影響頗大。

3. 修補式變革(tinkering change):範圍較小且臨時性的興革,可提升組織成員的工作表現。

4. 快速修整式變革(quick fix change):範圍較大且短期的變革,較無法改變組織成員長期根深蒂固的行為,只能有表面的改變。

(三)依組織變革的持續性及變革時間選擇與安排區分

1. 依持續性區分:包括漸進的(incremental)變革及間斷的(discontinuous)變革。

2. 依時間選擇與安排區分:包括反應性(reactive)變革及預先的(anticipatory)變革。

(四)依變革發動者區分

1. 由上而下的變革(up-down change):由組織的領導者或管理階層發動的變革。

2. 由下而上的變革(bottom-up change):又稱為草根式變革,係由基層工作人員所發動的變革。

二、教育組織變革的類型

前述一般組織變革的類型,實際上亦均適用於教育組織,吳清山(2003)即指出下列各項變革類型:

(一)由上而下的變革

係由教育行政機關倡導,要求學校配合辦理。例如,九年一貫課程、國民中小學組織再造及人力規劃試辦方案,以及多元入學方案等。

(二)由下而上的變革

係由學校人員主動提出,教育行政機關樂觀其成,並配合辦理。以外國高等教育為例,如大學課程規劃的變革。

㈢漸進式變革

採取較為溫和的手段進行變革，屬於局部性改變。例如，建立學習型組織、實施全面品質管理等。

㈣激進式變革

又稱為革命式變革，採取較為激烈的手段進行變革，屬於全面式改變。例如，九年一貫課程、多元入學方案、中小學校長遴選等，均可視為激進式變革。

綜上所述，組織變革的類型甚多，學者專家們採取不同的分類方法，則會有不同的組織變革類型。上述即有計畫性變革、自發性變革、演化式變革、漸進式變革、激進式變革、修補式變革、快速修整式變革、間斷的變革、反應性變革、預先的變革、由上而下的變革及由下而上的變革等，而這些變革類型亦適用於教育行政組織及學校組織。

貳 教育組織變革的模式

一、組織變革的模式

有關組織變革的模式，依據學者專家的分類方式，可有計畫性變革模式、策略性變革模式及階段性變革模式等（李茂興譯，2001；李明堂，2002；謝忠武，2001；Cummings & Huse, 1989; Kotter, 1994）。茲分述如下：

㈠計畫性變革模式

此模式之內涵包括：探索、計畫、行動及整合等四個階段，並構成一循環過程：

1. 探索階段：組織成員必須不斷蒐集資訊，並且建立變革之約定或共識。
2. 計畫階段：診斷組織變革的需求，設計變革管理流程與步驟及決定變革之相關策略。
3. 行動階段：執行變革並依據效果評估修正變革行動的內容。
4. 整合階段：維持組織變革後的狀態，進行適度更新或擴張。

㈡策略性組織變革模式

此一模式的內涵包括：

1. 組織成員感受到環境的壓力。
2. 組織成員覺知變革的來源。
3. 認知與評估組織變革問題。
4. 計畫與分析變革內容。
5. 決定變革目標。
6. 決定變革策略與方法。
7. 進行組織解凍。
8. 變革方案實驗。
9. 變革方案實驗結果之評鑑。
10. 變革方案調整修正。
11. 組織復凍。

㈢階段性組織變革模式

組織變革的過程涉及許多階段，每一階段對於組織變革效果均有其關鍵性的影響，以下析述Lowenthal、Lewin和Kotter等人的觀點（李明堂，2002）：

1. Lowenthal 四階段變革管理步驟：(1)預備變革；(2)規劃變革；(3)設計變革；(4)評估變革。
2. Leiwn 三階段變革模式：(1)解凍；(2)變革；(3)再凍結。

3. Kotter 八階段變革流程模式：(1)建立危機意識；(2)成立領導團隊；(3)提出願景；(4)溝通願景；(5)授權員工參與；(6)創造近程戰果；(7)鞏固戰果再接再厲；(8)讓新作法深植企業文化。

二、教育組織變革模式

教育組織具有和一般組織不同的目標與特性，因此其組織變革的模式亦與其他組織有所差異，茲以學校組織為例析述如下（王承先，1995；王振鴻，2000；張慶勳，1996；陳建銘，2002；謝文豪，1999；Fidler, 1996; Hall & Rutherfold, 1977）：

㈠發展模式
1. 分析學校組織變革與發展的因素。
2. 評估學校組織變革與發展的必要性與計畫性。
3. 進行學校組織變革：
   (1)突破現狀。
   (2)推動改革。
4. 實施學校組織變革評鑑。

㈡階段模式
1. 診斷：對學校組織變革相關問題進行探討與瞭解。
2. 計畫：針對學校組織變革目標擬定組織變革計畫。
3. 執行：將學校組織變革計畫付諸實行。
4. 控制：對組織變革過程進行監控，逐步推動與執行。
5. 學習：從學校組織變革的相關理論、實施過程與結果中獲得經驗與啟示。

㈢歷程模式
1. 確定組織變革問題：瞭解學校組織現況、設定學校發展目標，

以瞭解學校變革的需求。

2. 建立組織成員的認同：透過組織溝通機制爭取學校組織成員的認同與參與。

3. 尋求組織內外協助：聘請學校內部具有相關知能之人員或外部專家學者擔任諮詢顧問。

4. 診斷組織問題：運用問卷調查、訪談、觀察、文獻分析等方法，蒐集學校組織相關問題以利分析組織相關問題。

5. 組織問題回饋：以舉行校務會議、座談會及其他非正式溝通方式，將所蒐集之組織相關問題及資訊提供給相關人員，並深入討論以作為執行組織變革的依據。

6. 確定變革計畫：由學校相關人員參與共同規劃組織變革方案與計畫。

7. 執行變革計畫：依據組織變革計畫的內容，調整組織結構、行政運作及人員，推動實質組織變革。

8. 評估變革結果：對於學校組織變革的結果進行評估檢討，不斷修正變革行動。

(四)關注模式

組織變革關注模式係 Hall 等人於 1973 年所提出，該模式採取計畫、診斷、監督及評量等步驟進行變革的起始與管理，並透過下列三個面向評估學校組織成員對學校組織變革方案的關注程度及運用層次：

1. 變革的關注階段：使用「關注階段問卷」（Stages of Concerns Questionnaire）測量參與組織變革者的感受、需求與態度。

2. 變革的運用層次：使用「層次晤談表」（Level of Use Interview）評量參與變革者使用革新計畫或策略的情況。

3. 變革的型態：使用「變革形貌成分檢核表」（Innovation Configuration Component Checklist）評量參與組織變革者執行變革計

畫時的實際運作情形。

上述教育組織變革模式，包括發展模式、階段模式、歷程模式及關注模式等，均可適用於教育組織及學校組織，而模式的選取與應用則視不同教育組織的需求而定。

第三節 教育組織變革的相關理論

1990 年代以後，有關組織理論的發展十分快速，在企業組織理論方面亦有相關理論適用於組織變革，包括組織再造理論、學習型組織理論、網狀組織理論及虛擬團隊組織理論等，茲析述如下：

壹 組織再造理論

近年來，企業組織為因應整體經濟環境的變化、結合資訊科技的發展，以提升企業的競爭力，紛紛進行組織的變革與再造。從 1970 年代開始，企業組織即率先實施組織再造運動，並且出現了「組織重建」（organizational restructuring）、「組織重組」（organizational reinventing）及「組織再造」（organizational reengineering）等有關組織再造的相關名稱。而在提升企業組織的競爭力方面，確已有了相當具體的成效，此種組織再造的努力，即要達成組織革新（organizational innovation）的目標。

由於企業組織革新或再造，必須打破傳統政策，全盤翻新。因此，對於傳統組織及其工作程序亦產生相當大的影響，茲分述如下：

一、組織結構與運作的再造

企業組織再造強調組織的扁平化,縮短決策的縱向過程,減少組織的中間階層,以增進高階主管與基層人員的接觸。並協助高階主管瞭解顧客需求。企業組織逐漸朝扁平式、變形蟲式、虛擬式或網路型組織的方向發展,強調透過全面品質的提升來創造價值,而企業的經營指標則重視價值創造、品質、顧客滿意、企業形象、企業責任與倫理,注重跨功能團隊的管理和多元化的勞動力。

在組織的溝通方面,採取開放性的雙向互動溝通,組織的資訊為開放性的系統,員工可以隨時從企業的資訊系統中獲得工作所需的資訊,並且透過適度的授權,使員工能即時回應顧客的要求;在決策方面,則強調政策與控制的集權和管理作業的分權;重視員工個人的專業技能與自我管理,以及管理制度的彈性與創新;而主管的領導風格則強調魅力與轉型領導,以及人性化與權變式的領導風格(陳家聲,1998)。

二、組織工作流程的變革

由於企業流程重新設計,以及組織扁平化的結果,增進了主管與員工的溝通,使員工能擺脫層級的限制。組織再造後,係以流程為主軸,排除過於瑣碎的工作,使員工的工作能涉及完整的流程;部門間的互動也因此增加,工作的方式也趨向於合作,員工的工作態度也轉為主動與積極(吳心怡,1996)。

其次,「組織再造」的主要目的,是要將原本分散在各部門的工作,按照最有利於企業營運的作業流程重新組裝,使企業能因應變動市場的要求。

至於企業組織再造後,對於企業的人力資源管理,則強調授權、團隊合作,以及資訊科技的運用等,以取代傳統科層組織的運作模

式，並整合組織與個人的需求，同時滿足顧客的需要，為企業組織創造最佳的績效。

三、組織文化的創新

另外，組織再造改變的不只是作業流程，包括其他相關的因素，如組織成員的思考方式、組織成員的技能內涵、組織權力的分配、組織成員的價值觀及組織管理制度等，亦均隨著工作流程的再造而產生重大的變化（管康彥，1997）。

組織的領導者必須重塑或創新企業文化，並將重塑或創新後的企業文化深植於組織成員的內心。因此，高階主管在訂定企業的發展策略或計畫時，能納入企業使命、願景及目標並能掌握組織管理典範的變革，以形成組織的優良文化內涵，有效導引組織變革與再造。

從上述可歸納企業組織革新的主要內涵包括：組織結構與運作的再造、組織工作流程的變革及組織文化的創新等，這些主要內涵亦是其他組織革新均可能涉及的層面，教育組織與學校組織自然也不例外。

貳 學習型組織理論

「學習型組織」係指一個組織能夠不斷學習，以及運用系統思考模式嘗試各種不同的問題解決方案，進而強化及擴充個人的知識和經驗並改變整體組織行為，以增進組織的適應及革新能力（吳清山、林天祐，2003）。

一、學習型組織的五項修練與基本條件

Senge（1990）提出了五項修練的策略，此五項修練包括：（郭進隆譯，1994；盧偉斯，1996；梁中偉譯，1992）：

㈠系統思考（system thinking）

解決組織的問題，應摒除僵化、片段的思考方式，並以整體性的視野，觀察事件發生的環狀因素和互動關係，以及組織問題的一連串變化過程，而非片段的個別事件，避免為立即解決問題，而忽略了問題的整體性。

㈡自我精進（personal mastery）

培養組織成員自我挑戰的胸懷，確認擬達成的目標並全力以赴、專心致之；而當組織成員面臨挫折的情境時，其挫敗緊張的情緒正是激發個人創造力的來源，組織成員如能克服情緒性的退縮反應，並作適當的反省、調整和修正，則較易成功。

㈢改善心智模式（improving mental models）

傳統科層組織的信條，強調管理、組織與控制；而學習型組織的信念，則是願景、價值觀及心智模式。唯有鼓勵組織成員有多樣化的觀點和意見，才能在意見交流或行動實踐的過程中，激發團體智慧凝聚共識。

㈣建立共享願景（building shared vision）

建立共享願景是一種由下而上的組織溝通過程，而且願景的建立有其進階的指標，是一項永無止境的任務。

㈤團隊學習（team learning）

建立團隊學習的關鍵在於組織成員間的「對話」（dialogue）和「討論」（discussion）的能力，此種對話強調以同中求異的原則來探索真理，透過對話能讓組織成員正視自己思維的障蔽，進而面對事實，並學會欣賞不同的意見，發展更高層的共識。

此外，Senge（1990）也指出不同的組織在不同的階段，應採取不

同的學習工具，他認為五項修練都有其不同的適用時機，五項修練的
每一項都關係我們如何思考、真正想要什麼以及如何彼此互動和學
習。而五項修練必須集合發展，才能獲致可觀的成效，其中，系統思
考並整合各項修練，形成一套相互連貫的理論與實務（吳怡靜譯，1992）。

由上述 Senge 有關「學習型組織」的基本理論架構中，吾人可以
瞭解唯有建立持續學習的組織文化，才能避免組織體質的老化，也才
能在未來變化多端的競爭環境中，保有競爭的優勢。

二、學習型組織的主要學習工具

Senge 曾彙整相關學者的研究，列出許多項組織學習的工具，他
並指出不同的企業在不同的階段，應使用不同的學習工具，其中有兩
項最主要的學習工具為（蘇育琪，1995）：

㈠情境企劃（scenario planning）

組織成員一起商討組織未來的情境可能會如何，在每個人所想出
的可能性中，其實就披露了個人對組織的優缺點，以及對整體大環境
的看法，並且透過情境企劃重新建立一套新的組織發展願景。

㈡深度匯談（deeply dialogue）

組織成員採取固定時間面對面對話，運用推論階梯、懸掛假設、
因果循環及情緒罐子等深度匯談工具，藉以破除對話雙方的成見，找
出問題的成因，促進組織成員的凝聚力，共同解決問題。

參 網狀組織理論

近年來，企業組織為提升競爭力，除致力於組織的扁平化之外，
更主張將組織層級打散成為一張網，形成機動、彈性和層級少的「網
狀組織」（Web Organization）。

在網狀組織中，網上每一個網點均能獨立運作，並依據任務需要機動組合，以速度和彈性取代層級複雜的科層體制運作。目前國內外大型企業如IBM、宏碁集團和聯電集團等，也都採用網狀組織建構其企業組織，以提升組織的競爭力（王志仁，1996）。

瑞士國際管理發展學院教授Lorange指出，建構網狀組織的步驟，包括（王志仁，1996）：

1. 破除組織的疆界，塑造有競爭力的組織成員。
2. 解決組織內部分工及財務劃分等問題。
3. 充分實施授權。
4. 培養組織成員的專業知能。
5. 組織內部資訊的流通與透明化。

另一方面，網狀組織除了可提升其組織效能與競爭力外，也會帶來一些衝擊。包括：

1. 由於網狀組織以任務為結合，靠的是組織成員的能力而非階級，更因為資訊的流通，組織層級將會逐漸淡化，中階主管人員也會慢慢消失。
2. 網狀組織的管理功能減弱，經營的部分則加重。
3. 領導者的角色從發號施令者轉變為後勤支援者，負責協調衝突，使每一位組織成員均能發揮其潛能。
4. 由於網狀組織缺乏固定的上司下屬關係，企業倫理也將面臨重新定義。

肆 虛擬團隊組織理論

虛擬團隊組織理論（Virtual Team Organization Theory），係 Lipnack 和 Stamps 在《虛擬團隊》（*Virtual Teams: Reaching Across Space, Time and Organizations with Technology*）一書中所探討的主題（詹宏志，1997）。

Lipnack 和 Stamps 在一系列的研究中，試圖描繪新科技所帶來對組織型態的衝擊，他們發現一種沒有時間、空間隔閡的新組織概念，這種新組織將以目標為整合中心，透過網路科技將人們連結起來，使得組織的倫理和權力都有了全新的變化。

將來會有更多的組織利用新科技帶來的可能性，建立一種新的工作環境，而這種依工作特性與任務組合的小組，沒有明顯、固定的辦公場所，彼此成為「遠距工作夥伴」。這些新世代的工作型態將對組織的管理者及組織成員造成衝擊。

至於虛擬團隊組織的一般特性，則包括下列各項（鄭懷超譯，1997）：

1. 虛擬團隊在感覺上和行動上與一般團隊無異。
2. 虛擬團隊使用網際網路和企業內部網路溝通。
3. 虛擬團隊和傳統不同之處，在於使用通訊科技聯繫，跨越時空與組織共事。
4. 虛擬團隊必須包含永恆的、不因時空改變的人類團體美德。
5. 虛擬團隊所面臨的挑戰為如何在保有組織型態優點的同時，創造及改進虛擬團隊和網路科技。

上述企業組織理論亦可視其為企業組織變革理論，均屬於組織為提升組織績效而將組織轉型為學習型組織等各種足以提升組織競爭力的型態。而這些組織變革理論亦可適用於教育組織的變革，至於其適用的時機及範圍，則視組織實際需要而定。

第四節　提升教育組織變革績效的相關策略

教育組織變革的績效，將會因為組織環境、結構、人員、文化等相關因素的不同而產生差異，而組織領導階層如能熟悉組織變革的相

關概念，選擇適當的組織變革模式，自然其變革的績效較為顯著。因此，下列各項提升組織變革績效的策略亦可供參考：

壹 營造教育組織成為學習型組織

學習型組織的特性為使每一位組織成員，均具有主動學習的動力與習慣；以團隊合作的型態進行學習與專業成長，並建構共同願景及理念，進一步激發出組織學習的動能。因此，在學習型組織的基礎之上進行組織變革，自然可以提升變革績效。

貳 加強溝通降低組織變革的阻力

組織變革的阻力主要來自組織內部成員的抗拒，因此，為了降低組織變革的阻力，提升組織變革績效，唯有透過各種正式與非正式溝通機會，加強組織變革領導階層與組織成員間的對話與商談，以進一步凝聚共識，消除組織變革的抗拒力量。

參 採取計畫性及漸進的變革模式

計畫性變革模式經過一定的程序進行，並且能有與組織成員充分溝通的機會，組織成員在組織變革前已有充分的心理準備；當組織採行變革策略之後，組織成員的調適與因應亦會較佳。其次，在執行組織變革的時程如能採取漸進的方式，則組織成員有較多的調適時間，其抗拒變革的情形自然可能降低。

肆　形塑創新經營的組織文化

　　教育組織基本上屬於維持性的組織，其組織文化容易趨向穩定及保守，自然不利於組織變革工作的推動。因此，為增進教育組織的活力、促進組織革新，如何形塑組織創新經營的文化，進而影響組織成員均能擁有創新理念，帶動整體組織的變革與進步，則是組織變革領導者的重要任務。

伍　實施組織變革績效評估

　　教育組織的變革是否能依照原有計畫實施，又其變革績效如何，均需透過績效評估加以檢視。在組織變革的前後及整個變革流程中，能否依照預定計畫進行，變革內涵及步驟有無需加調整修正之處，亦需仰賴績效評估進行瞭解。因此，在組織變革的不同階段與時間，均需進行績效評估工作，以確保教育組織變革的成效。

陸　善用資訊及網路科技

　　資訊設備與網路科技已經被大量引進教育組織之中，因此，在組織變革的過程中，將資訊及網路科技有效運用於組織變革計畫的擬定、組織成員間變革觀念的溝通及組織變革績效的評估等，將可更為提高組織變革的可行性。

第五節 案例分析與討論

壹 案例一：不一樣的教育局

平安國中的教務處張主任，這一天為協調該校將承辦的全市性國中教務主任會議，來到市政府教育局，想要當面請教承辦該項業務的長官。有一陣子，張主任沒有到教育局洽公了，當他步入教育局辦公室時，發覺許多教育局的長官都是陌生面孔，眼見大家都非常忙碌，因此也沒有人招呼他。

等了一下子之後，他趨前請教一位剛放下電話的長官，這位年輕的長官態度相當客氣，但卻一問三不知，說他剛來上班第二天，對該項業務是誰承辦他也不清楚，要他再請教其他人。這時候剛巧有位王股長進入辦公室，王股長年約五十歲，在教育局服務二十多年了，王股長過去和張主任頗為熟識，因此就主動招呼張主任到辦公室一角的沙發上坐下來，兩人也就一邊聊起來。

王股長感嘆地說，現在情況不一樣了，二十多年前當他剛進教育局服務的時候，業務推動相當順利，學校也能和教育局完全配合，感覺非常有成就感。然而，二十年後的現在，除了業務愈來愈繁重之外，工作執行的難度也比過去增加很多。為了配合民主化的教育改革趨勢，各項業務的推動及相關會議均需邀請教師組織和家長組織的代表共同協商，業務的處理比過去要花費更多的時間，行政效率也因而緩慢許多。

王股長接著又說，現在教育局的同事流動性愈來愈高，由於地方教育行政機關的工作除了忙碌之外，又要直接面對民意代表及家長，

工作壓力實在很大。因此，年輕的同事服務一小段時間之後，就紛紛請調到中央機關或另有高就了。而且，過去凡事尊重資深同事的組織文化也逐漸沒有了，他也感嘆年輕人的價值觀確實不一樣了，他正在考慮要不要提前退休。聽完王股長的一番話，再環顧一下教育局辦公室的氣氛，張主任確實感覺到教育局好像真的不一樣了。

請教完相關業務，張主任在返回學校的途中，回想自己所服務的學校似乎也有類似的情形。當他還是擔任組長的時候，學校業務的推動確實要比現在有效率多了，而現在凡事都要先經過和教師會及家長會的協商，工作推動是比過去困難多了，現在要找同事兼任行政職務，大家都不願意。不過這畢竟是校園民主的必然趨勢，張主任也陷入沉思，到底還要不要繼續擔任主任的工作，還是單純當一位老師？

問題討論

一、造成教育行政人員或學校行政人員高流動性的原因是什麼？
二、教育行政人員或學校行政人員，面對行政運作方式的變革，應如何自我調適？
三、如果您是教育行政主管或學校行政主管，您要如何使資深同事和年輕的同事能夠融洽共事？

貳 案例二：下一步該怎麼走？

李校長年約四十五歲，過去曾經擔任國中主任將近十年，他通過校長遴選到快樂國中服務，今年是第三年，明年他將任期屆滿，又要面臨連任的遴選了。

在快樂國中這三年的服務經驗中，李校長感覺到整個工作情況和過去擔任主任時，有很大的不同。自從民國八十四年教師法、國民教

育法、國民教育法施行細則陸續修正公布實施後，學校行政運作增加了許多必要的程序，例如，學校教評會和校務會議，家長有法定的與會代表名額；平日學校行政業務的推動，必須事先與教師會及家長會進行協商等。李校長感覺多了這些協商程序之後，學校行政決策顯得十分緩慢，行政績效也受到相當的影響。

另一方面，由於學校家長會陳會長對於會務推動十分熱心，經常會對學校提出一些建議或要求。然而，有些要求和教師們的認知會有差距，也因此多次造成教師會和家長會之間的緊張和對立，光是要化解彼此間的對立情緒，就要耗費許多的時間和精力。而教師會和家長會在校長遴選時又都有代表參加，哪一方都得罪不起，李校長確實感受到相當大的壓力。

雖然在快樂國中服務，但是李校長這三年似乎並不十分快樂，他正在思考當第一任任期屆滿後，要不要繼續參加第二任期連任的遴選，還是回任教師算了？

問題討論

一、當前國民中小學學校行政運作，必須維持學校中哪些次級組織間的平衡？

二、如何建立學校行政與家長會之間的良性互動機制？

三、如何預防教師會與家長會之間的衝突？

四、如果你是李校長，第一任任期屆滿後你會尋求連任嗎？原因是什麼？

中文部分

王志仁（1996）。未來集團架構未來組織，載於**天下雜誌**（1996.8）。臺北市：天下雜誌社。

王承先（1995）。**國民小學組織發展狀況及其策略與方案之研究**。國立臺北師範學院國民教育研究所碩士論文。未出版。

王振鴻（2000）。**國小教師對九年一貫課程之變革因素關注及其影響因素研究**。國立政治大學教育研究所博士論文。未出版。

呂生源（2000）。**國民小學組織再造之研究**。國立臺灣師範大學教育學系碩士論文。未出版。

李明堂（2002）。以 Kotter 變革法則分析學校組織變革領導的策略——以一所都會型國小為例。輯於國立臺南師範學院主編：**第一屆臺灣博士生教育行政學術論文研討會會議手冊**（2002/12/20），頁 138-160。臺南市：國立臺南師範學院。

李茂興譯（2001）。**組織行為**。臺北市：揚智。

杜歧旺（2001）。**國民小學組織變革與學校效能相關之研究**。國立臺中師範學院國民教育研究所碩士論文。未出版。

林明地（2002）。**校長學——工作分析與角色研究取向**。臺北市：五南。

林郁絲（2000）。**組織變革中國民小學教師角色壓力之研究**。國立臺中師範學院國民教育研究所碩士論文。未出版。

林偉人（1997）。**學校本位組織發展整合模式之研究：以國民小學為例**。國立臺灣師範大學教育學系博士論文。未出版。

林海清（2000）。跨世紀教育組織再造。2002/06/18，取自：http://www.epa.ncnu.edu.tw/vol3no1/5-4htm

吳心怡（1996）。企業再造下的人力資源管理變革。2002/06/28，取自：http://imgrad.mgt.ncu.edu.tw/anita/bpr.html

吳定（1984）。**組織發展——理論與技術**。臺北市：天一。

吳怡靜譯（1992）：「第五項修練——讓組織活起來」，載於**天下雜誌**（1992.9）。臺北市：天下雜誌社。

吳秉恩（1993）。**組織行為學**。臺北市：華泰。

吳清山（2003）。當前學校組織變革的理念與策略，載於臺北市教師研習中心（主編），**教師天地**，**123**，4-16。

吳清山、林天祐（2003）。**教育小辭書**。臺北市：五南。

吳清基、陳美玉、楊振昇、顏國樑（1990）。**教育行政**。臺北市：五南。

秦夢群（1998）。**教育行政——理論部分**。臺北市：五南。

教育部訓育委員會（2003）。建立學生輔導新體制——教學、訓導、輔導三合一整合實驗方案。2003/04/16，取自：http://www.edu.tw/displ/index.htm

張明輝（1997）。學校組織的變革及其因應策略，輯於國立臺灣師大教育系（主編），**教育研究集刊**，**38**，1-21。臺北市：師大書苑。

張明輝（2001）。英國教育與就業部組織再造。2003/04/16，取自：http://web.ed.ntnu.edu.tw/~minfei/英國教育與就業部組織再造.htm

張清濱（1997）。學校教育改革的模式與應用，載於**研習資訊**，**14**（4），11-15。臺北縣：臺灣省國民學校教師研習會。

張德銳（1994）。變中求勝——論教育組織革新，載於**國立編譯館館刊**，**23**（2），235-267。

張德銳（1998）。**師資培育與教育革新研究**。臺北市：五南。

張慶勳（1996）。**學校組織行為**。臺北市：五南。

張慶勳（2002）。校長領導與學校組織文化變革與發展之研究。發表於國立臺灣師範大學主辦：「教育研究與實務的對話：回顧與展望」國際學術研討會（2002/12/13~15）。

郭進隆譯（1994）。**第五項修練——學習型組織的藝術與實務**。臺北市：天下文化。

陳光榮（2002）。提振傳統產業競爭力之策略與政策建議。2002/12/28，取自：http://www.moea.gov.tw/~ecobook/season/sag3-a3.htm

陳家聲（1998）。二十一世紀人力資源管理趨勢。2003/04/13，取自http://www.jbjob.com.tw/_html/centry.htm

陳建銘（2002）。**國民小學教師對學校組織變革關注之研究**。國立臺北師範學院國民教育研究所碩士論文計畫。未出版。

陳海鳴（1998）。**管理概論——理論與實證**。臺北市：華泰。

梁中偉譯（1992）。彼得‧聖吉談學習型組織——一夫不再當關，載於**天下雜誌**（1992.9）。臺北市：天下雜誌社。

黃仲銘、龔志賢、黃昱瞳（2000）。以 Lewin 三階段模型分析宏碁集團的組織變革，**產業金融季刊，107**，132-143。

管康彥（1997）。顧客導向與服務觀念之企業型政府建構：成功民營企業改造之借鏡。2003/04/16，取自：http://www.moea.gov.tw/~ecobook/season/sp031.htm

閻自安（1999）。學校組織興革理論之探討。載於**教育研究資訊，7**（5），101-127。

詹宏志（1997）。遠距夥伴與虛擬團隊，載於鄭懷超譯：**虛擬團隊**，頁I-III。臺北市：商周。

盧偉斯（1996）。**組織學習的理論性探究**。國立政治大學公共行政研究所博士論文。未出版。

鄭懷超譯（1997）。**虛擬團隊**。臺北市：商周。

鍾漢清譯（1997）。**加速度組織**。臺北市：美商麥格羅希爾公司。

蘇育琪（1995）。專訪彼得‧聖吉：打造永續經營的鑰匙，載於**天下雜誌**（1995.5）。臺北市：天下雜誌社。

謝文豪（1999）。學校行政管理的發展趨勢：因應組織的變革需要。**教育行政論壇第五次研討會會議手冊**（1999/10/30），137-157。臺北市：臺北市立師範學院。

謝忠武（2001）。公務人力發展機構變革管理。載於**公教資訊，5**（1），1-17。

外文部分

Cummings, T. G. & Huse, E. F.（1989）. *Organization development and change.* St. Paul, Minn: West.

Damanpour, F.（1991）. Organizational innovation: A meta analysis of effects of determinants and moderators, *Academy of Management Journal, 34,* 3, 555-590.

Fidler, B.（1996）. *Strategic planning for school improvement*. London: British Educational Management and Administration Society.

Hall, G. E. & Rutherfold, W. L.（1977）. *Measuring stages of the innovation: A manual for use of the CFSoC Questionnaire*. Austin, Texas: Research and Development Center for Teacher Education, University of Texas.

Hammer, M. & Champy, J.（1994）. *Reengineering the cooperation*. New York: Harper Business.

Hoy, W. K. & Miskel, C. G.（1996）. *Educational administration: Theory, research and practice*（5th ed.）.New York: McGraw-Hill.

Kotter, J. P.（1994）. *Leadership change: The eight steps to transformation*. In J. A. Conger, G. M. Spreitzer, & E. E. Lawler（Eds.）, *The leader's change handbook: An essential guide to setting direction and taking action*（pp.87-89）San Francisco: Jossey-bass.

Robbins（2003）. *Organizational behavior*（10th ed.）. Upper Saddle River, New Jersey: Prentice-Hall.

Senge, P.（1990）. *The fifth discipline: The art and practice of learning organization*. NY: Dubleday.

第十章

教育行政領導

第一節　教育行政領導的意義

　　領導是極為複雜的一種社會現象，適當的領導是促使成員有效工作的手段，它集合眾人之力邁向共同的目標。領導（leadership）一詞，係指「引導」（to lead）或明示工作方向（to show the direction），亦指「引導團體成員」的一種「性質、狀態或品質」（nature, condition, or quality）（Mitchell, 1990: 26），換言之，其為引導團體成員朝向目標的方向邁進，期能達成共同的目標。至於「領導」的明確定義為何，各專家學者的看法並不完全一致；惟各專家學者的看法，均有助於我們對「領導」的瞭解。以下先引述若干學者、專家對「領導」所下的定義，然後再加以綜合、歸納出一個較為合宜的定義來。

　　泰德（Tead, 1935: 5）指出：領導是影響人們齊赴他們所欲追求之目標的活動。

　　韓斐爾和庫恩斯（Hemphill & Coons, 1957: 7）以為：領導是一種引導群體活動以達共同目標的行為。

　　史多迪爾（Stogdill, 1969: 1-4）認為：領導是影響人們努力訂定並達成目標的一種過程。

　　貝斯（Bass, 1990: 19-20）以為：領導是一個團體中兩個或兩個以上成員之間的一種交互作用，此種交互作用通常涉及情境以及成員知覺與期望的建構或重組，藉以提高並維持團體解決問題或達成目標的期望與能力。

　　賀賽、布蘭恰德和強森（Hersey, Blanchard, & Johnson, 2001: 79）認為：領導是在既有情境中，影響個人或團體努力達成目標的活動歷程。

　　羅虞村（1986：62）以為：領導是領導者在團體交互反應的歷程

中，引導追隨者共同達成某一特定目標的行為。

謝文全（1987：291-292）以為：領導是在團體情境裡，藉著影響力來引導成員的努力方向，使其同心協力齊赴共同目標的歷程。

黃昆輝（1988：361）以為：教育行政領導乃是教育行政人員指引組織方向目標，發揮其影響力，以綜合成員意志，利用團體智慧，及激發並導引成員心力，從而達成組織目標之行政行為。

吳定等人（1996：99-100）以為：領導是指在一種特定的情境下，領導者影響部屬，使其有效達成目標的過程。

綜觀上述各學者、專家之定義，雖著眼點及遣詞用句略有不同，但實質上彼此看法是大同小異的。茲綜合各家的說法、謝文全的定義及筆者個人研究的心得，為「教育行政領導」下一定義如下：教育行政領導是教育行政人員在教育組織的情境裡，藉著影響力來引導教育人員的努力方向，使其同心協力齊赴教育目標所表現的一種行政行為或歷程。這一定義包含了下列五項要點：

1. 教育行政領導產生於教育組織的情境裡：教育情境至少由兩人（一為領導者，一為被領導者）或二人以上所構成。領導者透過團體的歷程溝通觀念，以建立共識。亦即唯有在領導者與被領導者的交互反應中，領導的行為方得以產生。

2. 教育行政領導的目的乃是引導達成教育目標：任何行為皆有動機存在，也就是都有其目標存在，教育行政領導者領導一個團體（或組織），採行某些領導行為，其目的即在設法解決教育問題或達成教育的目標。

3. 教育行政領導是一種影響力發揮或作用的形式：領導旨在影響團體成員，如未能發揮影響力（influence），領導行為即無效用可言。領導者運用領導是一種影響力的發揮，包括激勵成員工作動機，被領導者自願或選擇被影響，領導工作的優劣，端視其發揮影響力的大小而定。換言之，領導的作用在能影響到

別人的行為，以便糾合成員意志，利用集體智慧，激發、導引
組織成員的心力，以達成共同的目標。而所謂影響力就是使別
人追隨或服從的力量。

4. 教育行政領導的功能乃在促使教育組織目標之達成與成員需求
之滿足：領導即是一種倡導行為，因而領導者宜採取主動，以
誘導成員表現出所期望的行為，從而達成組織的目標；此外，
領導者亦應注意成員的動機和需求，以促使其積極參與，俾獲
得成就感和心理的滿足。是故，教育組織目標之達成與成員需
求之滿足兩大功能，應兼籌並顧，教育組織方能獲得穩健的發
展（林新發，1990：15-18）。

5. 教育行政領導是教育行政人員為達成教育目標所表現的一種行
政行為或歷程：教育行政人員為了達成教育的目標，在領導的
過程中乃表現出種種行政行為，此領導行為或歷程應該是一種
「均衡的現象」。換言之，領導除了要考慮技術性管理目標的
達成，或教育組織效能的提高外，亦應強調象徵性教育意義、
價值與信念的把握，以激發成員團結和諧、互助合作，實現教
育的理想與目標。此外，領導者可依實際需要表現不同的行政
行為，而此等行為之背後當然有其動機與目的存在。此一動機
目的即在達成教育目標，故教育行政領導也是教育行政人員引
導達成教育目標的一種歷程。

第二節 教育行政領導理論

教育行政領導的科學實徵研究，一般說來，可分為四個時期：早
期從事領導特質研究，大約在 1910 年到 1945 年（第二次世界大戰）

間，此一時期的研究重心集中在領導者的特質，故稱為特質取向（trait approach）。其次，是從事領導者表現行為的研究，此一時期約在 1945 年至 1960 年間，由於其研究重點轉移至領導行為，故稱為行為取向（behavior approach）。然而，以後研究者以為領導是一種複雜的過程（a complex process），除了領導者和被領導者的特質以及領導者所表現的行為外，領導的效果深受領導情境所影響，領導行為必須依情境的不同予以適當的權變，此時期約自 1960 年以後至 1990 年，稱為情境取向（situational approach）。1990 年以後，有許多學者投入領導者的角色研究及嘗試建構新的領導理論，分析領導者實際所從事的工作，瞭解其在組織所扮演的角色，並探討領導者究竟應如何兼重、統整「技術性的管理」或是「象徵性的領導」，技術性的管理係著重追求教育行政組織效率和正常運作，而象徵性的領導則著重組織價值文化、信念的追求與增強，注意人性資源與象徵意義層面的瞭解及角色的扮演，此期暫稱為整合取向（integrative approach）。

壹 特質取向

在領導理論的早期研究中，多集中在領導者特質上，以為具有某種特質或共同特徵者較能作好領導工作。反之，不具備此種良好特性者，則較不可能成為有效的領導者。此時期對領導特質的研究，係以心理學的觀點，利用測量的工具來測量哪些特質是不可或缺的，哪些是可有可無，哪些又是不能有的，這是最早採取的探究途徑。其以為一位成功的領導者必然具有不同於一般人的特質。在教育行政方面，從事調查一般教育行政人員所具特質的研究者不乏其人，伊爾斯布里等人（Elsbree, McNally, & Wynn, 1967: 14）研究發現：領導者的人格特質主要是：勇敢、友善、堅持、機智及自信。惟伊爾斯布里後又指出：各項調查結果，均得到不同組套的人格特質，其中所發現的基本領導

特質亦相當有限。

史多迪爾（Stogdill, 1969: 91-123）曾探討 1904 年至 1947 年所完成有關領導特質的 124 項研究文獻，將與領導有關的因素歸結為六大類：

1. 能力：包括智力、機智、語言流暢、原創性、判斷力。
2. 成就：包括學識、知識及運動成就。
3. 責任：包括可靠性、進取心、毅力、積極性、自信心及超越他人的慾望。
4. 參與：包括活動力、社交能力、合作性、適應力及幽默感。
5. 地位：包括社經地位及聲望。
6. 情境：包括追隨者之心智層次、身分、技能、需求與興趣及所要達成的目標等。

後來，史多迪爾又將 1948 年至 1970 年的 162 項有關領導特質的研究文獻進行比較分析，結果發現領導者特質有：高度責任感和使命感、自信，追求目標的活力和毅力、智力與語言流利程度、教育與社會地位、社交能力與人際技巧、解決問題的冒險性和獨創性、影響他人行為的能力及建立社會互動系統的能力。這些特質可以有效區別領導者與部屬、有效與無效的領導者、高層領導者與低層領導者（Stogdill, 1974: 81）。

由於有關領導特質的文獻，很少發現研究結果具有重大意義或獲得一致的結果，甚至有些結果還相互矛盾。故從特質來解釋領導，是有其限制，而且也過於簡化，但特質論在解釋領導的本質仍有其貢獻，很多人相信具有某一心理特質可能較易成為一位領導者，譬如：一個人的情感表達能力、智力、機智力、洞察力、權變能力、企劃力……等，這些特質都可能有助於扮演一位領導者的角色（吳清山，1991：154-155）。由於特質論的研究，多屬於「內隱人格」的探究，測量並不容易，且描述性居多，分析性較少，不能有效說明領導的本質，其用以預測領導者成功與否的價值也較為有限，因而乃有行為論

的提出。

貳 行為取向

　　由於領導特質的研究有其限制，而且未盡如意，加上行為主義心理學的崛起，1945 年以後，許多研究者，乃逐漸將研究的重心轉移到領導者所表現的領導行為上，他們期望能夠發現是否有某種的領導方式比其他的領導方式更具效果。換言之，即研究的重心，已從「誰是領導者」（Who the leader is）轉移到「領導者做些什麼」（What the leader does）。此一時期以為領導的最重要面，不是領導者的特質，而是領導者在各種情境中的作為。同時研究者認為區分成功與不成功的領導者須由領導者的行為方面著手，亦即研究領導者做些什麼以及他們如何做。這種領導行為的研究基礎是相信有效的領導者會應用某一特定的方式來領導個人或群體，以達成目標（林新發，1983：10-19）。

　　領導行為的探討，不像以往對領導特質的分析偏向於靜態的描述，轉而注重領導者實際表現的動態行為。亦即從以往內隱的心理分析，轉到外顯的行為探討。研究者利用問卷、量表、晤談及觀察等方法，以鑑別哪種具體的領導方式最有效（黃昆輝，1988：376）。行為論者以為領導的本質，如超越領導者與其成員間之關係或行為的範圍時，便無任何結果可言，以為領導並非屬於全有全無的類別，而是一種變數，因此領導的地位是變動的。行為論者尚利用角色理論以說明領導的本質，以為領導者扮演仲裁者的角色，以協調並統整「個人需要」與「機構目標」的兩個層面。

　　行為取向從另一層面來探討領導，擴大了領導的研究領域，在這些研究中，美國俄亥俄州立大學（Ohio State University）與哈爾品（A. Halpin）以「領導行為描述問卷」（Leader Behavior Description Question-naire，簡稱 LBDQ）所測量的行為項目，經因素分析結果統整為倡導

（initiating structure）與關懷（consideration）兩種行為層面最為著名，影響亦最大。「倡導」層面是指領導者界定本身與成員之間的權責關係、設立明確的組織結構、建立意見溝通管道及訂定工作程序等行為而言，以期達成組織的目標；「關懷」層面則指領導者設法與成員建立良好的人際關係、彼此相互信任與尊重、瞭解成員的問題與需要，其目的在滿足成員的需求（Gibson, Ivancevich, Donnelly, & Konopaske, 2003: 304-305）。「倡導」與「關懷」係分屬領導的兩個不同層面，而非相同連續體的對立兩端。倡導層面類似於工作取向，關懷層面類似於關係取向，雙層面可交織成「高倡導高關懷」、「高倡導低關懷」、「低倡導高關懷」、「低倡導低關懷」四種不同領導方式。研究發現「高倡導高關懷」的領導形式與領導效果最具密切關係，此對於領導者的實際運用頗有幫助，且亦具價值。惟此一理論仍然受到若干批評，例如：所用的研究工具在研究上仍有其限制，未能顧及情境因素，及領導者行為與組織效能間的關係不易確定。以領導者的行為為例，領導者的關懷行為與成員的心理滿足有正相關，但究竟關懷行為中的哪些因素使得成員的心理感到滿足，卻未能得到確切的答案。再者，倡導行為與組織生產力也未必有一致的關係。換言之，行為研究並未發現「固定最佳之領導方式」。事實上，沒有一種固定的領導方式可放諸四海而皆準，或適用於各種不同的情境，不同的情境可能需要不同的領導方式。是故，後來的情境領導理論乃孕育而生。

參 情境取向

由於單獨對領導者的特質，或領導者的行為加以探討，所得的結果並不能令人滿意，因此，自 1960 年以後，一些研究領導的學者，乃在領導的特質取向及行為取向的基礎上，進一步發展成所謂的情境取向。他們以為領導研究應包括領導者、被領導者以及情境三方面，

相信有效的領導是受領導者的特質、領導行為、被領導者的特質以及領導時的情境因素等所共同影響。領導的效果不僅受領導者的特質和行為所決定，同時也受領導時的情境所影響。此理論的基本觀點是：領導效能的高低需視領導者行為與情境的配合程度而定，配合程度愈高，則領導效能愈高；反之，則愈低（吳清山，1991：161；林新發，1983：10-19）。

　　情境取向的研究代表，主要以費德勒（Fielder）的權變理論（theory of contingency）、豪斯（House）的「途徑－目標理論」（path-goal theory）、瑞汀（Reddin）的「三層面理論」（three-dimension theory）、佛洛姆（Vroom）及葉頓（Yettom）的「規範性權變理論」（normative contingency theory）及賀賽（Hersey）、布蘭恰德（Blanchard）和強森（Johnson）的「情境領導理論」（situational leadership theory）為代表（林新發，1999：51-62；Robbins, 2001: 313-327）。費德勒的權變理論在教育上的應用有：(1)領導的方式宜配合情境；(2)改變情境適合領導者；(3)高或低控制情境有利於工作取向的領導者；(4)中控制情境有利於關係取向的領導者。豪斯的「途徑－目標理論」之啟示為：(1)例行性工作或簡單業務宜採員工中心的領導方式；(2)非例行性或複雜的事務宜採工作中心的領導方式。瑞汀「三層面理論」的蘊義為：不同的情境需要不同的領導方式，效能需視情境而定。佛洛姆及葉頓的「規範性權變理論」強調：有效的領導者選擇何種領導方式，端視情境特徵而定。賀賽、布蘭恰德和強森的「情境領導理論」關注：有效的領導方式需配合成員的準備度（能力和意願），而採取不同領導方式（吳清山，1991：181；林新發，1983：21-34；林新發，1999：51-53；Hersey, Blanchard, & Johnson, 2001: 172-197; Robbins, 2001: 313-325）。

肆 整合取向

　　因為教育行政的真實世界通常與理論文獻所描述的狀況大異其趣,加上近年來加諸於教育行政領導者身上的工作任務愈來愈多樣化,壓力逐漸上升,使得教育行政領導者的工作除了應該顧及組織秩序與正常運作之管理外,亦應以文化價值為基礎,建立教育行政機構與學校的關係,帶領學校追求令人嚮往的願景。領導者應同時扮演技術性與藝術性角色,其中領導的技術性角色包括計畫者、資源分配者、協調者、視導者、裁判者的角色;領導的藝術性角色則包括歷史學家、願景專家、符號、演員等。長期以來,學校組織受到決定合理性與一致性規範的影響,學校領導者比較重視技術性角色的扮演與功能的發揮,強調學校目標的訂定、資源的合理分配、溝通協調、工作進度與品質的監督、衝突解決與安全維護等。然而,領導的藝術性層面提醒學校領導者,其實行為的本身並不一定比行為所表示的意義來得重要。因此學校領導者亦應深入瞭解學校的歷史傳統、探尋學校深層的價值與信念、溝通集體夢想或願景、善用符號的影響力、塑造學校文化。所以最佳領導者應該是雙重心的領導者,著重均衡或統整的領導。均衡領導的特色是它既能維持組織正常運作、達成組織效能,更重要的是它亦能讓組織有超越期望的卓越表現(王如哲、林明地、張志明、黃乃熒、楊振昇,1999:79-81)。在領導上,乃有轉型領導(transformational leadership)、互易領導(transactional leadership)、道德領導(moral leadership)和授能領導(empowering leadership)的提出。轉型領導係指藉著個人魅力、建立願景和個別關懷,運用各種激勵策略,塑造優質組織文化,以提升成員高層次需求、工作意願、態度和能力,激發成員支持承諾、學習成長,促使組織不斷地變革與創新的一種領導行為(蔡進雄,2000:11-13;Yukl, 2002: 253-255)。互易領導是

領導者基於澄清角色、工作要求及交換的基礎上，對部屬運用獎懲、協商、互惠、例外管理等激勵策略，以使部屬努力工作達成組織目標的一種領導（蔡進雄，2000：13-14；Yukl, 2002: 253-255）。而道德領導又稱倫理領導（ethical leadership），係指以道德權威為基礎的領導，領導者先對自我作高度要求，致力提升本身的道德修為，建立正確的價值觀和倫理文化，為正義與善的義務感和責任心而行動，發揮對成員潛移默化之影響力，使成員自動自發為組織目標奉獻，共謀組織永續發展的一種領導（謝文全，1998：237；Daft, 2002: 216-231; Sergiovanni, 1992: 7-9; Yukl, 2002: 401-410）。授能領導係指領導者除將部分權力或任務委付成員去履行外，亦強調協助成員增進自我管理及做事能力的一種領導方式（張心怡，2001：62-63；Daft, 2002: 294-300; Yukl, 2002: 98-111）。

第三節　教育行政激勵的方法

　　學校教育品質的提升，有賴於行政領導之運作，激勵教師服務熱忱，滿足個人成就需求，以達成教育目標，甚為重要。在一個教育組織中，如組織能滿足成員的需求、士氣高昂，則這個組織將較團結一致，凝聚力強，認同感高，成員工作較為投入。因此，激勵成員士氣或服務精神，實為當前領導和革新教育的重大課題。

　　所謂「教育行政激勵」，則係指教育行政人員或機關（構）針對組織成員在生理和心理上的各種需求，採取適當的物質、精神上的刺激鼓勵方法，以激發成員內在的工作動機或意願，俾產生所期望的行為，進而滿足成員的需要和達成組織目標的過程。

　　「激勵」的目的，在引發他人工作的意願和行動，以有效完成工作。它不僅是領導的有效法則之一，而且也是每位領導者的基本職

責。茲綜合有關理論、參酌各家觀點及筆者的心得，提出一些激勵成
員工作士氣的方法供參考（林新發，1999：363-380；謝文全、林新發、張
德銳、張明輝，1998：218-227；謝文全、林新發、張明輝、張德銳，2001：
31-39；Herzberg, 1966; Maslow, 1954; Vroom & Searle, 1990: 1-14, 49-75）。

一、合理調整成員待遇，謀求其應得福利，並改善其工作環境，以滿足成員生理需求

㈠合理調整成員待遇

組織如要求成員具有敬業樂群精神，相對的，也需合理調整成員
的待遇，給予安適的生活，使其無後顧之憂，安心工作。然而薪水、
待遇之調整，牽涉的問題甚多，非教育行政人員一方之力所能及，但
教育行政人員可做的是利用機會向上級爭取，以便適時地反映成員們
對待遇調整的關心。

㈡謀求成員應得福利

教育行政人員首先應強化內部福利組織的功能，將其盈餘配合補
助辦理員工自強活動、育樂活動、制服添製等福利事項。其次，當成
員有婚喪喜慶、疾病住院時，亦應主動關心並積極為其申請應得的補
助。如成員有意申請公教購屋貸款時，應積極為其辦理有關手續或協
助向上級申貸。

㈢改善工作環境

提供適當的工作環境，目的在使成員有一良好愉快的工作情境，
以提高其工作士氣。工作環境包括辦公場所、教學圖書設備、休閒康
樂設施、食宿問題等。要改善工作環境，行政人員可以做的有：分配
寬敞明亮的辦公室、汰舊換新辦公桌椅、增添視聽媒體教材、充實圖
書資訊設備、增設運動文康場所器材、協助離鄉背井的成員住進宿
舍、辦理員工伙食團等（謝文全等人，1998：218）。

二、適度保障成員工作、身體安全，並增進其對工作環境的瞭解，以滿足成員安全感的需要

㈠適度保障成員工作

對公立教育組織而言，工作保障比較不成問題。惟過度保障並不利於成員專業化的發展。反觀私立教育機構，情況可能不太相同。少數私校校長對成員平時考核或督導，動輒以「上司」自居，毫不客氣的指責老師，並以解聘或不續聘相威脅，造成若干私立學校教師轉至公立學校應聘教職。因此，為保障教育組織成員的工作，實有必要為其建立適當的申訴管道，對其所遭受的不合理辭聘或不續聘予以仲裁補救，使教師具有安定感，獲得適當工作保障，如此才能發揮工作潛能。

㈡保障成員身體安全，增進其對工作環境的瞭解

為使成員積極任事，保障成員身體的安全甚為重要，如必要時得協助投保執行危險勤務保險及意外保險、參加健康保險、安排健康檢查等。為增進新進成員對組織周遭環境的瞭解，行政人員應主動介紹組織環境給新進成員，並於正式或非正式場合中將新進成員介紹給同仁。此外，對許多資深成員而言，往往會因組織政策及經營方向的變動，而產生焦慮或不安全感。要減少此種焦慮或不安全感，行政人員應於改變組織政策或經營方向時，主動邀請成員參與決策；對於無法參與決策的成員，亦應明確地以書面或口頭告知（謝文全等人，1998：219）。

三、建立和諧的人際關係，培養良好的組織氣氛，以滿足成員的社會需要

行政人員平時應積極主動接近組織成員，對於成員工作上及生活

上的困難予以適當的關心和協助。在教育行政上，有所謂的「走動管理」（management by wandering around），即指行政人員應經常在組織內走動，除了可以瞭解部屬工作情形並注意環境安全之外，還可以增加和成員溝通的機會，並對成員工作辛勞及困難之處適時予以關心或慰勉（張德銳，1995：75）。

其次，若要使成員之間感情保持和諧、融洽，則行政人員必須鼓勵成員在工作上相互協助、合作，形成工作團隊。此外，亦可安排正式與非正式活動，如員工自強活動、慶生會、退休茶會、讀書會、不定期餐敘等，來增進成員間的友誼和隸屬感，而對於成員間因意見不同、利益衝突而產生的摩擦，也應及早加以調節和處理。

四、尊重、信任、賞識、授權成員，以滿足成員尊榮感的需要

㈠尊重成員

行政主管或人員平時應多徵詢成員的意見，對於成員所提的寶貴意見，應適當地加以採納，即便未予採納也應適時加以說明，使成員有被重視的感覺。此外，不妨採取定期面談的方式，一方面徵詢成員的意見；一方面亦能促使成員產生被尊重的感覺。根據研究結果顯示：經過面談者，要比未接受面談者的工作績效高，而且士氣亦高，其士氣的提升可部分歸諸員工在受訪時所感覺到的受尊重感（謝文全，1987：50）。

要尊重成員，維護其自尊，則行政人員自不宜在公開場合批評責備成員的不是，或當面糾正造成難堪。反之，對於成員不當之處，宜採私下輔導方式，曉之以理，動之以情，勉勵其改進並作為他人榜樣。

㈡信任、賞識成員

中國傳統文化強調忠誠和信任。上司如能信任屬下，下屬常回報

以忠誠。反之，上司假如不信任下屬，則下屬很可能因上司的不信任而心灰意冷，更不用說會對上司忠心耿耿了。懷疑和猜忌是領導者與部屬之間互信的絆腳石。所謂「用人不疑，疑人不用」即是這個道理。是故，唯有對部屬充分信賴的上司，才能贏得下屬的忠心，才能帶動下屬對組織奉獻心力（謝文全等人，1998：221-222）。「士為知己者死，女為悅己者容」，這句話說明了賞識他人具有激勵作用。在教育組織裡，很少有成員不願意接受上司及同事的賞識或肯定，一旦深受肯定，往往更樂意為組織效命。

(三)適度授權成員

權力是影響他人，完成工作職責的一種力量。分層負責、逐級授權是信任部屬的具體表現，教育領導者既視屬下成員為有力的助手，那麼就應該充分授權下屬，使其具有足夠的力量，完成工作。其實和屬下分享權力，也可能使領導者的權力增加，因為獲得授權的下屬會對領導者更加敬重，更肯接受領導者的影響力並發揮自動自發的負責精神，全心將工作做好。

五、運用成員專長，重視其成功的滿足，鼓勵其積極的參與和專業成長，以滿足成員成就感的需要

(一)運用成員專長

教育行政人員要運用組織成員的專長，才能讓成員發揮所學，充分發展潛能。運用成員專長，首先必須多接近成員，瞭解每一位成員的專長、背景和興趣，然後在指派成員工作時，考慮其專長和興趣。如此，對於所分配的工作，成員不但會樂意去做，而且亦會因其才能受到重視，而獲得成就感（林新發，1999：376）。

㈡重視成員成功的滿足

每位成員對於自己的工作，都希望有所成就，但可能因為領導者的標準太高，使其努力未獲肯定。因此，領導者對待成員應依其能力差異訂立標準，使每位成員都能因努力而獲得成功的滿足。

㈢鼓勵成員積極的參與

民主參與領導的最大特色，在給予成員充分的參與感，成員參與程度高，則對組織的決定較能接受，也較樂意竭盡心力，共赴事功（林新發，1978：75-84）。同時，對組織決定所引發的教育革新也較少產生排斥抗拒的心理。惟邀請成員參與決定亦應考慮成員對決定事項的關心程度及成員的決定能力，不必每事都邀請成員參與決定。參與決定對象的選擇，應限於對該決定有切身關係或對該決定之品質的提升有貢獻者（謝文全等人，1998：223）。

㈣鼓勵成員專業成長

激發屬下成員專業成長、吸收新知、不斷進修研習是提高員工素質及工作情緒之良方。成員若能不斷進修成長，則一方面能溫故知新；另一方面可提升其工作能力，使其更有能力實現個人抱負和教育理想。

六、適時適度地獎勵成員，提供升遷和發展機會，維持成員卓越的工作表現

㈠適時適度地獎勵成員

激勵成員的一個重要策略是對成員的良好表現，適時地予以獎勵，口頭讚揚是一個廉價、簡易而又有效的獎勵方式。領導者平時應多記錄成員表現，並於正式公開場合予以表揚，對成員特殊優良事蹟，應主動報請上級，給予應得的獎勵。

(二)提供升遷和發展機會

在教育行政組織中，對表現特優或勇於負責的人員，領導者應於適當的時機，提拔升遷或晉升為主管，使其有發展的機會。此一作法，對於其他成員亦具有指標和激勵作用。

七、公平考核成員，並建立合理的報酬系統，以提升成員士氣

「公平理論」提示行政人員應公平考核組織成員，並設立合理的報酬系統，在評定成員年度考績時，應力求公平、公正和公開，勿因行政人員私人的恩怨而採雙重標準，以免內部怨懟聲四起，造成成員士氣低落。考核之後，應把握賞罰分明之原則，對於績效優良者，給予精神和物質上的獎勵；對於績效不佳者，則要協助督導其改進。

第四節 教育行政領導的原則

謝文全以為教育行政領導是教育行政人員在教育組織情境裡，藉著其影響力來引導教育人員的努力方向，使其同心協力齊赴教育目標的歷程（謝文全，1987：294）。由於領導係透過教育人員的團體力量來達成目標，而團體中的成員又人各有志，意見看法亦不盡相同，因而如何統合意見匯集共識，實在不是一件容易的事。茲綜合各家各派的觀點、謝文全的卓見及筆者個人的一些心得和看法，提出一些領導的原則供參考。

一、有目標意識並依行政三聯制來達成目標

領導強調方向的指引，教育行政領導者是否具有目標意識，影響教育目標的達成。所謂目標意識，即教育行政人員在做事之前，知道先建立明確的目標並加以瞭解；等目標建立後，又能確實把握它並予以實現；在考核階段亦知以目標為中心，評鑑目標是否達成並予以檢討總結，俾作為修正計畫目標或改變執行策略的參考，而不只是關心預定要做的事做了沒有。由於教育行政只是一種手段，它的目的是在達成教育目標，近年來有些單位推動「目標管理」（management by objectives），即在糾正以往領導者多未具有目標意識的缺失。

在設定目標時，應注意以下十件事：(1)宜根據上級的目標及有關規定，並參酌學校環境的特性，來訂定目標；(2)目標重點不要太多，最好不要超過五或六個；(3)選定的目標要評估其重要性；(4)目標需將達成成果具體地加以表示；(5)目標訂定應讓成員有參與的機會；(6)目標要考慮到長期與短期的均衡；(7)目標應以最適當的水準為訂定的依據；(8)目標要有層次性、一貫性及一致性；(9)目標應予書面化；(10)目標宜因應時間、空間的變化而修正。目標制定好了以後，應將之書面化，其主要理由有四：(1)利於遵行，避免遺忘；(2)便於宣導及公布周知；(3)利於計畫執行之一貫性及連續性；(4)利於整體計畫之評鑑工作。

所謂行政三聯制，即先擬計畫，再依計畫執行，執行之後加以考核，依考核結果重新修訂計畫，如此週而復始，直至達成目標為止（謝文全，1987：296-299）。考核時不只考核計畫是否執行，尚應考核執行的結果是否達成既定的目標。至於如何建立及加強領導人員的目標意識呢？有以下四個途徑供參考：(1)透過教育行政人員專業養成及進修研習課程之提供加以培育；(2)藉目標之宣導及傳播來促使成員自我要求；(3)有賴上級之重視和強調；(4)將目標之擬定與執行情形，列入考核與評鑑項目內，如此，必能提高行政領導人員的目標意識。

二、教育行政人員應具領導哲學觀並對工作價值全神投入

賀欽森（Hodgkinson）認為行政與價值是分不開的，行政人員的主要工作就是處理價值的問題，因此其領導哲學也是以價值的處理為中心議題。賀欽森認為領導者必須瞭解組織成員的行為，其有心理學的成分也有哲學的成分。成員的心向會涉及人際關係、機構、工作、象徵符號及組織，其若能發展成奉獻的意願，成員即能自律。因此，領導者先要經由瞭解人類價值之所在，建立自己的意志哲學，瞭解成員之意願後，進而能經由說服部屬並掌握部屬之意志，以培養組織文化，賦予組織之精神和生命力（謝文豪，1993：37）。

賀欽森曾提到值得尊敬的領導行為，包括有：(1)對工作本身的價值全神投入，而不是視工作僅具有工具性的價值；(2)領導者不斷探索自己的責任是什麼及如何履行這些責任；(3)不死守道德教條，能尊重人性的價值，不把人性物化；(4)有超越世俗的道德情操；(5)不計較個人的利害得失；(6)運用個人的知識、情感及意志專注於工作；(7)能區分事實與價值、事實與想像、事實與可能性；(8)領導者能同時身兼價值的負荷者、價值的教育者及價值的評定者（謝文豪，1993：38）。由上可見，賀欽森主張行政理論應融入價值理論，認為行政領導者應具有哲學觀，視領導行為為領導者的意志行動，其亦主張從現象學的角度研究領導行為，對一向由實證主義主導的行政理論研究實具有刺激省思的作用。是故，領導人員的養成訓練，不應只強調專業知能的啟發及領導技巧的訓練，更應培養領導人員的行政倫理和道德意志，在領導統御時，要能瞭解人性，尊重人性，以說服的方式培養部屬的道德意志，視領導行為為道德教育的工作，賦予組織生命及有關工作的價值和意義，使領導行為能兼顧組織目標與人性心理需求，如此才是一種較為理想的領導。

三、能知人善任，適度授權

領導是引導並透過成員以達成組織的目標，因此組織成員素質的好壞及是否能盡其才，關係著領導成敗。惟要有素質好的成員，就須做好人才的選拔工作，這是「知人」的工夫；要成員能盡其才，有賴領導者任使有方，這是「善任」的工夫（謝文全，1987：301）。可見，教育行政領導者如能「知人」於先，「善任」於後，領導將較易成功。

「知人」旨在「得人」，而欲做好「得人」工作，就須做好人才延攬及遴選兩項工作。在延攬人才方面，應做到「廣收」及「公開」兩個原則，以鼓舞或吸引人才前來應徵；在人才遴選方面，應辨識應徵者的才德（智愚及賢不肖），採「因事擇人」及「多法並用」（即運用各種甄別方法）兩項原則，以便擇優錄取而備任用（謝文全，1987：301-302）。

人才經任用後，必須繼之以「善任」，才能真正發揮用人的功能。至於領導者應如何善用人才呢？可從以下四項著手：(1)讓成員適才適所，發揮所長；(2)尊重成員人格，待之以道；(3)給予合理的激勵，提供歷練及進修機會；(4)考核成員應公正無私，綜覈名實（謝文全，1987：303-305）。

此外，領導者由於時間及精力有限，所負擔的責任及壓力非常的大，為使工作推展順利，宜分層負責，適度授權。領導者應依各單位人員之職責，將工作或任務適度分層、逐級授權，亦即委授某種程度的責任與權力給成員，使成員在其監督下，能相當自主的處理其權責範圍內的事務。授權使成員有獨當一面的機會，並得以發揮潛能，豐富工作內容，如此成員將具有較高的滿足感和成就感，也願意繼續留在組織，為組織盡力；同時成員能充分展現其潛能，組織的績效必然提高（謝文全，1987：303-304）。欲使授權成功，必須注意以下五項：(1)授權應明確；(2)授予的權責要相稱；(3)依成員能力的大小，審酌授

權；(4)依成員工作成熟度的高低，逐步授權；(5)授予成員的權責，宜讓成員充分自主去處理（張潤書，1998：450-452；謝文全，1987：303-304；Hanson, 1996）。

四、善用轉型領導策略，以增進教師組織承諾，提升組織效能

依據研究結果，教師知覺校長轉型領導行為愈高，其教師組織承諾愈高；國民小學校長轉型領導行為程度愈高，其學校建設性文化愈佳（詹益鉅，2001：193-194）。張慶勳（1996）研究亦指出，轉型領導行為能增進學校組織效能。轉型領導能促使教師更主動積極增進專業技能，在工作中達到自我肯定，自我實現，進而對組織更加認同。故校長應適時地鼓舞激勵教師，凝聚全體教師共識，建立學校願景，啟發成員智能，發揮領導者高尚的人格魅力，及不斷地關懷與體恤教師，教師也將樂於教學和工作。有關校長轉型領導之實施策略，以下作法可供參考。

詹益鉅（2001：197）以為：(1)校長應培養自己具有耐心與毅力、不畏挫折、不短視近利等的人格特質，具備高尚的人格情操，為同仁所景仰；(2)校長善用各種領導方法，倡導與關懷並重，激發部屬潛能，鼓勵部屬自我實現，追求卓越的學校教育目標；(3)校長應具有高瞻遠矚的理想眼光，引導學校成員共同營建學校願景，並將學校願景化為激勵方針，作為學校同仁共同的工作目標；(4)校長應塑造學校優質文化，激發部屬智能，尊重與信任部屬，以達成學校願景之理想；(5)校長營造學校為一個尊重、接納、友善、支持的成長與學習環境，並關懷與體恤教師。

五、發揮成功領導者的特質與行為

欲成為一位成功的教育行政領導人員，宜具有並發揮下列特質與

行為（謝文全，1987：347-349）：(1)機智：指能洞察情境的特徵和問題的核心，深入瞭解真相，作一適當的處理與解決；(2)堅忍：指能堅持原則，以理性的態度來解決困難，做到「外圓內方」的境界；(3)具親和力：指對人友善，以同理心待人，能接納別人，很快取得成員的信賴，對成員有一種無形的吸引力；(4)誠信：指真誠而有信用，待人誠懇，尊重別人，言出必行，勇於任事；(5)有壯志：指不斷追求自我挑戰，不墨守成規，積極實驗創新，面對問題，謀求適當的解決，並勇於承擔責任；(6)主動：指自動自發，把握時機，主動發掘問題，聽取成員意見，並主動研擬解決的辦法。此外，薩吉維妮（Sergiovanni）亦呼籲教育領導應是一種催化的、授權增能的以及參與的領導（潘慧玲、梁文蓁、陳宜宣，2000：151-190）。

六、採用「中庸式動態平衡的領導」，兼顧組織目標達成及成員需求滿足

教育行政人員或校長可以採取一種平衡關心任務（倡導）與關心成員（關懷），兼重系統與個人的領導方式，倡導較有助於學校目標的達成，而關懷較有助於組織正向氣氛的建立，但學校的目標是多元的，所以不可以顧此失彼，應加以尊重，亦即平衡技術性管理功能與象徵性領導意義，兼重領導邏輯與藝術的主張（林明地，2000：251）。

當成員個人的目標或需要，能在組織中獲得達成或滿足，則士氣必較高昂；反之，士氣則較低落。因此，領導者在決定組織政策或措施時，應考慮所決定的是否有礙成員個人需要的合理滿足。如果發現會妨礙，則應加以修正，或考慮各種可行的變通方案，以協助成員去克服。至於領導人員在追求組織目標時，如何滿足成員需求，以下提出幾項作法供參考（謝文全，1993：456；謝文全，1987：326-327）：(1)設法瞭解組織成員的需要，以便能依成員需要的不同，而給予適當滿足；(2)指派給成員個人的工作應盡可能符合其專長和興趣；(3)實施分

層負責，並讓成員參與組織的決定工作；(4)當成員在組織中有良好表現時，應給予獎勵，以滿足其成就感和尊榮感；(5)找出成員尚未滿足的需要，來加以滿足，才易激發其工作的動機；(6)透過教育或情境的安排與陶冶，促使成員社會化，使成員能將組織的目標內化；(7)當成員對組織或領導者有抱怨時，應妥善處理。

七、瞭解並善用非正式組織

教育行政機關依法規所設置之組織為正式組織，但在教育行政機關內部，仍存有許多非依法規所成立的非正式組織，如網球聯誼會、棋友會、桌球隊……等，行政領導人員必須妥加運用，藉以加強正式組織的功能。善用非正式組織之道，首在接納其存在，然後設法瞭解它，再進一步運用其正向功能協助正式組織的運作。其方法如下（謝文全，1993：456-457）：(1)對非正式組織之領導人物，給予適度的敬重，多找機會接觸他，並徵詢其對正式組織的興革意見；(2)儘量考慮讓非正式組織成員參與組織的決定，以便集思廣益；(3)透過非正式組織，處理一些正式組織所難以處理的問題。

八、在依法行事及尊重人性的基礎上，酌情權變

目前的社會已逐漸邁向法治的社會，行政人員必須依法行政，妥善運用各項職權，如有不合宜之法令亦應隨時檢討並加以修改。此外，行政人員在採行領導方式時，亦應隨著領導情境的不同而酌予調整，才能產生最佳的效果，此種因情境不同而變化領導方式的作法，通稱為權變領導（Contingency leadership）（秦夢群，1988：297-298）。但不管領導方式和作法怎麼變，仍應有所限制，即應在不違反現行法令規定及尊重成員人性的前提下，酌情權變，不宜為達目的而不擇手段，這也就是所謂「持經達權」的道理。亦即「依法行事」、「尊重人性」是「經」，是原則；權變領導是「權」，是可變的。惟在實施

時應做到「有所變有所不變」的地步，以求切合時宜，並把握以下三大原則：(1)「權不離經」：一切權宜應變，都不可以偏離原來的基本法則；(2)「權不損人」：不損害既得利益，才能夠變而能通；(3)「權不多用」：權變太多，嚴重影響常規，所以不宜輕易求變（曾仕強、劉君政，1989：71-84）。是故，領導者最好把握原則，在法令規章的範圍內和尊重人性的前提下，衡情論理，掌握時機，權宜應變，亦即一切有原則，隨時持經達變，凡事將可合理解決。

九、善用溝通以協調成員的看法和行動

領導係透過成員來達成組織目標，然而領導者與成員的看法不見得相同，成員彼此之間的意見也常有差異，因此，領導者必須善於運用溝通的方法和技巧，來協調彼此之間的意見和看法，以建立共識，齊一行動，並相互配合。在進行溝通協調時，以下幾種方法和技術可供參考：(1)平時要建立良好的人際關係；(2)多聽取成員意見；(3)訴之以利，曉之以理；(4)要注意維護對方尊嚴；(5)在絕佳之時機，進行協調；(6)協調技術著重談話或溝通技巧；(7)注意協調過程的反省與檢討；(8)爭取被協調人的合作。

十、掌握領導發展趨勢，培育知識經濟時代所需的領導特質和能力

由於全球化知識經濟時代的發展，及整體社會、政治、經濟、科技急遽的變遷，領導逐步從強調支配、控制、威權、封閉、工具的線性思維模式，朝向重視人性、尊重、關懷、開放、溝通的非線性思維模式（廖春文，2003：171）。教育領導者必須運用決心、直覺、理想及熱情四個原則開始行動，形成推動學校行政的動力，注意找出學校行政革新中的軌跡和規律秩序的線索，講求主動、效率、適用、創新的精神，以創建最佳的學校教育成效與學習情境（陳木金，2002：

201）。教育與學校行政領導者或人員除必須具備統觀領導視野、熱情正直、相互信賴、尊重傾聽、積極主動、充沛活力、終身學習、專業知能、工作技能、人際技巧……等特質，亦應具有教育願景規劃、學習文化形塑、工作團隊運作、教育經營管理、資訊溝通表達、人際互動技巧、知識管理創新……等能力（林明地，2002：11-22）。新世紀教育行政領導者，如欲迎接全球化知識經濟時代的挑戰，其本身必須扮演價值領導、道德領導、轉化領導、權變領導、知識領導及創新領導等角色特質。

十一、把握道德領導的原則和作法，並採行相關配套措施

校長如實施道德領導須把握以下原則：(1)以身作則，作為學校成員的楷模；(2)尊重學校成員的人權及尊嚴；(3)視學校成員為生命共同體，與其並肩努力；(4)堅持道德理想，抗拒外力的不當干涉；(5)有高尚的道德修養，來影響學校成員；(6)發揮道德關懷，視人如己；(7)以人性本善為基本信念，盡力協助，支援學校成員（林純雯，2001：238-239）。至於具體作法有以下幾點：(1)以學校整體利益為優先考量，不因私而忘公；(2)勇於反省、批判及改善學校內外不合理的作為；(3)遴聘學校成員，考量其操守與才能，不接受關說；(4)不接受不當的招待與賄賂；(5)堅持教育理想，不受不當的壓力與私利影響；(6)作決定時，信守正當的承諾與正確的行事標準；(7)明示學校成員在處理校務時，應秉持正義原則；(8)在學校成員有困難時，表達誠摯的關懷；(9)遵守道德規約，不宜為達目的不擇手段，罔顧人性；(10)與學校成員共同討論兩難問題，尋找合理解決的途徑；(11)與成員共同建構學校專業倫理準則，實踐專業倫理（林純雯，2001：238-239）。為有效化解校長實施道德領導之阻礙，教育行政機關與師資培育機構應積極配合以下數項：(1)修正不合理的法令規範使合於道德規準；(2)將道德品

評納入校長遴選儲訓機制當中；(3)成立道德領導重點學校並積極輔導；(4)規劃兼重過程與結果的教育評鑑機制；(5)辦理道德相關議題的在職進修；(6)在師資養成階段或校長培訓課程中安排專業倫理的課程（林純雯，2001：243-244）。

第五節 ▌案例分析與討論▐

壹 案例一：國小學生罷課案

> 時間：1993 年 8 月爆發
> 地點：位於臺北縣新店地區的屈尺國小
> 資料來源：秦夢群（1999）。教育行政——理論部分。臺北市：五
> 　　　　　南，頁239-244；國內發行之中國時報、聯合報、中央日報、
> 　　　　　臺灣新生報、中華日報等；與人本教育札記，55 期，1994 年
> 　　　　　1 月出版，頁 7-27。
> 案情：家長會不滿校長之辦學理念與措施，發動學生罷課並拉白布
> 　　　條示威，雙方皆不退讓，令縣政府教育局疲於奔命。

　　1993 年 8 月 30 日，當臺北縣屈尺國小的教師為開學之日而忙碌，卻發現到校的學生稀稀疏疏。經過統計，全校二百八十九名學生，竟有一百四十名未到校，原定的開學典禮被迫取消。當晚，三家電視台均顯著報導了此件臺灣教育史上鮮見的小學生罷課風波。

　　隔日，缺席的情況仍未改善。雖然曾校長要求教師逐家探訪，但是大部分家長卻無動於衷。中午過後，二百餘名家長聚集校門外，並拉起「為人師表眾嫌之下何顏強留」的白布條。至於誰是被「眾嫌」的，老師們心知肚明，顯然是針對曾校長而來的。家長所以會如此激

烈走上街頭，多少也受到報紙登載影響。根據各大報的報導，家長抗
爭的主因在不滿曾校長的專斷及不與地方配合；曾校長則責斥部分家
長以小孩子為抗爭的工具，相當不可取。

　　至於主管教育行政機關的代表則深表遺憾，縣府教育局鄧局長表
示，此案純粹是該校家長會王會長與曾校長間的個人恩怨。縣府曾在
此之前不斷透過關係展開私下協調，但並不成功；鄧局長認為此乃有
心人士從中阻撓所致。站在主管當局的立場，他堅持如果家長或社區
對校長有任何不滿，可直接向教育局檢舉或指控，該局會派人深入調
查，家長不能將小孩當成抗爭的籌碼或工具，曾校長的辦學成績並不
壞，不能單以家長會的意見作為調動校長的理由。

＊　　　　＊　　　　＊　　　　＊　　　　＊

雙方對立

　　這要從 1990 年王先生出任家長會長時說起，其所代表的部分家
長感到曾校長專斷獨為，無法接納教師意見，且對地方上的意見不尊
重也不溝通，因而發起抗爭行動。開始是以聯名方式向校長書面陳
情，但家長認為未見成效，遂於 1993 年 6 月向上級主管機關上書，表
明地方人士與校長溝通，其卻一意孤行，故發出請另派人接替校長的
請求。

　　綜合家長會歷次的陳情，其對校長不滿之處有以下四點：

1. 以個人主義隨意改變校園景觀與建築。例如有家長反應：得以
   回憶母校童年時光的老樹被砍得只剩五棵，操場也用鐵絲網圈
   了起來，簡直把地方人士當成賊似的。
2. 辦了二十多年的托兒所，曾校長要將之撤掉而改辦幼稚園。
3. 曾校長對教師以高壓威脅之手段迫其就範，大有「順我者生，
   逆我者死」的態度。教師恐懼之餘紛紛請調，造成學生極大的
   困擾。
4. 曾校長以管理軍隊方法壓榨學校員工，一味以投合上級的口味

辦學。例如全校學童三百不到，校隊及活動競賽卻一大堆，有時必須挪用正課以作賽前準備，根本就是「形式績效辦學」的最佳例證。

以往與曾校長共事過的人對事件之發生都不訝異，認為並不能以「運氣不好」來解釋。他們回憶過往歲月，肯定曾校長愛校的精神，但卻指其缺乏圓融的技巧。

     *   *   *   *   *

雙方交手

6月26日：家長會王會長於畢業典禮上懇求欲調動之老師為屈尺子弟留下。典禮後之會餐，部分家長予以抵制。

6月29日：陳督學到校調查，八月六日函覆家長會。

7月31日：王會長召開記者會重申陳情內容，表明縣府不重視地方家長之意見而拖延處理。

8月6日：教育局公布不調動校長。認為曾校長以校為家，兢兢業業，但因領導風格及人際關係較不為地方接受，因此影響校務推動。縣府將派員多與校長、教師溝通，並追蹤輔導。

8月9日：教育局長鄧局長親臨協調會聽取地方意見，曾校長與百名家長參加，會中發言熱烈，家長並面呈另一份陳情書，仍希望換校長。

8月16日：王會長與尤清縣長會面，尤縣長認為調動時機已過，且不能夠因為家長如此要求就調校長。

一教育局長表示：

- 針對地方人士所提出的五個訴求加以解決：(1)托兒所不廢並附設幼稚園；(2)不可廢除其所屬的廣興分校；(3)修繕活動中心；(4)開放學校操場；(5)教師調動過於頻繁必須加以解決。
- 校長獨斷獨行，未與社區良性溝通，要求校長改善。
- 事件嚴重傷害教育界，縣府是輸家，沒理由再讓步，換校長

一事免談。如再罷課，將對家長採「強迫入學」方式處置。

9 月 4 日：於縣議會召開協調會，會中作成協議，家長們同意讓
　　校長有半年時間表現機會。

1994 年：曾校長被調至臺北縣汐止鎮金龍國小擔任校長。

　　＊　　　　＊　　　　＊　　　　＊　　　　＊

雙方各退一步

　　罷課事件在數天內匆匆落幕，曾校長也象徵性的保留了職位。家
長會雖未立即如願，但已迫使縣府來年作調動校長的準備。然而分析
事件的前後因果，仍舊令人難以捉摸事實的真相。例如，罷課的導火
線究竟是如報載的私人恩怨，還是曾校長的治校方法真的出了問題？
從各種訪談資料來看，曾校長的確想要做點事。在野柳國小任內，他
對遲到曠職或是隨便批改作業的教師，毫不留情的在考績上給予丙
等，據瞭解頗有嚇阻作用。擔任瑞亭國小教導主任時，發現部分學生
因家貧而沒穿制服，他硬是跑到附近蒐集別人穿過的衣服來應急。學
校牆壁若是呈現剝落景象，曾校長也會就地取材，發動員工油漆整
理。他自己做沒關係，卻惹惱了做白工的老師，紛紛指責其太會作秀。

　　屈尺國小的教師是否因此而紛紛請調不得而知，但曾校長任內的
建設卻是小有成就，雖然老樹被砍了幾棵，但是到校採訪的記者卻指
出：「如果不以懷舊的感傷來看現在的屈尺國小，倒是會驚訝於在一
個偏遠山區的學校，竟然有那麼現代化的校園：老舊的廁所都替換成
新式乾爽的廁所，廚房中器械井然，舊建築的外觀都貼上新磁磚，教
具室裡層次分明，體操教室換上新地板，每個教室都裝上閉路電視，
電腦教室的電腦都是新型的，PU 跑道環繞著草坪⋯⋯」。

　　即使有如此成績，曾校長卻未得家長青睞，反而齟齬相對。這現
象顯示出在中國重情的社會中，「做事」重要，「做人」更不能偏
廢。如何在兩者之間尋求一平衡點，往往是教育行政者必須一輩子學
習的事。

問題討論

一、屈尺國小曾校長之領導風格、待人處事為何？試以傳統理論時期的行政觀點加以說明，並提出您個人看法？

二、就您個人的看法，本次事件發生的最主要癥結和原因為何？假如您是個案中的曾校長，您要怎麼做？有無方法預防此一衝突事件的發生？

三、家長如不滿意校長辦學理念與措施，可否發動學生罷課，以小孩子的受教權作為抗爭的工具？

四、本個案新聞媒體扮演的角色為何？有無應改進之處？

五、曾校長自認沒有犯錯，卻遭到如此下場，您認為其中原因何在？您對曾校長的領導方式和人際溝通技巧方面有何建議？

六、請嘗試分析屈尺國民小學的組織氣氛為何？您有無具體作法改變此一學校的組織氣氛？

七、試從行政的觀點，評述此一衝突事件的發生，學校校長、教師、家長會長和臺北縣政府教育局的作法有無可議之處？您覺得怎麼做可能會更好？

八、家長會對學校不滿最主要的原因為何？這一所學校校長與教師的互動情形如何？

九、本個案罷課的導火線究竟是如報載的私人恩怨，還是曾校長的治校方法真的出了問題？您的看法為何？

十、在華人社會中注重「情理法」，究竟「做事」重要，還是「做人」重要？如何在兩者之間找到一個平衡點？

十一、此一領導個案實例，對您有何啟示？您從中學到了什麼？有無其他的心得或感想？

貳 案例二「所為何來」個案

資料來源：秦夢群（1999）。教育行政——理論部分。臺北市：五
　　　　　南，頁 619-622。
性質：本個案為實際情節，惟部分人物係化名。
案情：國中校長期望有所作為，不諳校園文化，嚴格要求學校行政
　　　同仁、教師，而引發一連串之校園衝突或溝通不良事件。

　　清晨六點四十分，寒風刺骨。國中閔超校長站在校門口，看學生
進校門。時間還早，加上天冷，學生到的不多。再往外看，值週李老
師與管理組長都沒到，校長心裡正想著：這些老師真是不負責任！此
時李老師騎著機車匆匆進來，逕往教室走。仁班的學生朝李老師作個
鬼臉：「老師，被罵了哦！」李老師心中有氣，值週規定早上七點
到，才六點五十五分，就這副嘴臉？誰像他住校，也不須趕車，不怕
塞車……。

　　閔超校長回到辦公室，剛坐下就想到昨天下午學生打群架的事
件，當時因急著到教育局開會，無暇細問，不知道處理得怎樣了？按
對講機要訓導處徐主任上來。不一會兒，校長室周圍的班級都聽到校
長咆哮的聲音，而徐主任的話似乎不時被打斷。

　　　　　　＊　　　　　＊　　　　　＊　　　　　＊　　　　　＊

　　校慶運動會的協調會上，劉組長提出構想，話未說完就被閔超校
長駁了回去：「不要又像往年一樣，草草辦兩樣比賽就結束，要有創
意、要有特色，學生才會有興趣參與，也才能吸引學區家長來參觀，
希望能提出較好的計畫來。」

　　會議室裡一片寂靜，劉組長一臉不悅，幾個主任你看我、我看
你，誰也不想開口成為眾矢之的。這個學校，他們太清楚了，多一事

不如少一事，平安無事過日子就好了，何必惹麻煩？看眾人無聲，閔超校長不悅的說：「你們這些行政人員都在做什麼？每年都這樣因循過日子而毫無新意，領國家薪水不做事啊！今年我們一定要辦個學生成果發表會、班際科展，還有師生才藝作品展。此外，學校老師養蘭花、種盆栽不是很有心得嗎？來個花卉盆栽展示如何？理化教室可以開放作科學遊戲。大會舞、大會操都是老套了，換點新的。大會開始之前先巡閱式，然後分列式，徐主任把班級隊伍編排一下，可利用早自修、自習課練習。」想到運動會的盛大場面，閔超校長兩眼發亮，卻看不到底下幾個組長、主任的臉色。

下午，訓導主任上來建議是否可少辦幾項，因為時間匆促，恐怕有困難。沒想到話未說完即被校長打斷：「有困難，開會的時候為什麼不說？早上不是大家都同意了嗎？有意見你當場為什麼不提？這算什麼協調會？」

閔超四十四歲才考上校長，算不上青年才俊，但衝勁未減，心中只想如何創造佳績。在當時臺灣東部僅有六班的小學校中，人力物力俱缺，他竟也能施展抱負，尤其校園規劃小有成果，自己頗覺得意，奉調到這個離家近、規模又大的學校，更想有一番作為。但是，卻常有使不上力的感覺。

            *   *   *   *   *

這個學校頗有歷史，教職員個個資深，又多是本地人，對學校許多事都抱著多一事不如少一事的心態。開會時，台上台下各說各話，改考卷、批作業的，還有高談闊論的，總是亂七八糟，幾次會議下來，閔超校長不客氣的指責：「連會議規範都不懂，也配為人師表？」這樣的話都出口了，以後開會總算像樣些，但不知是否矯枉過正，開會時，台下個個是沈默的聽眾，離開會議室後又議論紛紛。

再看教學方面，升學率不算好，老師個個不積極，課後輔導，無人願意擔任。藝能科教學簡直不正常，操場上打球的班級不是上體育

課，而是上美術課、輔導活動課。有兩次看到教體育的老師，喝得醉醺醺從校門口進來，那時早已上課半個小時了。早退的更多，每天第七節，總有老師提早下課。教務主任從來也沒說什麼，只有教學組長有一次囁嚅的報告：「陳中雄已多次缺課，卻要學生照樣填寫教室日誌……」

＊　　　＊　　　＊　　　＊　　　＊

　　奇怪的是，這樣的學校與一群人，竟也彼此相安無事。閔超校長不願意這樣安於現狀不求進步，他要求導師也要求行政人員，不斷強調要「以身作則」，要「負責任」，要「以校為家」。他知道老師們有意見，背後說他「事必躬親，不能授權」，或是「管得太多，鉅細靡遺」，然而，不這樣行嗎？

　　就這樣大事小事一把抓，累極了閔超也會忍不住問自己所為何來？連太太都不以為然的對閔超說：「你自己以校為家，就認為別人也該像你一樣嗎？」好友不只一次的告訴閔超：「無為而治吧！何必自找麻煩？事必躬親，死而後已啊！」然而這些想法總是一閃即逝，閔超想起教學大樓已動工，不久即是一座美輪美奐的建築，校園經過規劃後，不出數年應有另一番風貌，學校將逐漸上軌道，他相信未來將愈來愈好。只是，要完成這些，自己到底要付出多少代價呢？

問題討論

一、閔超校長之為人和個性為何？他的領導方式屬於以下哪一種類型（高倡導高關懷、高倡導低關懷、低倡導高關懷、低倡導低關懷）？

二、案例中的學校，其組織氣氛層面（支持、監督、干擾、專業、親和、疏離行為）為何？其學校組織氣氛屬於哪一類型（開放型、投入型、隔閡型、封閉型）？能否加以描述和討論？

三、閔超校長之想法和期望與學校行政人員（主任、組長）、教

師之間似乎有一段落差，您覺得原因為何？有無具體有效的辦法縮短其間的差距？

四、學校興革模式中，R-D-D-A模式為研究（Research）、發展（Development）、傳播（Diffusion）與採用（Adoption），採實證理性策略，目的在拉近理論與實務間的距離，將好的理念或方法推廣到教育之領域；撥款補助模式為權力強制與規範教育策略之混合，以撥款補助為利誘，使願意配合興革之學校得以行動，並產生經濟制裁那些不願興革之學校；OD模式「組織發展」（organization development）採規範教育策略，假定學校有自我更新的能力，所以藉由組織成長的各種技巧，幫助學校自我興革。此三種模式的特性為何？其優缺點如何？能否舉一些實例？

五、閔超校長所採用的興革模式為何？是否恰當？假如您是個案中這所學校的校長，您打算怎麼做？有何具體的策略？

六、在快速變動的現代社會，興革發生的機率頗高，有的是迫於情勢，有的則來自團體內部動力，歸納影響興革之變數有人（成員、參與興革成員的特性如既得利益團體、成員組成之特性、興革代理人）、事（任務、興革之內容，如危機性、適時性、動力來源、時髦性、牽涉之組織層次）、地（結構、興革發生地的特性，如科層結構、市場特性）、物（科技、興革所需之方法技術，如複雜性、可行性），請舉一些實例加以說明。

七、管理和領導有何不同？閔超校長遭遇阻礙的原因何在？其形成背景為何？

八、學校特色的規準為何？如欲促使學校經營創新，應採行哪些策略？

九、教育興革的基本步驟一般有五：(1)變革需要性之評量；(2)各影響變數的評估；(3)團體成員的導引；(4)實施變革；(5)評鑑與制度化，您能否舉一些實際興革的例子加以說明？

十、假如您是個案學校校長，您如何激勵學校教職員工士氣？部分社會人士批評教育界多保守不願興革，您的看法為何？您認為其中原因何在？有無改進之道？

十一、我國學校興革的相關研究並不多，秦夢群（1999）的調查發現，發動學校興革的以學校行政者比例最高（57.1%），其次為受到「教育行政機關指示」（27%），由學校教師發動的則僅占11.7%，可見我國學校在實施組織發展（OD）模式路上仍有待努力。此外，同一研究也發現學校在興革過程中所遭遇之困難，最大為「人力、物力、財力等各項資源支援不足」，您對此一研究結果有何感想和看法？

十二、校長應該扮演何種領導角色？此一行政個案實例，對您有何啟示？您從中學到了什麼？您能否提出一個您親身經歷或瞭解之興革個案，與大家一起分享？

中文部分

王如哲、林明地、張志明、黃乃熒、楊振昇（1999）。**教育行政**。高雄市：麗文。

吳定、張潤書、陳德禹、賴維堯（1996）。**行政學（上）（下）冊**。臺北縣：國立空中大學。

吳清山（1991）。**學校行政**。臺北市：心理。

林明地（2000）。校長領導的影響：近三十年來研究結果的分析。**國家科學委員會研究學刊：人文及社會科學，10**（2），232-254。

林明地（2002）。**學校領導——理念與校長專業生涯**。臺北市：高等教育。

林純雯（2001）。**國民中學校長道德領導之研究**。國立臺灣師範大學教育學

系碩士論文。未出版。

林新發（1978）。校長如何激勵教師士氣——從領導的新觀念談起。**今日教育，35**，75-84。

林新發（1983）。**五專校長領導方式與教師工作滿意關係之研究**。臺北市：文景。

林新發（1990）。**我國工業專科學校校長領導行為、組織氣氛與組織績效關係之研究**。國立臺灣師範大學教育研究所博士論文。未出版。

林新發（1999）。**教育與學校行政研究——原理和應用**。臺北市：師大書苑。

秦夢群（1988）。**教育行政理論與應用**。臺北市：五南。

秦夢群（1999）。**教育行政——理論部分**。臺北市：五南。

張心怡（2001）。授能領導——學校行政領導之新面向。**學校行政雙月刊，13**，61-71。

陳木金（2002）。**學校領導研究——從混沌理論研究彩繪學校經營的天空**。臺北市：高等教育。

張潤書（1998）。**行政學**。臺北市：三民。

張德銳（1995）。**教育行政研究**。臺北市：五南。

張慶勳（1996）。**國小校長轉化、互易領導影響學校組織文化特性與組織效能之研究**。國立高雄師範大學教育研究所博士論文。未出版。

曾仕強、劉君政（1989）。**及時的權宜應變**。臺北市：駿馬。

黃昆輝（1988）。**教育行政學**。臺北市：東華。

詹益鉅（2001）。**桃園縣國民小學校長轉型領導行為、學校建設性文化與教師組織承諾關係之研究**。國立臺北師範學院國民教育研究所碩士論文。未出版。

廖春文（2003）。全球化知識經濟時代學校行政領導整合模式之建構。輔仁大學教育領導與發展研究所主辦「**21世紀教育領導新典範**」學術研討會論文集（頁171-208）。臺北縣：輔仁大學。

蔡進雄（2000）。**轉型領導與學校效能**。臺北市：師大書苑。

潘慧玲、梁文蓁、陳宜宣（2000）。臺灣近十年教育領導碩博士論文分析：女性主義的觀點。**婦女與兩性學刊，11**，151-190。

謝文全（1987）。**教育行政——理論與實務**。臺北市：文景。

謝文全（1993）。學校行政。臺北市：五南。

謝文全（1998）。道德領導──學校行政領導的另一扇窗。載於林玉体（主編），跨世紀的教育演變（頁237-253）。臺北市：文景。

謝文全、林新發、張德銳、張明輝（1998）。教育行政學。臺北縣：國立空中大學。

謝文全、林新發、張明輝、張德銳（2001）。教育行政。臺北市：僑務委員會中華函授學校。

謝文豪（1993）。Hodgkinson的領導哲學析述。國教天地，46，31-40。

羅虞村（1986）。領導理論研究。臺北市：文景。

外文部分

Bass, B. M.（1990）. *Bass & Stogdill's handbook of leadership: Theory, research, and managerial applications.* New York: The Free Press.

Daft, R. L.（2002）. *The leadership experience.* New York: Harcourt College Publishers.

Elsbree, W. S., McNally, H. J., & Wynn, R.（1967）. *Elementary school administration and supervision.* New York: Van Nostrand Reinhold Co.

Gibson, J. L., Ivancevich, J. M., Donnelly, J. H., & Konopaske, R.（2003）. *Organizations: Behavior structure processes.* New York: McGraw-Hill/Irwin.

Hanson, E. M.（1996）. *Educational administration and organizational behavior.* Boston: Allyn and Bacon, Inc.

Hemphill, J. K. & Coons, A. E.（1957）. Development of the leader Behavior Description Questionnaire. In R. M. Stogdill & A. E. Coons（Eds.）, *Leader behavior: Its description and measurement.* Columbus: Bureau of Business Research, Ohio State University.

Herzberg, F.（1966）. *Work and the nature of man.* Cleveland: The World Publishing Co.

Hersey, P., Blanchard, K. H., & Johnson, D. E.（2001）. *Management of organizational behavior: Leading human resources*（8th ed.）. Englewood Cliffs, New Jersey: Prentice-Hall.

Maslow, A. H.（1954）. *Motivation and personality.* New York: Harper & Row.

Mitchell, J. G.（1990）. *Re-visioning educational leadership: A phenomenological approach.* New York: Garland Publication.

Robbins, S. P.（2001）. *Organizational behavior.* Englewood Cliffs, N. J.: Prentice-Hall

Sergiovanni, T. J.（1992）. *Moral leadership: Getting to the heart of school improvement.* San Francisco: Jossey-Bass

Stogdill, R. M.（1969）. Personal factors associated with leadership. In C. A. Gibb（Ed.）, *Leadership.* Baltimore: Pengium Book Inc.

Stogdill, R. M.（1974）. *Handbook of leadership: A survey of theory and research.* New York: The Free Press.

Tead, O.（1935）. *The art of leadership.* New York: McGraw-Hill.

Vroom, V. H. & Searle, J. G.（Eds.）（1990）. *Manage people, not personnel: Motivation and performance appraisal.* Boston, MA: A Harvard Business Review Book.

Yukl, G.（2002）. *Leadership in organizations.* Englewood Cliffs, NJ: Prentice-Hall.

第 十 一 章

教育行政溝通

　　教育行政工作的推展，需要良好的溝通。沒有進行良好的溝通，教育行政工作往往很難有效的推展。因此，有關溝通的研究和行為，甚受組織管理和教育行政學者所重視。著名的行政學者賽蒙（Simon, 1957）即曾指出：溝通對組織而言是絕對必要的，沒有溝通，組織便無法影響其成員，組織也將無法維護其生存。巴納德（Barnard, 1968: 89）亦言：「行政的基本功能首在建立一套溝通體系，而溝通即是個人與個人間傳遞有意義符號的歷程。」國內學者黃昆輝（1988: 625）則以比喻的方式說明溝通對教育行政組織的重要性，他說：「組織目標猶如人體的靈魂，組織的人員像是人體的骨幹，而組織的溝通好比人體的血液。血液不通人體就會癱瘓；同樣，教育行政組織倘若缺乏溝通，則整個組織的運行即陷於停頓狀態。」溝通對於教育行政組織運作和工作推展的重要性可見一斑。以下分別就：(1)教育行政溝通的基本概念：意義、目的與類型；(2)教育行政溝通的模式與障礙因素；(3)提升教育行政溝通成效的原則；(4)教育行政溝通案例討論等四部分加以探討。

第一節　教育行政溝通的基本概念

壹　教育行政溝通的意義與目的

一、教育行政溝通的意義

　　對溝通下定義的學者頗多，表 11-1 舉述一些國內外學者的看法，以知其梗概。

表 11-1　溝通之定義

學者（年代）	定義
McCloskey（1967）	個人或團體藉以傳遞觀念、態度或事實到其他個人或團體的一種心理—社會歷程。
Barnard（1968）	溝通乃個人與個人間傳遞有意義符號的歷程。
Lewis（1975）	溝通乃是藉分享訊息、觀念或態度，使得送訊者與收訊者之間產生某種程度的共同瞭解。
Guthrie & Reed（1991）	溝通是個人透過共同語言或一組行為，將觀念、思想、意見、訊息和感覺傳遞給一個人或更多人的歷程。
Gibson, Ivancevich, & Donnelly（2000）	溝通是透過使用共同符號對訊息和理解的傳遞。
謝文全（1985）	溝通是個人或團體相互間交換訊息的歷程，藉以建立共識、協調行動、集思廣益或滿足需求，進而達成預定目標。
吳清山（1991）	溝通是個人或團體傳達情感、訊息、意見或事實到其他的個人或團體，使彼此能夠產生相互瞭解的歷程。
林新發（1995）	教育行政溝通是教育行政組織人員或團體相互間交換訊息、表達情感的歷程，藉以表現出所期望的行為、建立共識、協調行動、維持組織運作、集思廣益或滿足成員需求，進而達成預定的教育目標。
鄭彩鳳（1998）	溝通是個人或團體透過有關的媒介將訊息、情感相互傳遞的歷程，其作用主要在增進彼此的瞭解與共識的建立。

　　由表 11-1 的析述可知學者對於溝通意義的界定未盡一致。而參酌前述國內外學者的看法，可以將「教育行政溝通」一詞定義為：「個人或機關團體透過符號媒介，交換教育行政事務有關的觀點、意見、情感、事實等各種訊息的歷程」。此項定義的內涵包括以下幾項要點：

　　1. 教育行政的溝通者不侷限於個人，它可以是個人、團體或機構。

　　2. 教育行政溝通涉及教育行政事務有關的觀點、意見、情感和事實等各種訊息內容。

　　3. 教育行政溝通需透過符號媒介來達成。符號媒介可以是語言、

文字、圖像或行為等。

4.教育行政溝通基本上是一種訊息處理與交換的行動歷程。

二、教育行政溝通的目的

教育行政溝通的目的，雖然會依溝通者、時機及溝通事務等之不同而有所差別。但一般而言，主要環繞在下列幾個要項上：

1. 增進瞭解：透過溝通增進對教育行政事務及彼此之間的瞭解。
2. 發揮集思廣益效用：藉溝通發揮相互激盪的效用，尋求問題的適當解決方法和共識。
3. 化解僵局和障礙：進行溝通，協調各種不同觀點和歧見，以化解推動行政事務可能遇到的僵局和阻礙，使行政事務能夠順利推動。
4. 促進組織統合的功能：運用溝通，統合各級單位的人力、物力與心力，使能產生一致的行動，發揮合作的功能。
5. 滿足心理需求：透過溝通，可以讓人有受尊重的感覺，滿足人員對於行政事務的參與感和心理需求，也可以激發榮辱與共的一體感和貢獻意願，有助於提升工作士氣和組織氣氛。
6. 掌握任務及謀求發展：藉著溝通，不但可以使人瞭解應執行的工作任務，也可以獲得與任務執行過程有關的訊息，不僅有助於掌握工作任務狀況，也能從中尋求行政作為及組織發展改善的機會。
7. 獲取友誼與支持：進行溝通行動，可以增進良好的友誼關係，也可以爭取同仁或社會大眾的接納與支持。

總而言之，教育行政溝通的目的具有多元性，其意圖是積極和具建設性的。溝通者在溝通歷程中，對於溝通的目的要有清楚的認知，如此溝通行動才不至於失去方向和重點。

貳 教育行政溝通的類型

溝通可依溝通管道、溝通的媒介、發話者和收話者雙方回饋反應的情形、溝通發動的職位方向、訊息流動的網路型態等區分成不同的溝通類型（黃昆輝，1988；張慶勳，1996；秦夢群，1997；Lunenburg & Ornstein, 1999; Hoy & Miskel, 2001），以下分別說明之：

一、依溝通的管道來分

可分為：

㈠正式溝通

係指循組織職權及具有法定效力的管道和形式所進行的溝通。如公文、簽呈、公告、公報，及其他具正式行政效力的會議等皆屬之。

㈡非正式溝通

泛指正式溝通方式之外所進行的溝通。它不受組織職權和法定效力的約束，溝通者可以自由選擇溝通的時間、地點、方式等。如在私下場合交換意見、聊天、發抒對問題的看法、傾吐心裡的感受等皆可視為非正式溝通。

二、依溝通的媒介來分

可分為：

㈠口語溝通

即透過口頭語言表達所進行的溝通。

㈡非口語溝通

即以面部表情、視線接觸、身體姿勢、音樂、海報、電腦動畫、

雕塑、文字等非口語表達所進行的溝通。

三、依發話者和收話者雙方回饋反應的情形來分

可分為：

㈠單向溝通（one-way communication）

指單向傳遞訊息的溝通。亦即僅是送訊者（來源）將訊息傳送給收受者（目的地或對象），至於收訊者對於信息是否有疑問，或對訊息的認知是否正確無誤，並無回饋和檢核，僅為單向傳遞訊息。

㈡雙向溝通（two-way communication）

指送訊者和收訊者間不但具有訊息傳遞，也有相互訊息回饋的溝通。送訊者將訊息傳送給收訊者，收訊者收到訊息後，可以針對訊息內容提出疑問、意見或感受，並將它傳送給原送訊者，然後原送訊者再就所提出的問題、意見或感受加以回應說明，如此往復循環的溝通型態即是雙向的溝通。

四、依溝通發動的職位方向來分

可分為：

㈠上行溝通（upward communication）

係指下級人員向上級人員表達其觀點、意見、態度或事實的溝通。如「教育局科員→教育局長」、「學校主任→校長」的溝通。溝通的內容常是關於工作執行情形、成果報告、請求事項、詢問任務、對組織工作或政策上的改進意見、成員的感受與態度等。

㈡下行溝通（downward communication）

意指上級人員將訊息向下傳遞，以獲得部屬瞭解、合作、支持、採取行動的溝通。如「教育局長→教育局科員」、「學校校長→主

任」的溝通。溝通內容常是有關工作任務引導、組織規章和政策說明、成員工作表現、組織績效評估等有關的問題和訊息。

(三)平行溝通（horizontal communication）

係指同等級單位或職級相當的人員所進行的溝通。如「課長與課長」、「主任與主任」之間進行的意見、心得或工作訊息交流即屬平行溝通。

(四)斜行溝通（diagonal communication）

指組織中跨越不同層級部門或人員之間的溝通。尤其是指不同單位且職級不相等的人員間進行的溝通。如「學管課長與國教課組員」、「輔導主任與教學組長」之間所進行的各種訊息交流屬之。

五、依溝通訊息流動的網路型態來分

可分成五種「基本」型態，如圖 11-1：

1. 鏈型網路（chain）：溝通網路成一直線型態，只能由上而下或由下而上，不能平行或越級進行。
2. 輪型網路（wheel）：溝通之進行主要依賴居於輪軸中心之人，

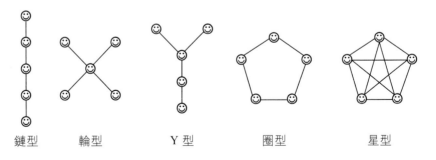

鏈型　　　輪型　　　Y 型　　　圈型　　　星型

圖 11-1　各種基本溝通網路

資料來源：秦夢群（1997）。**教育行政——理論部分**（頁 512）。臺北市：五南圖書出版公司。

周邊成員彼此並無溝通聯繫的現象。

3. Y型網路（Y network）：訊息傳遞網路如同英文字母Y型態之溝通。

4. 圈型網路（circle）：溝通訊息向鄰近之人傳遞之溝通網路型態。

5. 星型網路（star）：此種網路又稱為全方位型網路溝通。溝通者彼此之間皆可以自由交換訊息，其訊息傳遞的型態如圖11-1中之星型所述情況。

以上五種溝通網路只是基本型態，並非涵蓋所有溝通網路型態。換句話說，尚可以有其他變換型態之溝通網路。至於其溝通成效，國內學者秦夢群（1997）曾統合學者研究的發現，將前述五種溝通網路之成效歸納如表11-2。

表11-2　溝通型態在各評鑑指標上之表現

溝通型態 評鑑指標	鏈型　輪型　Y型 （集權式溝通網路）			圈型　星型 （分權式溝通網路）	
速度					
對簡單問題	較快	較快	較快	較慢	較慢
對複雜問題	較慢	較慢	較慢	較快	較快
正確性					
對簡單問題	較佳	較佳	較佳	較差	較差
對複雜問題	較差	較差	較差	較佳	較佳
成員工作滿意度	較差	較差	較差	較佳	較佳
工作轉換之適應性	較慢	較慢	較慢	較快	較快

資料來源：秦夢群（1997）。**教育行政——理論部分**（頁514）。臺北市：五南圖書出版公司。

六、其他

除了以上各種溝通分類型態外，尚可依其他指標進行溝通分類，例如，尚可以依溝通者是否到場當面溝通的情形分為：面對面溝通和非面對面溝通（如電話溝通、電子網路溝通）。也可依當事者溝通接觸的狀況分為：直接溝通（即當事者直接接觸所進行的溝通）和間接溝通（透過第三者接觸所進行的溝通）。

第二節　教育行政溝通的模式與障礙因素

壹　教育行政溝通的模式

討論溝通模式的文獻頗多，難以盡列。本節根據溝通模式所具有的概念和實用性價值，選擇介紹Gibson、Ivancevich與Donnelly（2000）的溝通歷程模式和Park（1990）的溝通狀態模式，提供參考。

一、Gibson、Ivancevich 與 Donnelly 的溝通歷程模式

如圖 11-2 所示，Gisbon、Ivancevich與Donnelly（2000）的模式主要在說明溝通歷程的基本要素，此模式所指出的要素包括送訊者、編碼、訊息、媒介、解碼、受訊者、回饋和噪音，以下分別說明之：

㈠送訊者

指在溝通歷程中，欲將訊息傳遞給他人的溝通者。

㈡編碼

送訊者欲將觀念、意見傳遞給他人，他需先將它轉換成系統性的

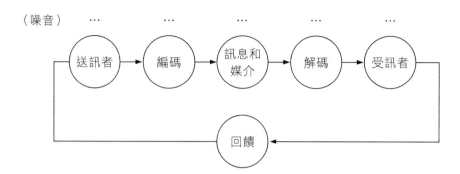

圖 11-2　Gibson、Ivancevich 與 Donnelly 的溝通歷程模式

資料來源：Gibson, J. L., Ivancevich, J. M., & Donnelly, J. H.（2000）. *Organizations: Behavior, structure, processes*（p.402）. Boston: McGraw-Hill.

符號，以表達其溝通意圖。此種轉換歷程與作為即是編碼。

(三)訊息

編碼的結果即成為溝通的訊息，它是溝通的內容部分。溝通的目的藉著訊息交換達成。訊息可分成為口語傳遞的訊息和非口語傳遞的訊息（如透過肢體動作傳達的訊息）。在溝通中有些訊息是意圖的或事先知覺的，有些訊息可能是非意圖的或非事先知覺的。

(四)媒介

媒介是承載訊息的工具。如語言、文字、圖像、肢體動作、表情等皆是訊息的媒介。溝通訊息透過媒介來傳遞。溝通訊息若要有效的傳遞，溝通的語言、文字或其他符號媒介必須是溝通者彼此可以理解的。

(五)解碼

送訊者透過媒介傳遞的訊息，需要經過受訊者的解釋歷程才能加以理解，此一解釋的理解歷程和行動即是解碼。受訊者對於訊息的解釋，一般係根據其先前具有的經驗和參照架構。因此，不同人由於其

經驗背景和參照架構不同，對於訊息的意義解釋可能會有不同。為了避免溝通訊息的意義遭到誤解，雙向溝通與意義的確認有其必要。

㈥受訊者

係指溝通歷程中的訊息接受者而言。對溝通的送訊者來說，訊息的接受者即是溝通的對象。它像送訊者一樣，可以是個人，也可以是團體或是機構。

㈦回饋

在溝通歷程中，受訊者接受送訊者的訊息之後，對於送訊者所作出的口語或非口語的回應，即是溝通的回饋。此一回饋行動是區別單向溝通和雙向溝通的關鍵。在單向溝通中，只有送訊者單方給予訊息，受訊者沒有提供送訊者回饋。雙向溝通則有相互回饋行動。在單向溝通中由於缺乏回饋行動，因此，訊息透過單方解釋的結果，意義被扭曲的情況相對較高，接獲訊息意義受扭曲及適時加以更正的機會亦相對減少。

㈧噪音（noise）

在溝通歷程中，所有會造成訊息扭曲的干擾因素稱為噪音。噪音可能發生在溝通的每一項要素或環節中。例如，校長可能會在時間急迫的情況下，對於溝通訊息表達不完整；學校同仁也可能會因為經驗或關注焦點不同，對於校長表達的語意產生解釋不同的情形。

二、Park 的溝通狀態模式

前述 Gibson、Ivanceich 與 Donelly 的模式有助於我們瞭解溝通的歷程及其要素，而 Park（1990）的溝通狀態模式，則著眼於說明溝通者彼此間的地位、相互對待方式和溝通結果的狀況。Park 將溝通的狀態分成四種不同的模式：

㈠俗民中心模式（ethnocentric mode）

如圖 11-3，在俗民中心的溝通模式裡，溝通的一方只把溝通的另一方當成是自己的影子或化身。溝通的一方僅以自己的參照架構和認知方式加諸在溝通的另一方，以及詮釋對方的觀點。溝通另一方所擁有的文化、學經驗背景、個人獨特性和差異性被忽略和漠視。溝通的進行基本上是自我中心式的。溝通中的回饋，由於先入為主的觀念、選擇性知覺和保留的結果，並未發揮促進相互理解與激發新認知的應有功能。

圖 11-3　溝通的俗民中心模式

資料來源：Park, H. J.（1990）. *An inquiry into managerial action: Performance and re-flexive managerial action*（p.260）, unpublished dissertation of the Ohio State University.

㈡控制模式

如圖 11-4，在此種模式的情況中，溝通一方的存在與其擁有的特徵在溝通另一方的掌控和監察（scrutiny）之下，被當成是達成其預想目的的對象或客體。溝通一方的學驗背景、文化獨特性和差異性，雖為溝通的另一方所知覺，但卻僅被溝通的另一方蓄意性的選擇運用，藉以達成其目的，或成為支持其觀點、立場和權益的工具。由於溝通一方的表達和行為特質，被溝通的另一方所篩檢和蓄意利用，因此呈現的是一種操控的或控制的溝通型態。

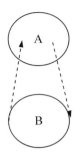

圖 11-4　溝通的控制模式

資料來源：Park, H. J.（1990）. *An inquiry into managerial action: Performance and reflexive managerial action*（p.260），unpublished dissertation of the Ohio State University.

三、辯證模式

　　如圖 11-5，在此種模式中，說話者與聽話者間，透過不斷的主客易位、問題敘述與論辯，結果可能出現三種狀況。第一種是溝通者雙方的識見，經過相互激盪之後，產生一種新的綜合。此種新綜合具有超越個人原來視野的獨特性與新奇性，它是溝通者間在追求識見融通的動機力量之下所促成。係藉由吸納和經過不同識見論辯促成，故可減低存在於溝通者之間的緊張關係，形成溝通辯證的一種暫時性的成果和出路。這種狀況與其他兩種虛假辯證的結果有所差別。其他兩種虛假辯證結果的其中一種，乃是溝通的一方依附在溝通的另一方，成為溝通對方的一部分，失去自我的認同體或隱去自己對事務的看法。這種形式的辯證溝通結果，乃是溝通一方自我盲目、疑懼遭受權威傷害、希冀獲得接納、酬償，或對溝通另一方無我的奉獻和忠誠所形成的結果。另外一種虛假辯證結果的情況，則是溝通的一方透過權力威嚇、利益誘導，或其他意圖的手段和方式，迫使溝通另一方接受和支持自己論點的情形。以上三種辯證型態，皆可能在教育行政的溝通歷程中出現。

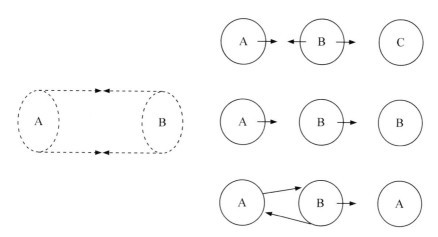

圖 11-5 溝通的辯證模式

資料來源：Park, H. J.（1990）. *An inquiry into managerial action: Performance and re-flexive managerial action*（p.260）, unpublished dissertation of the Ohio State University.

四、互談的模式（dialogical mode）

　　如圖 11-6，在此模式中，溝通的雙方在整體意義上，並非各自孤立，而是彼此密切關聯。溝通的雙方既是獨立的，也是相互依賴的。溝通者彼此完全相互開放，融入對方，「他眼中有你，你眼中有他」。溝通者間各自文化的完整性及異同性，被認知和尊重。而且，在此動

圖 11-6 互談的溝通模式

資料來源：Park, H. J.（1990）. *An inquiry into managerial action: Performance and re-flexive managerial action*（p.260）, unpublished dissertation of the Ohio State University.

態的彼此融入與關聯中，一方面形成一種相互性（mutuality）和互談式的統一（dialogical unity），另一方面卻未泯沒各自的獨特性與認同體。Park（1990: 262-3）以下的敘述說明了此種溝通的狀態和境界：

　　………經過彼此平等相待和激盪的結果，自我的某些獨特性被彰顯了（sharpened），他人的獨特性亦獲得彰顯。溝通者能從涉入中退回，與他人形成距離（steps back into distance），也能逐次再進入與他人的關係之中。透過此種雙元的移動，對於自我與他人的覺醒性被敏銳和深邃化了。這種形式的統一並不會消除溝通雙方間創造的張力。它持續著基本潛存的統一性及明顯的雙元性（duality）之間矛盾性的激盪力量。

　　以上四種溝通狀態模式，除了互談模式及辯證模式中的綜合型外，俗民中心模式、控制模式及辯證模式中的兩種虛假辯證形式，皆不符合平等、尊重、相互激盪生成，以及視野融通和超越的溝通理念，在溝通歷程中有必要加以留意和改善。

貳　教育行政溝通的障礙因素

　　在溝通的歷程中，有許多因素會對溝通的有效性造成不利的影響，形成溝通的障礙。因此，為了提升溝通的成效，對於影響溝通成效的障礙因素有必要加以瞭解。國內外有許多組織溝通和教育行政學者曾針對此一問題加以探討，例如，Champous（1999）即曾指出影響溝通的障礙因素包括：選擇性知覺、語意問題、訊息扭曲、訊息過濾、資訊過度負荷、時間壓力。Lunenburg與Ornstein（2000）認為影響溝通的障礙因素有：參照架構、過濾、組織結構、訊息過度負荷、語

意、地位差異。Gibson、Ivancevich 與 Donnelly（2000）指出存在於人際間和組織間的溝障礙要素有：參照架構、選擇性的聽、價值判斷、來源的可信性、語意問題、訊息過濾、團體內語言、地位差異、空間領域行為、時間壓力、訊息過度負荷。國內學者鄭彩鳳（1998）亦曾將影響溝通的障礙因素分成一般性障礙、上行障礙、下行障礙、平行障礙等四方面加以討論。統合這些學者的觀點，影響溝通成效的障礙因素較主要的有下列幾項：

一、參照架構上的障礙

溝通者對於問題的看法和判斷，常受到自己過去的經驗、成見、價值觀的侷限，以至於形成溝通上的困難和障礙。

二、知覺上的障礙

溝通者對於訊息的注意和選取，會受到自己的興趣和偏好的影響，也會受到訊息呈現上的誘導，選擇注意某些明顯或特殊性的訊息，以致忽略某些訊息線索及其具有的意義。另外，在溝通歷程中，也可能出現因說話者的外表或其他表現而產生「印象類推」和「月暈」效果的問題，以致影響對溝通事實的瞭解。

三、語意上的障礙

在溝通歷程中，語意表達上的問題，常會影響溝通的有效性。例如，專業上的術語或團體內的行話，一般人聽起來可能會有「霧煞煞」的感覺。有些語言本身的模糊性很高，留給聽者很大的的解釋空間，如「大家都很贊同校長的意見」，「大家」是指誰？有多少人？其間存在著模糊性，若未能進一步加以詢問確認，溝通者間可能會存有認知上的差距。

四、訊息上的障礙

溝通的「訊息來源」可能會有問題,如有人故意造謠生事、報導不實,或訊息出處有誤等;訊息可能會受到「扭曲」或「過濾」,如加油添醋,隱瞞真相,或只提供部分自己贊同的訊息等;訊息亦可能出現過度負荷,發生訊息超載現象,以致訊息無法有效處理,形成溝通上的障礙。

五、結構上的障礙

組織層級愈多,訊息傳遞的過程,愈容易產生訊息受扭曲或原意變質的情形,此種情形尤以口頭訊息傳遞最容易產生。組織層級愈多,若未能強化面對面直接溝通和確認的作為,則因為層級的阻隔,下情不能上達,或上意無法有效下達的情況便容易產生。

六、心理上的障礙

溝通者心理上的因素如自卑、焦慮、猜疑、防衛、偏執、慾求強烈、缺乏安全感等,都會影響溝通的正常進行。

七、溝通方法上的障礙

溝通方法選擇和應用不當,亦會形成障礙。例如內容龐雜的全校性九年一貫課程總綱,僅以口頭說明,學校成員聽了可能仍會遺漏部分重要內容,無法掌握其全貌。故而說明時有必要提供書面資料,甚至配合圖表和影像加以說明。又如,原本當事者宜面對面溝通的問題,卻交由第三者代為溝通,結果反而可能會因為傳話內容變質的關係,造成誤解或扭曲原意。其他不當的溝通方法,如假裝在聽、選擇性的聽、防衛性的聽等不良的聽話方法,也都會造成溝通的障礙。

八、地位上的障礙

由於溝通者在組織中的地位不同，因而可能會出現溝通障礙的情形，例如：

1. 上行溝通發現會有：報喜不報憂、地位情結侷限、溝通內容被逐級沖淡或曲解、因主管行事作風決定選擇進行溝通與否，以及「少說為妙」的觀念偏差障礙。
2. 下行溝通易出現：官大學問大、層級失真、強制、缺乏傾聽或忽略部屬感受的障礙。
3. 平行溝通則會有：專業分工隔閡、本位主義、職責劃分不清，以及彼此地位平行影響力有限的障礙。

九、地理空間上的障礙

當組織過於龐大，工作單位分散於不同地區，由於不容易從事面對面溝通，常會影響成員對問題的瞭解；又如，當開會場所廣闊，人員眾多，說話者與聽話者相隔距離遙遠，便容易發生聽不清楚或看不清楚視訊溝通內容的情形。

十、時間壓力上障礙

教育行政人員在處理行政事務時，有時由於時間緊迫，來不及召集相關人員溝通問題，或者由於容許討論的時間不足，無法充分交換訊息和意見，以致影響了對問題的瞭解和處理方式。

第三節 提升教育行政溝通成效的原則

　　溝通既然是推動教育行政事務所不可或缺的行動,而溝通的歷程中又存在著各種可能的障礙。因此,在探討教育行政溝通的議題時,有關如何提升溝通成效的問題,向來都為教育行政學者所共同關注。例如,黃昆輝(1988)曾提出有效溝通的八項原則:(1)適應知識水準;(2)動之以情;(3)曉之以理;(4)語意明確;(5)因勢利導;(6)互補作用;(7)切合經驗;(8)注意時效。

　　謝文全(1994)亦曾指出有效溝通的原則:(1)平時建立良好的溝通基礎;(2)創造成員自動協調的條件;(3)兼訴諸組織及收訊者的需要和利益;(4)藉曉之以理等方法使訊息有說服力;(5)媒介多樣化且明確易懂;(6)溝通管道要普及而暢通;(7)善用言辭或技巧維護對方的尊嚴;(8)妥善地處理僵局。

　　秦夢群(1997)認為要提升溝通的成效,宜注意五項原則:溝通時要具有同理心、統整資訊的流向、時間有效利用、注重回饋的原則、加強傾聽的能力。

　　鄭彩鳳(1998)則將有效溝通的原則分為人、事、時、地、物五個層面加以探討:

　　1. 人的層面應注意:確定收訊者特質、平時培養受信賴度、培養傾聽的技巧、善用身體語言、爭取必要人員的參與、兼顧發訊者與收訊者的利益。

　　2. 事的層面應注意:界定問題的範圍、重要訊息要重複傳遞、內容要具有說服力、控制訊息的數量。

　　3. 時的層面應注意:控制溝通的時間、慎選溝通的時間、適時提

供事實以防杜謠言。

4.地的層面應注意：場所要適宜、座位安排要恰當、注意採光、通風與溫度。

5.物的層面應注意：溝通媒介宜明確易懂、利用所有可用的媒介、兼用非正式溝通管道。

以上學者提出的原則雖未盡一致，但對於提升溝通成效都有其參考價值和重要性。由於溝通互動是一種不斷變化的歷程，是一種「動態的創造歷程」，涉入溝通的影響因素不但多元而且具有不確定性。因此，學者從不同的角度思考，提出的原則自然未盡一致。儘管如此，有些溝通的基本向度和原則，為多數溝通學者所共同關注，例如，注意溝通對象的特質、暢通溝通管道、善用溝通媒介、注重訊息表達與雙向回饋等皆是。有鑑於此，作者考量溝通的歷程要素，擬兼採組織行為學、批判詮釋學、後現代思潮等有關觀點，另從溝通的「預設」、「個體」、「問題屬性」、「訊息傳遞與型態」與「結構」五個層面（如圖 11-7 所示），提出提升教育行政溝通品質和成效的原則以供參考。

一、就溝通的預設層面而言

宜避免不利於溝通的各種預設，例如：

㈠不要預設一次溝通即能完全達成目的

溝通是一種連續的過程，溝通的成效，可以看成是一次又一次連續溝通的結果（Knapp, 1984）。愈是棘手或是爭議性高的溝通問題，往往需要透過多次耐心不斷的溝通才可能獲得解決或突破。因此，若僅以單一次溝通成效不彰，即生挫折感、退縮和放棄，會徒然喪失許多可能達成溝通成效的機會。

(五)結構層面
　如：情境／時機、外界期望／文化、
　　　法規、組織傳統、時勢潮流……

如：影響範圍、問題
　　本質（事實、價
　　值信念、規範）、
　　自主的程度（個
　　人／團體自決範
　　範圍）、急迫性、
　　頻率、強度、敏
　　感性……

(三)問題屬性層面

(四)訊息傳遞型態層面
　如：正式／非正式、語言
　　　／非語言、訊息正確
　　　性與說服力、俗民中
　　　心／辯證生成……

(二)個體層面
　如：人格特質、學
　　　驗、需求、價
　　　值與信念、健
　　　康……

(一)預設層面
　如：溝通目的實踐（單一的或連續的）、主體地位
　　　與自主性、結果出路……

圖 11-7　提升教育行政溝通成效宜考量的基本層面

資料來源：作者自繪

(二)不要預設溝通對象是完全獨立自主的

在溝通歷程中溝通者彼此間的關係具有相互性。送訊者的行為會
受到受訊者行為的影響，受訊者的行為也會根據送訊者的行為而作出
反應。例如，原本態度平和的校長，在溝通時可能會因教師態度傲慢
而被激怒；向來配合校務推動的教師，也可能會因為校長溝通時出現
命令性的行為而反彈。因此，溝通者彼此間具有一種相互倚賴與影響
的關係。除外，溝通對象的行為往往也會受到同儕規範或外在期望壓

力的影響，因而無法表現出獨立自主性，此種情況不容忽視。

㈢不要預設尊卑性的不當主體地位關係

在溝通中有時會出現類似「官大學問大」、「倚老賣老」、「歧視他人，貶抑他人」或「自卑」、「自我矮化」等不當主體地位設定和對待關係。不僅造成溝通者地位和尊嚴上的不平等，也妨害溝通訊息的交流。因此，有必要從尋求問題論證力和解決方案的有效性，以及主張「相互激盪、皆有貢獻」的角度，克服不平等的主體地位關係。

㈣不要預設溝通成果的單一性

對於溝通問題的解決方式，常具有各種可能性，因此，不要一開始即設定單一或固定的答案，以免影響問題討論的開放性，或窄化溝通的進行。此外，溝通的成果並非單純是問題的解決，透過有效的溝通尚可增進相互瞭解、促進情感、激勵士氣、提高信心、增進知能，以及為下一次溝通建立良好關係等各種功效，所以不宜將溝通的成果看成只是單一性的。

二、就溝通的個體層面而言

㈠考量溝通對象的特質

要提升溝通的成效，必須認識溝通對象的特質，如學驗背景、人格特質、價值信念、能力等，並作適當的因應。例如，當溝通對象學驗豐富，能力高、個性較強時，溝通時多用討論徵詢的口語，以及雙向論述的方式，比起使用篤定性言辭和單向陳述的方式，一般說來較容易獲得認同。當對象經驗不足、能力較低，且自信心不足時，溝通時多予鼓勵，強化其信心，以及直接告知問題處理的方式，便有其需要。

㈡誠心尊重溝通者的發言權與需求

每一位溝通者的發言權和需求都應當獲得真誠的尊重和重視。這是基本的溝通倫理要求，也是良好溝通的要件。

㈢培養傾聽的技巧

良好的傾聽是有效溝通所必需。為達到積極的傾聽可以留意以下要點：集中注意力、掌握整體的意義、留心所有線索（如語句、聲調、表情）、重述聽到的要點。另一方面要避免假裝在聽、選擇性聽、防衛性聽、埋伏性聽等不良的傾聽行為。

㈣邀請相關人員參與

良好的溝通要留意「邀請參與溝通人員」的問題。例如：如果是法令有明確規定應參與的人員，必須依法邀請其參與，並宜注意其人員組成的比例規定。參與人員如果是法令沒有明確規定的，則可考慮依事務性質邀請有關的人員或其代表參與溝通。若事務涉及專業性，則尚宜邀請有關的專業人員參與討論。

㈤創造「雙得取向」的溝通

在溝通歷程中宜儘量思索兼顧送訊者與受訊者雙方權益、平衡組織目標與個人需求，以及共同研思彼此可以接受的問題解決方案，也就是儘量創造雙得取向的溝通。

㈥妥適處理溝通衝突的問題

在溝通的歷程中有時難免會發生意見相左或其他衝突情形。在處理時可以參考以下的方法，妥適加以處理：⑴肯定溝通對象對問題的關心與該有的權利；⑵就事論事，避免人身攻擊；⑶暫停討論引起爭論的論點，改談原則，待原則取得共識再回頭討論爭論點；⑷在過程中適時讚揚溝通對象有關問題解決的建設性作為或努力；⑸提出事

實、證據或具權威者的觀點來說明自己的論點，以獲得對方的心服；(6)適度讓步，並請對方提出解決方案，創造雙得取向的溝通；(7)暫時停止溝通，待雙方情緒冷靜後，再另定時間進行；(8)可透過雙方尊敬或公正的第三者代為溝通（謝文全，1994；黃宗顯，1999）。

(七)平常要建立良好的溝通關係

平常建立良好的情誼及信賴關係，有助於溝通的進行與問題的解決。

三、就溝通的問題屬性層面而言

(一)確認識溝通問題的內容與性質

利用各種探究的途徑，如透過口頭詢問、經驗報告、資料研讀、內容比較、思辯等各種方式，以確切瞭解和掌握溝通的問題內容與屬性。例如，探討問題的關鍵所在、涵蓋範圍和影響層面如何？問題的急迫性和敏感性如何？溝通者對問題擁有的自主權限如何？是屬於事實性的問題或價值偏好的問題？如此可以減少因模糊問題的焦點與性質，致而影響溝通的成效。

(二)採取切合問題屬性的溝通行動

舉例而言，如果問題影響的人員廣、且是屬於事實性的問題，則可邀請涉及之有關人員，透過事實陳述與資料證據，針對問題加以有效說明。如果問題影響的層面廣、而涉及的是屬於個人價值偏好的問題，則溝通的問題可能已不是對錯的問題，有必要思考尊重個人選擇，或尋求訂定共同的遊戲規則，以解決爭議性的問題。如果問題具有急迫性，則需儘快採取必要的溝通行動，以解決問題；如果問題並沒有急迫性，但又具有重要性或爭議性，則可考量在容許的時間內，多作幾次溝通，以尋求可能的共識，不須急於一時強制作出決定。

(三)兼顧維持性與發展性的溝通

教育組織要兼顧維持性運作與組織的進步發展。然而根據學者的研究發現，校長平日大多數的時間可能會出現集中在例行或維持性的事務上，而僅有少數時間是用於推動與組織革新有關的議題（林明地，2003；吳勁甫；2003）。因此，為了追求組織的進步與革新，除了維持性的問題外，有必要多進行組織發展性議題的溝通。

四、就溝通的訊息傳遞與型態層面而言

(一)善用正式與非正式的溝通管道

良好的溝通常要兼用正式與非正式溝通。例如，教育局要委請學校辦理某項研習活動時，為了表示對委請學校的尊重，避免令人感到突兀和驚愕，常需先透過非正式的面對面或電話溝通方式，向委辦學校校長說明活動內容和徵請其同意，然後再以正式公文函請辦理。又如，學校會議的提案問題，若涉及爭議性，則為了避免會議時可能產生的激烈衝突，或因討論冗長影響其他議程，則有必要由提案單位或主事人員，針對所涉及的有關人員先進行私下的意見徵詢或協商，以增進對問題的瞭解和可能的共識。

(二)妥適應用各種溝通媒介

溝通的媒介可以是多樣的。口語、肢體動作、文字、音樂、圖像、網路視訊等都可以用作溝通的媒介。溝通時可依目的需要性，慎選一種或兼取多種媒介進行溝通，且宜注意意義表達的明確性與統整性。例如，當用口語稱讚別人時，臉上的動作表情亦宜表現出專注與欣賞的樣子。若口語與非口語的表達訊息不一致，則溝通對象會懷疑稱讚的真誠性。又如有些溝通內容繁複的問題，口語表達不易完全清楚，溝通者可以選擇以書面文字和圖表輔助的方式，幫助溝通。有些

活動為了溝通共同的精神或行動意涵，可以選擇以圖像或標誌加以表達。

㈢注意訊息的正確性和說服力

溝通訊息若不正確，則溝通的結果意義會受到扭曲，甚至造成重大不利的影響或傷害。因此，溝通時要注意訊息來源的可靠性，要區辨第一手資料和第二手資料，要查驗訊息內容，以及進行意義表達上必要的確認，以避免受到誤導或曲解。另外在溝通時，為了有效達成目的，應注意訊息的結構安排、條理清晰的表達，以及提供有力的證據，甚至觸發溝通對象的情感，也就是透過「說之以理，動之以情」的方式，以發揮溝通的說服力。

㈣採取促進性的溝通互動型態

理想的溝通應創造一種相互促進的溝通型態。在此種溝通型態中，參與者可以自在的交換訊息，尊重與珍視彼此的發言和感受，溝通的歷程具有鼓勵氣氛，溝通的結果不但使問題的解決方式超越個人的觀點，參與者且獲得認知上的成長、情感上的增進，以及行動上的激勵。因此，它不是「俗民中心式」或「控制模式」的溝通，而是「互談式辯證生成」的溝通。

五、就溝通的結構層面而言

㈠注意溝通的時機與情境

要提升溝通的成效，需注意溝通的時機與情境。就溝通的時機而言，基本上可以把握幾項要點：

1. 評估溝通時機的合宜性：如儘量避免在主管心情不好的時候，討論其平日不喜歡或不贊同的事項。
2. 把握允許溝通的時間：對於急迫性的問題，應儘速在可用的時

間內進行必要的溝通。對於爭議較大，看法較不一致的問題，若時間許可，則不妨留些時間，多作幾次溝通，往往可收「事緩則圓」的效果。

3. 適時掌握溝通歷程中的脈絡機會：如適時掌握時機詢問不瞭解的事項、澄清誤解、指出疑點、補充說明不足之處等。

另外，就溝通的情境而言，場所大小要適宜，通風、光線、溫度要良好，座位安排、裝飾佈置、通話器材要得當，且應儘量避免噪音干擾和其他易引起溝通者不安或威脅的環境氣氛。

㈡留心組織系統間或單位間溝通成效的問題

溝通常會因組織系統間或不同單位間的任務或處境不同，致使在訊息傳遞和解釋上產生差異。有時亦會因層級傳遞（如公文會稿）的關係，造成訊息延宕的情形。因此，有必要透過詢問或查驗的方式確認組織間或單位間溝通訊息的正確性，以及運用類似電子化傳遞的途徑提升溝通的效率。

㈢注意法規與組織傳統要素

教育行政溝通不能忽視法規與組織傳統。溝通的問題，若是涉及上級法令已有明文規定的事項，則溝通的進行與問題解決，必須符合法令規定。若是溝通事項法令沒有明文規定，而組織過去卻已建立有關的傳統成規，則溝通時應加以考量，不宜輕易忽視或不管，以免招致非議和不滿。萬一組織中的成規有不合時宜之處，則可以透過會議和公開討論的正當性程序，加以調整。

㈣注意外界期望與教育時勢

教育行政事務為學生家長和社會大眾所共同關心，教育組織內外有關的溝通事項與措施，不能與外界隔絕，應隨時留意家長及社會大眾對教育有關的期望、需求，以及教育改革時勢和社會脈動，採取有

效的溝通作為加以因應，以免教育與社會發展脫節。

㈤注重整體溝通系統的回饋與反省

教育行政溝通是一種連續探究與謀求問題解決的歷程。在溝通的行動歷程中，各種不同的因素如個人知能與需求、問題屬性、訊息傳遞、組織層級結構、溝通互動衍化與氣氛、外界介入、同時事件激盪等，都可能影響溝通的行為與有效性。因此，為了提升個人溝通行為的品質，以及達成良好有效的溝通，有必要隨時蒐集溝通系統及行為有關的回饋性訊息，並進行反省與改善作為。

第四節 案例分析與討論

壹 案例一：唉！這燙手山芋該如何處理是好？

桐林國中是南部某縣內的一所中型學校，創校已有六十幾年的歷史。學校長久以來一直保有優良校風，同事間相處和諧，沒有派系紛爭。在歷任校長及同仁的用心努力之下，學生參加縣內各項學藝及田徑競賽迭有佳績，畢業生之升學狀況雖比不上鄰近的明星私立學校，但每年升入第一志願高中職的人數狀況尚稱良好，家長雖期待學校有更好的升學表現，但對教師平日教學的努力及校長投入辦學的精神，大致持肯定的態度。整體而言，地方人士對於學校辦學的口碑不錯。

然而由於學區人口外流的關係，學校新學年自然減班，必須有部分老師撥調他校服務，學校同仁獲知此一消息，人心惶惶，頻頻向校長探詢新學年有哪些人會被調出。有些教師生怕自己在撥調榜上有名，必須流落他鄉，更直接到校長家中拜訪或央請地方民意代表向校

長關照，表達不願被調出的心願。校長感受到莫大的人事壓力，於是請人事主任召開學校教師評審委員會，依據縣內國中小減班超額教師請調及撥調處理要點，於九十二年六月二日上午討論通過學校教師撥調辦法草案，該草案辦法要點如下：

1. 各科超額教師之認定以教師證登記之科目為依據。超額教師之人數由教務處依現有教師數扣除新學年實際所需教師數計算出。

2. 任超額科目之教師，有自願為超額教師者為優先撥調，若自願人數超出名額，以在學校服務年資較長者為優先，年資相同時以抽籤方式決定之。

3. 任超額科目之教師，如無自願撥調者，依在學校服務年資最淺者優先撥調，年資相同時以抽籤方式決定之。

4. 依縣府辦法及本校行政需要不列入撥調範圍之人員如下：

    (1)擔任處室主任、組長者。

    (2)留職停薪者。

    (3)因減班調進本校服務未滿二年者。

    (4)特殊教育專長調進並擔任特殊教育班教學者。

由於事關重大，為求慎重起見，學校並於六月十五日召開校務會議討論該撥調辦法，豈料會議上群情激昂，炮聲隆隆。

教師會長首先發言：「校長，這個辦法關係學校所有老師的權益問題，本人代表教師會，卻沒有被正式邀請參與制訂辦法，實有不受尊重的感覺。再者，從這個辦法中，本人認為校長有假藉民主之名行獨裁之嫌，組長每個人都可以幹，憑什麼被保障！這些人都是校長依自己好惡聘請的，明明是有預設立場，特意加以保護，還說什麼沒有私心，一心為學校公利著想！」

校長回應：「本草案事先經由教評會成員討論擬訂，再提到校務會議來議決，本身就是一種民主和尊重。同仁對於辦法有不同的意見，都可以提出來討論，辦法也可以再修改，何來獨裁和刻意保護之

說？大家有意見儘管提，但請不要任意攻擊別人。至於組長是否不列入撥調的部分，依據縣府處理要點，可經由學校教評會討論決定，本校依法而行，沒有什麼私心問題。」

接著，帶田徑隊的王老師發言：「校長！這個辦法分明是不公平。只是依年資定奪，是否即是否定平日為學校特別付出人員的辛勞；是否說明平日犧牲假日為學校訓練各種校隊的教師都是自己活該！那以後還有誰願意再為學校多付出！」

李老師接著發言：「對不起，我也認為這個辦法大有問題。雖然說依年資決定是表示對年長教師的尊敬，但坦白說，年長就一定等於優良嗎？如果年長但本身教學服務品質不佳，或師生互動不良，常引起學生和家長抗議，難道也要優先加以保護？這樣有是非公理嗎？」李老師義正詞嚴的表達，他心中激起的是帶班經驗裡若干幕任課教師教學不力，引起學生和家長抗議的景象。

此時，在學校服務已有二十四年，前陣子教學方式曾遭學生家長抗議的呂老師馬上站起來，臉色發紅且激動的說：「你剛才說的是什麼意思！你在指誰是老賊該捲鋪蓋走路是嗎？那你說有哪些人是教學服務品質不佳的老賊？」校長見場面有點火爆立即打圓場，提醒大家平心靜氣發言。

之後，璩老師表示：「我個人是肯定校長及教評會同仁的辛勞和努力啦！這件事情確實是很難處理，應該多作溝通啦！我們現在這個辦法實在太粗糙些，嘻！嘻！我姐姐在臺北市服務，據我所知她們的辦法就比較周全，像擔任導師年資、記功嘉獎、考績等都有列入考慮啦……。」

璩老師發言完，立即有許多老師爭著要發言，有的老師在臺下彼此討論起來。校長心裡想著：這真是桐林老師最有意見的一次會議。下一步，唉！這燙手山芋該如何處理是好呢？

問題討論

一、本溝通案例中的問題屬性有何特徵？這些特徵與溝通進行有
何關係？

二、您對本案例中的溝通歷程有何看法？案例中的溝通歷程有可
以改善的地方嗎？為什麼？本章所討論的學理，有哪些可供
作改善這個溝通歷程的參考？

三、您認為桐林國中的校長，在進行這個減班超額教師調動的案
例溝通時，必須考量的溝通訊息和原則有哪些？為什麼？

四、本案例在桐林國中校長心想：「唉！這燙手山芋該如何處理
是好？」之後，您認為後續較佳的溝通作法宜如何進行？

貳 案例二：學校又不是菜市場，要來就來要走就走！

今年三月四日上午第二節下課時，大熊國小有兩位一年級的小女
生衝進校長室，上氣不接下氣的說：「校長趕快來救我們老師，有一
位阿姨在教室一直罵我們老師！」校長跟著二位小朋友到他們教室，
只見級任張老師對一位年輕的小姐大叫：「學校又不是菜市場，要來
就來要走就走！」那位小姐亦大聲吼著：「小孩子生病要帶去看醫
生，難道不可以嗎？」校長見狀，趕緊叫工友去請訓導主任來，並請
王主任把這位小姐和學生帶到鄰近的一間空教室，還未坐下她又大聲
嚷：「真是不講理！帶孩子去看病都不行！老師對我們的孩子就是有
成見！」主任請她坐下來慢慢說。

校長向這位小姐介紹：「這是我們學校的王主任，請問你是孩子
的什麼人？」她說：「我是她阿姨。」這時張老師手拿著孩子的家庭
聯絡簿氣極敗壞的走進來，一邊翻著聯絡簿給校長和主任看，一邊氣

憤的說：「你看！你看！她的聯絡簿家長都不簽名，孩子天天不寫作業家長也不管，還在聯絡簿上寫老師對她孩子有成見！」校長把聯絡簿接過來，並請張老師回教室照顧學生。接著校長對孩子的阿姨說：「你是孩子的阿姨，不是孩子的監護人，今天你到學校要把孩子帶走，這是學校不允許的，昨天全市的校長會議就特別提到這個問題。」說完，孩子的阿姨忙著解釋：「她媽媽在上班，早上打電話給我，說含婷在發燒，要我到學校帶她去看醫生。」校長告訴主任：「這事你處理一下！」接著他就先行離開。

　　主任把含婷帶到另一邊坐下，儘量不讓孩子聽到阿姨和主任的談話。孩子的阿姨告訴主任：「早上，我站在教室後面的走廊好久，老師一直上課都不理我，小朋友向老師說：含婷的阿姨來了，老師還是不理不睬，一直等到下課，我叫含婷出來，並告訴老師，要帶含婷去看病，沒想到老師卻兇巴巴的說：『學校又不是菜市場，要來就來要走就走』。上次我拿彩色筆到教室跟老師說：含婷忘了帶彩色筆，老師也不理我，老師曾經跟我姐姐起衝突，就認為我們家裡的人都一樣！那次，我在走廊聽見學生向老師說：『含婷的阿姨走了』，老師竟然向全班大聲說『不要理她！』我非常生氣，回頭跟老師說：『你給我記住！』」主任問她：「含婷的媽媽為什麼和老師起衝突？」她說：「老師在聯絡簿上寫含婷偷家裡的錢，姐姐打電話問老師，無憑無據，怎麼能憑同學一句話就說含婷偷錢！」主任說：「既然聽說孩子偷錢，不僅是老師要查清楚，家長也應該注意這件事，剛才聽張老師說，聯絡簿家長都不簽名這是為什麼？」她說：「含婷的媽媽上班很忙，孩子放學大多到我們家，聯絡簿有時由我簽，有時忘記就沒簽，從上次老師說含婷偷錢後，我姐姐就不簽了。」

　　主任翻開含婷的聯絡簿，幾乎每篇都被老師印「×」號，有一篇連絡事項欄老師寫著：「天天多話又欠專心，講都講不聽，實在很煩人。」家長簽章那一欄簽有孩子爸爸的名字，過幾篇老師又寫著：

「以下二點我已費心盡力指導，但無效，故放棄。如果你關心子女的將來，請自行處理：(1)天天不寫回家功課；(2)常常帶很多錢上學，是向媽媽偷的（她親口向同學說的）。」在同一篇下面家長寫了以下的話：「(1)回家功課我會叫含婷寫；(2)含婷從來不會給媽媽偷錢，含婷的錢從開學到現在都是開口跟家裡的人拿的。我覺得老師只相信別的小朋友，從來不相信含婷，從聯絡簿第五篇開始，我就覺得老師偏心。」從這一篇開始家長都沒有簽章。孩子的阿姨口氣稍緩和的說：「含婷不能繼續在這個班，我希望能讓她轉班。」學校一直都不允許學生轉班，面對張老師和這位學生家長的衝突，王主任思索著該如何運用雙得的策略，去化解他們之間的衝突。（感謝○主任提供本案例初稿。）

問題討論

一、本案例中級任老師與家長溝通的問題癥結出在哪裡？

二、案例中有哪些溝通行為有待改善？為什麼？如何加以改善？

三、您認為在整個溝通過程的脈絡中，張老師與含婷的媽媽雙方是否有機會做好溝通或化解雙方的衝突？其可以採行的溝通作為如何？

四、您對案例中校長和王主任把含婷的阿姨帶到另一間教室的溝通作為有何看法？面對含婷的阿姨提出的轉班要求，王主任宜如何溝通處理？

五、本案例王主任可以如何應用雙得的溝通策略，以協助張老師和含婷的媽媽及阿姨化解雙方的衝突？

中文部分

林明地（2003）。校長學。臺北市：學富。

林新發（1995）。教育與學校行政研究──原理和實務分析。臺北市：師大書苑。

吳清山（1991）。學校行政。臺北市：心理。

吳勁甫（2003）。競值架構應用在國民小學校長領導行為與學校組織效能關係之研究。國立高雄師範大學教育學系碩士論文。未出版。

黃宗顯（1999）。學校行政對話研究。臺北市：五南。

黃昆輝（1988）。教育行政學。臺北市：東華。

秦夢群（1997）。教育行政──理論部分。臺北市：五南。

張慶勳（1996）。學校組織行為。臺北市：五南。

鄭彩鳳（1998）。學校行政──理論與實務。高雄市：麗文。

謝文全（1985）。教育行政──理論與實務。臺北市：文景。

謝文全（1994）。學校行政。臺北市：五南。

外文部分

Barnard, C. I.（1968）.*The Functions of the executive*（18th ed.）. Cambridge: Harvard University Press。

Champous, J. E.（1999）. *Organizational behavior: Essential tenets for a new millennium.* New York: South-Western College Publishing.

Hoy, W. K. & Miskel, C. G.（2001）. *Educational administration: Theory, research, and practice.* Boston: Mcgraw Hill.

Guthrie, J. W. & Reed, R. J.（1991）. *Educational administration and policy.* Boston: Allyn & Bacon.

Gibson, J. L., Ivancevich, J. M., & Donnelly, J. H.（2000）. *Organizations: Behavior, structure, processes.* Boston: McGraw-Hill.

Park, H. J. （1990）. *An inquiry into managerial action: Performance and reflexive managerial action.* Unpublished Disseration of the Ohio State University.

Simon, H. A. （1957）. *Administrative behavior* （2nd ed.）. New York: Free Press.

Lewis, P. V. （1975）. *Organizational communication: The essence of effective management.* Columbus: Grid.

Lunenburg, F. C. & Ornstein, A. C. （2000）. *Educational administration: Concepts and practices.* Belmont: Wadsworth.

Knapp, M. L. （1984）. *Interpersonal communication and human relationships.* Boston: Allyn and Bacon, Inc.

McCloskey, G. （1967）. *Education and public understanding.* New York: Haper & Row, publishers.

第十二章

教育政策分析

第一節 教育政策的本質

　　一般所謂「政策」看成是「價值的權威性分派」之事務。根據
Kogan（1975）的看法，政策是價值的操作性敘述，規範性意向的傳
達。由於價值無法隨意的依附在社會的脈絡裡，因此需要考量，誰的
價值在政策中有效，誰的價值在政策中無效的問題。在本質上，政策
無法與利益、衝突、統治，以及社會正義分開。因此，在政策中往往
發現矛盾、不連續、妥協與例外的現象，這些現象雖未必合理，但是
也非常的實際。

　　在一個複雜而多元的現代社會裡，可以想見的，教育政策從制定
到執行是一項複雜的任務，而教育政策分析本質上是面對一個不容易
處理的事務。教育政策通常被視為：某些種類的陳述，通常寫在政策
文件中（Trowler, 2003）。以這種觀點來看，「教育政策」界定為：明
確的原則與行動，與教育的議題有關而須遵循者，或應該遵循而設計
為達成此預期目的者（Trowler, 2003: 95）。

　　由於教育事務涉及的層面廣、影響的人數多，形成教育政策考慮
的問題也多。穩健的教育政策要能達成預期成效，需要把握一些基本
的原則。因此，一個更清晰的輪廓來思考教育政策的本質顯得相當的
重要，聯合國教科文組織（UNESCO）在《學習：內在財富》這本書
的一些呼籲，提供了許多重要的訊息可供參考，例如：

　　1.「公平」（equity）、「適切」（relevance）、「卓越」（excel-
　　　lence）三個目標必須普遍存在教育的政策中，任何參與教育計
　　　畫與從事教育實際的人士，要努力尋求這些目標的和諧。

　　2.教育更新及教育改革，必須是深思熟慮的檢視與瞭解。所謂成

功的政策與實施,同時也要瞭解特殊的條件與特殊環境的必要關聯。決定必須建立在共同的協議,透過黨派的協商取得共識。

3. 進行教育發展所有的方法必須考慮國際社群與聯合國系統基本與同意的價值,包括:人權、容忍與瞭解、民主、責任、普遍性、文化認同、追求和平、環境保護、知識分享、消除貧窮、人口控制與健康。

4. 教育是整個社會的責任,除了特定的機構之外,必須考慮所有的人與所有伙伴的參與(UNESCO, 1996)。

因此,我們可以理解:進行教育政策分析始終要把持「公平」(equity)、「適切」(relevance)、「卓越」(excellence)三個目標原則,去面對教育發展的問題;教育決策是經由共識的取得,而不是決策者單純的決定了一件事情而已;國際社群與聯合國系統基本與同意的價值是各國教育政策必須面對的核心課題;如果需要透過分析論教育的成敗,也要考慮每一個社會的成員都有應負的責任。

第二節 教育政策分析方法

可以用來進行教育政策分析的方法很多,例如進行教育政策問題建構的方法,可以透過焦點問題的調查、相關研究的整合分析(meta analysis)、焦點訪談、概念構圖、類別分析、政策德菲法等等;政策推介的方法有可行性評估、成本效益分析、多元特徵效用法等;其他尚有教育政策監控與政策評估或評鑑的許多方法。以下就共識度分析、可行性分析以及成本效益分析三者加以介紹:

壹　共識度分析

　　傳統上透過德菲法（Delphi technique）來反覆整合研究對象的主要意見，以便獲得有效的判斷值。傳統德菲法有許多限制，資料的統計也比較簡略，在此可以用「模糊相似性整合法」（FSAM）來彌補此項技術的缺點，應用電腦套裝軟體，如 FuziCalc 套裝軟體來解決運算上的困難。

　　Kacprzyk、Fedrizzi 與 Nurmi（1992）認為共識程度（degree of consensus）可以顯示距離「完全認同」有多遠，瞭解之間的關係。利用每位專家的偏好判斷（preference judgment）來建立每位專家個別的模糊偏好關係（fuzzy preference relation），進而計算團體的偏好關係，以解決團體決策的合理性問題（閻自安，1996）。

　　專家的意見可以利用正梯形模糊數（positive trapezoidal fuzzy number）來表示判斷值，利用相似性函數（similarity function）來評量專家之間的認同程度，再將多位專家彼此之間的認同程度組成認同矩陣（agreement matrix），並根據每位專家的重要性程度與相對認同程度（relative agreement degree）求得每位專家的共識度係數（consensus degree coefficient），最後可以整合出所有專家的模糊評估值。

一、建構「模糊隸屬度函數」（fuzzy membership function）

　　每位專家 E_i（$i=1, 2, 3, \cdots, n$）依據其所蒐集的資訊（或所具備的專家知識），對每項指標做出專業判斷，並認定該項指標的最大適切範圍【a, b】（$a<b$）如下：

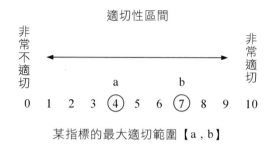

某指標的最大適切範圍【a，b】

再根據所認定的區間，建構模糊隸屬度函數，表達模糊概念為
「指標的適切範圍大約在 a 與 b 之間，亦即接近 a 與 b 的中心點」。
隸屬度函數表示的方式如下：

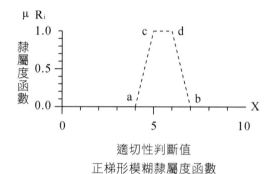

適切性判斷值
正梯形模糊隸屬度函數

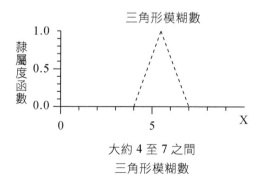

大約 4 至 7 之間
三角形模糊數

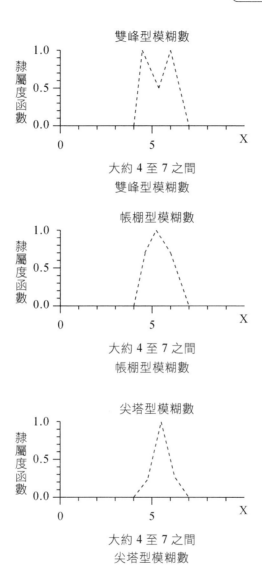

雙峰型模糊數

大約 4 至 7 之間
雙峰型模糊數

帳棚型模糊數

大約 4 至 7 之間
帳棚型模糊數

尖塔型模糊數

大約 4 至 7 之間
尖塔型模糊數

二、共識程度係數（consensus degree coefficient, CDC）

利用平均認同程度，可以算出每位專家 E_i 的共識度係數（consensus degree coefficient，簡稱 CDC）。

$$CDC_i = \frac{A(E_i)}{\sum\limits_{i=1}^{n} A(E_i)}$$

三、模糊數（fuzzy number）與重心（centroid）

根據每位專家的共識度係數CDC_i，整合出多位專家的模糊綜合判斷值R（$R = f(R_1, R_2, R_3, \cdots, R_n)$）。

所求的綜合判斷值R，若屬於正梯形模糊隸屬度函數，其上下區間為【a , b】。可根據此正梯形隸屬度函數的重心（area mean index，C）作為重心（centroid）來代表此函數的精確數（crisp number）。在計算上可利用電腦軟體 FuziCalc 的「精確化」（crisp）功能，將模糊數（fuzzy number）轉化為精確數（crisp number）來加以判別。

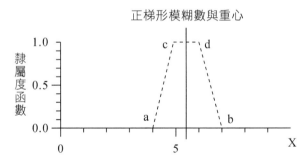

正梯形模糊數與重心

判斷值大約 4 至 7 之間
n 位專家綜合判斷值之正梯形模糊數及其重心

貳　可行性分析

可行性分析用來評估可能的政策方案選項，透過更精確的整合政策相關的資訊以瞭解未來推動政策的可能阻力與助力。一般研究所提

出的「可行性分析」或基於理論或基於研究者個別的判斷，往往過於
主觀。在此介紹的可行性分析是透過許多直接的證據來釐清問題，以
證據本位的精神來推介教育政策。可行性分析操作的方法如下：

1. 參與者：即所推介的教育政策之利害關係人，例如推動高中職
   社區化政策，與此方案直接有關的各類人員，包括教育行政人
   員、學者專家、校長／主任、教師／教師組織、家長／社區人
   士、民意代表、媒體。
2. 議題立場：以正（＋）負（－）號表示政策利害關係人對該教
   育政策支持或反對的立場。
3. 立場的強度：根據計算得出政策利害關係人對該教育政策的立
   場強度之平均值，以 0 至 1 來表示此一立場的重要性。
4. 可用資源的強度：根據計算得出政策利害關係人認為推行該教
   育政策時，可以用來影響教育政策選擇的資源強度之平均值，
   以 0 至 1 來表示其強度的範圍。
5. 可用資源的相對等第：計算政策利害關係人之可用資源的相對
   等第，亦以 0 至 1 來表示其相對重要性。
6. 加權：即該類政策利害關係人占全體政策利害關係人之比值。
7. 可行性分數：由立場強度、可用資源的強度、可用資源的相對
   等第以及加權之值相乘，得出可行性分數，其值為正或負，換
   言之，可行性分數範圍由 -1 至 ＋1，以正負號來表示立場的強
   度和方向。最後加總得到總可行性分數（total feasibility）。
8. 總可行指數（index of total feasibility, TF）：即將總可行性分數除
   以參與者類別數，公式為 F／n。
9. 調整後的總可行性指數：將總可行指數乘以參與者類別數除以
   議題立場正或負號個數，即 TF 值為正值時，調整的值以議題
   立場之正號個數為主；反之，若 TF 值為負值時，調整的值以
   議題立場之負號個數為主。轉換為公式＝TF×（n／m）。

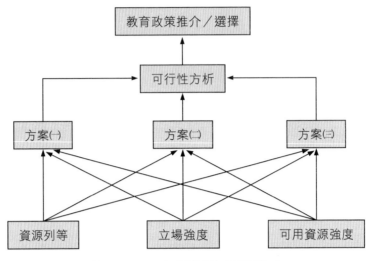

圖 12-1　可行性評估處理模式

表 12-1　教育政策可行性分析

參與者	議題立場	立場強度	可用資源的強度	可用資源的相對等第	加權	總可行性分數
教育行政人員						
學者專家						
校長／主任						
教師／教師組織						
家長／社區人士						
媒體						
民意代表						
						F =

總可行性指數＝F／n

●調整後的總可行性指數＝TF×（n／m）

參 成本效益分析

　　分析教育的成本效益（cost-benefit）是一項頗為複雜的工作，需要界定成本，需要有效的釐清效益的計算。一般在計算教育的「成本」時，以考量政府支出每生的經費、私人支出的學雜費以及機會成本為主。教育的投資報酬率考量私人收益、社會收益以及計算內在報酬率。以下利用高等教育成本效益為例來說明此一方法的應用：

一、高等教育的成本

　　高等教育投資的成本包括政府支出每生的經費、私人支出的學雜費以及機會成本（接受更高教育而捨棄的所得，稱之為機會成本）。以 1999 年的計算基準為例，公立大學政府每生教育經費支出為新臺幣 311,817 元，私立大學政府每生教育經費支出為新臺幣 164,611 元。公立大學的私人學雜費支出為新臺幣 159,672 元，私立大學的私人學雜費支出為新臺幣 371,371 元。1996-1999 期間大學的機會成本為新臺幣 877,910 元。圖 12-2 為歷年中央教育部門編列的教育經費。經費成長速度快，但是相對的學生數量也增加得快。

二、高等教育效益分析

　　臺灣高等教育的投資報酬率為何？何瑞薇（2001）根據行政院主計處出版的中華民國臺灣地區「89 年人力運用調查報告」之原始資料，以臺灣 15 至 65 歲的勞動人口為對象，計算教育人力投資收益率：

㈠私人收益率方面

　　透過 Mincer 私人邊際報酬率的計算，其人力資本薪資函數（human capital earning function）包括：個人勞動薪資、受教育之年數或教育程

大學校院教育經費

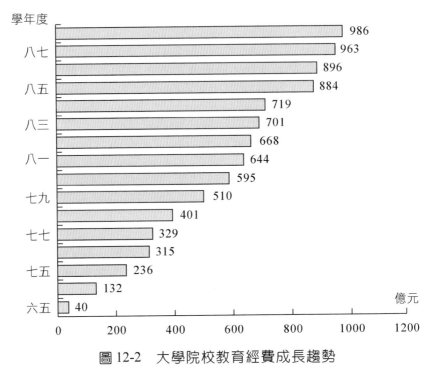

圖 12-2　大學院校教育經費成長趨勢

資料來源：教育部統計處（2002）。**教育統計指標**。臺北市：作者。

度、工作經驗年數、工作年數平方值。2000 年全體大學畢業生的收益率（報酬率）為 5.9%，男性的邊際報酬率為 5.8%，低於女性的 6.7%。高等教育提供的私人收益率，在時間的縱軸上顯現逐漸下降的趨勢。以 1990 年為例，教育程度愈高，則私人報酬率愈高。男性的大學畢業生私人收益率為 9.1%，女性為 10.3%（紀乃加，1998）。但是發展到 2000 年時，短短十年間這樣的狀況已大不如前。

㈡社會收益率方面

　　教育投資社會報酬率的估算，其效益方面的計算是根據接受更高教育所帶來的經濟效益。高等教育的社會收益，可以從接受高等教育

所獲得的薪資溢酬來估算。以 2000 年來估算，當年的大學失業率為 2.38，勞動參與率為 62.57；五專的失業率為 2.56，勞動參與率為 73.97。大學教育的平均薪資為新臺幣 50,635 元，五專教育的平均薪資為新臺幣 36,786 元（行政院主計處，2000）。

以內在報酬率來解釋社會收益率，內在報酬率的估算是利用折現後的總成本與折現後的總收入求出利率值。社會投資報酬率計算社會成本、私人成本與機會成本。教育投資的效益即接受更高教育所獲得薪資溢酬。收益期間以畢業年齡（22 歲）至 65 歲，大學的教育收益期間以 43 年計算，並假設每一年的效益與基準年 2000 相同。2000 年臺灣的公立大學社會報酬率（IRR）為 4.8%，私立大學的社會報酬率為 6.0%（何瑞薇，2001）。

㈢公私立學校的內在報酬率

如果以調整後的私人內在報酬率以及社會內在報酬率來比較發現：私立大學的私人內在報酬率為 6.82%，社會內在報酬率為 3.69%；公立的學的私人內在報酬率為 8.44%，社會報酬率為 2.55%。這個數據顯示，就讀公立大學對個人的報酬率較有利，但是私立大學的社會報酬率較高。

第三節 教育政策分析的課題

如何面對教育政策問題？一個成功的政策分析者必須能應用基本的技術，以合理的一致性與務實的觀點，來看待整個社會中政府扮演的角色。因此，進行教育政策分析所需的基本準備與考量如下：

1. 資訊整合的策略：分析者要能善用相關的資訊以及轉換相關資

訊的能力，以釐清臆測與事實、數字噱頭與證據，對資訊做出合理的運用與正確的判斷。

2. 分析問題的觀點：教育問題基本上反應社會問題，解決問題的觀點不必然只侷限在教育的框框裡。分析教育政策問題應有宏觀的視野，不必本位作祟。

3. 分析的技術：身為教育政策的分析者應熟悉有關的分析方法，尤其是量化的分析技術。不可因為方法的限制而用理念取代方法，甚至排斥技術理性以及有關的分析技術。

4. 政策執行的考量：「執行力就是競爭力」、「沒有執行力哪有競爭力」（包熙迪與夏藍，2003）。有執行，政策才有可能成功。基本上執行是一種紀律，是策略不可分割的一環；執行必須成為領導人的首要工作，組織文化的核心成分。

5. 分析倫理的架構：分析者應秉持專業倫理的堅持，體認分析倫理無所不在的意義，讓教育政策分析在專業倫理的架構下運作。分析者經常會面對私人的選擇偏好問題、訴求對象的利益，這些條件往往和分析者所知覺的公共利益不同。發展一個專業分析者的倫理規範是有其必要的。不過在等待規範出現的過程中，從客觀的分析者、訴求對象的辯護者或是問題的辯護者三者的角色扮演中，找到一個適切性的平衡，可能是比較重要的考量（張鈿富，1995）。

第四節 案例分析與討論

壹 案例一：師資培育政策評鑑

臺灣的師資培育政策已經從一元化轉變為多元化，多元化意味著師資培育管道很多，近年來師資培育的機構也大量的設置，究竟這項教育政策的目的、功能與執行成效如何？

按孔恩典範的概念，可以分別就 Locus、Focus 以及 Modus 三者來考慮如何進行師資培育政策的評鑑（丘昌泰，1995）：

1. Locus（理念重心）：釐清政策的理念重心為何？
2. Focus（問題焦點）：確立政策解決問題的焦點為何？
3. Modus（方法途徑）：政策所採行的方法途徑為何？

從 Lincoln 和 Guba（1990）的評鑑觀點來分析，除了理念、問題的釐清之外，評鑑的原則運用如下：

1. 評鑑看成是一個參與及合作的歷程。以評鑑對象達成評鑑共識為目標，而此目標必須由所有的利害關係人參與才能實現，使所有利害關係人或團體達到所謂的「同意他們所不同意」（agree to disagree）的結果。
2. 評鑑是一個教學與學習的歷程。利害關係人教（teach）評鑑者或關係人彼此有關的建構（constructions），而評鑑者再將這些建構與個人或團體間作溝通。評鑑者在協助每一個團體澄清其建構的同時，亦從中學得了另一個觀點，這是一個雙向的教育歷程。
3. 評鑑是一個不斷更新（emergent）的歷程。除了一般的歷程外，

評鑑是無法事先設計的。因為利害關係人會提出哪些訊息，或是彼此對建構或方法達成何種共識，都無法事先預測。在不斷更新的影響，只有整個評鑑終結時，才能瞭解其整組設計、方法的選定以及問題的認定。

在機構的評鑑方面，Lincoln 和 Guba 的第四代評估原則似可善加利用。然而，對目前臺灣的師資培育政策進行評估，似乎不是那麼的確切，主要的原因是評鑑對象的問題。師資培育的「政策制定者」是一種「特定集體」的共識，很難完全從利害關係人的角度去進行。也不容易進行所謂評鑑過程中「教與學」的建構。因此，要使所有利害關係人或團體達到所謂的「同意他們所不同意」的結果，在實際運作上，透過文章、研討的溝通不容易達成此一目標。

如果以理念重心、問題焦點、方法途徑三者來評鑑多元化師資政策，根據前述的政策評鑑理念，可以檢視下列三個主要問題：

1. 多元化師資培育政策的理念重心為何？（Locus）
2. 多元化師資培育政策解決問題的焦點為何？（Focus）
3. 多元化師資培育政策所採行的方法途徑為何？（Modus）

與此三個核心問題有關的多元化師資培育政策評鑑內涵分述如下：

一、政策目標

近年來師資培育政策最重要的目標似是「多元化」的合法化，以法律的規範來約束師資培育多元精神的落實。此一政策目標也經過相當長時間的辯論，在就業市場競爭的壓力下，傳統師範院校面臨開放政策的挑戰。以多元化及開放性兩個標準來看，目前的師資培育政策是採行「有限制的多元」與「不完全的開放」政策。

1. 多元化方面：有限制的多元，是指教育部決定多元培育的內涵，培育機構仍有相當大的外部約束力量。
2. 開放性方面：目前的師資培育雖有開放的跡象，在核准制的規

範下，這是一種「不完全開放」的政策。多元而不完全開放，政策捨「傳統師範」而追求「學程中心」（其後更名為「師資培育中心」）的成長與成功，似乎不太理性。

二、政策功能

多元師資培育政策要達成的功能是市場機制與品質提升，透過更自由的競爭市場來提升各校培育師資的素質。目前臺灣的發展狀況是：

1. 市場機制方面：無法完全落實，官方介入太深，從師資培育機構的員額、招生人數都要限制，這不是市場法則。或許，師資培育政策不應追求市場機制的功能，因為存在於公私立學校之間的行政運作有太多的差異，已然扭曲作為市場機制的功能。
2. 品質提升方面：相較於傳統的師範院校，目前學程的師資較不足、教授的專長不夠多元化，許多學校並不重視師資培育中心，這種種的因素，讓品質提升顯得遙遙無期。

三、政策執行

在政策執行方面，多元化師資培育政策執行的評鑑主要內容包括：

1. 是否依照政策方案實施？
2. 政策執行資源是否充足？
3. 政策執行機構是否健全？
4. 是否因時、因事、因地制宜？
5. 是否有監督機制？

以此五項內容評鑑目前的師資培育政策之執行發現，近年來師資培育政策搖擺不定。在依照政策方案實施方面，只達到部分符合。例如，實習制度的定位即是一變再變，這種改變與執行所需的資源有密切的關係。在師資培育機構核准方面，雖然教育部有一套審議的流程與標準，但是審查主要是根據申請的書面資料，書面資料與師資培育

機構之間有很大的落差。目前部分培育師資的機構非常不健全，或許與書面審查制度有密切關聯。並且教育部在執行多元化師資培育的過程中，不重數據，不看市場反應，快速的擴充，已經造成嚴重的供需失衡問題。政策的執行在因時、因事、因地方面似乎沒有發揮應有的功能。而監督機制方面，目前是透過評鑑委員小組進行密集的訪視，此一監督機制的功能宜更健全，才可能落實多元化的精神。有關多元化師資政策執行，評估的結果如表 12-2（張鈿富與黃新發，2003）。

表 12-2　多元化師資政策執行評估

評鑑內容	評鑑規準 完全符合	部分符合	不符合	無法判斷
1.是否依照政策方案實施？		●		
2.政策執行資源是否充足？			●	
3.政策執行機構是否健全？		●		
4.是否因時、因事、因地制宜？			●	
5.是否有監督機制？		●		

貳　案例二：臺灣高等教育發展成效

Trow（1974）在 OECD 的高等教育研討會上提出將高等教育的發展分為：菁英型（elite）、大眾型（mass）、普及型（universal）。菁英型的大學提供的就學率是 1-15%；大眾型的大學可提供 16-50%的就學率；普及型的大學已發展到提供 50%以上的就學率（楊思偉，2000）。如果按此標準，臺灣的高等教育發展已經步入普及型。

近年來臺灣高等教育的發展顯現：私立學校在大學校院中所占的比重快速增加、研究所教育成長的比率大於大學部成長比率、技職校院在大學校院中所占比重快速增加。從這些主要的現象出發，本案例

企圖回顧促成高等教育現況的相關教育政策，以及這種發展結果的成本與效益為何。

從成本效益的觀點以及國際發展的態勢來看，一般大學的運作，資源的結構以私人捐款、政府預算與學費收入為主。在知識經濟的時代裡，大學在知識產生所發揮的效益將更為凸顯。這項資源的投入可以用教育經費占GNP的比率以及科技研究經費占GNP的比率為代表。

經濟與合作發展組織（OECD）27 國投入教育的經費占 GNP 的5.47%，這項比率在世界許多國家的平均值只有 4.5%（128 國）（The World Bank, 2000）。相對的，開發國家更重視人力資本方面的投資。以研發經費占 GNP 的比率來看，OECD 27 國的平均投入比率為 1.72%。在世界銀行的資料中，許多開發中國家並沒這項資料。但是可以想像的，開發中國家或低度開發國家的 GNP 小，可以投入科技研發的經費相對的少，在資源投入結構上居於劣勢。目前 GNP 占世界前五名的國家分別為美國、日本、德國、法國及英國，這 5 國的GNP平均值為 33,803.2 億美金，投入科技研發經費占 2.402%。OECD 發展人力相關資源投入的結構，如表 12-3。如以投入的金額論，這項比率遠超過許多開發中國家的總和。這是先進國家不斷掌握知識發展優勢的關鍵。

這種持續投資於高等教育的理念將會帶給我們何種啟示？尤其是近年來臺灣的經濟狀況轉為惡劣之際，臺灣高等教育政策的積極作為如何？

臺灣高等教育發展歷經多年的政策調整，是否因此更達到政策目標？在此以數量擴張、均衡發展，以及性別就學機會來分析高等教育政策的落實程度。

一、質量並重 vs.數量擴張

質量並重是高等教育政策追求的目標，然而近年來大專院校的學生人數成長快速，尤其是科技類的大專學生人數增加最快，如圖 12-3

表 12-3　OECD 發展人力相關資源投入的結構

國家名稱	GNP（十億）	GNP 排行	教育經費	研發經費占 GNP 之百分比
Australia	387.0	14	5.4	1.80
Austria	216.7	21	5.4	1.53
Belgium	259.0	19	3.1	1.60
Canada	580.9	9	6.9	1.66
Czech Rep.	53.0	48	5.1	1.20
Denmark	175.2	23	8.1	1.95
Finland	125.1	31	7.5	2.78
France	1465.4	4	6.0	2.25
Germany	2179.8	3	4.8	2.41
Greece	123.4	32	3.1	.47
Hungary	45.7	52	4.6	.68
Ireland	69.3	43	6.0	1.61
Italy	1157.0	6	4.9	2.21
Japan	4089.1	2	3.6	2.80
Korea, Rep.	398.8	12	3.7	2.82
Mexico	368.1	15	4.9	.33
Netherlands	389.1	13	5.1	2.08
New Zealand	55.4	46	7.3	1.04
Norway	152.0	25	7.4	1.58
Poland	151.3	26	7.5	.77
Portugal	106.4	33	5.8	.62
Spain	555.2	10	5.0	.90
Sweden	226.5	20	8.3	3.76
Switzerland	284.1	18	5.4	2.60
Turkey	200.5	22	2.2	.45
United Kingdom	1264.3	5	5.3	1.95
United States	7903.0	1	5.4	2.63
OECD 27 國平均	851.2		5.47	1.72
世界平均（148 國統計）	204.4（138 國）		4.5（128 國）	
GNP 前五名之平均值	3380.32		5.02	2.408

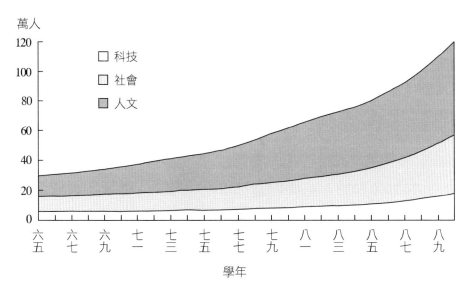

大專院校學生人數

萬人

圖例：
□ 科技
□ 社會
■ 人文

學年

圖 12-3　大專院校的學生人數成長趨勢

資料來源：教育部統計處（2002）。**教育統計指標**。臺北市：作者。

所示。快速的擴充反映素質跟不上數量的發展。最明顯的例證是公私立學校比率的失衡，公立學校投入的學生單位成本遠高於私立學校，但是臺灣高等教育的學生數私立所占的比重遠高於公立的學校。以2000-2001 年為例，專科學生數為 444,182 人，其中公立專科學校有55,294 人（占 12.45%），私立專科學校有 388,888 人（占 87.55%）。大學本科生 564,059 人，其中公立大學有 178,509 人（占 31.65%），私立大學有 385,550 人（占 68.35%）（教育部，2001）。

二、平衡人文與科技 vs.科技掛帥

平衡的發展人文與科技教育是多年來高等教育努力的方向，但是隨著市場發展的趨勢，科技相關的領域快速發展，人文與科技發展失衡，目前反映在大專院校的現象是科技掛帥。

　　過去大專數量的發展反映產業發展的需要，近年來臺灣的產業面臨必須轉型的課題，製造業在知識經濟產業的衝擊下已有重新定義的必要。但是大專院校的轉型仍有許多實際上的困境，例如，學校設備更新不易、教師的專長轉變不易，再加上未來激烈的國際競爭，產業存活期或是產品的生命週期無法預期。這些不易掌握的變數，衝擊著一向力求穩定的高等教育培育與就業體系。

三、性別差異 vs.兩性機會均等

　　1976-2000 年間，臺灣高等教育的淨在學率（18-21 歲學齡人口淨在學率＝該教育相當學齡學生數／該相當學齡人口數*100）由 9.97%增加為 35.43%，其中女性的淨在學率由 8.73%增加為 38.90%；男性有 11.15%增加為 32.14%。以粗在學率（高等教育學齡人口粗在學率＝該級教育學生數／該相當學齡人口數*100）來分析，男性由 19.31%增加為 57.7%，女性由 11.91%增加為 64.35%（教育部，2001）。女性在高等教育，不論是淨在學率或粗在學率都已經比男性高，顯示兩性在高等教育的就學機會相當均等。

參 案例三：OECD 教育指標之 GDP 投入比率

　　OECD 2001 教育指標列舉了 31 項指標，分別歸屬於教育背景資訊，財政、人力資源與教育投資，接受教育、參與及進步，學習環境與學校組織，個人、社會與教育的勞動市場結果，教育學習結果等六類指標。這六類指標也充分反應教育系統的脈絡（context）、輸入（input）、過程（process）與輸出（product），這些指標配合所呈現的數值資訊，可以充分反應先進國家教育發展的概況，OECD 2001 教育指標簡述如下：

A.教育背景資訊

　A1 學齡人口的規模（大小）

　A2 成人人口的教育達成（attainment）

　A3 人力資本與經濟成長之聯結

B.財政、人力資源與教育投資

　B1 每生教育花費

　B2 教育機構花費占 GDP 的比率

　B3 公私立教育機構投資的比率

　B4 整體公共教育花費

　B5 公共津貼補助學生與家庭支出

　B6 服務類與資源類的機構花費

C.接受教育、參與及進步

　C1 整個生命週期的教育參與

　C2 中等教育的參與及畢業

　C3 進入及參與第三階教育

　C4 第三階教育完成

　C5 學生接受特教資源課程（disabilities, learning or behavior diffic-
　　　ulties and social disadvantages）

　C6 成人人口與繼續教育與訓練

D.學習環境與學校組織

　D1 公立中小學教師薪資

　D2 教師與職員的年齡與性別分布

　D3 教學時間與教師的工作時間

　D4 中等教育前期教學總時數

　D5 生師比

　D6 教師在 ICT（Information and Communication Technology）的訓練

　D7 學校與教學過程中 ICT 的使用與可用性

E.個人、社會與教育的勞動市場結果

　　E1 各種教育程度的勞動力參與

　　E2 15-29 歲年齡層在教育、僱用與非僱用的情形

　　E3 青年人口在教育與工作情形

　　E4 青年人口的特定情況

　　E5 收入與教育成就

F.教育學習結果

　　F1 第 8 年級數學與科學成就的趨勢（1995-1999）

　　F2 第 8 年級數學與科學成就的差異（1995-1999）

　　F3 收入不公平與閱讀素養不公平

　　F4 第 8 年級數學與科學成就的性別差異（1995-1999）

一、分析重點

　　透過教育指標的相關資訊，以 B1 每生教育花費與 GDP 有關之教育經費為例，可以進行 OECD 國家在教育投資方面的分析。根據 OECD 教育概覽所提供的資訊，大體而言，OECD 國家教育部門的投資呈現下列主要現象：

- OECD 國家在支持教育性機構的花費占 GDP 的 6.1%。
- 主要的 OECD 國家，公部門和私部門的投資在 1990-1996 逐漸增加。
- 在大部分 OECD 國家中，教育經費成長的速度快過於國家財富的成長。
- 以平均而言，OECD 國家約有 14% 的政府支出花費在教育上。

　　就政策背景而言，此類指標提供國家財富投資於教育的比率、投資於教育機構的比率，這些教育投資隨時間而改變，可以進行橫斷面的比較，也可以進行縱貫之比較，如能有系統的分析，可以得到非常寶貴的訊息。

二、教育花費比較

教育花費一般都以比率來作為分析的基礎，不過除了比率也要看該國的 GDP 總值，以主要先進國家的 GDP 總值相對的大，只看比率會忽略投入的實際金額。全體而言，OECD 國家教育花費約占 GDP 6.1%。在 1990 和 1996 年間，9 個 OECD 國家中有 7 個在公部門和私部門的教育投資呈現增加。澳洲、丹麥、西班牙超過 20%，愛爾蘭超過 40%。在大部分國家，教育經費的增加多於國家的財富的增加。1998 年 OECD 國家教育投資占 GDP 之比率，如圖 12-4。

大部分的教育經費花在公部門的教育機構，一些國家的投資也考慮學生生活開支的津貼。政府是主要的教育財政來源，在 OECD 國家，私部門的支應約占 GDP 的 1.2%。在韓國與美國大部分私部門經費來自於家庭。由於學徒制的二元系統，德國大部分私部門的花費來自於企業界。

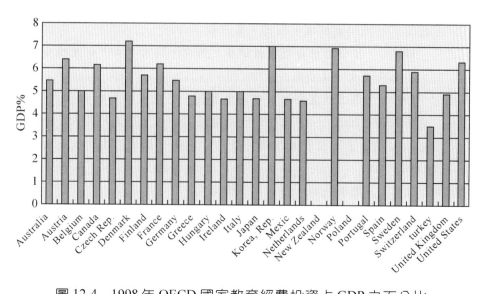

圖 12-4　1998 年 OECD 國家教育經費投資占 GDP 之百分比

在一些國家，私人的支出（如學生生活開支、書籍、其他）多於教育機構所給予的比率，在澳洲、丹麥、荷蘭、西班牙接近甚或超過 GDP 的 0.5%。

公部門經費比率，在 1970-1997 年間為增加的情況。在 OECD 國家全部經費的 6.2%至 13.5%，分配至初等、中等和後中等、非第三階教育；1.3%至 4.8%則分配給第三階教育。

中文部分

丘昌泰（1995）。**公共政策：當代政策科學理論研究**。臺北市：巨流。

包熙迪與夏藍（2003），李明（譯）。**執行力**。臺北市：天下文化。

行政院主計處（2000）。**中華民國臺灣地區人力運用調查報告**。臺北市：作者。

何瑞薇（2001）。**教育人力資本投資及其效益之研究**。國立暨南國際大學教育政策與行政研究所碩士論文。未出版。

紀乃加（1998）。**工資結構與教育報酬率之研究**。國立中央大學產業與經濟研究所碩士論文。未出版。

張鈿富（1995）。**教育政策分析：理論與實務**。臺北市：五南。

張鈿富與黃新發（2003）。**多元化師資培育政策評鑑**。發表於第三次地方教育行政論壇，臺灣教育政策與評鑑學會與臺東縣政府主辦，臺東市，2003.01.10-11。

教育部（2001）。**教育統計**。臺北市：作者。

教育部統計處（2002）。**教育統計指標**。臺北市：作者。

楊思偉（2000）。高等教育普及發展模式初探。**教育研究資訊**，**8**（4），17-32。

閻自安（1996）。**臺北地區高級中學全面品質教育指標建構之研究**。國立政治大學教育研究所碩士論文。未出版。

外文部分

Kacprzyk, J., Fedrizzi, M., & Nurmi, H.（1992）. Group decision making and consensus under fuzzy preferences and fuzzy majority. *Fuzzy Sets and System, 49*（1）, 21-31.

Kogan, M.（1975）. *Educational policy-making.* London: Allen and Unwin.

Lincolin, Y. S., & Guba, E. G.（1990）. *Fourth generation evaluation.* New Bury Park, CA: Sage.

OECD.（2002）. *Education at glance: Educational indicators.* Paris: Author.

UNESCO.（1996）. *Learning: The treasure within.* Paris: Author.

Trowler, P.（2003）. *Educational policy*（2nd ed.）. London: Routledge.

The World Bank.（2000）. *2000 world development indicators.* Washington, DC: Author.

Trow, M.（1974）. *Problems in the transition from elite to mass higher education: Policies for Higher Education.* Paris: OECD.

第十三章

教育公共關係

　　長久以來，教育機構（特別是公立的機構，不管是教育行政機關或各級學校）對其內、外部人際互動、公共關係的關注與處理，並不像其對教學事務、軟硬體設備、訓輔工作、人事、經費等議題的重視；部分比較重視公共關係的教育機構，其積極聯繫、互動、合作的對象亦相當侷限，無法擴及全面社區。形成這一種現象的原因相當多，例如：傳統如此、外部環境期望如此、教育人員對公共關係的誤解、教育工作者在公共關係的專業訓練不多、教育工作者在態度上認為只要「努力做事」就夠了、民眾在心裡面仍無法接受「教育機構仍需要花錢在公共關係」上等等。

　　然而，近年來由於學校內、外部環境的快速改變、資訊發達、全球化競爭所帶來的壓力，再加上教育革新措施在績效責任上的要求等，已讓教育機構漸漸體會到內、外部公共關係的重要性與必需性，必須投注更多的心力、時間加以關注。

　　本章探討教育機構內、外部公共關係的重要議題，主要對象鎖定在教育行政機關以及國民中小學的公共關係。第一節剖析教育公共關係的意涵與必需性，第二節描述與教育公共關係相關的理論，第三節指出教育機構在推動公共關係時必須關注的核心任務，最後提供兩個案例作為討論與應用的依據。

第一節　教育公共關係的意涵與必需性

　　從字面上的意義來看，教育公共關係（educational public relations）是指教育機構與其利害關係人（stakeholders）或公眾建立互動關係的意思，這樣的說法牽涉到三大部分：亦即所涉及的機構、管理及其相關的大眾（熊源偉主編，2002；Kowalski, 2000），其中又以雙向溝通機制

的建立、管理與落實為核心（Grunig & Hunt, 1984; Bagin & Gallagher, 2001; Gallagher, Bagin, & Moore, 2005）。影響教育機構必須與其相關人員建立良好關係的因素相當多，根據相關文獻（林明地，2002b；Goldring & Rallis, 1993; Hoy & Miskel, 2001; Kowalski, 2000; Sergiovanni, 1995），主要有外部環境改變所帶來的壓力、學校內部生態轉變所產生的要求、地方自治所形成對民意的敏感性、資訊科技發達所形成的動力、媒體開放的附帶結果、經濟不景氣所導致的經費短絀壓力、民主社會所衍生的呼籲，以及教育與學校行政的趨勢等。

茲分別說明教育公共關係的意涵，以及教育機構為何必須建立良好公共關係的必需性二部分如下：

壹 教育公共關係的意涵

教育公共關係的發展無疑的是從公共關係而來。因為在不同場合中，公共關係一詞就會不同地被認為是一個概念、專業、過程，甚至是一個目標（Kowalski, 2000），而且公共關係亦因情境的不同而有所不同，因此公共關係的意涵相當多樣，且仍在不斷進展中（Seitel, 2001）。在教育系統中，教育公共關係必須掌握「教育」與「公共關係」兩個關鍵字，換言之，**教育公共關係是在教育系統（包括教育行政機關與學校）中所進行的公共關係管理。**

延伸袁自玉（1988）對公共關係的定義，教育公共關係是採用雙向溝通的方式，使教育機構與特定大眾之間的利益、興趣與需求能互相配合的歷程。可見雙向溝通仍為核心，且涉及到「教育機構」、「大眾」及其「個人與組織所涉及的興趣與需求契合」。同樣的，熊源偉主編（2002）的《公共關係學》乙書也強調公共關係是在社會組織、傳播與公眾三要素之間的互動關係，必須以事實為依據、以溝通為手段，且以互惠為原則。Grunig（2001）特別強調「雙向對稱的公共

關係」（two-way symmetrical public relations）（p.11），是教育工作者透過研究與對話，改變組織內部與大眾的信念、態度與行為，其理想在強調社會和諧、平等、彼此的福祉，以及理想的溝通情境。

作者曾針對公共關係、教育公共關係、學校與社區關係等名詞進行頗為詳盡的意義探討，並界定學校與社區關係的定義如下（林明地，2002a）：

> 學校與社區關係是學校與其內、外部公眾之間，以相互尊重為立場而進行有計畫的、系統的、持續的、雙向的，以及真誠的溝通歷程管理，強調利用溝通媒體、參與、資源互享、彼此合作，及相互服務等方式提升相互瞭解的程度，以使學校運作良好，提高教育品質，獲致家長與社區居民的支持與協助，並使學校教育能適當地符應社區的需求（頁 19）。

這樣的定義仍可用適用於教育公共關係，但是其機構、組織必須加以改變。根據上述定義，作者將教育公共關係定義為是：**教育行政機關及學校與其內、外部公眾之間，以相互尊重為立場而進行有計畫的、系統的、持續的、雙向的，以及真誠的溝通歷程管理，強調利用溝通媒體、參與、資源互享、彼此合作，及相互服務等方式提升相互瞭解的程度，以使教育機構運作良好，提高行政、教育品質，獲致家長與社區居民、社會大眾的支持與協助，並使教育事務能適當地符應社區的需求。**

這樣的意涵強調下列幾項重點：

1. 教育公共關係牽涉到的主要元素包括「教育機構」、「內、外公眾」，及其「彼此之間雙向互動的管理」。因此教育行政機關與學校必須釐清其目標團體，以進行適切的互動。

2. 就對象而言，教育公共關係同時重視內、外部公眾。教育機構

內部關係的良窳會影響到其外部公共關係的良善與否；同樣地，教育機構的外部關係亦會影響到其內部凝聚力。

3. 在態度上，教育公共關係強調相互尊重的立場。教育機構必須接受平等、雙向、對稱、合夥關係等概念。

4. 教育公共關係是有計畫的、系統的、持續的、雙向的，以及真誠的；隨興式、零星、短視近利式、單向傳輸，以及虛假的公共關係應避免。

5. 溝通歷程管理是教育公共關係的核心。任何互動策略均需以溝通為基礎。

6. 在互動的管道上，教育公共關係可以透過溝通媒體、參與、資源互享、彼此合作，及相互服務等方式加以進行，相當多樣，教育機構亦需視情境而有所選用。

7. 教育公共關係的目的相當多元，主要包括提升相互瞭解的程度，使教育機構運作良好，提高行政、教育品質，獲致家長與社區居民、社會大眾的支持與協助，並使教育事務能適當地符應社區的需求。若以大社區的概念而言，教育公共關係將有助於整體社區的發展。

貳 教育機構建立良好公共關係的必需性

　　教育行政機關以及學校為何必須花費時間、經費在公共關係？為何必須重視其內、外部公眾良好互動關係的建立？這些問題有時會讓一般大眾產生疑惑。事實上有許多力量（forces）導引著教育機構不得不、甚至是應該做好公共關係的工作（Glass, 2000; Reitzug, 1996）。以一般機構為例，袁自玉（1988）就曾指出促進一般機構公共關係的動力，包括有科技的發展、教育水準的提升、大眾傳播媒體的成長、公共關係教育的成長，以及學術研究的發展等等。針對學校而言，秦夢

群（1997）也曾指出為何學校必須成為社區的焦點，用以支持其所主張的學校與社區建立良好關係的理由，包括：社會對學校產出與績效的要求；大眾對平等、民主與人權的重視；以及學校需借助於社會資源，以提升教育品質等。

針對公共關係的未來發展趨勢，袁自玉（1988）指出：未來各機構會增加其對所處自然、社會環境的關懷；各機構所面對的公共關係公眾會更多元；各機構公共關係的角色會更加成長，並成為行政管理的一部分，特別是政府組織（含教育行政機關與公立學校）運用公共關係的投入會更多；最後，內部公共關係同樣重要。

茲綜合相關文獻（林明地，2002b；Bagin & Gallagher, 2001; Gallagher et al., 2005; Goldring & Rallis, 1993; Hoy & Miskel, 2001; Kowalski, 2000; Sergiovanni, 1995），說明影響教育機構必須重視其公共關係較為顯著的理由如下：

一、外部環境改變所帶來的壓力

近年來社會漸趨多元，其所改變的不僅僅是人口組成、家庭結構，同時社會大眾的價值亦漸趨多元、對教育績效的要求亦漸高。從開放的社會系統來看教育系統（Hoy & Miskel, 2001），教育機構所面對的「投入」（包括環境中之人員、社會環境的資源、政策、限制），以及教育機構「產出」（特別是畢業生）所面對的環境已產生改變時，教育機構的「轉化過程」，包括組織結構上、人際互動上、政治層面，以及文化層面等，也必須有所因應、改變，而建立良好的公共關係就是其中一個可行的因應策略（Goldring & Rallis, 1993）。

二、學校內部生態轉變所產生的要求

事實上，教育系統內部亦產生許多生態上的改變。作者（2002b）曾分析近來系列的教育改革推動後，學校生態所產生的改變，其中與增進教育公共關係比較關聯的現象如下：

1. 學校運作朝向學校本位管理方向努力，學校已成為一個變革的基本的單位，一方面其與外部環境建立良好關係的責任加重，另一方面內部成員（特別是教師）對於學校事物的瞭解、參與的意願與實際提高，增加學校內部關係的重要性。
2. 對專業互動的要求提高，學校必須負起專業互動關係的建立、支持與協助工作。
3. 學校內部組織增多，權力下放、教師授權賦能的要求與實際提高，學校行政無法再採行直接命令、獨裁形式的行政方式。

三、地方自治所形成對民意的敏感性

我國縣市政府、直轄市政府教育局長係由民選的市、縣長所任命，儘管事務官的公務人員制度仍然存在，教育局長可以發揮教育專長，但因為民選的市、縣長無法脫離民意的壓力，跟隨著的，教育局長以及由教育局所領導的各級學校，就必須加強其與外部公眾的聯繫與關係建立。這種現象與美國教育系統相似，因為各地方、各州的教育董事會（board of education）不是直接民選，就是由民選的州長所任命，因此，「學校董事會成員是在一種大眾信念與價值經常影響作決定的環境中加以運作」（Kowalski, 2000: p.4）。同樣的，我國的教育行政機關與學校亦在大眾對教育決定經常具影響力的環境下工作，因此教育機構的內、外部公共關係就顯得重要。

四、資訊科技發達所形成的動力

資訊科技快速進步，人們對於資訊的需求增加，教育行政機關與學校為民主社會的重要機構，必須滿足民眾「知的權利」。其次，人際溝通形式也產生改變，人們獲得資訊的習慣也有所變動，教育機構必須有所因應，例如必須善加利用網際網路，建置正確性高、具及時性、且具友善性的網站，推銷教育組織，並供大眾蒐集相關資訊。最

後，相對地，教育機構外部環境所產生的資訊亦相對變多，透過公共關係提高對重要資訊的敏感度，並捨去不重要的資訊，做好資訊管理，對教育機構而言相當重要。

五、媒體開放的附帶結果

我國自從報業解禁、媒體開放之後，投入大眾媒體的人力顯著提升，同時大眾媒體對於社會事務的關心也因版面的增加、頻道數量、時段的增多，變得較為全面。大眾媒體對於教育事務的重視也相對增加，這可從大部分的報紙都有「文教新聞」、「教育新聞」的版面，及電視頻道經常討論教改議題的現象看出。因此教育機構必須投注心力關注公共關係，特別是與大眾媒體的互動關係。

六、經濟不景氣所導致的經費短絀壓力

受到經濟不景氣，以及長期以來政府對於教育投資的不足現象，公立學校的教育經費近年來特別感受到不足的現象。大專院校必須自籌部分經費、中小學需仰賴家長會的經費辦理相關活動，這些現象都使得教育機構必須尋找經費、資源的可能來源，以提升教育品質。教育公共關係強調雙向溝通互動、行銷學校特色，有利於其與社區其他機構的資源互享。

七、民主社會所衍生的呼籲

近年來，教育改革幾已成為「全民運動」，大眾對於參與、瞭解教育事務的需求增加，教育機構必須做好雙向溝通。對於教育機構必須與內、外部環境建立良好的互動關係，我國各項法令、教育改革方案已有所規定。這些法令與方案包括《教育基本法》、《國民教育法》、《教師法》、《特殊教育法》、《藝術教育法》等，以及小班教學精神、教學創新、九年一貫課程等教育改革方案，都要求教育行

政機關與學校必須邀請家長與社區參與教育過程。

八、教育行政與學校行政的趨勢

因應大環境民主風氣的形成，目前的教育領導已由中央集權的權威行政形式，轉變到重視網絡式的行政方式（林明地，2002a；Sergiovanni, 1995）。這樣的行政方式除強調行政效能的提升外，更重視尊重、參與、良善雙向溝通、責任等理念，也是教育公共關係所追求的理念。

第二節 教育公共關係的理論基礎

在公共關係的學術領域中，持續有一股追求能夠統整眾多概念、原理原則的理論之努力（Hazleton & Botan, 1989; Leeper, 2001）。同樣地，如果能夠條列出教育公共關係的理論基礎，將有助於教育公共關係實務的推展，以及後續研究之進行。

根據相關文獻（李永烈，1995；蔡美瑛編譯，1999；熊源偉主編，2002；Bagin & Gallagher, 2001; Brody, 2000; Chance, 2000; Coombs, 2001; Hoy & Miskel, 2001; Leeper, 2001; Owens, 1998）與教育公共關係比較相關的理論主要包括有：開放的社會系統理論、溝通理論，行銷理論，以及社區主義理論。這些理論主要作為教育公共關係實務的導引，並作為研究、分析的參考架構。

根據 Leeper（2001）引用 Littlejohn 的意見，認為一般在分析理論時大多會涉及其定義、知識論、本體論、價值論等議題，而 Hoy 與 Miskel（2001）認為：教育組織「理論是一組相關聯的概念、假定和通則，它有系統地描述和解釋教育組織中行為的規則」（p.3）。可見理論包含概念、假定和通則，主要用以描述、解釋和預測實際行為所顯

現的規則，而且理論可以刺激和引導知識進一步的研究與發展。為節省篇幅，本節以下的分析將予以打散，並混合討論這些理論的重要主張，以及其對教育公共關係的啟示二大部分。

壹 開放的社會系統理論

一、重要主張

開放的社會系統理論（theory of open-social systems）主張，組織不僅受環境價值、政治、歷史等影響，而且依賴環境，以進行其組織運作。組織從環境獲取輸入物，將其轉化，並產生輸出。組織裡面的個體除了具有其個人需求之外，亦依據其職位與角色之規範而行（Chance, 2000; Hoy & Miskel, 2001; Owens, 1998）。

一個開放的社會系統之主要元素包括：環境、投入、轉化過程（包括組織結構、人際互動、政治、文化等次系統，以及其核心任務）、產出、界線（boundary）、內外部回饋圈。這些元素彼此之間是動態互動的關係，牽一髮動全身，而且系統具有大系統、次級系統等概念（DeSanto & Garner, 2001; Goldring & Rallis, 1993; Hoy & Miskel, 2001; Owens, 1998）。以學校為例，學校所在的社區是學校的外部大系統，而學校裡面的人際互動系統，就是其次級系統。以縣市政府教育局為例，中央與地方一般行政的系統是教育局的大系統，而中小學就是教育局的次級系統。

二、對教育公共關係的重要啟示

根據上述對開放的社會系統理論的簡要敘述，可以導引出其對教育公共關係實際的啟示如下：

1. 由於外部環境對教育機構的影響事實存在，所以教育公共關係

的良窳是教育機構生存、發展的關鍵因素之一。

2.內、外部公共關係同樣重要。

3.建立良善的內、外部環境、個人與團體的雙向回饋系統，提高教育機構的敏感性，有助於教育系統的良好運作。

4.教育公共關係應該與教學、人事、經費等任務一樣，成為教育機構的核心工作之一。

5.教育行政機關與學校行政人員扮演界線管理者（boundary spanner）的角色愈來愈明顯，負責統整、協調與溝通。

6.依據系統的概念，教育公共關係亦必須具備整全系統的概念，教育公共關係的推展必須是一個有計畫的、有系統的、持續的管理歷程，長期、全面考量，並隨時檢討其目標達成度。

貳 溝通理論

一、重要主張

溝通理論（communications theory）亦稱為傳播理論，係探討送訊者與收訊者之間有意義訊息的交換歷程，其根本元素包括送訊者、訊息、溝通媒介、溝通管道、收訊者、回饋，及其環境、心理、文化背景等（李永烈，1995；蔡美瑛編譯，1999；熊源偉主編，2002；Coombs, 2001; Hoy & Miskel, 2001）。根據回饋系統的有無，溝通可以分為雙向與單向溝通，前者具有回饋系統，後者則相對較無（黃昆輝，1988）。根據機構與公眾彼此的互動關係，Grunig（2001）曾描述公共關係的四種模式，亦即單向不對稱的代理／新聞發布（agentry/publicity）模式、單向對稱的公共資訊（public information）模式、雙向不對稱（two-way asymmetrical）模式，與雙向對稱（two-way symmetrical）模式，這樣的主張可以補充單向、雙向溝通的分類，將組織與外部環境之回饋系統區

分為單向與雙向、對稱與不對稱，並加以結合。溝通理論可作為教育公共關係的理論基礎（Neff, 1989），科技愈進步，溝通理論對教育公共關係的影響愈深遠（Woodroof, 2000）。

由於溝通涉及送訊者與收訊者價值觀念、需求、期望、前有經驗等的影響，以及溝通管道、媒介的多樣化，造成個人之間與組織溝通具有複雜、主觀等特性，因此持續地傳遞訊息是溝通的基本工作，真誠、可信度（credibility）相當重要（Hoy & Miskel, 2001），而評鑑溝通效果的作為也值得教育機構加以重視。

二、對教育公共關係的重要啟示

根據上述對溝通理論的簡要敘述，可以導引出其對教育公共關係實際的啟示如下：

1. 從雙向互動的角度來看，教育機構與公眾在不同時機、場合均有可能扮演送訊者、收訊者的角色，因此教育機構必須扮演好此雙重角色。
2. 雙向、對稱回饋系統的建立與落實是相當重要的任務。
3. 持續地傳送以事實為基礎的訊息是教育機構的核心任務之一。
4. 教育機構應善用多元化的溝通媒介。
5. 教育機構需瞭解、評鑑溝通的效果是否如預期。

參 行銷理論

一、重要主張

與教育公共關係相關另一個理論是行銷理論。雖然行銷理論與溝通理論有許多相類似之處，但是行銷理論仍有其重心。其理論的核心係強調組織與客戶之間在需求的瞭解、滿足過程，特別強調目標市場

及其區隔（李永烈，1995；袁自玉，1988）。

行銷必須透過良好的組合始能達成其目標。一般而言，行銷組合強調所謂的 4P，亦即「⑴產品（product）或服務（service）；⑵價格（price）；⑶行銷通道（place or channels of distribution）；⑷促銷（promotion）」（袁自玉，1988：115）。當然，真誠、實在，仍是行銷成功的關鍵。

二、對教育公共關係的重要啟示

根據上述對行銷理論的簡要敘述，可以導引出其對教育公共關係實際的啟示如下：

1. 找尋教育機構專長部分，形成特色，較易發揮行銷的效果。
2. 瞭解學生、家長、社區居民、行政機構、老師、學校行政人員等教育機構的利害關係人對教育的需求、期望，相當重要。
3. 利用市場區隔的概念，適度區分家長與非家長、直接與間接利害關係人等，以不同的溝通、行銷策略加以互動，對教育與學校行政而言是必需的。
4. 善加規劃符合教育機構的行銷組合。
5. 辦好學校教育，誠信行銷仍為關鍵。

肆 社區主義理論

一、重要主張

社區主義（communitarianism）理論強調對組織與環境全面關係品質的承諾，重視社會凝聚力，關注核心價值與信念，試圖平衡權利與義務，以避免社會組織與環境之間彼此關聯不大、分崩離析（Leeper, 2001; Starck & Kruckeberg, 2001）。社區主義強調關係（relationships）的建

立（林明地，2002a），認為社會集合體才是最根本的實體（Beck & Foster, 1999），這種有機的關係是教育機構與其環境共同追求的理想。當教育公共關係領域愈來愈發達時，教育機構就會發現過度對大眾傳播的依賴是會受到限制的，追求教育機構與所處環境的和諧、互動，形成關懷的社區會愈顯重要。

二、對教育公共關係的重要啟示

根據上述對社區主義理論的簡要敘述，可以導引出其對教育公共關係實際的啟示如下：

1. 雙向對稱的公共關係模式較適合教育機構與所屬社區的關係。
2. 教育機構應加入對所處社區發展的責任。
3. 在與社區互動時，應強調相互尊重的態度。
4. 教育公共關係的倫理議題考量相當重要。

上述開放的社會系統理論、溝通理論、行銷理論，以及社區主義理論與教育公共關係的實務運作關係密切，有助於瞭解教育公共關係所牽涉的理念、元素等，並可從其中理解出教育機構在推動公共關係時所必須努力的核心任務。

第三節　教育公共關係的核心任務

雖然教育公共關係會因情境的不同而有差異，不容易找出放諸四海而皆準的原理原則，但作者主張為使教育機構在推動公共關係時能有可供參考的行動依據，找出教育公共關係的核心任務，仍有所助益。

根據袁自玉（1988）的看法，公共關係必須完成三大目標：管理、傳播（意即溝通）與行銷。謝文全（2002）亦曾指出學校公共關係的

目標在讓學校與社區相互瞭解，獲取社會對學校的信心與支持，協助學校善用社區資源，並使社會與學校均獲得更大的保障與進步。秦夢群（1997）也提出學校公共關係主要目標在於溝通、獲取支持，以及提升教育品質。可見透過良好溝通，引入行銷策略，獲取內外部公眾對教育機構的瞭解，進一步支持教育機構，提高教育品質，是教育機構推動教育公共關係的目標。

針對外部環境所帶來的不確定性，Goldring 與 Rallis（1993）曾提出環境管理的三大策略方向：亦即(1)增加與環境關聯，調適其變化、(2)降低對環境的依賴，提高自主性；與(3)改變環境以及環境對學校的期望。每一策略方向又另包括不等的具體環境管理策略，其中與教育公共關係較為有關的具體策略有：教育機構與所在社區承諾將非正式地彼此合作；教育機構與社區組織訂定正式契約彼此合作；教育機構與相關社區組織彼此相互選舉代表參與對方的組織運作；教育機構努力於行政與辦學，提高品質，增加其競爭力；做好行銷、傳播等公共關係；教育機構提供社區服務，做出比社會預期還要多的回應；教育機構在組織上重組、重建，以回應社區的需求；以及採取社會化的策略，縮短社會對教育機構的期望與教育機構所能提供服務之間的差距等。Henderson（2001）提出改善教育公共關係的四個步驟：研究、計畫、溝通與評鑑，Ledingham 與 Bruning（2001）亦大致接受此步驟，但特別強調隨時的監督。

茲參照上述相關理論的介紹以及其他相關文獻的主張（Steller & Kowalski, 2000; Brown & Murray, 2000），歸納教育機構在推動教育公共關係時，必須關注的幾項核心任務如下：

壹 瞭解內、外部公眾的需求與期望

教育機構改善其公共關係的首要任務就是，瞭解其利害關係人對

教育機構的需求與期望，以避免所推動的措施「亂槍打鳥」、所憑藉的只是運氣（林明地，2002a）。針對教育機構而言，其利害關係人主要包括：學生、家長、老師、行政人員、社區居民、校友、民意代表、上級機構與人員、社區機構、工商業、媒體及其工作者等（熊源偉主編，2002；謝文全，2002）。秦夢群（1997）主張要維持與社區的良好關係首先就必須瞭解、分析社區的背景，包括其社經地位、年齡組合、職業、教育程度、地理區域之特性、族群組合、政治派系等。謝文全（2002）也將瞭解、接觸社區，並讓社區瞭解及接觸視為是學校公共關係之核心任務，如此才能作為進一步彼此認識、溝通，以及發展有效策略、進行服務的基礎。教育機構內部成員的需求與期望亦不容忽視，因為它會影響內部凝聚力，是塑造組織形象的起點（熊源偉主編，2002），進而關係到其推展外部公關的意願、動力與成效（林明地，2002a）。

　　至於要如何瞭解內、外部公眾的需求與期望呢？謝文全（2002）主張可以透過社區調查、民意調查、登門拜訪、實地參觀、學校進行家庭訪問、親師座談、參與社區活動、融入課程教學之中。秦夢群（1997）則認為，學校應先將公共關係對象優先順序化，決定短期內必須特別加強的對象，並建立資料庫，訓練相關人員進行聯繫。針對內部成員需求與期望的瞭解方面，鼓勵成員參與、非正式溝通、走動管理、辦理聯誼活動、設置意見箱、熟記成員姓名、瞭解成員家庭、主動打招呼、注意禮貌、笑臉迎人等，都是可採行的措施（謝文全，2002）。

貳 訂定教育系統的整體公共關係目標與政策

　　就像學校與社區關係的推動一樣，目前教育行政機關在推動公共關係時，亦沒有整體的政策與目標，我國中央、直轄市、縣市層級教

育行政機關與學校公共關係的有關政策，目前是分散在教育基本法、國民教育法及其施行細則、教師法及其施行細則、家長參觀教學日實施要點、校園開放辦法、班親會實施要點等各項法令、辦法、要點之中，並沒有整體的公共關係政策與目標（林明地，2002a）。

　　教育行政機關應該領導各級學校、相關人員訂定教育系統整體的公共關係目標與政策，並形成書面文件，廣泛宣傳、溝通，獲取內外部成員的認同。根據整體系統的公共關係目標與政策，教育行政機關與學校才可用以規劃相關計畫、慎選策略，也才有評鑑成效的依據（Brown & Murray, 2000）。

參　適度引入行銷的概念與實際

　　在一般商品中，行銷的實際是在透過各種方式，讓目標客戶瞭解產品，進一步買下產品。教育機構的產品並不像商業組織一樣明確，因此教育機構在行銷工作上一直較為薄弱。

　　對教育機構而言，行銷的實際是設法讓相關公眾瞭解該機構所推動的行動方案與專長特色，願意參與方案活動，選擇該校就讀（對學校而言），肯定教育機構所做的努力等等。教育機構應考量的優先目標市場對象是家長、學生、教師、上級機構、民意監督單位、大眾媒體、社區居民等。

　　教育機構應針對其專長、特色，以及特定方案獨特之處加以行銷，以吸引相關人員的支持。與大眾媒體結合，適度包裝教育方案，亦有助於教育公共關係的推展，例如將學校建築的特色、母語與英語結合的方案、特定教育活動等，邀請有線電視台錄製特別單元節目，在相關頻道播放，將有助於學校公共關係的推展。

　　最後，從根本而言，為強化行銷的效果，學校除了應創造特色之外，在辦理各項活動時，亦應以創意的思考方式，規劃獨特、能夠吸

引大眾之設計，如此才有「東西」可以行銷，其效果才能展現出來。

肆 建立並落實有系統的雙向溝通機制

建立雙向溝通機制是教育公共關係的核心，也是其他任務的基礎工作。為完成此任務，教育機構應先在態度上強調平等、互惠、尊重。教育機構應有系統地全面規劃與相關大眾的雙向溝通機制，最好能形成書面文件，不會因為人員的更替而消失。

教育機構經常使用的溝通媒體包括有大眾傳播、刊物、手冊、學校親師聯絡簿、電話諮詢專線、座談會，以及邀請參與活動。其中與媒體的互動是教育人員比較不熟悉的部分，未來應掌握下列原則：瞭解大眾媒體的特性；主動（而非被動）提供重要之教育訊息，達到宣傳的目的；主動邀請大眾媒體從業人員參加學校重要活動；指定專人負責全校新聞之發布；成立危機處理小組，於平時即正常運作，碰到特殊事件時，得以鎮定從容處之；所提供訊息應正確；提供媒體可以得到訊息的聯絡電話或住址；個別化地瞭解地區性的媒體工作者；誠實地回答問題，不隱藏事實；快速答覆；瞭解各媒體從業人員之名字、聯絡方式、立場、對於教育的態度；可考慮（或聯合數校）邀請媒體工作者說明媒體特性等主題；以及公平對待各媒體，避免造成「獨家新聞」的情況（林明地，2002a；秦夢群，1997）。

最後，決定溝通機制是單向或雙向的關鍵在於回饋機制與實際之有無，其實部分措施表面看起來是屬於單向溝通的，但是學校若能善加用心設計，則可以成為雙向的機制。例如，將通知單設計回條，瞭解家長參與的意願，以及其對於所辦活動的其他意見等，學校再據以實施，就可以將單向的通知單變成是雙向的溝通。

伍 營造學校特色

　　教育機構營造專長與特色部分，亦有助於其公共關係的建立。Goldring 與 Rallis（1993）曾指出學校管理環境的策略之一是，提高品質、增加競爭力。為增加競爭力，教育機構可以思考的方向包括：(1)全面地比其他教育機構表現更突出；(2)根據社區、機構、成員等條件，善用社區資源，發展其他機構較無法發展的特色部分；以及(3)發展具前瞻性、創發性的特色。

　　在我國社會中，以學校為例，家長大多以學校升學率、基本學力測驗的分數高低作為選擇學校的依據，因此提高學生學業成就幾乎是所有學校努力的目標。但是僅僅追求高學業成就的目標是過於狹窄的，學校應在德、智、體、群、美各方面找尋可以發展的部分。不過話說回來，既然家長如此重視學生的學業成就，教育行政機關與學校似乎也必須適度地「遵從民意」，鼓勵老師設法提高學生的學習表現，將每位學生帶上來。

陸 做好危機處理

　　我國多數教育機構的公共關係實際上仍多處於「危機處理」的階段（林明地，2002a）。因為危機（例如校園安全事件、教師操守問題、學生體罰問題、教育局與學校的意見衝突等）具有破壞性，其情節亦多曲折，教育人員在極度不穩定、不確定的狀態下，又必須做出立即、具影響力的決定，因此一般都比較能吸引大眾的注意，是最容易被媒體注意、報導的事件，若未能善加處理，往往會為教育機構帶來許多負面的影響。

　　危機的形成往往都不是一夕之間，因此以整全系統（systems）的

概念來檢視危機，往往有利於危機處理。教育人員在處理危機時，應保持誠實、鎮定、果決的態度負起責任（秦夢群，1997）。

教育機構應指定專人負責公共關係的業務（Steller & Kowalski, 2000），並可考慮設置發言人制度，以利平時與危機發生時刻統一對外發表真實、即時的訊息，避免謠言（蔡美瑛編譯，1999）。在平時應成立危機處理小組，模擬演練，以利危機處理。危機發生時應掌握關鍵時刻，在危機初期全心全力地投入，才有利於後續的處理。

柒 善用科技媒體

現代社會是資訊科技的時代，教育機構應善加利用科技媒體，進行公共關係的營造。建置良好的機構網站是學校公共關係可以進行的重要項目，其他如設計公共論壇的空間，善用網路溝通，邀請平面、電視媒體進行宣傳等。

網路科技亦伴隨著違法、犯罪的問題，教育機構應挑選具備資訊科技素養的人才進行管理，並訂定清楚明確的資訊科技使用規則，以發揮其正面效用。

捌 助長內部公關，提振成員士氣，辦好教育工作

良好的教育品質是成功教育公共關係的關鍵，良好的教育公共關係始於教育行政機關、學校、教室等。再好的教育公共關係方案，都沒有辦法使很差的教育機構能長久得到大眾的支持（Bagin & Gallagher, 2001）。虛假、偽裝的宣傳，一旦被識破，教育機構的形象將被徹底毀滅（熊源偉主編，2002）。為推展教育公共關係，教育機構首先要努力的方向是，做好內部公關，凝聚向心力，提振士氣（Goldring & Rallis, 1993），提高服務品質與績效，使學生德、智、體、群、美各方面的

表現能夠提升，如此才能奠定良好的發展基礎。

玖 評鑑公共關係成效，隨時改善之

大部分的研究人員與實務工作者都會將教育公共關係的評鑑列入其推動的重要步驟之中（林明地，2002a；Henderson, 2001; Ledingham & Bruning, 2001）。教育機構應把握形成性評鑑、總結性評鑑等概念與實際，做好公共關係的評鑑，以作為改善的依據。

第四節 案例分析與討論

茲提供相關的案例兩則供作教學、討論與應用的參考，每一則案例之後附有可供討論的問題。事實上，討論與應用的範圍可以超越所附問題的範圍。

壹 案例一：面對同行激烈競爭的公立國中生存問題

在印象中，公立國中主要競爭對手是私立中學（主要考量的是升學率、招生），但是，受到經濟景氣較為低落、家長的經濟狀況不像以往充裕的影響，有部分公立國中的競爭對手除了是私中之外，「同行的」公立的明星國中卻成為主要競爭對手。

甲校是中南部市鎮型的一所公立國中，位於都會區與鄉村的中間地帶，不像都會區的繁榮，但比鄉村具有更多的商業活動。鄰近有二所私立中學，及一所公立國中。七年前，甲校每年級有9班，全校27班，因為實施徹底的能力分班（每一年級依學生能力，由第一班菁英

班依次將學生編成9班），菁英班及前二、三班的升學率不錯，特別是菁英班的學生「南征北討」，全數進入明星高中。在此時，雖然後段班的學生經常鬧事，老師們不喜歡、甚至不敢到後段班的教室上課，但是學校不必刻意地招生，學生就自動上門。

五年前，A校長為改善後段班學生經常鬧事，以及部分老師的抱怨（大部分是教後段班的老師們），配合教育部常態編班的政策規定（一方面也怕受懲罰），不顧社區家長及前段班老師（奇怪的是，多為資深老師）的反對，斷然實施常態編班。三年下來，學生鬧事的現象減少了，另外學生在語文、音樂、體育，及部分學科方面的表現也提升了，但學生數卻愈來愈少，多數轉到附近另一所公立國中（乙校，從36班變成45班），部分跑到私立中學。實施學生基本能力測驗之後，甲校的表現低於乙校，去年甲校全校僅剩18班，今年三年級畢業6班，但僅有5班一年級新生，每班學生數也變少了，部分家長與資深老師對A校長的責難愈來愈加劇，加上其他教育改革的措施接二連三而至，A校長於是在一年前配合「五五專案」，退休了。

B校長是一年前新遴選上的校長，這是他的第二所學校，在前一所國中（只有9班）的經營相當出色，甲校老師對他寄予厚望。在將近一年的觀察、訪談老師與家長的行動中，B校長發現，其實甲校的各項設備並不輸給乙校，甚至就學歷來看，老師的素質也不輸乙校，學生在語文、音樂、體育的表現也不錯，從比例而言，甲校學生在「基測」得高分的同學比例只差乙校一些而已，乙校因為學生數較多，所以「基測」得高分的學生數當然較多，但可惜的是，多數的家長並不知道這些事實資料。B校長特別訪問了一些遷戶口去就讀乙校的家長，問問他們為何如此做，結果發現主要原因是：(1)不瞭解甲校，看到有的家長這樣做，就跟著轉戶口了；(2)乙校學生在「基測」得高分的人數較多；(3)傳聞甲校部分老師士氣低落，對學生學業成就的期望不高；(4)好學生都到乙校就讀。

今年是B校長的第二年，也是他想要有所改善、展現作為的開始。

問題討論

一、若您是這一個縣市教育局的行政人員，您對上述案例有何看法？您覺得這是問題嗎？問題出在哪裡？您會如何因應？

二、若您是 B 校長，您如何改善此種現象？

三、如果您是甲校的行政人員，您如何改善此種現象？

四、若您是甲校的老師，您如何協助改善此種現象？

五、如果您是全縣剛甄選上的老師，您會選擇甲校服務嗎？理由何在？

六、家長選擇讓小孩子讀一所學校的標準有哪些？為何有些家長會遷戶口，讓小孩子就讀其他學校？

七、為何有些家長願意花較貴的學費讓小孩子讀私立學校？公立學校如何因應？

八、如何利用開放的社會系統理論、溝通理論、行銷理論、與社區主義理論解決上述案例所產生的問題？

九、用學生就讀人數的消長來判定學校辦學的良窳，您覺得公平嗎？理由何在？

十、有人認為：「一所學校光有學生在基測成績表現不錯，並不能成為一所好學校，但是，若說一所學校是好學校的話，那麼這所學校在基測的表現一定不差。」您的看法如何？

十一、本章所提的教育公共關係的核心任務，有哪些作為可用以解決上述問題？

十二、您如何瞭解教師的服務士氣高低？如何讓家長知道，本校的教師士氣是高昂的？

貳 案例二：提高對媒體事件的敏感性，處理危機

中華民國91年6月的某一天，各大報紙大肆報導北部某縣一位國小老師架設色情網站，雖然該位老師並未利用此網站從事商業交易活動，但確實是他架設的網站，輿論多數認為這樣的作為有損師道，該縣的教育局正在商討如何處置這位老師。

這樣的消息曝光後的第三天，南部一縣市的甲校長突然接到某大報地方新聞記者的電話，指稱他接獲檢舉，甲校內一位男老師的個人網站上貼有色情圖片，並可連結到色情網站。校長連忙謝謝該位記者的來電，並立刻上網搜尋、觀看，果然發現這位男老師的網頁上貼有色情圖片，這位記者的線報不假。

甲校長立刻找來該位老師，詢問有關網站貼有色情圖片的事情原由，該位老師一臉驚訝，經查證後發現，原來是有人利用該師所設網站之留言版轉貼色情圖片，並連結到色情網站上，並非該位老師自行設計的網站內容。

由於該位記者只是先知會一下甲校長而已，他預計隔天這樣的新聞就會曝光，一旦曝光，對整體教育界、該縣教育局，以及該校都有損形象。

問題討論

一、您覺得這個案例是個問題嗎？問題在哪裡？

二、您會如何處理這個問題？

三、這樣的事情需要向教育局報告嗎？

四、這位老師在事件的處理過程可以扮演怎樣的角色？

五、如果您在該縣的教育局服務，您會協助學校解決這個問題嗎？
如何協助？如果需要局長出面，與該報社主編聯繫，以取消

刊登此新聞，您覺得局長應該出面嗎？

六、您覺得應如何處置該位老師？

七、就這個案例而言，怎樣的結局算是圓滿？會牽涉到哪些人？

八、教育人員如何在平時做好與媒體工作者的互動、聯繫？

九、教育人員如何提高對新聞的敏感性？

十、如果同樣的案例發生在學生的網頁，或者是班級網頁，您覺得情況會不會有所不同？

參考文獻

中文部分

林明地（2002a）。**學校與社區關係**。臺北市：五南。

林明地（2002b）。教育改革浪潮下的學校生態：對學校經營的啟示。發表於現代教育論壇：「**新世紀的學校經營策略**」。國立教育資料館主辦（91,11,13）。

秦夢群（1997）。**教育行政：實務部分**。臺北市：五南。

袁自玉（1988）。**公共關係**。臺北市：前程企業管理公司。

李永烈（1995）。**教育行政機關公共關係現況之研究**。國立臺灣師範大學教育研究所碩士論文。未出版。

黃昆輝（1988）。**教育行政學**。臺北市：東華。

蔡美瑛編譯（1999）。**公共關係：理論與實務**。臺北市：亞太圖書。

熊源偉主編（2002）。**公共關係學**。臺北市：揚智。

謝文全（2002）。**學校行政（第八版）**。臺北市：五南。

外文部分

Bagin, D. & Gallagher, D. R.（2001）. *The school and community relations*（7th ed.）. Boston, MA: Allyn and Bacon.

Beck, L. G. & Foster, W.（1999）. Administration and community: Considering challenges, exploring possibilities. In J. Murphy & K. S. Louis（Eds.）, *Handbook of research on educational administration*（pp.337-358）. San Francisco, CA: Jossey-Bass Publishers.

Brody, E. W.（2000）. Public relations theory and practice. In Kowalski, T. J.（Ed.）, *Public relations in schools*（2nd ed.）（pp.69-88）. Upper Saddle River, NJ: Merrill.

Brown, J. A. & Murray, R. K.（2000）. Effective programming at the school level. In Kowalski, T. J.（Ed.）, *Public relations in schools*（2nd ed.）（pp.203-226）. Upper Saddle River, NJ: Merrill.

Chance, E.W.（2000）. The social dimensions of public relations. In Kowalski, T. J.（Ed.）, *Public relations in schools*（2nd ed.）（pp.165-182）. Upper Saddle River, NJ: Merrill.

Coombs, W. T.（2001）. Interpersonal communication and public relations. In Heath, R. L.（Ed.）, *Handbook of public relations*（pp.105-114）. Thousand Oaks, CA: Sage Publication, Inc.

DeSanto, B. J., & Garner, R. B.（2001）. Strength in diversity: The place of public relations in higher education institutions. In Heath, R. L.（Ed.）, *Handbook of public relations*（pp.543-549）. Thousand Oaks, CA: Sage Publication, Inc.

Gallagher, D. R., Bagin, D., & Moore, E. H.（2005）. *The school and community relations*（8th ed.）. Boston, MA: Ally and Bacon.

Glass, T.（2000）. Changes in society and schools. In Kowalski, T. J.（Ed.）, *Public relations in schools*（2nd ed.）（pp.30-45）. Upper Saddle River, NJ: Merrill.

Goldring, E. B. & Rallis, S. F.（1993）. *Principals of dynamic schools: Taking charge of change.* Newbury Park, CA: Corwin Press.

Grunig, J. E.（2001）. Two-way symmetrical public relations: Past, present, and future. In Heath, R. L.（Ed.）, *Handbook of public relations*（pp.11-30）. Thousand Oaks, CA: Sage Publication, Inc..

Grunig, J. E., & Hunt, T.（1984）. *Managing public relations.* New York, NY: Holt, Rinehart & Winston.

Hazleton, V. & Botan, C. H. （1989）. The role of theory in public relations. In Botan, C. H. & Hazleton, V. （Eds.）, *Public relations theory* （pp.3-15）. Hillsdale, NJ: Lawrence Erlbaum Associates.

Henderson, J. K. （2001）. Educational public relations. In Heath, R. L. （Ed.）, *Handbook of public relations* （pp.535-542）. Thousand Oaks, CA: Sage Publication, Inc.

Hoy, W. K., & Miskel, C. G. （2001）. *Educational administration: Theory, research, and practice* （6th ed.）. Boston, MA: McGraw-Hill.

Kowalski, T. J. （2000）. School public relations: A new agenda. In Kowalski, T. J. （Ed.）, *Public relations in schools* （2nd ed.） （pp.3-29）. Upper Saddle River, NJ: Merrill.

Ledingham, J. A. & Bruning, S. D. （2001）. Managing community relationships to maximize mutual benefit: Doing well by doing good. In Heath, R. L. （Ed.）, *Handbook of public relations* （pp.527-534）. Thousand Oaks, CA: Sage Publication, Inc.

Leeper, R. （2001）. In search of a metatheory for public relations: An argument for communitarianism. In Heath, R. L. （Ed.）, *Handbook of public relations* （pp.93-104）. Thousand Oaks, CA: Sage Publication, Inc..

Neff, B. D. （1989）. The emerging theoretical perspective in PR: An opportunity for communication departments. In Botan, C. H. & Hazleton, V. （Eds.）. *Public relations theory* （pp.159-172）. Hillsdale, NJ: Lawrence Erlbaum Associates.

Owens, R. G. （1998）. *Organizational behavior in education* （6th ed.）. Boston, MA: Allyn and Bacon.

Reitzug, U. C. （1996）. Changing social and institutional conditions. In Kowalski, T. J. （Ed.）, *Public relations in educational organizations* （pp.23-40）. Englewood Cliffs, NJ: Merrill.

Seitel, F. P. （2001）. *The practice of public relations* （8th ed.）. Upper Saddle River, NJ: Prentice Hall.

Sergiovanni, T. J. （1995）. *The principalship: A reflective practice perspective* （3rd ed.）. Boston, MA: Allyn and Bacon.

Starck, K. & Kruckeberg, D.（2001）. Public relations and community: A reconstructed theory revisited. In Heath, R. L.（Ed.）, *Handbook of public relations*（pp.51-59）. Thousand Oaks, CA: Sage Publication, Inc.

Steller, A., & Kowalski, T. J.（2000）. Effective programming at the district level. In Kowalski, T. J.（Ed.）, *Public relations in schools*（2nd ed.）（pp.183-202）. Upper Saddle River, NJ: Merrill.

Woodroof, R. H.（2000）. Public relations and technology. In Kowalski, T. J.（Ed.）, *Public relations in schools*（2nd ed.）（pp.117-136）. Upper Saddle River, NJ: Merrill.

第十四章

教育設施規劃

教育行政重要的任務和功能之一，即在建構優質的教育環境，提供良好的教育設施，以提升學校行政和教學環境品質，並增進學校教育效能。

近十年來，臺灣教育設施和學校環境的發展、新興和轉型，有許多令人激賞的成果，也有亟待省思和改進的問題（湯志民，2002a、2006b）。教育設施的投資，需要龐大的經費，其支出僅次於人事費，如何用出以提升教育環境品質，至為重要，成敗關鍵之一則在教育（或學校）行政人員及教師是否具有教育設施規劃理念和能力。本文擬先要述教育設施規劃的重要，再就教育設施規劃的原則、方法和趨向加以說明，並舉二例教育設施規劃值得省思的問題加以探析，以供教育（或學校）行政人員和教師參考。

第一節 教育設施規劃的重要

教育設施之於教育，一如空氣之於人，是真實的存在卻不易感知，是教育實施的基礎條件，對教育有不可忽視的潛在性影響。就學校而言，教育設施建構境教環境，輔助學校教育的實施，影響教學和學習的效能，同時提供師生朝夕相處和同儕互動的生活空間。就社區而言，教育設施是社區活動的中心，也是社區推廣教育（如補校、社區大學）、推展社會教育和社區總體營造的文化據點，凝結學校和社區的關係，MacKenzie（1989）在《規劃教育設施》（*Planning Educational Facilities*）一書中，即強調學校建築應成為符合社區教育、體育和文化需求的教育設施，而非僅是提供學童和青少年教學／學習活動的基本需求，亦即教育設施規劃在學童的「部分時制」（part-time）運用之外，應使其成為多目的（multi-purpose）的教育設施，不分晝夜整年

的提供社區教育活動空間。就都市而言,教育設施是數量最多、分布最廣、面積最大的公共設施,其建築機能、景觀造形與社區關係,影響都市景觀、機能和發展。就經費而言,一所新設中小學的興建經費少則千萬元,多則數億或十數億元,每一棟校舍大樓或活動中心,興建經費少則百萬元,多則千萬或數億元,一旦完成,無數的莘莘學子受惠,惟如規劃錯誤,其潛伏的影響和對教育品質的無形破壞,則難以言喻。由此可知,教育設施規劃的重要。以下擬先要述教育設施規劃的涵義,再就優質教育設施的重要加以說明:

壹 教育設施規劃的涵義

教育設施規劃的涵義,擬分別就教育設施的名詞、規劃與設計概念和教育設施規劃的涵義予以探析。

一、教育設施的名詞

教育設施(educational facilities)一詞常見於教育行政和學校建築專書(空氣調和・衛生工學會,1898;建築思潮研究所,1993;富永讓,1994;American Institute of Architects, 1996, 2002; Castaldi, 1994;MacKenzie, 1989; Moore & Lackney, 1994),有的稱之為「教育建築」(educational buildings, educational architecture)或「教育空間」(educational space)(Images Publishing Group Pty Ltd., 2000),其同義詞用之於國內以「學校建築」(school buildings, school architecture)最為普遍,在環境心理學中最常用的則是「學校物質環境」(the physical environment of the school)、「物質的教育設施」(the physical education facility)或「物質的學習環境」(the physical learning environment, the physical environment in learning)(湯志民,2006b)。

日本是教育設施研究標準化制度建立最為完備的亞洲國家,「學

校建築」（school building）為其學術研究最普遍的專有名詞，其涵義最廣，涵蓋其他同義詞如學校設施（school facility）、學校建物（school premises）和學校設備（school equipment）（喜多明人，1988）。在學校建築設置標準上，日本稱之為「學校設置基準」（新井隆一等人，1991），我國則通稱為「學校設備標準」，最近國民中小學和幼稚園則相繼將「設備標準」改為「設備基準」（中華民國建築學會，2002；教育部，2002）。

二、規劃與設計概念

　　教育設施興建的歷程，一般分為規劃、設計、繪圖和施工等四個階段。其中，教育和學校行政人員最需關切的是規劃（planning）與設計（design），二者關係密切，且彼此有重疊並相互延伸的概念。

　　Spreckelmeyer（1987）在「環境規劃」（Environmental Programming）一文中指出：「規劃是界定環境問題並建議解決這些問題策略給設計者的歷程」，「規劃是先於環境設計且為提供設計的功能技術與行為需求予設計者之活動。」（p.247），而設計是規劃的延伸，規劃階段的各種決策與決定，要有明確的後續指示課題與方向，以供設計階段的銜續與參用（黃世孟，1988），詳如圖 14-1 所示。通常一項教育設施方案由熟稔學校系統、相關法規和教育趨勢的教育人員提出「教育規劃報告書」（educational specification），再由建築師和設計團隊，在教育設施專家的協助下，將規劃報告書中的教育需求轉入「教育設施設計案」（educational facility projects），包括界定每類空間數、詳細的功能需求（黑板空間、採光標準等）和每一空間的面向、設備需求、機械、電機、配管和其他服務需求，以及空間關係的需求（Perkins, 2001）。

　　由此我們可以瞭解，在順序上，教育設施規劃在設計之前，規劃較重學校各項設施與學校教育目標、課程及教學等整體性關係之安置，設計涉及建築造形、結構、數量與金額，較偏向建築專業技術層

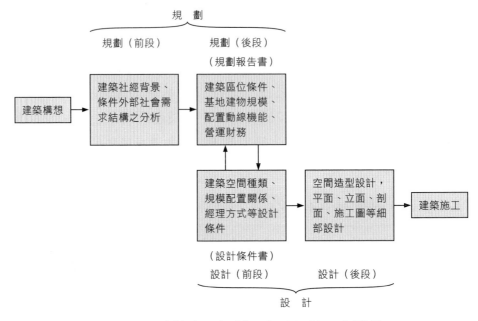

圖 14-1　建築之「規劃」與「設計」之關係

資料來源：從建築物用後評估探討學校建築規劃與設計之研究（第49頁），黃世孟，1988。載於中華民國學校建築研究學會主編，**國民中小學學校建築與設備專題研究**，臺北市：臺灣書店。

面；在權責上，教育設施規劃以學校行政人員為主導，建築師為輔，教育設施設計則以建築師為主導，學校行政人員為輔。

三、教育設施規劃的涵義

　　教育設施（educational facilities）是為達成教育目標而設立的教學活動場所，包括校舍（schoolhouse）、校園（schoolyard）、運動場（fields）及其附屬設施（facilities）。其中，校舍乃專指校內的各類建築，運動場包括田徑賽場地、球場、體育館、遊戲場與游泳池的場地，校園是指除校舍與運動場所占用的校地以外之庭園空間，附屬設施則是配合校舍、校園和運動場使其功能更完備之各項建築與設備。

　　教育設施規劃（educational facilities planning）係以教育理念、學校環境和建築條件為基礎，以人、空間、時間和經費為基本向度，使校地、校舍、校園、運動場與附屬設施的配置設計能整體連貫之歷程。此一涵義可從三方面加以分析：

㈠規劃內涵

　　教育設施規劃係以校地的運用、校舍的設計、校園的規劃、運動場的配置及其附屬設施的設置等為主要範疇。

㈡規劃基礎

　　從教育理念來看，這些教學活動場所應符合教育目標、教學方法和課程設計的需求；從學校環境來看，這些教學活動場所應融合學校的自然環境、社會環境和物質環境的脈動；從建築條件來看，這些教學活動場所應配合建築法規、建築技術和建築材料之規定。

㈢規劃向度

　　以人、空間、時間和經費為基本要素，教育設施規劃應從使用者（人）的需求出發，將學校空間作最妥善完整的配置，並透過時間的延伸和建築經費的投資，使教育設施日臻理想完美。

貳 優質教育設施的重要

　　美國國際教育設施規劃者委員會（The Council of Educational Facilities Planners International）於 1992 年建立了「學校建築日」（School Building Day），該會主席 Teague 於 2002 年 4 月 19 日在華盛頓特區（Washington, D.C.）的學校建築日慶祝活動開幕致詞中，對優質學校建築的重要和影響發表一段說明：

　　優質的學校建築（Good quality school buildings），對學生表現有很深的影響。高成效、健康、安全和永續的建築，會增進學生的成就和舒適。學校設施是社區的中心、終身教育的場所，我們必須給予最高的關注（引自 Moore, 2002）。

　　Lackney（1999）以其多年的教育設施研究經驗，指出：(1)學校不只是磚和灰泥而已，它們是我們對教育承諾的象徵（symbols of our commitment to education），正如 Kozal 在「殘暴的不平等」（Savage Inequalities）一書中所言：「如果孩子還必須在戕害其心靈的學校建築中上課，那麼世界上所有的學校改革將是無意義的」；(2)物質情境能激勵或使我們沮喪，因此學校的設計要激起良好的教學、支持生產性的學習、增進人的喜悅和提高安全感；(3)學校建築不只是磚和灰泥，也不只是教學和學習的容器（container），學習發生於物質情境中，影響我們如何教、如何學和如何感覺我們自己及他人。美國教育部（The U. S. Department of Education）在「1998 學校現代化日」（1998 School Modernization Day）的報告中即指出，良好的學校設施是學生學習的先決條件，教師在破爛的學校或不良的工作情境，會感到失望和挫折，降低工作士氣、效能和滿意度（Hopkins, 1998），優質教育設施規劃的重要，實不容忽視。

　　過去十多年來，全美的學區面臨許多不適切的教育設施問題，如逾齡的設施、缺乏科技建設、不具彈性的校舍、過時的系統和過度擁擠的教室；美國政府主計處（General Accounting Office）在「學校設施：美國的學校不是為 21 世紀設計或裝備」（School Facilities: American's Schools Not Designed or Equipped for 21st Century）的重大事件報告中，證實該情況的嚴重性（Mader & Willi, 2002）。根據統計，美國有超過 300,000 棟校舍建築，其中有 73%興建於 1970 年之前，平均建築年齡 42 年（Energy Smart School, 2002），因此全美乃展開綜合性現代化方案，

以新建和更新學校設施。全美中小學新建、增建和更新學校設施的經費，從 1983 年的 47 億美元起，逐年增加，1990 年起每年均達 100 億美元，1998 年為 150 億美元，1999 年為 180 億美元，2000 年首次超過 200 億美元，2001 年為 203 億美元，2002 年為 204 億美元（Abramson, 2002）。

臺灣中小學教育設施較大規模的興建，始自日據時代；民國 57 年實施九年國民義務教育，國民中學新建、改建和修建，進入另一高峰；民國 66 年，政府更有計畫性的進行學校教育設施的修、改建和新建，例如教育部（廳）的「發展與改進國民教育五年計畫」（66-70 年度）54 億元的投資，「發展與改進國民教育六年計畫」（72-77 年度）627 億元的投資，「發展與改進國民教育第二期六年計畫」（78-83 年度）動用 453 億元的投資，使國民中、小學的建築與設備煥然一新；此外，教育部民國 80 年的「中央補助地方國民教育經費計畫」、84 年的「整建國民中小學教育設施計畫」、85 年「教育優先區計畫」及 86 年「降低班級學生人數計畫」等更提供龐大的教育設施經費，大量挹注縣市更新校園。

尤其難能可貴的是，地方主事者（如縣市長、教育局長）有長遠規劃和發展的理念，使縣市的教育設施和校園更新，能有計畫的進行，如宜蘭縣自民國 78 年起運用教育部補助經費，有計畫性實施國民小中學校園整體規劃，逐年更新，107 校（含分校）現幾已全部更新，成為臺灣第一個縣市教育設施規劃與執行最具成效的典範；同期，臺北市、臺北縣、桃園縣等，亦分別新建 30、40 所以上中小學，教育設施規劃與興建各具特色。

民國 88 年，九二一地震，芮氏規模 7.3 的百年強震，造成臺灣教育設施損毀無數，最嚴重的是南投縣，國民中小學 182 校中，校舍全毀者有 51 校，1 棟以上受損者 73 校，臺中縣 166 所國民中、小學校舍受損。教育部（約 30 億元）和民間認養（約 50 億元）的重建經費約

80 億元，快速挹注，除委託中華民國建築學會由黃世孟教授領軍研訂「地震受災國民中小學建築規劃設計規範」（教育部，1999）之外，並倡導「新校園運動」，強調災區校園重建的具體原則如下（教育部，2001：3）：

1. 確保安全、健康、舒適的無障礙環境。
2. 落實高效能且符合機能的教學環境。
3. 營建可供作社區終身學習及景觀地標之核心設施。
4. 依據校園整體規劃，推動校園重建工作。
5. 成立校園規劃重建小組，落實開放公共參與。
6. 建立校園與學區、社區資源之整合與共享模式。
7. 確保校園重建期間，學習與生活環境品質。
8. 永續發展的綠色校園環境。

根據最近報訊，繼九二一地震之後，教育部於 91 年進行全國老舊危險校舍調查發現，全國中小學還有 958 校、26,711 棟危險校舍，整建經費需求高達 285 億元，行政院「擴大公共建設方案」和教育部預計 92 年度將提列 70 億元經費修建老舊及危險教室，並加速在 5 年內完成全國危險校舍的整建（陳曼玲，2003）。由此顯見，教育設施整建需大量的經費和不斷的投資，以維護學校設施品質、師生的教學和學習權益，而教育設施規劃更居於優質教育設施建構的成敗關鍵，其重要性實不可忽視。

第二節　教育設施規劃的原則

教育設施規劃的原則，依學者專家（林萬義，1986；湯志民，2006b；蔡保田，1977；Castaldi, 1994）之見解，綜合整理分述如下：

壹 整體原則（principle of wholeness）

　　教育設施規劃首重整體性（wholeness），一所學校不是具備了教室、庭園、運動場、圖書館、活動中心、實驗場所等設施，即可稱為一所完整的學校，所謂「整體大於部分之和」（the whole is more than the sum of its parts），其最重要所要表達的教育力、結合力、發展力及情境的協和力，必須從整體的校地分配、區域配置、建築結構、設施功能、方位造形、校園景觀、綠化美化、人車動線、建材裝飾等各方面，尋求空間上與時間上的連貫性，才能使學校產生渾然一體的完美意境。

貳 教育原則（principle of education）

　　西元 1880 年 Sullivan 提出現代建築的基本原則——「形式跟隨功能」（form follows function）（Castaldi, 1994），學校的形式或設施應依循功能（Poston, Stone, & Muther, 1992），Mackenzie（1989）更強調教育設施規劃「始自功能而非形式」（beginning with function rather than form）。教育設施與一般建築的功能不同，最重要者在教育性之呈現，Sebba（1986）認為學校物質環境應提供學生一致的環境探索價值（a corresponding environment worthy of exploration），並豐富其刺激和機會；因此，學校的情境佈置、空間結構和景觀設施，甚至一磚一瓦、一草一木，都應具有教育意義和價值，或輔助教學之功能，使學生在此環境中感染春風化雨的氣息，深受潛移默化的力量，勤奮向學，變化氣質，實現自我。

參　舒適原則（principle of comfort）

　　學校是一個生活空間，「舒適」是生活空間最重要的需求，每一位學生都應該有「學校如家」（a home within the school）的感覺（Perkins, 2001）。教育設施的優雅大方，校園環境的舒適美觀和整體性的和諧氣氛，對師生的情緒、性格、身心健康、教學與學習效率，都會有直接間接的影響。教育設施環境的舒適性設計，應以人體工學（小原二郎，1991）、環境心理學（Bell, Fisher, Baum, & Greene, 1996）和美學為基礎，講求實用、衛生和美感，使學校建築環境的設施容量、規格尺度、建物比例、休憩空間、綠化美化、採光通風、噪音防制、溫度濕度、給水排水和垃圾處理，能配合使用者的動靜態活動和生理心理的需求，力求視覺、聽覺、嗅覺、觸覺和感覺上的舒適愉悅，以提供理想的教育環境。

肆　安全原則（principle of safety）

　　安全的環境是適宜發展與生活的首要之務，學校是眾多兒童或青年集聚的場所，其建築物是否安全，對於兒童或青年的生命有直接關係（蔡保田，1977），教育設施如缺乏安全保障，則教育的效果將歸於零。因此，提供學生安全無障礙的學習環境，是學校建築規劃的重要任務，也是學校教育效果的發展基礎。大體而言，校地的地質地勢、校舍的建材品質、建築結構的承載量、出口通道的流暢性、設施器材的安全防護、校園死角的消除、地板防滑的設計、保全和監視系統、夜間照明、消防設備、電器鍋爐的設置和電力負荷等等，均為教育設施規劃安全性應考慮的重點。

伍 經濟原則（principle of economy）

學校環境規劃應注意空間、人工、費用與工具的經濟性，所謂「經濟」是「以最少之經費發揮最大效能」之意。在觀念上，應注意：(1)減少經費但不影響課程和教育效率，也不增加使用和維護費用；(2)增加支出能相對增加教育效果或減少保養維護費用（湯志民，2006b；Castaldi, 1994）。在作法上，則可從建築設施採用多用途設計、以最低價購置適用的建材、有效控制設計施工程序、加強建築空間的課程使用效率、適時更新器材增進教學績效、善加運用空餘教室以及精簡人力物力財力的校園管理和設備維護上著手。

陸 創新原則（principle of creation）

創造是一個求新求變的歷程與生命力開創的泉源，學校環境規劃的創新概念即在塑造學校的獨特風格。風格（style）是一個強力的場地標示者（a powerful placemarker）（Dober, 1992），能與別的設計和型式有鮮明的區別；因此，每個學校應依其主客觀條件、學校教育的精神與重點，並掌握求新、求變、求精、求進、求絕、求妙之原則（湯志民，1999a），從建築設施的文化表徵、開放空間、造形變化、彩繪壁飾、園景布置和設施命名等等，作整體性或個別性的創新設計，不模倣或抄襲他校，以表現每個學校別具一格、獨樹一幟的教育文化風格。

柒 發展原則（principle of development）

教育設施和教育一樣，具有「百年大業」的特性，一經興建日後

再因需求不符而整建，必然大費周章。因此，教育設施與校園環境的規劃，不僅要現代化和效率化，更要因應未來的使用發展與教育改革需求（Herman, 1995；張鈿富，1991），使其具有應變性（adaptability）、彈性（flexibility）和擴展性（expansibility），例如學校行政電腦化、建築空間多樣化、停車場地下化、新建築技術的運用、校舍非永久性隔間、e 化教室的配置、校地的預留、現代化的廁所、開放空間、綠建築及無障礙校園環境的設計，應有前瞻性的考量，使學校建築環境更具發展潛力。

捌 參與原則（principle of participation）

教育設施規劃是一個複雜的歷程，舉凡校地的運用、校舍的設計、校園的規劃、運動場的配置、附屬設施的設置以及管理和維護，均須由教育和學校行政人員、建築師、教師、學生、社區人士和管理員（Ortiz, 1994）等分別貢獻心力，合作完成。尤其是使用者參與（user participation），對於學童更具有積極的教育意義與價值（Hart, 1987）。在作法上，新設校的整體性規劃，應廣徵學者專家之意見；舊學校的局部整（修）建計畫或情境布置，如球場、遊戲場和休憩設施的種類和樣式、校舍色彩的選擇、圍牆壁畫的彩繪、花草樹木的說明牌、班別牌等等，則可充分讓使用者參與設計。

第三節 教育設施規劃的方法

教育設施規劃的方法，可從校區空間的建構、校舍建築的設計、學校庭園的規劃、運動場地的配置和附屬設施的設置等五方面加以說明。

壹 校區空間的建構

校區以校地為基礎，校地的選擇，應以位置適中、交通方便、環境優美、擴充餘地和低廉地價為原則（蔡保田，1980）。校區空間涵蓋校地與校舍、庭園、運動場和附屬設施之空間配置關係。校區空間的建構重點如下：

一、校地應有的面積

國民小學在都市計畫區每校不得少於 2 公頃，每生 12m²；國民中學在都市計畫區，每校不得少於 2.5 公頃，每生 14.3m²（教育部，2002）。

二、校地比例的分配

以校舍（建築）用地占 2/10（或 3/10），運動場用地占 3/10，校園用地占 5/10（或 4/10），最為理想（教育部，2002；湯志民，2006b）。

三、校區空間的規劃

依活動的動靜態性質，可分為「靜態區」、「動態區」和「中介區」；依活動的使用功能性，可分為「行政區」、「教學區」、「活動區」、「休憩區」、「服務區」、「通道區」、「特教區」和「幼稚園區」（湯志民，2006b）。

四、校區設施的配置

其順序以校舍和運動場之配置最優先，其次為校園，再次為附屬設施，然後再規劃適宜的動線，使學校建築連結為一整體。

五、校區動線的設計

如園路、步道、車道、走廊、川堂、樓梯、電梯等，以人車分道為基礎，以學校建築的整體連貫為結構，以便捷性、流暢性和安全性為原則，以身心障礙兒童或人士通行的無障礙性為理想。此外，需補充貨品或材料的單位（如餐廳、廚房、福利社、實習工廠等），應另有車行道路與外界相通。

六、校區噪音的防制

校區內噪音應限在 70 分貝（dB）以下，校地應遠離鐵、公路、機場及市場，距離公路幹道至少30m（教育部，2002）；校舍與校舍、校門主道路、體育館或運動場之間，至少應距離30m以上；校地小，校門面臨主要道路之學校，可將運動場配置於前方入校門處，以收開闊視野及防制噪音干擾之效。

七、校區安全的管制

配合校園開放政策，校區的動靜態空間應有便利的管制區隔，以利教育設施之管理與開放。其次，校內供汽車、機車、腳踏車停駐的通行區域，務必使之與學生遊戲、運動區域及行人通道隔開，以利行車順暢並保障學生之安全。第三，位於山坡地之學校，基於地質安全性，校舍應設置於挖方的土地上，運動場則應設置於填方的土地上。此外，校園監視和保全系統，前者以白天保護師生為標的，後者以夜間校產為標的，應設置於學校重點位置和死角，並注意不可造成師生使用教育設施之困擾。

貳 校舍建築的設計

　　校舍是學校建築的主體，約可分為：(1)教學建築——包括普通教室、專科教室（自然、社會、音樂、美術、工藝和家事）、綜合教室、圖書館（室）等；(2)行政建築——包括校長室、行政辦公室、輔導室、會議室、值夜室等；(3)休閒活動建築——包括禮堂、活動中心、交誼活動室、宿舍、餐廳、合作社等；(4)服務建築——包括保健室、教具室、體育器材室、育嬰室、廚房、儲藏室等（湯志民，2006b）。校舍建築設計的重點如下：

一、校舍空間的配置

　　應先瞭解學校課程和教學的需求、現有規模及未來發展的需求，據以估計普通教室及專科教室所需的種類和數量，再根據校地概況，作周詳的校舍配置計畫。配置時，可依各校之需求，以教學區、行政區或圖書館為中心，也可採雙中心或三中心的組群設計，使校舍彼此連貫成一整體。行政區應靠近校內主要道路，以利有關人員進出聯繫；教學區應遠離外界道路及避免噪音干擾；圖書館應設於靜謐的教學區中間，以方便師生進修研究。此外，校舍配置應針對學生不同的身心發展階段，分別設置年級性的統一生活空間，使學生能在相同的教育情境下生活與學習，設置方式可以分區、分棟、分層，或以花園的園路及其他建築物分隔。

二、校舍建築的造形

　　在平面形式上，宜採I、L、U、E、F、H、Y等開放式（open type）的設計；在立面造形上，可將傳統或現代的圖案語彙、建材，表現在屋頂、門廊、欄杆、窗臺、樑柱和牆面上，使其外形、塊體、結構、

空間、時間、色彩和質感，呈現「人文教育環境」甚至「本土教育環境」（湯志民，1994、1995a、1999b）的風格。

三、校舍建築的方位

以坐北向南為宜，美術教室則以北向為宜（教育部國民教育司，1981；Perkins, 2001），「口」或「日」字形的封閉式（closed type）校舍，如無法避免東西向，則可採雙面走廊、加裝遮陽設備或將校舍改為逐層漸次挑出的方式設計，以緩和強光直射及降低溫度，或將其配置為專科教室，以減少學生上課東西曬的時間。

四、校舍建築的耐震

在校舍平面上，矩形校舍長寬比（L/B）最好小於6，校舍長度約每60m需設置一處伸縮縫；在校舍立面上，一般校舍高寬比（H/L 或 H/B）不得大於4，並儘量避免突然之幾何變化，如樓層退縮、出挑或成倒梯形；在校舍配置上，對需堆置大量靜載重之圖書室、器材室及實驗室等空間，或產生活載重之會議室、演講廳及禮堂等空間之載重分布，應依建築技術規則之規定設計，並儘量將上述空間配置於底層，一方面促使載重直接傳遞至土壤，另一方面可避免引致過大的地震力；在校舍走廊上，宜採取有廊柱之結構系統，且有廊柱雙邊走廊又比單邊走廊更佳，並應避免採用懸臂走廊，如為懸臂走廊，可在校舍長向增設翼牆，以增加地震能量之吸收；此外，為避免短柱效應，可在窗臺與柱之間應規劃隔離縫，寬度約2cm，彈性填充物可採用瀝青纖維、海綿、橡膠、矽膠（silicon），防水填縫材可用瀝青黏質材料或矽膠。此外，在鋼筋搭接上，柱頭、柱腳應加密箍筋，必要時並加繫筋補強，箍筋及繫筋端部應注意彎鉤為135度，地震時才不易鬆脫（張嘉祥、陳嘉基、葉旭原、王貞富和賴宗吾，1999；湯志民，2006a）。

五、校舍建築的採光

日光為最有效能的採光源，美術教室以天窗或北向採光為宜（Perkins, 2001）；普通教室桌面照度不低於 350Lux，黑板照度不低於 500Lux（教育部，2002），燈具之排列應與粉筆板垂直較理想，如採用附有遮光角設計的燈具時，則可與粉筆板面平行，燈具懸吊高度離地面 2.4m（8 英尺）（Perkins, 2001），窗戶面積不得少於教室地面面積的 1/5（教育部，2002），教室寬度超過 7 公尺時應兩側採光。

六、校舍建築的色彩

國小色彩以活潑愉快為原則，大專院校色彩應莊重典雅，中等學校則介於兩者之間亦莊亦諧，力求舒適安定；氣候炎熱區多用冷色調，陰雨多之區域多用暖色調；色彩應配合採光，使其具有良好的視覺效果，並配合校舍使用功能，以表現建築物之特性。

七、校舍噪音的防制

教室的噪音不超過 60 分貝（dB）（教育部國民教育司，1987），才不會影響學生的聽課效率。在校舍形式上，採開放形式為佳，避免口字形包圍運動場之校舍規劃；在校舍配置上，易產生噪音的教室（如音樂教室、家政教室、工藝工廠等）應與安靜的教學區隔離或單獨設立；在教室設計上，可採用氣密窗、雙層隔音窗、隔音走廊，並輔以通風箱扇或安裝吸音器材等等。

八、校舍建築的通風

通風系統要能提供每生每分鐘 10-15 立方呎新鮮空氣，才能適切的沖淡和排除教室空氣中令人不悅的物質（Castaldi, 1994）；教室內溫度宜保持在 20-26℃，濕度宜保持在 60-65%（教育部國民教育司，1981、

1987）；校舍無須面對風向，應與風向成 30 度角；自然通風不足之校
舍（如地下室），應輔之以機械通風設備。

九、普通教室的設計

高中每間室內 90m² （教育部中等教育司，1999），國中小每生約 2m²
（教育部，2002），每間室內至少 80m²，並配合現代教學革新──個別
化教學、思考化教學和有效的教學之需求，應有彈性化的規格形式、
多樣化的空間規劃、舒適化的物理環境、教育化的情境布置、生活化
的設施配置和現代化的教學設備（湯志民，1993）。幼兒和低年級教
室，應以學生為中心，設計多樣化的學習角落（湯志民，2004）。

十、專科教室的配置

有關聯性者（如理化實驗室、生物教室、地科教室等）可集中一
區，組成科學館，以方便管理與設備整合；自然科實驗室之室內空間
應兼顧教學說明和實驗之需，準備室宜設於二間教室的中間，便利管
理運用；常用且無噪音之虞的公用空間，如圖書館、視聽教室和電腦
教室等，應配置於校舍動線匯集中心點，以利師生運用。大型的演藝
廳或視聽教室（固定座位），在容量設計上，應以經常性教學、表演
和活動使用人數的「眾數」或「中數」來推估，而非以「最高人數」
來設計，以提高設施的使用效能。在座位和舞臺設計上，座位俯視仰
角大，係為看清舞臺上表演者膝蓋以上的表演（如戲劇、舞蹈），不
可配置小舞臺（只能聽演講）；座位俯視仰角小，係為看舞臺上表演
者上半身的表演（如聽演講、歌唱），不必配置大舞臺，以免浪費空
間。

十一、教師室

室內面積每人至少 5m²（教育部，2002）；教師研究室、導師室、

行政辦公室、教師會辦公室和家長會辦公室，應依實需兼顧教學、學習、研究、研討或生活休憩之多樣空間規劃。

參 學校庭園的規劃

校園是學校內校舍與運動場所占校地之外的廣大空間，為師生課餘遊憩之所，校園設計是一項藝術的工作（a work of art）（Dober, 1992）。學校庭園規劃的重點如下：

一、庭園的區域規劃

通常依校舍分區及使用管理之便，分為前（庭）園、中（庭）園、側（庭）園與後（庭）園四大部分；此外，也可依花草樹木的栽植功能，如：隔離、遮蔽、防音、綠蔭、被覆和保育等加以規劃配置。

二、庭園的景觀設計

應配合校舍建築的整體風格和庭園的區域特性，並參酌中西庭園的設計，以塑造學校庭園的特色。

三、庭園的綠化美化

應由平面走向立面，並依庭園的區域性功能、庭園面積、土壤氣候、社區景觀以及師生之喜好，種植適宜的花草樹木，規劃適切的花壇綠籬，使校園四時皆綠，呈現欣欣向榮之景象。

四、庭園的園景設施

如亭臺樓閣、小橋流水、假山瀑布和綠廊雕塑等等，應設置於視覺的焦點處，並注意其自然性與精緻化，使校園景觀力呈自然風貌。

五、校園的動線規劃

應注意庭園與庭園之間，庭園內園景設施之間，以及庭園與校舍之間聯繫的便捷性與循環性，使其彼此連貫融合為一整體。

六、庭園的教學步道

可配合學校本位課程的規劃與實施；此外，校園應適度的配置戶外教學區，如童軍營地、小型劇場、苗圃區和生態池等，益增輔助教學之功能。

七、庭園的休憩空間

應完全開放，避免成為封閉式的純觀賞性庭園景觀，讓學生能自由穿梭、徜徉其間，無拘無束，以體會大自然生命的奧秘；此外，設計小團體的休憩庭園區，以滿足學生休憩生活的私密性需求，讓三五知心好友能互訴心聲，交融友誼。

八、庭園的參天古樹

百年老樹，尤其是具有史蹟意義者，如宜蘭縣南澳鄉澳花國小樹齡 600 年列為「宜蘭南澳第一號」的珍貴老樟樹，臺南師院附小百年老樹教材園，臺北市立師院和臺北縣江翠國小與校史並存的老榕樹，皆應妥善維護保存。

肆 運動場地的配置

運動場是教室的延伸，尤其是「體育」和「群育」的培養，非賴運動場之砥礪無以竟其功。學校運動場的種類可分為：(1)田徑場；(2)球場；(3)遊戲場；(4)體育館；(5)游泳池（湯志民，2006b），依國民中

小學學生使用需求，球場最為重要，遊戲場則為國小中低年級的休憩中心，應優先考慮。運動場地配置的重點如下：

一、運動場地的面積

國中每生 $8m^2$ 以上，國小每生 $6m^2$ 以上為原則（教育部，2002）。

二、運動場地的配置

運動場與校舍東西並列（臺灣省政府教育廳，1991），距離校舍遠近之配置原則，通常遊戲場離校舍最近，其次為游泳池、體育館，再次為球場，田徑場和棒球場則離校舍最遠。

三、運動場地的規劃

體育館、游泳池、禮堂和活動中心可合併設計，以有效利用校地；運動場應有良好的排水澆水系統，四周種植常綠樹木以供遮蔭休息，並可淨化空氣，防止風沙飛揚，同時在附近適當地點設置簡易洗手、飲水設備和廁所，讓活動者就近使用；對於校地大或學生少之學校，運動場地亦可仿歐美中小學全面鋪植草坪，或採運動場公園的設計；運動場地應配置次要出入口（如側門或後門），便於校園開放及安全管理。

四、田徑場的設置

跑道以 400m 為理想標準，至少需有 200m，如地形之限制，以設置一條直線跑道為優先（教育部，2002）。跑道直道以南北向為主，以避免日光較長時間直射活動者（湯志民，2006b；Perkins, 2001）；跳遠的沙坑，可設在助跑道的中央或二端，較不受風向的影響；擲部場地，如鉛球、鐵餅和壘球擲遠場，應視其體育教學的需要性設置。

五、球場的規劃

國小球場設置應以「躲避球」、「籃球」和「羽球」為最優先；國、高中球場，以籃球場為主體，如考慮國中一年級的需求，可酌設躲避球場；球場縱長的兩端宜指南北方向，以減少東西向的日光直射活動；場地不足的學校，籃球、排球、羽球或躲避球場，可合併作多功能的設計，以增加使用效能（湯志民，2006b）。

六、遊戲場的設計

在區域配置上，應掌握「分開又能便利」的規劃原則，亦即高、低年級的遊戲場應分開設置，並靠近教室，以利課間休息就近活動；在場地規劃上，應有「統整且具創意」的規劃設計，使活動的主體成為四周最複雜部分的中心；在性質種類上，應選置「刺激而又多樣」的現代化體能設施，以增加遊戲場的趣味性和吸引力；在管理維護上，應注意「安全兼顧耐用」的基本要求，並注意經常檢查維修（湯志民，2002b、2006b）。

七、體育館的興建

室內面積，至少要能容納一座標準籃球場；設置位置，應遠離教室單獨設立，避免噪音干擾教學；窗戶宜採高窗式，窗面要寬大；體育館內應附設器材室、更衣室、淋浴設備、飲水機、看臺、廁所等。

八、游泳池的建造

在設置地點上，以室內為理想；在基本規劃上，應以教學使用為主，競賽為輔；在設置規格上，國中小以 25m、8 水道為原則，若條件允許，亦得設置 50m、8 水道的游泳池（教育部，2002）；在附屬設施上，應設置管理室、更衣室、浴室、置物櫃和廁所；在安全設備

上，至少應有急救箱、救生圈、救生繩、救生鉤、救生竿、救生臺和電話。

伍 附屬設施的設置

教育設施中有許多「附屬」於校舍、校園或運動場的建築與設備，目的在輔助或促進學校建築「主體」發揮最大功能，其種類繁多，約可分為二類：(1)附屬建築──包括校門、圍牆、傳達室、走廊、樓梯、地下室、廁所、司令臺、停車場等等；(2)附屬設備──包括課桌椅、粉筆板、圖書設備、電腦設備、飲水設備、消防設備、垃圾處理設備等等。附屬設施設置的重點如下：

一、附屬建築的設置

校門應與傳達室和圍牆整體設計興建，圍牆可裝飾美術圖案或具教育意義的浮雕，社區人口不複雜的學校宜加強開放式之設計；走廊淨寬至少 2.5m，以 3m 為理想，欄杆的高度二樓 1m，三樓以上 1.1m，走廊撐柱宜採圓柱，以免學生碰撞發生危險。國小樓梯及平臺淨寬至少 1.3m（國中 1.6m）以上，每級踏步高度 16cm（國中 18cm）以下，深度 26cm 以上（教育部國民教育司，1981、1987），踏步前端應設防滑條（non-slip），有夜（補）校之樓梯踏腳處則應加螢光漆；地下室每人面積 0.75m²；廁所的設置，每 100 位學生男用小便器 4-5 個，大便器 2-3 個，女用大便器 7-8 個為原則（教育部，2002），並注意人性化、舒適性、現代化、教育性和無障礙的設計（湯志民，1995b）；司令臺宜採「雙向」之設計，以增加其使用功能；停車場的設置，應人車分道，汽車、機車和自行車場分置，汽車停車場宜設於地下室，淨高至少 2.1m，寬度 2.5m，長度 6m（室內 1/2 車位可長寬各減 0.25m），汽車容量以全校教職員數為參考指標，以符應教師、訪客和校際教師進

修交流停車之需。

二、附屬設備的購置

　　課桌椅應購置實用、質堅、輕便、易移、可組合者為宜，椅高為 2/7 身長，桌高為 3/7 身長；黑板至少有 4m 長，1.1-1.4m 寬，懸掛時離地約 0.8-1m（教育部國民教育司，1981），可與白板兼用，與最前面之桌子距離最少 1.6m，顏色以深（墨）綠色（反射率為 20-25%）最理想，為利師生使用，宜購置可上下調整高度的黑板；教室講臺不必設置，以利空間彈性運用；螢幕設置，應注意其大小和高度，以室內最後一位座位能看清為原則；圖書設備的設置，閱覽座位以同時容納 2 班學生為原則，每閱覽席占地 1.2m^2，另樓板載重量不低於 600kg/m^2，密集式書庫樓板載重量不低於 950kg/m^2（教育部，2002）；電腦設備應配合校務行政電腦化、電腦輔助教學（CAI）及校園網路系統，購置最新的軟硬體設備，並加強電腦系統的管理；飲水設備，以管線短、無過濾器、減少滯流為原則，學校可依實需採自來水生飲系統及開水機之裝置；消防栓、滅火器、沙袋，應依校舍的種類（如實驗室、圖書室、工廠、廚房等）作適當的安置；垃圾清運以子母車方式最為適當，並應有資源回收設施及污水處理系統。

第四節　教育設施規劃的趨向

　　根據湯志民（2001）文獻分析、專家座談以及實地參觀，並透過學校空間革新的「人—境」互動思維，可整理出教育設施規劃的趨向主要有七：⑴形塑文化藝術的學校環境；⑵規劃人性化生活休憩空間；⑶建構教學中心的學校空間；⑷建立兩性平等的校園空間；⑸設

置現代化科技資訊設備；(6)加強無障礙校園環境設施；(7)推展學校建築與社區融合，茲分別要述如下：

壹 形塑文化藝術的學校環境

文化藝術的學校環境的建構思考以「獨特的」、「文化的」、「藝術的」和「表徵的」為核心概念，具體作法列舉如下：

一、建築風格的形塑

可將傳統或現代的圖案語彙、建材，表現在建築的屋頂、門廊、欄杆、窗臺、樑柱、牆面、造形和色彩上，以形塑臺灣學校的建築風格和特色。例如，運用閩南古厝屋脊的馬背（如基隆市長樂國小校舍、宜蘭縣冬山國小校舍）和燕尾造形（如宜蘭縣大溪國小校舍）、阻擋沖犯的照牆（如臺北市士林國中）、守衛家宅的石獅（如臺北市關渡國中）等，以及校內歷史性建築造形之延伸（如臺北市建成國中與當代藝術館共構），都有利於形塑學校的建築風格。

二、鄉土教室的設置

鄉土材料甚為珍貴，可設置鄉土教室以利保存和教學之用，如日本橫濱市立別所小學校鄉土資料館的「民家室」與「歷史室」、國內臺南一中的人文社會教學資源中心、臺北縣三峽國中的石頭坊教室、桃園縣西門國小和花蓮縣崇德國小的鄉土教材館、高雄縣茂林國中小的魯凱族教育文化中心，使地域文化有著根之處並得以延續。

三、鄉土意象的景觀

社區或鄉土意象建築或景觀之建立，在運用當地建材方面，如花蓮的學校運用大理石（花蓮女中的校門）、鶯歌的學校運用陶瓷（鶯

歌國中小大門圍牆的陶瓷壁畫）等。在營造鄉土情境方面，如臺北縣菁桐國小校門入口代表當地意象的舊式火車壁飾，五寮國小庭園代表當地特產的綠竹筍造形涼庭，苗栗縣仁愛國小的古亭笨涼亭（原為客家祖先為防老鼠偷吃穀物的穀倉）等，皆值得肯定。

四、校史圖騰的創立

學校的發展、績效、辦學理念和對師生的期許，是一種精神的延續，可以校史室（如臺北市天母國中）加以統整，也可設計學校的圖騰與識別系統（如以樹木、顏色或建築局部），藉以強調學校特色或理念。例如，金陵女中以紫色為校色並以大花紫薇為校花，慈濟技術學院行政大樓佛堂上方象徵佛教慈濟的人字曲線屋頂，有值得參考之處。

五、史蹟文物的保存

學校是教育的場所，學校文化根源的追溯與繁衍至為重要，因此校內歷史性建築、文物及老樹要加以保存。如私立淡江高中的八角塔校舍（1923 年）、建中的紅樓（1908 年，市定古蹟）、臺北市建成國中（2001 年）與第二美術館歷史古建築共構、宜蘭縣南澳鄉澳花國小樹齡 600 年的列管老樟樹、臺南師院附小 27 棵列管老樹（含鐵刀木、白玉蘭、銀樺、金龜樹、榕樹和刺桐等百年老樹），值得借鏡。

六、公共藝術的布置

建築景觀是藝術與文化的一部分，校園設置公共藝術或文化藝廊自有其蘊意。例如，臺北市成淵高中百年校慶興建的蛟龍池，意含「積水成淵，蛟龍生焉」；天母國中蘊涵三人行必有我師的「致誠化育」雕塑；雙園國中富濃厚地方色彩的「竹筆情」銅雕；東湖國中廊道、地面、樓梯間和汎水牆，由師生共同或繪製或彩繪的藝術畫作。

貳 規劃人性化生活休憩空間

人性化生活休憩空間的建構思考以「自由的」、「自律的」、「開放的」和「交流的」為核心概念，具體作法列舉如下：

一、休憩空間的規劃

學校應像一個家，提供生活空間，以增進師生與同儕的互動。在室內生活休憩空間規劃上，如辦公室或教學研究室設置沙發、電視、冰箱、音響、微波爐、飲水機等（如臺北市士林高商、麗山高中），教室設陽臺或休憩空間，廁所設計生活化（提供衛生紙、肥皂，置整容鏡、烘手機等）或套房式廁所設計。在戶外生活休憩空間規劃上，如綠化美化、綠坡草丘、園桌椅凳、小型劇場、屋頂花園、交誼平臺、高層休憩空間，或設置大型的「空白」空間、連接走廊或川堂，可兼作風雨操場、集合場或其他休憩用途。

二、交誼廳室的設置

學校的的活動中心（含演藝廳、室內球場或游泳池）（如臺北市內湖高中、松山高中）、交誼廳（如臺北縣菁桐國小）及社團辦公室，餐廳及合作社（如政大附中），提供師生和同儕交誼活動的空間。

三、自我管理的空間

學校教育的天地，給孩子最自由的空間，也給孩子學習自律的機會，如設置開架式合作社、誠實角和開放式失物招領架（如臺北縣德音國小龍貓超市），球場邊自由取用的球具（如臺北市螢橋和景興國中籃球場），電話筒上裝置電話卡（如臺北市薇閣中學）。

四、親和的人性情境

學校建築的性格應開放而不封閉，讓學校成為具親和力的人性情境，如不必要的鐵窗予以袪除，消除校園死角，以及學校不宜有太多的禁制，讓整個校園環境成為一個開放的園地——草可踏（要愛護它）、樹可爬（人不上多）、水可親（絕不狎戲）、路可達（使其便捷）。

參 建構教／學中心的學校空間

教／學中心的學校空間之建構思考以「學習的」、「研究的」、「資源的」和「彈性的」為核心概念，具體作法列舉如下：

一、教學中心的意象

學校是教育的場所，以師生和教學為主體，行政提供教學服務，學校空間自應以教學區、教學大樓、學生學習活動場所為主體，如教學資源中心、圖書館、教學研究室、國際會議廳等，應設於學校的核心，或在建築樓層與造形上加以強調，以強化學校以教學中心為主體的空間意象。

二、教學空間的規劃

學校應規劃不同大小的教室、學科（專科）教室或能彈性隔間的教室，以配合課程設計、教學活動、教師專長和學生的學習之需。例如，中等學校教師有其學科專長，宜有專屬的學科（專科）教室，即學科教室型（Variation type）設計（如政大附中），或配合九年一貫課程規劃領域教室（如臺北市中山國中），以利教師作最好的教學準備，提供最有效的教學；亦可以群集式（clusters）將同學科或年級學

科教室設計在同一區域，以利教師彼此支援教學或督導。中小學教室依教學活動設計（大班級、分組教學或研討）之需、教師專長（擅長某學科、章節或主題）的差異、學生學習能力（如英語、數學、理化）的高低，可有彈性隔間的班群教室（2-4 班為一單元），以利分組或協同教學之進行（湯志民和廖文靜，2000）。

三、研究空間的設置

學校應鼓勵教師自學和研究，推廣各科教學實驗與觀摩，辦理校內進修與校際研習，落實發揮教師會與各科教學研究會功能，使教師專業成長有環境的支持動力，日新又新；因此，需設置各科教學研究室、國際會議廳或研討室、教師會辦公室（如臺北市各級學校）、教師個人研究室、教學資料參考室等，以利教師團體研討、個人研究、課程規劃、教材編擬、教具製作和資訊蒐集之運用。此外，教育實習室的設置，有利實習教師、初任教師與教育實習指導教師或資深教師的互動。

四、學習資源的提供

隨著社會的進步，視聽媒體迅速發展及電腦網際網路普遍運用，為增進學生學習效果，必須提供更多的學習資源；而課程自主的趨勢，教師自行選擇教材並發展課程，則需要更多教材研發、教具設備等的支援力量。因此，學校應提供充裕的教學和學習資源，包括提供圖書、期刊等資料的「圖書館」，提供錄音帶、錄影帶、CD、VCD、DVD等視聽媒體的「影音（非書）資料室」，提供個人研習、遠距學習、蒐集網路資料的「個人視聽席」或「電腦資訊區」（如國立新店和三重高中），提供設備供教師發展與製作教材的「教材研發室」。

五、教學情境的布置

教學情境不以教室為限，校園內各項建築、設施、壁飾、雕塑、植物、景觀，皆可作為啟發教學研究的素材，如臺北市天母國中和福林國小的數學步道、桃園縣忠福國小的愛心果園（有 20 種果樹），或將獎盃陳列於走廊或樓梯間（如臺北市桃源國小），以激勵學生的表現，皆值參採。

肆 建立兩性平等的校園空間

兩性平等的校園空間之建構思考以「尊重的」、「平權的」和「體貼的」為核心概念，具體作法列舉如下：

一、專屬的女性空間

中小學女性教職員居多，應有專屬的女性空間，如於健康中心附設或另專設「哺乳室」，供產後女性教職員哺育或母乳保存的準備室；規劃休憩與盥洗（浴室套間）的複合空間（如國立政大附中），提供女性教職員和學校女生生理期之衛生處理空間，讓女性在學校有家庭的舒適之感。此外，學校應附設幼稚園或托兒所，便利女性（或男性）教職員工照顧幼兒，以安教心。

二、運動設施的規劃

運動設施的規劃應兼顧兩性的需求，目前學校運動設施的規劃，大多數以大肌肉的訓練優先，如跑道、籃球場、排球場、棒球場和躲避球場較多，小肌肉的練習場，如羽球場、桌球場較少，或過於擁擠或付之闕如，或僅為訓練校隊而設。因此，學校運動設施的規劃，如體育設施（如設慢跑道、游泳池、韻律教室、健身房等）、球場（如

規劃綜合球場、桌球場、撞球室等）、體適能場地（如臺北市建成國中）和遊戲場地等，應多樣化並兼顧男女性別的需求，讓男女性方便選用或共用。至於，可以穿釘鞋跑步的 PU 運動場，卻常見學校豎牌規定女老師穿高跟鞋（何況女老師很少穿尖的高跟鞋）不可踩的禁制，應及早解除。

三、學校廁所的設計

根據研究，由於生理上的差異，女性上廁所的時間平均為男性的二倍以上，加以女廁所每間所需的面積大於男廁所，男女廁所在一樣的面積之下，女性上廁所的問題會更為惡化，因此學校女廁所的間數和面積都該多於男廁所；其次，女性用品多，廁所應設計置物櫃（板）、平臺或掛鉤；此外，親子廁所（如臺北市介壽國中）、女校男廁或男校女廁之設置，亦應考慮教職員工以及外賓使用之需求。

四、更衣室的設置

學校女老師或學生常擠到廁所換裝，尤其上完體育課衣衫盡濕，男生灑脫脫衣，女生沾黏一身，上課極為不適，因此更衣室之設置（如國立三重高中）有其必要性，男女生皆有需求，且應設置淋浴設施讓師生在活動後能順道沖涼更衣。

伍 設置現代化科技資訊設備

現代化科技資訊設備的建構思考以「前瞻的」、「環保的」、「科技的」和「效率的」為核心概念，具體作法列舉如下：

一、教室的視聽媒體

普通教室應設計教學媒體和資訊設施，使其具有簡易的「視聽教

室」、「電化教室」的功能（黃世孟，1992；湯志民，1993）；事實上，世界各國中小學教室設計的發展趨勢，在電腦、投影機、電（手）動螢幕、電視機、教材提示機、幻燈機、錄放影機、錄音機、遮光布、麥克風等視聽媒體的設置上，已具有令人激賞的成效。

二、學校的資訊設備

如校務行政電腦化（如臺北市各級學校）、電腦教室、資訊網路系統、班班有電腦（如臺北市國民中小學）等。

三、自動化系統設備

如辦公室自動化系統（如系統辦公家具、電腦、傳真機、影印機之設置與連線等）、圖書館自動化管理系統（如臺北市西松高中）、電擴音系統、教室對講機（宜蘭縣自強國小）、活動式電化講桌、電動板擦、教室麥克風（如政大附中、臺中一中、文華高中）、庭園自動化灑水系統、自動感應照明設備、自動化消防系統、廁所便斗紅外線感應器等等。

四、視訊傳播的系統

視訊傳播或製作系統，如數位電視教學系統、電腦看板（如南山中學、臺北市立師院附小）、錄影與剪輯設備、廣播電臺及攝影棚（如臺中市國立文華高中）或視訊中心等。

五、環保節能的設備

如學校綠建築（green building）（林憲德主編，2002；DiNola & Guerra, 2002; Gauzin-Muller, 2002）、屋頂的太陽能設備、雨水回收系統、污（廢）水處理場（如臺北市興華國小）、實驗室廢氣處理系統（如臺中縣明道中學）、馬桶和水龍頭的節水裝置、資源回收、垃圾壓縮機（如臺

北市育達商職）等。

六、空氣調節的系統

專科教室（如圖書館、視聽教室、電腦教室、實驗室等）、集會場所（如禮堂）、行政辦公室、教學研究室、會議室、頂樓校舍、防噪音之校舍和自然通風不良的校舍，可依實需裝置冷氣空調。普通教室，基於節能、環保省錢以裝電（吊）扇為原則。

七、安全的管制系統

如校園監視系統、保全系統（如臺北市中小學）、圖書館的人員出入檢測系統（如臺北市西松高中）、校舍大樓磁卡管制系統（如政治大學）、校舍建築耐震與防震系統（如嘉義縣黎明國小、政大附中）、廁所便間內板栓偏軸微開設計（如臺北市南湖高中）韻律教室的警鈴（如臺北市中正高中）、緊急通報電話、電動門的障礙感知器（如政大附中）等等，皆為現代化的科技設備。

陸 加強無障礙校園環境設施

無障礙校園環境設施的建構思考以「安全的」、「人本的」、「便捷的」和「順暢的」為核心概念，具體作法列舉如下：

一、行動不便者設施

無障礙校園環境的規劃，以整體性、通用性、可及性、安全性和尊嚴性為原則，並避免讓無障礙設施成為孤島，無法使用。無障礙設施包括室外引導通路應設置簡捷便利的引導設施或導盲磚，避難層及室內出入口淨寬不得小於80cm；坡道有效寬度為90cm以上，坡度不得超過1/12，如學校腹地夠，小學和特殊學校坡道坡度以1/20為佳；

行動不便者廁所空間以200cm×200cm較適當，出入口有效寬度為80cm
以上，迴轉直徑 150cm 以上，應裝設拉門或折疊門，內部應設置扶
手；水龍頭宜使用長柄把手（lever handle）；樓梯應裝設75cm高之扶
手（如為二道扶手，高度為 65/85cm），扶手直徑 3.2-4.5cm，應固定
連續不中斷；升降機（電梯）最低標準容量11 人，以 15 人以上為理
想，應有點字牌、語音系統（單語音即可）及供其使用之操作盤，出
入口淨寬不得小於 80cm；供行動不便者使用之輪椅觀眾席位，寬度
應在 1m 以上，深度 1.4m 以上，地板面應保持順平，並加設扶手；汽
車停車位，每校 1-2 位，長度 6m，寬度以 3.5m 以上為理想，並在明
顯處樹立行動不便者停車位標誌；其他常用的設施，如觀眾席、電
話、淋浴室和游泳池便利入池設施等，均應依實需設置（湯志民，2002c）。

二、校園安全的維護

校園配置說明板，人車動線應明確順暢避免交錯，以利人員進
出。學生活動頻繁之公共空間建築樑柱，應避免設計尖角或加裝防撞
軟墊，大型川堂、廚房、廁所等之地板採防滑設計（如鋪設粗面磁磚
等）；遊戲場地設置設軟墊或沙坑及緩衝區隔，以避免碰撞之危險；
樓梯腳踏處應設置防滑條（non-slip），有夜（補）校之樓梯腳踏處應
塗螢光漆，以維進出安全。

柒　推展學校建築與社區融合

學校建築與社區融合的建構思考以「整體的」、「支援的」、
「共享的」和「互惠的」為核心概念，具體作法列舉如下：

一、校園無圍牆設計

歐美無圍牆學校（school without walls）值得參採，宜蘭縣的許多

新設學校，如頭城鎮的梗枋國小和竹安國小、礁溪鄉龍潭國小、壯圍鄉過嶺國小等，以及臺北市健康國小、政大附中，皆為無圍牆的設計，臺灣的都市地區學校也可以由降低圍牆的高度，以植栽或彩繪柔化圍牆硬度，或增加圍牆的透明度為之。

二、建築與社區融合

學校建築造形、色彩、建材也可與社區建築融合，如宜蘭縣過嶺國小、利澤國中和羅東高中等獲得社區的認同，其社區建築在造形、色彩、建材上也自然與學校搭配，如不仔細瞭解，可能會將社區建築也視為學校的一部分。

三、學校資源的共享

學校是社區重要的公共設施，學校的資源應在不影響教學的使用原則上，提供社區使用。例如，校園開放，學校提供活動中心、圖書館、運動場、夜間球場、游泳池、停車場等供社區活動使用；其次，設置家長會辦公室（如臺北市各級學校）、家長接待室（如臺北市南湖國小、國立中和高中）、義工辦公室、退休教師聯誼室（如臺北市龍山國中），提供家長、義工、退休教師互動和參與校務發展的空間；第三，學校應成為社區教育和學習中心，辦理媽媽教室或社區大學（如臺北市木柵和建成國中）等。此外，學生上學步道、家長接送區或校門口的駐車彎設計（如臺北市南湖國小、宜蘭縣南屏和大洲國小），讓師生和家長在校地內上學或接送，不占用街道影響社區的交通。另外，也有學校（如國立新店高中）提供校地作為社區道路系統，讓學校與社區結合。

四、社區資源的運用

臺灣的土地，寸土寸金，學校的校地有限，收購校地動輒上億

元,校地擴充誠非易事,應善用社區資源,包括社區公園、活動中心、圖書館、游泳池及導護商店等,讓學校的場域自然的延伸。例如臺北市郊區九所學校(湖田、湖山、指南、洲美、溪山、泉源、平等、大屯和博嘉國小)的田園教學,運用陽明山國家公園、關渡平原開發區、外雙溪風景區、指南觀光茶園、景美溪畔等社區資源,配合季節,以參訪和實作,瞭解自然生態、人文社會、傳統藝術和鄉土活動,使學生的生活經驗能與社區相結合。

第五節 案例分析與討論

壹 案例一:學校教育設施規劃有問題嗎?

臺灣某一都會區有一所國中,2公頃校地,60班2,100名學生,教職員約140人,校舍設計採「日」字型,5樓高,「東西向」的普通教室,每間教室都有「講臺」,為了防盜和遮陽在教室兩側的窗戶上皆加裝了「遮陽板」;南北向的美術教室,為提供師生休憩空間,特將走廊設於「北側」並加寬為「4m」(一般為2.5m)。圖書館和電腦教室設置於「5樓」,全校教師採合署辦公集中在「一大間辦公室」中。

運動場設施,有200m PU跑道,直道為南北向,跑道內籃球場縱長的兩端為「東西向」,運動場邊處種成排的「大王椰子」,並慎重的立牌規範各種禁制行為,包括「高跟鞋」不能踩上PU跑道。

最近,學校爭取到新建活動中心的經費,有人建議將游泳池建於「室外」,體育館設於「底層」挑高「9m」,其上設演藝廳,挑高2層樓有「700人固定座位」,以容納一個年級的學生,新增的電腦教室則設於演藝廳之上,為利電腦教室中軸廊的採光,特在平面屋頂上

設計「天窗」採光，以獲得充分的自然光源。該活動中心的電梯為「8人座」，並有中、英和母語「3種」語音系統。

該校有1間綜合教室，是由2間普通教室打通改建而成，兼做小集合場，特設計50cm高的舞臺，並裝置舞臺表演用「專屬聚光燈」。

學校有2間視聽教室，一間「座位俯視仰角大，配上可愛的小舞臺」；另一間，「座位俯視仰角小，配上大舞臺」。

學校新施做的無障礙設施，「坡道上有導盲磚」，坡道下有「排水溝洩水溝柵」，停車位也設置了「導盲磚」，無障礙廁所為「內開門」，門寬「60cm」，迴轉直徑「100cm」。此外，學校廁所每一間便所採「外開門」，小便斗皆為「落地式」，以因應各種不同需求。

問題討論

一、該校的校地與學校規模（班級數或學生人數）的規劃是否妥適？

二、該校的校舍設計有問題嗎？如東西向教室加裝「遮陽板」是最佳處理策略嗎？圖書館、電腦教室設置於「5樓」是最佳位置嗎（如在3樓是否更好）？全校教師辦公集中在「一大間辦公室」中好嗎？

三、運動場設施有問題嗎？如運動場邊處種成排的「大王椰子」，有樹蔭嗎？立牌規範「高跟鞋」不能踩上PU跑道，是否對女性不尊重？

四、新建活動中心的規劃有問題嗎？演藝廳有「700人固定座位」，使用效能為何，維護費呢？體育館、演藝廳和電腦教室的位置，如何重新配置會更好？

五、該校綜合教室裝置舞臺表演用「專屬聚光燈」有不妥嗎？視聽教室，一間「座位俯視仰角大，配上可愛的小舞臺」；另一間，「座位俯視仰角小，配上大舞臺」，哪一間的設計是正確的？還是二者皆有問題？

六、學校的無障礙設施有問題嗎？如「坡道上有導盲磚」，對嗎？停車位設置了「導盲磚」，有錯誤嗎？無障礙廁所為「內開門」，門寬「60cm」，迴轉直徑「100cm」，坐輪椅者使用有困難嗎？

貳 案例二：教育設施規劃應由誰主導？

中小學教育設施規劃與興建的歷程複雜，某日有一項專案研究，以「教育設施規劃應由誰主導？」為題，邀請中小學校長、建築師和學者專家發表高見，會中有精彩的對話如下：

A校長：「我們是學教育的，不是學建築的，學校建築或教育設施，最好能由有關的工務單位主政，招募建築師設計興建之後，交給我們使用即可。」

B校長：「這項意見聽起來不錯，但事實不如想像，如工務單位人力有限，也非使用者，常難兼顧本職外之學校工程，而建築師以工務單位為業主，對學校籌備主任的意見置之不理，常造成學校興建之後產生許多不合使用的問題。以臺北市為例，過去主辦權責曾有多次更迭，因學校缺乏教育設施規劃專業人才，新設校和重大工程原由學校委請建築師辦理，後轉由工務局辦理，76年改國宅處辦理；77年則由建築師設計，國宅處監工；之後，又轉回學校主辦；後又轉由新建工程處主辦，再回到學校主辦，不到 10 年之間，教育設施工程之主辦權責和轉銜問題，使學校行政人員徒增無數困擾，而其原始用意卻希望解決學校建築專業人才問題和減輕學校行政人員的負擔，也不如原先之預期。」

C校長：「九二一地震震災重建學校，有類此現象，因重建期程

緊急，參與模式複雜，根據相關研究指出，一些認養單位以自己的理念設計學校，建築師則以認養單位為業主，校方無太多的發言權，學校因參與不足，迭有怨言，對較堅持自己理念的業主和建築師所蓋的校舍，學校對其滿意度都偏低，顯見將學校規劃和興建的主導權，交給別人，絕非最佳良策。」

　　D建築師：「我們是學建築的，教育設施要如何設計都可以，但學校要提出需求，如辦公室、教室要多大？要有哪一些專科教室？運動場要不要有跑道？大演藝廳或禮堂要容納多少人？否則，沒有根據，如何滿足學校需求，如何結案？」

　　E建築師：「我同意D建築師的看法，何況學校建築還有許多結構、水土保持、水電、消防、空調等界面，每一項都需有相關技師設計和簽證，即使視聽教室也要委託專業公司設計；此外，還有繪製施工圖、依法監工，我們也有許多法定責任。尤其是，學校建築設計費太低，數十年來沒有合理的調整，籌備校長又求好心切，今天改一下，明天改一下，我們真的很難做，不要看幾間教室換個大小或位置，建築圖幾乎要重畫，因此我們希望業主有清楚的規劃方案，以利設計執行。」

　　F建築師：「的確，學校建築設計費偏低，建築師來設計學校，大致是以奉獻的心，來實踐建築理想，蓋一所好學校，也是積一件大功德。我最近為一所6班的學校，設計班級牆板可以拉開的教室，但我不理解的是，學校最近把牆壁固定了，老師們為何不實施協同教學？這不是最新的教學法嗎？」

　　G學者：「事實上，學校人員和建築師在學校建築的規劃和設計階段互有不同責任，其角色和功能也互異。從建築的觀點，建築師較重視建築物理、生理和地理環境的界面，如建築設施的造形、色彩、通風、採光、衛生等，涉及建築學、人體工學、美學和物理學等，這是建築師的空間量體、實體和虛體組構、建築技術、建材選擇、管線

配置、汙水處理等建築設計問題，學校雖非主導仍應關切；從學校的
觀點，學校人員較重視哲理、心理和管理環境的界面，如學校建築的
教育目標、課程設計、教學方法、教職員生和社區的使用需求，涉及
教育哲學、教育心理學、發展心理學和環境心理學等，這是學校的行
政管理、教學運用和生活空間設計問題，建築師只能依學校的建築需
求設計，而不是幫學校決定建築需求。」

　　H專家：「我同意G學者的看法，目前臺灣教育設施出現的問題
是，學校教育設施是建築師的建築，不是學校的學校；許多新建的學
校，都是由建築師在說明他的建築設計，甚至是他的教育或辦學理
念，學校人員有許多退居幕後，甚至以外行自居，希望建築師或有關
單位全權代勞，蓋好後交給學校即可。」

　　「我認為，學校人員不能失去教育設施規劃的主體性，試問自己
的住家區區150m²（約45坪），如何隔間和裝潢，已意見多多，中小
學學校校舍樓地板面積少則3,000m²（6班），多則40,000m²（30-40班）
以上，有多少錯綜複雜的校舍建築和運動設施，空間量（如教室、專
科教室、辦公室數量和面積）、營運形式（教室屬於教師的還是學生
的，即教師跑教室或學生跑教室，有特別教室型或學科教室型之不同
設計）、教學方式（有無協同教學，有班群教室或傳統教室之不同設
計）等等，學校沒有辦學的理念、課程和教學需求，建築師如何設計？」

　　教育設施規劃究竟應由誰主導？您的看法呢？

問題討論

一、教育經費有許多都挹注於興建或改建教育設施之中，教育（或
　　學校）行政人員，對教育設施的瞭解是否很重要？
二、您覺得教育設施只是「建築」而已嗎？教育設施與課程設計、
　　教學方法是否有關係？
三、最近，有一些建築師在檢討為學校設計了許多最新觀念的班

群空間，讓老師可以和同年級及不同年級的老師協同教學，
為何老師不協同教學？您知道為什麼嗎？還有，協同教學是
最好的教學法嗎？

四、教育（或學校）行政人員和建築師，在教育設施規劃與設計
上，其角色和功能，各有何不同？您認為教育設施規劃應由
誰主導？

中文部分

中華民國建築學會（2002）。**幼稚園設備基準**（教育部國民教育司委託）。
臺北市：作者。

林萬義（1986）。**國民小學學校建築評鑑之理論與實際**。臺北市：五南。

林憲德主編（2002）。**國民中小學綠建築設計手冊**。臺北市：內政部建築研
究所。

陳曼玲（2003）。**教部編70億修繕老校舍**。民92年4月6日，取自 http://
www.cdn.com.tw/live/2003/01/17/text/920117e7.htm

張鈿富（1991）。如何達成教育設施之現代化與效率化。載於中華民國學校
建築研究學會主編，**學校建築理論與實務專題研究**（頁 65-82）。臺北
市：臺灣書店。

張嘉祥、陳嘉基、葉旭原、王貞富和賴宗吾（1999）。**學校建築防震手冊**。
臺北市：內政部建築研究所。

教育部（1999）。**地震受災國民中小學建築規劃設計規範**。臺北市：作者。

教育部（2001）。**教育部921災後重建成果2：新校園運動**。臺北市：作者。

教育部（2002）。**國民中小學設備基準**。臺北市：作者。

教育部中等教育司（1999）。**高級中學設備標準**。臺北市：正中。

教育部國民教育司（1981）。**國民小學設備標準**。臺北市：正中。

教育部國民教育司（1987）。**國民中學設備標準**。臺北市：正中。

湯志民（1993）。現代教學革新與教室設計的發展趨勢。**初等教育學刊，2**，33-91。

湯志民（1994）。學校建築的人文教育環境規劃。**初等教育學刊，3**，237-264。

湯志民（1995a）。學校建築的本土教育環境規劃。**初等教育學刊，4**，27-62。

湯志民（1995b）。學校的新天地——談現代化廁所的設計。載於王佩蓮（主編），**落實國民中小學校現代化廁所研討會手冊**（頁 1-14）。臺北市：臺北市立師院環境教育中心。

湯志民（1999a）。境教與校園環境創意設計。載於國立花蓮師範學院主辦，**吳兆棠博士紀念學術講座手冊**（頁 6-17）。花蓮：作者。

湯志民（1999b）。校園文化與學校建築。載於中華民國學校建築研究學會、教育資料館主編，**校園文化與學校建築**（頁 1-51）。臺北市：作者。

湯志民（2001）。學校空間革新趨向之探析。載於中華民國學校建築研究學會主編，**e世紀的校園新貌**（頁 7-34）。臺北市：作者。

湯志民（2002a）。優質學校環境規劃之探析。載於中華民國學校建築研究學會主編，**優質學校環境**（頁 1-39）。臺北市：作者。

湯志民（2002b）。**學校遊戲場**。臺北市：五南。

湯志民（2002c）。無障礙校園環境設計之探析。載於中華民國學校建築研究學會主編，**優質學校環境**（頁 58-93）。臺北市：作者。

湯志民（2004）。**幼兒學習環境設計**（第三版）。臺北市：五南。

湯志民（2006a）。**臺灣的學校建築**（第三版）。臺北市：五南。

湯志民（2006b）。**學校建築與校園規劃**（第三版）。臺北市：五南。

湯志民和廖文靜（2000）。教學空間的革新。載於中國教育學會主編，**新世紀的教育願景**（頁 157-180）。臺北市：臺灣書店。

黃世孟（1988）。從建築物用後評估探討學校建築規劃與設計之研究。載於中華民國學校建築研究學會主編，**國民中小學學校建築與設備專題研究**（頁 399-408）。臺北市：臺灣書店。

黃世孟（1992）。國民學校建築轉型之理論與實際。載於高雄縣政府教育局，**高雄縣國民中小學校務發展暨校園規劃研討會專刊**。高雄縣：作者。

臺灣省政府教育廳（1991）。**國民中小學校園規劃**。臺中縣：作者。

蔡保田（1977）。**學校建築學**。臺北市：臺灣商務。

蔡保田（1980）。**學校調查**。臺北市：臺灣商務。

日文部分

小原二郎（1991）。テザイナーのための**人体動作寸法圖集**。東京：彰國社。

空氣調和・衛生工學會（1898）。**教育施設：計畫・設計**。東京都：オーム
　　社。

建築思潮研究所（1993）。木造の教育施設。**建築設計資料，40**，30-207。

富永讓（1994）。**現代建築集成／教育施設**。東京都：株式會社ソイせイ出
　　版。

喜多明人（1988）。**學校環境と子どもの發現：學校施設の理念と法制**。東
　　京：エイデル研究所。

新井隆一等人（1991）。**解說教育六法**。東京：三省堂。

外文部分

Abramson, P.（2002）. *School planning & management: 2002 construction report.* Retriev-
　　ed August 31, 2002, from: http://www.peterli.com/spm/special/constrpt/2002/2002rpt.
　　cfm

Almeida, R.（2000）. Patterns an design strategies for new school buildings. In Organ-
　　ization for Economic Cooperation and Development（OECD）, *The appraisal of
　　investment in educational facilities*（pp.205-217）. Paris: European Investment
　　Bank.

American Institute of Architects（1996）. *Educational facilities: 1995-96 review.* Wash-
　　ington, D. C.: Author.

American Institute of Architects（2002）. *Educational facilities.* Mulgrave Australia:
　　The Images Publishing Group Pty Ltd.

Bell, P. A., Fisher, J. D., Baum, A., & Greene, T. C.（1996）. *Environmental psychology*
　　（4th ed.）. New York: Holt, Rinehart and Winston, Inc.

Castaldi, B.（1994）. *Educational facilities: Planning, modernization, and management*

（4th ed.）. Boston: Allyn and Bacon, Inc.

DiNola, R. & Guerra, J.（2002）. Green building and school construction. *School Planning & Management, 41*（5）, 40-43.

Dober, R. P.（1992）. *Campus design.* New York: John Wiley & Sons, Inc.

Energy Smart School（2002）. *Statistics about school buildings & buses.* Retrieved October 6, 2002, from: http: //www.eren.doe.gov/energysmartschools/About-stat.html

Franta, G., Yarmuth, L., & Olgyay, V.（2002）. *The greening of educational facilities: Systems integration.* Retrieved October 6, 2002, from: http: //www.ensargroup.com/ GreenEdFac.pdf

Gauzin-Muller, D.（2002）. *Sustainable architecture and urbanism: Concepts, technologies, examples.* Basel, Switzerland: BIRKHAUSER-Publishers for Architecture.

Hart, R. A.（1987）. Children's participation in planning and design. In C. S. Weinstein & T. G. David（Eds.）, *Spaces for children*（pp.217-239）. New York: Plenum Press.

Herman, J. J.（1995）. *Effective school facilities: A development guidebook.* Lancaster, PA: Technomic Publishing Company, Inc.

Hopkins, G.（1998）. *Hard hat area: The deteriorating state of school buildings.* Retrieved October 1, 2002, from: http://www.educationworld.com/a-admin/admin089. shtml

Images Publishing Group Pty Ltd.（2000）. *Educational spaces: A pritorial review*（2）. Melbourne, Australia: Author.

Lackney, J. A.（1999）. *Reading a school building like a book: The influence of the physical school setting on learning and literacy.*（ERIC Document Reproduction Service No. ED433692）

MacKenzie, D. G.（1989）. *Planning educational facilities.* Lanham: University Press of America Inc.

Mader, D. R. & Willi, J. G.（2002）. New generation of schools. *Building Operating Management, 49*（3）, 28-33.

MeVey, G. F.（2001）. *Ergonomics and the learning environment.* Retrieved April 6, 2003, from: http: //www.aect.org/Intranet/Publications/edtech/36/index.html

Moore, D. P.（2002）. School building day. *School Planning & Management, 41*（5）, 12-13.

Moore, G. T. & Lackney, J. A.（1994）. *Educational facilities for the twenty-first century: Research analysis and design patterns.* Milwaukee, WI: Center for Architecture and Urban Planning Research. University of Wisconsin-Milwaukee.

Ortiz, F. I.（1994）. *Schoolhousing: Planning and design educational facilities.* Albany, NY: State University of New York Press.

Perkins, L. B.（2001）. *Building type basics for elementary and secondary schools.* New York: John Wiley & Sons, Inc.

Poston, W. K., Jr., Stone, M. P., & Muther, C.（1992）. *Making school work: Practical management of support operations.* Newbury Park, CA: Corwin Press, Inc.

Sebba, R.（1986）. *Architecture as determining the child's place in its school.* Jerusalem, Israel: The Edusystems 2000 International Congress on Educational facilities, Values & Contens.（ERIC Document Reproduction Service No. ED 284 367）

Spreckelmeyer, K.（1987）. Environmental programming. In R. B. Bechtel, R. W. Marans, & W. Michelson（Eds.）, *Methods in environmental and behavioral research*（pp.247-269）. New York: Van Nostrand Reinhold Company Inc.

第十五章

教育效能與教育革新

在教育系統中，針對學校是否能對兒童學習結果造成影響的探求，自 1960 年代即已開始。美國在柯爾曼調查報告書（Coleman et al., 1966）之後，興起學校效能（school effectiveness）的研究熱潮，學者們試圖提出學校確實有其正面效果，以駁斥柯爾曼調查報告書被解讀為「學校不是造成學生學業成就差異主要因素」的說法。對於學校教育效能的重視，從 1960 年代至今，未曾消退，且隨著 1980 年代「學校重整」（school restructuring）運動的展開，在講求學校本位管理及績效責任下，有更加彰顯之勢。不過，今日所談的教育效能，在整個教改脈絡下，其概念較過去寬廣。

在討論教育效能（educational effectiveness）時，常見到的另一名詞是學校效能。該二詞在學術領域中，因應時代之不同，學者們賦予其不同之意涵。過去學校效能的研究，較偏於以學校整體為單位的研究，亦即學校層級的研究，對於以教師為對象的效能研究，則歸屬另一分支——教師效能研究，此可從前後出版的《教學研究手冊》（*Handbook of Research on Teaching*）（Gage, 1963; Travers, 1973; Wittrock, 1986）窺其一二。在 1986 年的《教學研究手冊》中，Good 與 Brophy（1986）有一篇學校效能研究的回顧文章，而 Brophy 與 Good（1986）則有一篇教學效能研究的回顧文章。在該二文中，共有 328 筆文獻被列舉，卻只有 9 筆文獻是被共同引用的。由此可見，教師效能研究（teacher effectiveness）與學校效能研究長期以來是分途發展的。不過，近年來有關教育產出的綜合整理報告中，開始結合了學校與教室層級中的輸入與過程變項，而在新近的研究中，多層級的研究模式更納入了學校與教室層級變項的考量（如黃政傑、李咏吟、張新仁、潘慧玲，1997；Teddlie & Stringfield, 1993）。故而，當學校效能僅鎖定學校層級進行探討時，其意涵與教育效能是有差異的，然當學校效能擴大其探討範圍，則教育效能與學校效能指涉之意涵便無甚大差異。簡言之，教育效能一詞指涉之意涵包含學校層級與教室層級之效能。

　　除教師效能研究，與學校效能研究領域密切關聯的尚有學校改進（school improvement）研究。在美國，學校效能的早期研究具有濃厚教育改革的意識型態，故在學校現場，推動許多學校效能方案，試圖提供不利兒童有一優質的學習環境。在實務界，學校效能雖與學校改進緊密連結，但在學術界，學校效能研究與學校改進研究卻是各自獨立發展，直至近十年，在學者的呼籲下，學校效能與學校改進的研究領域開始作結合，學校效能之研究被當成學校改進之知識基礎。

　　有關學校改進一詞，或稱學校革新（school innovation），與其相關之名詞，尚有教育革新（educational innovation）、教育變革（educational change），有鑑於多年來教育變革、教育革新之能成功，需要以學校為基地，故本文主題雖為教育革新，但將鎖定學校場域進行探討。整體而言，全文主要將以學校效能與學校改進之研究作為分析之立論依據。

第一節　教育效能的基本概念

壹　教育效能的意義

　　要界定教育效能時，首要對於「效能」一詞加以說明。「效能」（effectiveness）不同於「效率」（efficiency），曾有許多學者（如 Barnard, 1938; Hitt, Middlemist, & Mathis, 1983；張潤書，1998 等）下過定義（詳吳清山，1992）。歸納言之，「效能」被認為著重組織目標的達成；而「效率」則著重以最少的資源達成組織的目標。至於教育效能，係指教育系統的效能，其所涵蓋之面向，超過傳統學校效能所著重的學校層級，而包括學校及教室層級。教育效能可作如下之定義：

教育效能係指學校教育在校長領導、行政管理、學校文化、課程與教學、學校環境、與社區家長的關係，以及學生學習表現上均具良好之績效。

貳 教育效能的特徵

歷年來有關學校效能特徵之研究有兩類：一是進行實徵研究瞭解學校效能之特徵；另一則是透過文獻分析，歸納過去研究所得提出學校效能之特徵。在實徵研究部分，學者概以學生的學習成就，尤其是一般基本能力測驗的得分，作為判斷學校效能高低的標準。而研究方法的使用，最常見的是極端組（outlier）研究、個案研究或相關研究（correlational studies）。研究者試圖找尋促使學校成為有效能的因素，此即稱為效能特徵。

一、實徵研究發現之學校效能特徵

在實徵研究中，有數篇在學校效能領域中具有里程碑意義之作品，如 Weber（1971）、Rutter 等人（1979）、Mortimore 等人（1988）、Teddlie 與 Stringfield（1993）等，以下分別加以介紹（潘慧玲，1999a）。

1970 年代初期有一重要作品，其為 Weber（1971）所進行之極端組研究；他透過示範學校的提名方式，從全美找到 95 所有高比例文化不利學生的市區學校。在經過訪談其中 17 所學校並經篩選後，發現只有 4 所學校符合標準。他以訪談資料為基礎，歸納四所學校具有的七項共同特徵為：(1)強勢的課程領導；(2)對學生具高度期望；(3)良好的氣氛（有目標感、安靜、有秩序）；(4)強調閱讀（重視基本能力，並有額外的閱讀人員致力於教師發展）；(5)在閱讀教學上運用拼音；(6)個別化教學（意指符應個別學生的需求）；(7)對學生的進步情

形作審慎的評量（Stringfield, 1994: 76; Weber, 1971）。

1970 年代末期，英國學者 Rutter 等人發表了《一萬五千小時：中學與其對孩子的影響》（*Fifteen Thousand Hours: Secondary Schools and Their Effects on Children*）（Rutter et al., 1979）。他們於 1980 年歸結八項研究中談到促使學校成為高效能的學校內因素有八項（Creemers, 1996: 39; Reynolds, 1992: 8-9）：(1)學校中智能較高與較低的學生維持均衡；(2)獎勵與懲罰制度：充分運用酬賞、讚美與鼓勵；(3)學校的物質環境：良好的工作環境、對學生需求有所回應、良好的照顧，以及建築物的裝飾；(4)有充分讓學生負責任的機會，並能參與學校生活；(5)善用家庭作業，確立清楚的學業目標，並有信任學生能力的氣氛；(6)教師扮演正面性的角色模範，表現準時與樂於解決學生問題的行為；(7)良好的教室經營：事前準備課程、維持全班的注意力、獎賞好行為、迅速處理干擾事件；(8)強勢領導伴隨著民主的決策過程，讓所有教師在決策過程中都能表達意見。

至 1990 年代，Mortimore 等人以 50 所小學為探討對象，透過四年的時間進行 2,000 名學生在學業與社會層面進步情形的觀察，結果指出有效能學校具有下列的十二項特徵：有目的性的領導；副校長的參與；教師的參與；教師間的一致性；結構性的上課時間安排；具智能挑戰性的教學；以工作為中心的環境；有一定的上課焦點；師生間的充分溝通；完整的紀錄；家長的參與；正面性的氣氛（Creemers, 1996: 41-42; Mortimore et al., 1988; Reynolds, 1992: 11-13）。

到了 2000 年代，則以美國學者 Teddlie 與 Stringfield（1993）之長期性研究為重要之代表。他們以路易士安那州學校為對象，研究自 1980 年開始，1992 年結束，總共分四階段進行：第一階段（1980-1982 年）為一前導研究（pilot study）；第二階段（1982-1984 年）探究鉅觀層次的過程——結果；第三階段（1984-1988 年）、第四階段（1988-1992 年）則進行微觀層次的縱貫性研究。該研究兼採質量方法，探討鉅觀

與微觀的學校、教室層級，結果發現有效能與無效能兩類極端的學校類型間有其差異存在，有效能的學校具有以下之特徵：學生有較多的工作時間；教授新教材；鼓勵學生獨立作業；對學生具高期望；使用正向增強；僅出現少量的教室干擾；堅強的紀律；展示學生的作品等。

二、文獻分析歸納之學校效能特徵

除透過實徵研究找尋學校效能特徵外，亦有學者針對過往的文獻進行綜合歸納，較重要的回顧性文章，可如 Edmonds（1979）、Purkey 與 Smith（1983）及 Levine 與 Lezotte（1990）等之作品。

身為黑人的 Ronald Edmonds 在有效能學校運動中，是最知名的一位發言者。他為了貧窮兒童與少數民族的受教機會，起而疾呼學校可以幫助貧窮兒童學習基本技能。1978 年 Edmonds 採文獻分析與歸納方式，提出有效能學校之特徵，一般稱之為「五因子說」，廣被使用（Levine & Lezotte, 1990）：(1)重視學生基本技能的習得；(2)對學生抱持高期望；(3)強勢的行政領導；(4)經常性地監督學生的進步情形；(5)利於學習的有秩序的氣氛。

之後，Purkey 與 Smith 在 1983 年之作，被認為在學校效能領域中是一舉足輕重的回顧性文章，他們透過有效能學校研究、學校組織理論與研究，以及其他相關研究的探討，提出促進學校效能的重要因素包括兩類變項、十三項因素（Purkey & Smith, 1983: 442-446）：(1)結構變項：共有九項——學校本位的經營、教學領導、教職員的穩定性、課程的銜接與組織、全校教職員的進修、家長的參與和支持、全校性對於學業成就的肯定、擴增學習時間、學區的支持；(2)歷程變項：其定義了學校文化與氣氛，共含四項因素——合作性計畫與同事關係、社群的歸屬感、共享的明確目標與高期望、秩序與紀律。

另者，Levine 與 Lezotte（1990: 10）針對 1985 年之後的北美研究作分析，指出有效能學校的特徵有九項：(1)有生產力的學校氣氛與文

化；(2)注意學生核心學習技能的習得；(3)對學生進步情形作適度監督；(4)學校中以練習為導向的教職員發展；(5)卓越的領導；(6)凸顯的家長參與；(7)有效的教學安排與實施；(8)對學生的高期望與要求；(9)其他可能的相關因素：包含學生對於有用／無用的意識；多元文化的教學與敏覺度；學生的個人發展；嚴格與公平的學生升級政策與作法。

參 教育效能的模式

有關效能的評鑑，組織理論發展了許多觀點。當將學校視為一種組織，而欲評鑑學校教育的效能時，組織發展理論便成為效能研究者重要的參考依據。在組織理論中，對於效能所採的觀點，有其不同的分類方式，例如張苙雲（1990）提出目標模型、自然系統模型與參與滿意模型；Rowan（1985: 99-100）認為社會科學中有關效能的理論可統括於目標中心與自然系統兩大觀點中。另 Scheerens 與 Bosker（1997）提出五種組織效能評鑑模式，這種分類擴展了過去國內所熟知的觀點：經濟理性觀點、有機系統模式、組織的人際關係取徑（approach）、科層體制觀點、組織的政治模式；鄭燕祥（2001）參考 Cameron（1984）之分類，將學校效能模式分為目標模式、資源—輸入模式、過程模式、滿足模式、認受模式、組織學習模式、無效能模式及全品質管理模式；而國內學校效能學者（如吳清山，1992）引介了目標中心、自然系統、參與滿意等三種模式。此處參考 Scheerens 與 Bosker（1997: 6-9）、鄭燕祥（2001）及國內學者所提之分類方式，提出六種教育效能模式，說明如下（潘慧玲，1999b；鄭燕祥，2001；Scheerens & Bosker, 1997）：

一、目標中心模式

目標中心模式採經濟理性（economic rationality）觀點，認為組織運作具有理性與目的性，故而目標被當作追求的成果，是選擇成效規

準的基礎。在學校中，成效規準可如學生的成就、學生的適性發展等。效能依經濟理性作定義，可被視為組織的生產力（productivity）。在教育領域裡，這類理性或目標導向的模式主要是透過泰勒模式而繁衍，一般認為它過於簡單化，因為生產力之外的價值對於組織的運作有著等同的重要性。

二、有機系統模式

組織在有機系統模式（organic system model）中被比喻為適應外在環境的生物系統。這類觀點的主要特徵在於組織開放地與周遭互動，所強調的重點是組織並非被動地受外在環境操弄，而是主動地影響外在環境。這類看法通常適用於處在力求生存或惡劣情境中的組織。由於組織力求生存，故彈性（flexibility）與適應力（adaptability）被視為效能的規準。

三、參與滿意模式

參與滿意模式強調組織的人際關係，重視組織內部個人的良好發展、和諧的同僚關係、動機的激發與人力資源的發展。工作滿意度與工作者對於組織的參與，是評量組織效能的規準。

四、科層體制模式

學校有其組織架構，但各部門間卻各自獨立。面對像學校這樣的組織，如何使其成為一個和諧的整體，可有兩種作法：一是採取上述的人際關係取徑，提供個人適當的社會互動與專業成長的機會；另一則是明確定義學校中的社會關係，並將之組織起來，此即科層體制（bureaucracy）模式。這類觀點強調組織內部職責的明確劃分，組織的確定性（certainty）與持續性（continuity）被視為評量效能的規準。

五、組織政治模式

有些組織理論的學者將組織視為政治的戰場，組織內部的工人與經理部門應用正式職責與目標達成他們自己明顯的或是隱藏的訴求，接觸外界強有力的團體對於組織的生存十分重要。在這類觀點下，評量組織效能的規準便較偏於組織內部如何因應外在重要群體的要求。以學校為例，外在的重要團體可以是主管學校之機構、學生家長，或是當地社區。

六、組織學習模式

在組織發展過程中，當遇上外在環境變化所帶來之衝擊及內部運作所產生之阻礙時，若能進行持續性的學習，加以調適與改進，將阻力化為助力，則此一組織即是發揮了效能。故組織學習模式強調學校成員為追求共同目標，願意積極投入，並定期評量所追求目標的價值，有意義地修正目標，並持續地發展更有效方法，以達成目標。

茲將各模式之理論背景、效能規準、評鑑效能的層級以及所關注的主要領域整理如表 15-1。

表 15-1　教育效能的模式

模式	理論背景	效能規準	評鑑效能的層級	所關注的主要領域
目標中心模式	經濟理性觀點	生產力	組織	產出及其決定
有機系統模式	有機系統理論	適應力	組織	獲得重要的輸入
參與滿意模式	人際關係取徑	參與度	組織的成員	動機
科層體制模式	科層體制理論	持續性	組織與個人	正式結構
組織政治模式	組織如何運作的政治理論	對於外界利害關係人的回應	次團體與個人	相互依賴性、權力
組織學習模式	組織學習理論	因應外在變化內在過程監管	組織	組織學習

資料來源：整理自 Scheerens 與 Bosker（1997: 9）、潘慧玲（1999b: 141）、鄭燕祥（2001: 22）。

第二節　教育革新的基本概念

壹　教育革新的意義

　　與教育革新（educational innovations）一詞的相關名詞，大概有教育變革（educational changes）、學校改進（school improvement）、學校革新（school innovations）等。有鑑於教育變革要成功，須以學校為基地，故本章所談的教育革新，雖涉及政府推動之教育變革，然主要仍以學校場域所進行之各項教育革新工作為主，並以學校改進之文獻脈絡討論教育革新的基本概念。

　　有關以學校場域所推動的教育革新，國際學校改進計畫（International School Improvement Project, ISIP）曾下一定義：「一項有系統的持續性

努力,旨在改變學校中的學習條件及其他相關的內在條件,最終目的在更有效能地達成教育目標」(van Velzen et al., 1985: 48)。而教育革新之能產生效益,有下列幾項基本預設:(1)學校為變革之中心;(2)教育革新是一項系統性的變革途徑;(3)學校的內在條件是變革的關鍵重點;(4)教育革新能更有效能地完成教育目標;(5)各層級工作人員均須參與教育革新工作;(6)能採取統整的執行策略;(7)具有朝向制度化的驅力(Hopkins, Ainscow, & West, 1994: 69)。

西方自 1970 年代起,陸續推動以學校為基地的教育革新,這些教育革新的努力,各有不同的理念,形成不同的取向。Hopkins、Ainscow與West(1994)曾針對歷來教育革新的努力進行類型分析,其以「提供原料取向」與「提供食譜取向」稱之,其中「提供原料取向」又可分為「客飯型」與「點菜型」;「提供食譜取向」則又可分為「機械型」與「有機型」。「提供原料取向」與「提供食譜取向」之差別在於,前者提供革新處方供學校採用,後者則提供如何進行革新供學校參考。由於有些革新處方的提供不具選擇彈性,故被歸為「客飯型」;有些革新處方具有選擇彈性,則被歸為「點菜型」。至於許多顯示「如何做」的革新努力,所提供的是可依循的步驟,故被稱為「機械型」;相對地,有些提供的是動態發展的歷程,則被稱為「有機型」。上述不同類型的教育革新努力,均曾對教育實務界產生影響。

貳 教育革新的歷程

Miles(1986)與 Fullan(1991)均曾指出教育革新的歷程並非線性,其涵蓋三個相互涵攝、重疊的階段:起始階段、實施階段及制度化階段。在起始階段,須決定所要推動的變革,並發展出投入變革的心態。在此階段中,重要的工作是做出進行革新的決定,並對學校現

況作一檢視。Miles 認為要有一個好的起始,有下列因素須作考量:
⑴革新須與在地需求及在地發展計畫相扣合;⑵須有清楚及良好結構
的變革途徑;⑶須有積極的倡導者瞭解革新,並支持革新;⑷須積極
開始,啟動革新(在某種情形下,由上而下的方式是可以的);⑸革
新須具良好品質(Hopkins et al., 1994; Miles, 1986)。

　　實施階段通常是最受矚目的,在此階段中,主要工作是執行行動
計畫、發展並維持認同投入的心態、檢核進步情形,以及克服遭遇的
問題。實施階段能否順利進行,有些關鍵因素,諸如革新的本質、學
校的內部條件,以及學校的外部壓力與支持等。Miles 對於實施階段
的成功要素,也提出了看法:明確的協調分工、促使成員彰權益能
(empowerment),分權掌控執行過程;堅持以「對的方式」做事;適
當的與持續的教師發展;以及在實施初期,給予教師酬賞等(Hopkins
et al., 1994; Miles, 1986)。

　　制度化階段是在革新措施不再是新的,而成為學校運作中的一部
分時,所進入的一個時期。在過去,教育革新多是政府由上而下地推
動,當經費補助不再,或是熱潮過去,革新便告終止。但要落實革
新,勢必要進入制度化階段,此時所推動的變革雖無經費補助,卻已
成為全校性措施,老師們會去落實,而其影響也會在教室實踐中見
到。Miles 提到此階段的工作重點在於:將變革嵌入學校結構中;消
除競逐或是衝突的作法;有目的性地將革新連結於其他諸如課程與教
學的變革;學校中廣泛地推動變革;以及有適當的地方資源人才庫等
(Hopkins et al., 1994; Miles, 1986)。

參 教育革新的影響因素

　　Fullan(2001)曾提出影響教育革新成敗的因素有三類:變革本
質、地方特性(local characteristics)及外部因素。而潘慧玲(2002)針

對國內各項學校革新推動之探究，指出影響學校革新的推動，可歸納為政策本身因素、學校內部因素與學校外部因素。以下分從變革本身及學校內外部因素說明影響學校推動教育革新之因素（潘慧玲，2002）：

一、變革本身因素

變革本身是否具備需要性、清晰性、可行性；是否優質（Fullan, 2001），以及是否具有規劃良好的推動時程與配套措施都是決定革新成敗之關鍵因素。以臺灣近十年所推動之教育改革言，常在學校條件尚未準備充分的情形下，匆匆上路，致使改革美意大打折扣。例如學校教評會、教師會的設立，未顧及國內長期以來的威權體制，並未讓教師有機會進行各項的民主參與，且教師多以教室內事務為自己職責所在，對於與課程、教學無關之全校性事務，較無興趣參與，因此，在多數教師尚未感受此項變革的必要性，且教師民主素養尚待涵育前，大力推行體現學校本位管理與教師彰權益能精神的措施，難免產生學校權力生態失衡，教評會與教師會為少數有心人士主導之情形。另九年一貫課程的推動，牽動了教育目的、課程組織、教學方法、評量方式的改變，甚至於行政組織、權力結構與學校文化重整的改革。故這項改革之能成功，不僅教師要擁有課程發展知能，學校更要調整組織結構，落實教師為主體的觀念，讓教師參與課程決定，並重塑學校文化，鼓勵教師的合作對話，營造一學習型組織。只是九年一貫課程政策剛開始推動時，未具上述認知，採過去大型改革由上而下的方式貫徹實施，加上配套措施不足，形成執行過程中的諸多問題。

二、學校內部因素

學校內部因素包括學校生態、學校支持系統、校長領導、教師特質等。

在學校生態部分，其涵蓋之變項可如學校特徵（含學校層級、學

校地區、學校規模）、成員特徵（含年齡、服務年資、性別）與學校文化等。在一些學校革新相關研究中發現，不同的學校層級、地區規模，甚至是學生的社經背景，在變革的執行上，有其不同成效。而教師的個人特徵，如年齡、服務年資、性別等，亦呈現與革新成效有關聯。此外，一個具有開放文化的學校，較能欣賞新觀念、新作法，革新成效亦較佳。

在學校支持系統部分，包括了行政支援、設備資源、時間與空間安排等。支持系統愈好，革新的成效自然愈好。假若學校能有通盤之計畫，以教育觀點出發，安排利於教師討論、學生學習的時間配置，並提供所需之資源；並在「人一境」思維下，以教／學為中心進行空間之規劃，讓教師身處其間，不僅可休憩身心，還可智性啟發。如此，將有助於各項革新工作的展開。

在校長領導部分，校長的領導心態、領導角色與領導知能在這一波教育改革中，須與時俱進，方能帶領學校迎向革新。易言之，校長須改變權力觀，放棄權力掌控（power over）而轉向權力分享（power with）；校長除了行政領導，尚須承擔課程領導與教學領導之角色；校長須能因應學校發展階段，採取不同的領導策略，以提升教師的權能。

在教師特質部分，個人的態度與意願、認知與信念、知識與能力、自主與責任將影響其對革新的意識與覺知，更影響革新實踐的可能性。許多教師習於學校中「雞蛋盒」式的工作環境，彼此獨立工作，缺少與他人的互動合作，形成孤立的教師文化（Fullan & Hargreaves, 1992），故一旦面臨外來要求的教育革新，需要教師共同規劃課程、進行協同教學時，便有困難產生，加上有些教師欠缺參與感，當要教師走出教室，參與學校事務的決定時，抗拒與怨懟也會產生。故瞭解教師對於變革的心理，進而分析其信念與知識，方能引發其投入改革的意願與行動。

三、學校外部因素

學校外部因素係指非學校內部所能掌控之社會文化與法規制度等因素。

一項制度或改革措施如未考慮文化情境的差異，常有「橘逾淮為枳」之窘境。面對這一波分權化之教改趨勢，Dimmock 與 Walker（2001）即曾指出在一個權力分配較平均的文化脈絡中，如英美社會，其推動學校本位管理會較權力較為集中的文化脈絡，如華人社會，容易得多。此顯示社會文化對於革新能否落實之關鍵影響。此外，決定學校革新成敗之外部因素尚有法規制度，如果革新工作沒有法規作為基礎，制度作為配合，將會窒礙難行。以九年一貫課程政策為例，中央鬆動了課程決定權，要求學校發展本位課程，但在人事、經費上未給予合宜的配合，且課程發展之成效，如何透過評鑑制度加以檢視，亦仍有待努力。

第三節 追求效能的教育革新

參酌國內外教育改革、學校改進的學術研究與推動經驗，提出以下八項教育革新的可行作法，期能落實以學校為革新基地，以教師為行動主體，以學生成長為最終鵠的之革新理念，以創造學校教育之最大效能。

壹 設定學校教育的發展方向

學校的發展首賴方向的確定。方向是共享的願景，以及具共識的

目標。根據 Nanus，願景對組織而言，「是一真實、可信與具吸引力的未來」（Nanus, 1992: 8）。Nanus在其《願景領導》（*Visionary Leadership*）一書中指陳沒有一項能促使組織追求卓越的驅動馬達會像一個有價值的、可達成的未來願景更為強而有力！由此可見，願景對於組織成員尋求永續發展具有引領的重要性。願景的實現有賴具體目標的設定，易言之，願景創造了對於目的的一種具有雄心的知覺，需要透過多年的努力，方能達成，而目標則是組織成員為達成願景，所設定短期內須進行之工作。願景或目標的設定，必須尋求共識，學校領導者可以鼓勵教師合作，一起工作，發展所欲達成之目標。為提升組織成員參與的動機，領導者在帶領設定目標的過程中，宜使目標明確化，並讓目標看來具挑戰性，但卻是可達成的。營造共識所產生之願景與目標將使教師相信日後在學校所推動之變革，將能獲得必要之支援（Leithwood, Jantzi, & Steinbach, 1999）。

貳　形塑迎向革新的組織文化

學校文化涵蓋學校組織成員所共享之規範、價值、信念與預設。學校文化在教育革新過程中十分重要，卻常被忽略。學校文化的改變是革新工作的起點，在學校中，存在著許多不利於革新的教師文化（例如孤立、私密與個人化），需要重新被形塑。而形塑文化的具體作法，首先是創造一個可以提供教師相互研討的工作環境，讓教師脫離「雞蛋盒」式彼此獨立的教室。此外，須肯認教師的能動性（agency），讓教師參與課程與教學決定，並鼓勵其在實踐過程中反思。之後，可組成教師團隊或小組，進行不同議題的探討（Wagner, 2001）。逐漸地，所有的教師均可成為領導者，他們可在生涯的不同階段承擔不同的職責，諸如協助其他教師規劃活動、使用電腦，或擔任師傅教師、諮詢教師、委員會／小組主席等。如此，教師合作文化方能逐步形成。

參 採取上下交融的變革策略

從過去教改的失敗經驗中，學校改革文獻不斷地檢討「由上而下」推動策略的錯誤。中央強制推行的改革隱含著一項「將實施視為是一個事件而非歷程」的預設，這樣的預設忽略了變革客體（object）（如九年一貫課程之內容）與變革歷程（即學校如何推動變革）之區分（Hopkins et al., 1994）。有鑑於政策本身無法命令變革一定發生，側重以學校為中心的「由下而上」草根性策略於是成為一項取代性的呼籲。然在實際的教育場域中，「由上而下」的方式固然不見得奏效，「由下而上」的方式亦非通行無阻，因為將過多需要思考規劃的行政業務加諸教師身上，不但疏忽行政人員所須扮演之角色，亦使教師不堪負荷。因而，促進學校革新的有效策略是採兼容並蓄的作法，交互使用「由上而下」與「由下而上」的策略，由領導者先初步規擬藍圖與構想，再經由組織成員的民主對話，尋求共識的建立，並激盪出更完善的構想。

肆 體現轉型領導的革新理念

在過去十年裡，校長角色產生急遽之變化。在 1980 年代，理想的校長被認為是一個教學領導者，側重改革的四個面向：(1)身為教學領導者的校長有責任界定學校的任務與目標。學校目標在強調學生成就，校長在學校內、外不斷地宣導此目標並安排可以達成目標的時間；(2)教學領導者必須經營教育產出的機制，亦即協調課程、提升教學品質、進行臨床視導與教師評鑑、配合課程目標調整教材、安排應有的教學時間，以及督導學生的進步情形；(3)校長透過對於學生行為與學業表現的高期望，提升良好的學習氣氛，並提供師生成就的誘

因；(4)校長營造一種學校文化，包括安全與有秩序的工作環境、有機會讓學生投入有意義的學習、堅強的同仁合作與凝聚力、擁有額外的外部資源以協助學校目標的達成，以及擁有家庭與學校的較強連結（Marsh, 2000）。上述的校長角色等於是在強調校長在學校中扮演一位強勢的教學領導者，然而這樣的角色，隨著政策環境的改變，對於教師角色與能力有新的看法後，也隨之有所調整。尤其強調學校本位管理後，校長須承擔更多的責任經營學校，其所面臨的問題非傳統領導角色所能因應。因之，在新一波的教育改革中，校長面臨更為複雜的教育環境，在學校內部，需要致力於學校文化的改變、鼓勵學校成員參與決策與積極投入學校發展工作、建立學校自我更新的機制，也需要提升教師的專業自主能力、發展互助的同僚關係。因之，校長必須扮演不同於往昔的角色，而轉型領導（transformational leadership）被認為與學校改進具有正向關係，且為最適於推動學校改進的一種領導風格（Harris, 2002）。轉型領導旨在透過文化的形塑，讓學校成員共享願景，願意為學生的學習與自己的專業發展而努力；一位轉型領導者提供同僚合作的機會，並願意與他人分享權力。

伍 建立學校生態的三贏局面

中小學的教育系統，經過近十年陸續通過的法案，逐漸地改變了原有之學校生態。例如《教師法》通過後，學校教評會與教師會開始設立；《國民教育法》及其施行細則的修訂，校長遴選制度產生了變革，校務會議的功能亦實權化；《國民教育階段九年一貫課程綱要》的頒布，將部分的課程決定權下放至學校，這些舉措彰顯了學校辦學的主體性與教師的專業自主性。另家長的聲音（parents' voice）亦開始受到重視，《教師法》中規範家長可以參與教師之聘任，《教育基本法》及修訂後之《國民教育法》亦明訂家長的參與權，於是，學校的

權力結構成為「行政人員—教師—家長」的三角鼎立狀態。然學校的權力結構雖經重組,參與之成員卻尚未做好準備加以因應,乃產生一些諸如校長權責不相稱、教師擴權未增能,家長會過度干預校務等問題。職是之故,如何建構一個免去權力爭奪而可維持權力運作的平衡機制勢在必行,唯有如此,方能創造「行政人員—教師—家長」三贏局面,齊心投身於教育品質的提升。

陸 提供教師生涯的專業活水

教育改革能否成功,教師至為關鍵,然過去之教改,多將教師當作政策的執行者,而忽略教師實則為一行動之主體。為讓教師對於改革具有參與感、擁有感,產生自我實現的動機,提供教師在不同生涯發展階段中所需的專業成長機會是必要的。然專業成長課程之提供必須植基於Fullan與Hargreaves(1992)所提的「完整教師」(total teacher)概念。易言之,教師是一個完整的人,他們對於教育有其意圖,對於教改有其知覺與判斷,而活在真實的學校情境中,工作環境與周圍的教學文化都是影響他們發展的相關因素。故而,瞭解教師如何在其工作場域中成長與改變,方能視其需要提供孕育提升之專業活水,這樣的作法與我們經常見到的零碎、急就章以及由上而下的專業成長課程安排,是大異其趣的。

柒 營造彰權益能的專業社群

教師彰權益能是這波學校重整運動中的一項重要策略,其概念涵涉個人與環境兩個要素,個人要有內發的權能,必須環境提供機會。因之,人們如果在相互對話與一起工作中開展權能,將使整個社群(community)也能彰權益能。Sergiovanni(1994: 14)曾強力主張「現

在對於學校的隱喻該是從正式組織變為社群的時候了」。一個社群靠著共享的價值、觀念與認同加以凝聚；相反地，一個組織則被階層關係與掌控機制所界定。一個彰權益能的專業社群，是能進行反思性對話、去除私密性的教學、著重學生學習，並能相互合作，具備共享價值的（Louis & Kruse, 1985）。身處一個愈加強調學校主體性的教改脈絡，營造彰權益能的專業社群成為學校革新的重要作法。

捌 引發自我更新的成長動力

讓學校得以永續地自我更新，可從幾項不同的策略著手。首先是學校發展計畫（school development planning），它不只是一份發展計畫的文件，而是一個形成計畫的過程並確定計畫會付諸實施。學校發展計畫共有四個主要歷程：(1)審視：對於學校之優失進行檢視；(2)建構：選擇發展之優先項目並研擬具體目標；(3)實施：執行所規劃之優先項目與目標；(4)評鑑：檢核執行之成效（Hargreaves & Hopkins, 1993）。這四個過程宜被視為一個整體，而非截然劃分之階段。學校發展計畫可以幫助學校成功地處理變革。學校自我更新的第二個策略是行動研究，在學校改進之研究中，行動研究被發現亦是一項重要的革新策略。行動研究主張者認為不論是否具備專業訓練，都可以是研究者，也認為現況之改變並非僅靠「真理」之追求，在實踐中所做的研究（research in practice），而不是對實踐所做的研究（research on practice），亦能獲得研究資料與洞見，以促進社會之轉化（Kemmis & McTaggart, 2000）。行動研究用在教育場域中，是一項得以彰顯教師專業能力之重要工具，其可幫助教師檢視課程與教學成效，進而提升教育之品質。此外，學校的自我更新尚可透過評鑑，有關評鑑之功能，Hopkins（1989）曾以「學校改進的評鑑」（evaluation of school improvement）、「為了學校改進作評鑑」（evaluation for school improvement），與「評

鑑即學校改進」（evaluation as school improvement）作區分。對於評鑑之應用，從過去只為瞭解學校改進之成效作評鑑，到為了學校改進作評鑑，至今，應過渡到評鑑本身即是學校改進。易言之，當評鑑成為學校之內建機制時，評鑑之發動，即是一種「學校改進」（潘慧玲，2005），也成為組織引發自我更新之成長動力。

第四節 案例分析與討論

壹 案例一：衝突與學校效能

潭水國中是一所中型學校，位處舊社區，家長以經營果菜批發為多。社區家長保有許多傳統社會的價值觀，對於子女之期望偏於智育成績之表現，學校附近因而有許多的補習班與安親班。過去數年，學生在學業成績與生活教育上均有優良之表現，故除吸引外縣市學生外，附近學區也有越區就讀之現象，故其被公認為一所明星學校。

這所學校的教師有甚高之自主性，《教師法》通過後，即成立教師會。由於教師會成員具有強烈的使命感，致使學校在各種會議中，在行政與教師各自堅持的情形下，組織氣氛並不太融洽。

雖然潭水國中以傳統的教學模式頗獲家長認同，教師們也盡心地從事教學工作，但面對這一波的教育改革，學校仍有其待努力的地方……。

問題討論

一、你如何評估潭水國中之教育效能？其是否屬於高效能學校？

二、如果你是該校校長，面對教師會與行政的衝突，你將如何處理？

三、如果你是該校校長，你將如何形塑迎向革新的組織文化？

四、如果你是該校校長，你將如何提供教師生涯的專業活水？

貳 案例二：地理環境與學校效能

綠情國小是一所小型學校，位處一個偏遠鄉鎮，年輕人多出外謀生，造成社區人口有老化現象。學校共有 6 個班級，師生人數不多，教師亦較年輕，平均年齡約 30 歲。

八年前，秦校長來到綠情，利用學校所在的環境特色，著手建構生態村，並在前任校長的基礎上，帶動教師專業成長，發展學校課程，幾年下來，教師發展了許多甚具代表性的作品，形成別具特色的學校本位課程，因此，曾榮獲縣內外的多項獎項。

學校多年來經營的成果，吸引了許多國內外人士前往參訪，綠情國小透過學校成員間以及學校內外部人員的對話，不斷地成長。學校在發展的過程中，雖呈現積極正面的成效，但因學校地理環境的限制，教師流動率較高，而社區人士對於學生學業表現的期望，讓秦校長在領導學校的過程中，面對著一一需要突破的難題……。

問題討論

一、你如何評估綠情國小之教育效能？其是否屬於高效能學校？

二、如果你是秦校長，你如何經營學校社區成為學校成長的助力？

三、如果你是秦校長，你如何營造彰權益能的專業社群？

四、如果你是秦校長，你如何引發學校產生自我更新的成長動力？

中文部分

吳清山（1992）。**學校效能研究**。臺北市：五南。

張苙雲（1990）。**組織社會學**。臺北市：三民。

張潤書（1988）。**行政學**。臺北市：三民。

黃政傑、李咏吟、張新仁、潘慧玲（1997）。**國民小學學校效能縱貫研究**。教育部委託專案報告。臺北市：國立臺灣師範大學教育研究中心。

潘慧玲（1999a）。學校效能研究領域的發展。**教育研究集刊**，**43**，77-102。

潘慧玲（1999b）。學校效能相關概念的釐析。**教育研究資訊**，**7**（5），138-153。

潘慧玲（2002）。反思與展望：我們從學校革新中學到了什麼？載於潘慧玲（主編），**學校革新：理念與實踐**（頁441-473）。臺北市：學富。

潘慧玲（2005）。邁向下一代的教育評鑑：回顧與前瞻。載於潘慧玲（主編），**教育評鑑的回顧與展望**（頁3-36）。臺北市：心理。

鄭燕祥（2001）。**學校本位效能與校本管理：發展的機制**。臺北市：心理。

外文部分

Barnard, C. I.（1968）. *The functions of the executive.* Cambridge, MA: Harvard University Press.

Brophy, J. & Good, T.（1986）. Teacher behavior and student achievement. In M. C. Wittrock（Ed.）, *Handbook of research on teaching*（3rd ed., pp.325-375）. New York: MacMillan.

Cameron, K. S.（1984）. The effectiveness of ineffectiveness. *Research in Organizational Behavior, 6,* 235-285.

Coleman, J. S., Campbell, E. Q., Hobson, C. F., McPartland, J., Mood, A. M., Weifeld, F. D., & York, R. L.（1966）. *Equality of educational opportunity.* Washington, DC: US Government Printing Office.

Creemers, B. P. M.（1996）.The goals of school effectiveness and school improvement. In D. Reynolds, R. Bollen, B. Creemers, D. Hopkins, L. Stoll, & N. Lagerweij （Eds.）, *Making good schools: Linking school effectiveness and school improvement*（pp.21-35）. New York: Routledge.

Dimmock, C. & Walker, A.（2001）. *Globalization, societal and effective school reform*. Unpublished manuscript. The Chinese University of Hong Kong.

Edmonds. R. R.（1979）. Effective schools for the urban poor. *Educational Leadership, 37*（1）, 15-24.

Fullan, M.（2001）. *The new meaning of eductional change*（3rd ed.）. Lodon: Teachers College Press.

Fullan, M. G.（1982）. *The meaning of educational change.* New York: Teachers College Press.

Fullan, M. G.（1991）. *The new meaning of educational change*（2nd ed.）. New York: Teachers College Press.

Fullan, M. & Hargreaves, A.（1992）. *What's worth fighting for in your school?: Working together for improvement.* Buckingham, UK: Open University Press.

Fullan, C. I.（2001）. *The new meaning of educational change.*（3re ed.）. London: Teachers College Press.

Gage, N. L.（Ed.）（1963）. *Handbook of research on teaching.* Chicago: Rand McNally.

Good, T. L. & Brophy, J. E.（1986）. School effects. In M. Wittrock（Ed.）, *Handbook of research on teaching*（3rd ed. pp.570-602）. New York: MacMillan.

Hargreaves, D. H. & Hopkins, D.（1993）. *The empowered school: The management and practice of development planning.* London: Cassell.

Harris, A.（2002）. *School improvement: What's in it for schools?* London: Routledge.

Hitt, M. A., Middlemist, R. D., & Mathis, R. L.（1983）. *Management: Concepts and effective practice.* Saint Paul, MN: West Publishing.

Hopkins, D.（1989）. *Evaluation for school development.* Philadelphia: Open University Press.

Hopkins, D., Ainscow, M., & West, M.（1994）. *School improvement in an era of change.* New York: Cassell.

Kemmis, S. & McTaggart, R.（2000）. Participatory action research. In N. K. Denzin, & Y. S. Lincoln（Eds.）, *Handbook of qualitative research*（2nd ed., pp.567-605）. Thousand Oaks, CA: Sage.

Leithwood, K., Jantzi, D., & Steinback, R.（1999）. *Changing leadership for changing times.* Philadelphia: Open University Press.

Levine, D. U. & Lezotte, L. W.（1990）. *Unusually effective schools: A review and analysis of research and practice.* Madison, WI: National Center for Effective Schools Research and Development（ERIC Document Reproduction Service No. ED 330 032）.

Louis, K. S. & Kruse, S. D.（1985）. *Professionalism and community: Perspectives on reforming urban school.* Thousand Oaks, CA: Corwin Press.

Marsh, D. D.（2000）. Educational leadership for the twenty-first century: Integrating three essential perspectives. In M. G. Fullan（Ed.）, *Educational leadership*（pp. 126-145）. San Francisco: Jossey-Bass.

Miles, M.（1986）. *Research findings on the stages of school improvement*（mimeo）. Center for Policy Research, New York.

Mortimore, P., Sammons, P., Stoll, L., Lewis, D., & Ecob, R.（1988）. *School matters: The junior years.* Somerset, England: Open Books.

Nanus, B.（1992）. *Visionary leadership.* San Francisco: Jossey-Bass.

Purkey, S. C. & Smith, M. S.（1983）. Effective schools: A review. *The Elementary School Journal, 83*（4）, 427-452.

Reynolds, D.（1992）. School effectiveness and school improvement: An updated review of the British literature. In D. Reynolds, & P. Cuttance（Eds.）, *School effectiveness: Research, policy and practice*（pp.11-24）. London: Cassell.

Rowan, B.（1985）. The assessment of school effectiveness. In R. M. J. Kyle（Ed.）. *Reaching for excellence: An effective schools sourcebook*（pp.99- 116）. Washington: U.S. Government Printing Office.

Rutter, M., Maughan, B., Mortimore, P., & Ouston, J.（1979）. *Fifteen thousand hours: Secondary schools and their effects on children.* Cambridge, MA: Harvard University Press.

Scheerens, J. & Bosker, R.（1997）. *The foundation of educational effectiveness.* New York: Pergamon.

Sergiovanni, T. J.（1994）. *Building community in schools.* San Francisco: Jossey-Bass.

Stringfield, S. C.（1994）. Outlier studies of school effectiveness. In D. Reynolds, B. P. M. Creemers, P. S. Nesserlrodt, E. C. Schaffer, S. Stringfield, & C. Teddlie（Eds.）, *Advances in school effectiveness research and practice*（pp.73-83）. New York: Pergamon.

Teddlie, C. & Stringfield, S.（1993）. *Schools make a difference: Lessons learned from a 10-year study of school effects.* New York: Teachers College Press.

Travers, R. M. W.（Ed.）（1973）. *Second handbook of research on teaching.* Chicago: Rand McNally.

van Velzen, W., Miles, M., Ekholm, M., Hameyer, U., & Robin, D.（1985）. *Making school improvement work.* Leuven, Belgium: ACCO.

Wagner, T.（2001）. Leadership for learning: An action theory of school change. *Phi Delta Kappan, 82*（5）, 378-383.

Weber, G.（1971）. *Inner city children can be taught to read: Four successful schools.* Washington, DC: Council for Basic Education.（ERIC Document Reproduction Service No. ED130243）

Wittrock, M.（Ed.）（1986）. *Handbook of research on teaching*（3rd ed.）. New York: Macmillan.

國家圖書館出版品預行編目資料

教育行政學：理論與案例／謝文全等著.
--初版.--臺北市：五南，2006〔民95〕
面；　公分
參考書目：面
ISBN　978-957-11-4454-2（平裝）
1.教育－行政
526　　　　　　　　　95015443

1IQT

教育行政學—理論與案例

作　　　者 — 謝文全 等著(396)
發 行 人 — 楊榮川
總 編 輯 — 王翠華
主　　　編 — 陳念祖
責任編輯 — 李敏華
文字編輯 — 雅典編輯排版工作
封面設計 — 童安安
出 版 者 — 五南圖書出版股份有限公司
地　　　址：106台北市大安區和平東路二段339號4樓
電　　　話：(02)2705-5066　傳　　　真：(02)2706-6100
網　　　址：http://www.wunan.com.tw
電子郵件：wunan@wunan.com.tw
劃撥帳號：01068953
戶　　　名：五南圖書出版股份有限公司
法律顧問　林勝安律師事務所　林勝安律師
出版日期　2006年9月初版一刷
　　　　　2015年9月初版九刷
定　　　價　新臺幣620元